中央财经大学中国精算研究院
社会保障精算报告系列

# 中国社会养老保险基金
# 财务平衡及财政负担能力

# 2024年度精算报告

周渭兵 ◎ 著

中国财经出版传媒集团

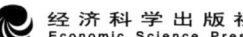

经济科学出版社
Economic Science Press

·北 京·

图书在版编目（CIP）数据

中国社会养老保险基金财务平衡及财政负担能力 2024
年度精算报告／周渭兵著. -- 北京：经济科学出版社，
2024.12. -- （中央财经大学中国精算研究院社会保障精
算报告系列）. -- ISBN 978 - 7 - 5218 - 6591 - 2

Ⅰ. F842.612

中国国家版本馆 CIP 数据核字第 2024Z896L2 号

责任编辑：崔新艳
责任校对：蒋子明
责任印制：范　艳

**中国社会养老保险基金财务平衡及财政负担能力 2024 年度精算报告**

ZHONGGUO SHEHUI YANGLAO BAOXIAN JIJIN CAIWU PINGHENG JI

CAIZHENG FUDAN NENGLI 2024 NIANDU JINGSUAN BAOGAO

周渭兵　著

经济科学出版社出版、发行　新华书店经销

社址：北京市海淀区阜成路甲 28 号　邮编：100142

经管中心电话：010 - 88191335　发行部电话：010 - 88191522

网址：www. esp. com. cn

电子邮箱：expcxy@ 126. com

天猫网店：经济科学出版社旗舰店

网址：http：//jjkxcbs. tmall. com

北京季蜂印刷有限公司印装

710×1000　16 开　15.75 印张　280000 字

2024 年 12 月第 1 版　2024 年 12 月第 1 次印刷

ISBN 978 - 7 - 5218 - 6591 - 2　定价：80.00 元

（图书出现印装问题，本社负责调换。电话：010 - 88191545）

（版权所有　侵权必究　打击盗版　举报热线：010 - 88191661

QQ：2242791300　营销中心电话：010 - 88191537

电子邮箱：dbts@ esp. com. cn）

本书受中央高校基本科研业务费专项资金资助
（supported by "the Fundamental Research Funds for the Central Universities"）

# 前　言

　　党的十八届三中全会首次将养老保险要"坚持精算平衡原则"写入全会《中共中央关于全面深化改革若干重大问题的决定》，国家"十三五"规划纲要又进一步将通过精算平衡界定政府、企业、个人的责任、完善筹资机制确定为建立更加公平和更加可持续的社会保障制度的必要手段，党的十九大报告对社会保障体系提出了"覆盖全民、城乡统筹、权责清晰、保障适度、可持续"的要求，党的二十大报告提出"健全公平统一、可持续的多层次社会保障体系"和"健全基本养老、基本医疗保险筹资和待遇调整机制"，这在某种程度上强化了"精算平衡"的提法，肯定了精算制度的重要性与工具性作用。

　　要实现社会养老保险财务精算平衡就必须开展精算管理，精算管理的核心内容就是对未来社会养老保险制度面临的各种风险进行精算评估，而精算评估的结果需要用社会养老保险精算报告的方式表述、按规定的程序上报并完整向公众披露，可见定期编制社会养老保险精算报告是精算管理的主要和核心内容。未来几十年，可能导致中国养老保险财务失衡的风险有四方面：一是人口老龄化风险；二是经济增长下滑风险；三是巨大的养老保险基金缺口；四是巨大的养老保险转制成本风险。可见，定期编写精算报告，促进精算平衡，对中国社会养老保险财务的可持续性具有重要意义。

社会保障制度比较发达的国家，大多都建立了社会保障精算报告制度，在我国，中国社会科学院和中央财经大学精算研究所对编写社会养老保险精算报告也进行了研究和探索。国际上对社会养老保险精算报告的格式、一般内容也有要求和规定。本报告参考精算报告编写的国际经验（包括美国、英国和日本的经验），特别参考国际劳动组织的精算报告格式和要求，并结合中国社会养老保险制度特色编写。本书主要内容如下。

第一章首先分别对中国社会养老保险三个制度（即机关事业单位养老保险制度、城镇企业职工养老保险制度、城乡居民养老保险制度）的发展历程、实施要点进行诠释，并对三大养老保险基金及其财务运行现状进行分析，进一步指出财务平衡存在的问题。

第二章首先对人口测算模型进行理论探讨，然后分别对在实际中采用的估计未来人口变化的方法和数学技巧进行评价，说明它们的优缺点。接下来对人口精算的基本方法即分要素人口测算模型进行详细介绍，并进一步对2024~2099年中国分年龄分性别人口结构数进行测算。最后根据测算得到的中国未来老年抚养比数据，分析中国未来在职职工的老年抚养负担的发展趋势。

第三章首先介绍社会养老保险精算模型中的重要变量，然后建立社会养老保险精算的基础模型，进而建立社会养老保险年度财务平衡精算模型，最后建立社会养老保险目标期限内的纵向财务平衡精算模型。

第四章根据第三章建立的精算模型基础，分别对机关事业单位养老保险、城镇企业职工养老保险和城乡居民养老保险的短期、中期和长期财务平衡风险进行测算，分别得出未来的基金收入、基金支出和基金结余现值，并进一步测算基金结余对利率的敏感性。

第五章首先对社会养老保险转制成本理论模型进行推导，继而对社会养老保险转制成本一般精算公式进行理论推导，最后分别对机关事业单位养老保险统筹账户转制成本和城镇企业职工社会养老保险统筹账户转制成本进行测算。

第六章首先明确中国社会养老保险财务平衡特征，然后建立社会养老保险财政支付负担能力的测算模型，进而对全国社会养老保险财政负担能力进行测算与分析，最后测算分析财政负担能力对GDP增长率、财政依赖度的敏感性。

第七章对本书的测算结果进行归纳，进而总结本报告的研究结论，最后提出保持养老保险财务平衡及减轻财政负担能力的相关政策建议，包括适当提高生育率水平、延迟退休年龄、控制利率风险、警惕长寿风险、全面发展经济、促进科技发展、发行一定数量的政府债券和适时加大社会保障支出的比重。

这里要特别指出的是，中央财经大学保险学院2023级劳动与社会保障专业研究生游天宇、保险专硕研究生吴依洋参与了本课题的研究，游天宇、吴依洋在导师的指导下分别完成第一章第二节和第一章第三节的写作，并参与和完成了第二章、第四章和第六章的大部分测算。他们的积极主动、勤奋好学，保障了本报告的顺利完成。

由于首次编写社会养老保险精算报告，书中疏漏与不足在所难免，敬请各位专家、读者批评指正，有关问题将在以后研究中进一步完善。

作　者

2024 年 10 月 25 日

# 目 录
## CONTENTS

# 第一章 中国社会养老保险基金财务运行现状

## 第一节 机关事业单位养老保险制度的发展历程、实施要点及其运行现状

### 一、机关事业单位养老保险制度的发展历程

（一）机关事业单位和企业养老制度"一规制"的时代（1949～1990 年）

新中国成立后，为了解决国家机关工作人员和工人的养老问题，1955 年国务院发布了《关于国家机关工作人员退休暂行办法》，其适用对象包括机关、各民主党派、各人民团体、国家机关所属事业单位，但没有包括企业退休人员。之后，国务院于 1957 年颁布了《关于工人、职员退休处理的暂行规定》，把机关事业单位和企业养老统一成了一个制度。

随着改革开放的到来，1978 年国务院又颁布了《关于工人退休、退职的暂行办法》《关于安置老弱病残干部的暂行办法》，对机关事业单位和企业职工的养老资格条件、计发基数、计发比例等进行了调整，但仍然是统一的制度，没有待遇差别。

（二）机关事业单位和企业养老制度"双轨制"的时代（1991～2014 年）

"双轨制"问题始于 1991 年，国务院颁布实施了《关于企业职工养老保险制度改革的决定》，企业建立了基本养老保险制度，实行企业和个人共同承担的"统账结合"模式，但机关和事业单位未列入改革范围，依旧由国家财政完全拨付。这就形成了在养老制度上，企业和机关事业单位两种截然不同的

"双轨"模式。

改革的结果就是机关事业单位人员与企业退休职工实行两套不同的养老保障制度。机关事业单位人员享受从计划经济时期延续而来的单位退休金制度，个人无须缴费，各级财政承担退休人员的所有退休金；企业职工则参加与市场经济体制相适应的社会养老保险制度，企业与个人共同缴费，由养老保险基金承担退休职工的基本养老金。此前，中国的养老模式一般为国家和企业完全保障，企业与机关事业单位之间并无差距。但改革后，从企业退休和从国家机关、事业单位退休的养老金就开始拉开了差距，原因在于：（1）从 1995 年起，企业退休人员的退休金调整按上年度职工平均工资增长率的 40%～60% 调整，机关事业单位退休人员的退休金则按同级在职职工工资增长率的 90% 调整；（2）机关事业单位退休金增加还受益于 1993 年和 2006 年两次工资改革，特别是 2006 年"工资套改"主要体现在工龄和职务上，工龄越长，职务越大，涨幅越大，退休工资也按照这个涨幅得到了较大的提高。

（三）机关事业单位与企业基本养老保险制度并轨改革的时代（2015 年至今）

随着改革开放的不断深入，"双轨制"的弊端越来越明显，同等学力、同等职称、同等职务、同等技能、同等贡献的人因退休时的单位性质不同，退休金也不同，政府机关和事业单位的养老金比企业高 2～3 倍，因此，机关事业单位和企业退休金制度的"双轨制"被认为是最不公平的社会政策之一。2012 年 3 月，这一制度在全国两会上引起代表委员们的关注和热议。人民网和《人民日报》组织的调研显示，2012 年 92% 的网友希望提高养老金的上涨幅度和速度；2013 年 98% 的网友认为废除企业和机关事业单位退休金"双轨制"的条件已经成熟，96% 的网友认为企业职工和公务员养老制度实行"双轨制"非常不合理；2014 年 86.3% 的网友支持养老金制度并轨，认为改革进程太慢；2015 年 24.78% 的调查对象在最关注的问题中选择了"养老金并轨"。社会舆论推动改革进度加快。[①]

2015 年 1 月，国务院《关于机关事业单位工作人员养老保险制度改革的决定》宣布机关事业单位养老保险制度建立。改革后，机关事业单位退休金制度发生了彻底改变，财政责任前置，个人责任清晰，养老保障由单支柱转变为

---

① 张盈华：《机关事业单位养老保险改革：进程、发展与制度评价》，《北京工业大学学报（社会科学版）》，2016 年第 12 期。

多支柱。

## 二、行政事业单位养老保险制度的实施要点

行政事业单位工作人员养老保险制度改革是城镇企业职工基本养老保险制度改革之后又一次重大社会保险制度改革，是打破行政机关和事业单位壁垒、解决企业与行政事业单位养老保险"双轨制"的重大突破，是建立与社会主义市场经济相适应的公平和可持续养老保险制度的重大改革。

为了解决"双轨制"的不公平问题，建立更加公平、可持续的养老保险制度，国务院贯彻党的十八大和十八届三中全会精神、根据《中华人民共和国社会保险法》等相关规定，决定改革机关事业单位工作人员养老保险制度，并公布了《关于机关事业单位工作人员养老保险制度改革的决定》。按照企业职工养老保险制度原则、框架和基本模式建立的行政事业单位养老保险制度，消除了"双轨制"存在的制度基础，实现了企业职工与行政事业单位职工在养老保险制度上的公平，为建成"老有所养"和谐社会奠定坚实基础。

（一）改革的范围

适用于按照公务员法管理的单位、参照公务员法管理的机关、事业单位及其编制内的工作人员，但有以下例外：（1）全国机关事业单位的离休人员不纳入这次改革范围，他们离休待遇的调整由中央有关部门另行制定政策，资金由原渠道解决；（2）编制外人员大都依法签订了劳动合同，要通过继续推动参加企业职工基本养老保险，保障其养老保障权益。

（二）改革目标

从制度模式看，力图建成资金来源多渠道、保障形式多层次、管理服务社会化的养老保险体系。

资金来源 = 企业和个人缴费 + 国家财政补贴 + 国有资产处置收入
　　　　　 + 社会捐赠等

从制度建立的原则看，强调公平与效率的统一，既体现同等缴费者享受同等待遇的横向公平，也体现工作人员之间贡献大小的差别，即建立待遇与缴费挂钩机制，建立多缴多得、长缴多得的激励机制；同时强调，保障水平与经济发展水平相适应，要保障基本生活需要，以及与改革前后待遇水平相衔接。

（三）在内容和形式上保持与企业职工养老保险制度一致

1. 在制度上，实行"社会统筹与个人账户相结合"

单位按照职工工资总额的 20% 缴纳，建立社会统筹基金；个人按工资总额的 8% 缴费，由单位代扣，建立基本养老保险个人账户。个人工资超过当地上年度在岗职工平均工资 300% 以上的部分，不计入个人缴费工资基数；低于当地上年度在岗职工平均工资 60% 的，按当地在岗职工平均工资的 60% 计算个人缴费工资基数。个人账户储存额只用于工作人员养老，不得提前支取，每年按照国家统一公布的记账利率计算利息，免征利息税。参保人员死亡的，个人账户余额可以依法继承。

（1）缴费基数。机关工作人员的个人缴费工资基数包括本人上年度工资收入中的基本工资、国家统一的津贴补贴（警衔津贴、海关津贴等国家统一规定纳入原退休费计发基数的项目）、规范后的津贴补贴（地区附加津贴）、年终一次性奖金。事业单位工作人员的个人缴费工资基数包括本人上年度工资收入中的基本工资、国家统一的津贴补贴（国家统一规定纳入原退休费计发基数的项目）、绩效工资。

（2）缴费年限。实际缴费年数加上视同缴费年数的总和累计不少于 15 年。

2. 在计发办法上，退休后按月发给基本养老金

基本养老金由基础养老金和个人账户养老金组成。退休时的基础养老金月标准以当地上年度在岗职工月平均工资和本人指数化月平均缴费工资的平均值为基数，缴费每满 1 年发给 1%。个人账户养老金月标准为个人账户储存额除以计发月数，计发月数根据本人退休时城镇人口平均预期寿命、本人退休年龄、利息等因素确定。个人账户养老金月标准为个人账户储存额除以计发月数，计发月数根据本人退休时城镇人口平均预期寿命、本人退休年龄、利息等因素确定（见表 1-1）。改革后的计发方法与原来按"最后工资"分档确定退休费相比，能够更全面、历史地体现机关事业单位工作人员整个职业生涯的劳动贡献，也与企业职工的基本养老金待遇计发办法相一致。

表 1-1　　　　　　　　　个人账户养老金计发月数一览

| 退休年龄 | 40 | 41 | 42 | 43 | 44 | 45 | 46 | 47 | 48 | 49 | 50 |
|---|---|---|---|---|---|---|---|---|---|---|---|
| 计发月数 | 233 | 230 | 226 | 223 | 220 | 216 | 212 | 208 | 204 | 199 | 195 |

| 退休年龄 | 51 | 52 | 53 | 54 | 55 | 56 | 57 | 58 | 59 | 60 | 61 |
|---|---|---|---|---|---|---|---|---|---|---|---|
| 计发月数 | 190 | 185 | 180 | 175 | 170 | 164 | 158 | 152 | 145 | 139 | 132 |
| 退休年龄 | 62 | 63 | 64 | 65 | 66 | 67 | 68 | 69 | 70 | | |
| 计发月数 | 125 | 117 | 109 | 101 | 93 | 84 | 75 | 65 | 56 | | |

资料来源：社保查询网。www.chashebao.com.

（四）保持待遇不下降

改革实行"老人老办法，新人新制度，中人逐步过渡"。对改革前已退休人员（即"老人"），保持现有待遇并参加今后的待遇调整；对改革后参加工作的人员（即"新人"），将来退休时的基本养老金为基础养老金和个人账户养老金两部分之和；对改革前参加工作、改革后退休的人员（即"中人"），由于改革前的工作年限里没有实行个人缴费，其退休时的个人账户储存额中没有体现这段时间的劳动贡献，因此将这段时间确定为"视同缴费年限"，在发给基础养老金和个人账户养老金的同时，再依据视同缴费年限长短等因素发给过渡性养老金。为更好地保持"中人"待遇的衔接，这次改革设定了 10 年的过渡期，在过渡期内实行新老办法对比，新办法计发的养老金低于老办法的，按老办法补齐；新办法计发的养老金高于老办法的，对高出部分有所限制。这样，基本可以保证原有的待遇水平不降低。

（五）与企业分账管理

机关事业单位实施与企业职工养老保险相同的制度，但机关事业单位基本养老保险基金单独建账，与企业职工基本养老保险基金分别管理使用。这是考虑到，机关事业单位的缴费大多由财政资金支付，单独建账管理基金，有利于明确各级财政责任；而且机关事业单位的抚养比高，不与企业混用基金，有利于防止机关事业单位"吃"企业养老保险结存基金的问题。

（六）行政事业单位职工的职业年金与企业职工的企业年金制度基本保持一致

按照制度规定，机关事业单位在参加基本养老保险的基础上，为其工作人员建立职业年金。单位按本单位工资总额的8%缴费，个人按本人缴费工资的4%缴费。工作人员退休后，按月领取职业年金待遇。建立职业年金制度，是行政事业单位工作人员养老金待遇不低于原退休金水平的重要保证，减少了改革阻力。为了保证行政事业单位养老保险制度的顺利运行和长期支付，要求各级财政加大对行政事业单位养老保险的投入力度，确保基本养老金的足额发放和职业年金的经费到位。财政切实履行兜底责任，确保行政事业单位养老保险制度长期可持续运行。

（七）养老保险关系转移接续

养老保险关系转移接续分为两种情况：一种是参保人在机关事业单位养老保险制度内同一统筹范围转移，只转接养老保险关系，不转移基金；另一种是在机关事业单位养老保险制度内跨统筹范围转移，或者在机关事业单位与企业之间转移。由于涉及不同地区的财政平衡或者不同制度的基金平衡，所以在转接养老保险关系时，既要转移个人账户累计储存额，又要转移部分基金。无论哪种转移，工作人员转移前后的缴费年限（含视同缴费年限）都连续计算。

（八）建立基本养老金正常调整机制

根据职工工资增长和物价变动等情况，统筹安排机关事业单位和企业退休人员的基本养老金调整，逐步建立兼顾各类人员的养老保险待遇正常调整机制，以确保缴费15年以上并达到退休年龄的工作人员领取的养老金能随收入和物价的变动而不断提高，能够分享到经济社会发展成果，退休基本生活有保障。

## 三、行政事业单位养老保险制度的运行现状

（一）行政事业单位基本养老保险运行基本情况

根据国务院2015年印发的《国务院关于机关事业单位工作人员养老保险制度改革的决定》《2023年国民经济和社会发展统计公报》《中国统计年鉴（2023）》《中国劳动统计年鉴（2023）》，经过整理和估算可得到全国行政事业单位基本养老保险经营现况。

1. 覆盖范围

（1）2022年，全国机关事业单位在职职工、离退休人数。根据《中国劳动统计年鉴（2023）》，2022年全国机关事业单位在职职工为3 815.6万人，退休职工为2 030.5万人，两者比例为0.53。根据《中国人口统计年鉴（2023）》，2022年全国总人口为141 573.816 9万人。2022年机关事业单位在职职工人数与全国人口之比为1∶37.1。

（2）改革初年（即 2014 年）全国行政事业单位"中人"人数。根据《中国劳动统计年鉴（2023）》，2014 年末，在职职工人数为 1 598.7 万人，也就是"中人"的人数大约为 1 598.7 万人。

（3）改革初年全国行政事业单位"老人"人数。根据《中国劳动统计年鉴（2023）》，2014 年末，退休人数为 579.8 万人，也就是"老人"的人数大约为 579.8 万人。

**2. 基金状况**

2022 年底，全国行政事业单位基本养老保险基金收入 15 405.4 亿元，全年基金总支出是 15 467.5 亿元，年末养老基金累计结存 3 966.0 亿元。

**3. 工资分配**

根据当前各地对缴费工资基数的确定，参保单位和职工应以职工工资作为各项社会保险费的缴费基数，职工工资高于（或低于）社会保险缴费工资上（下）限的，以社会保险缴费工资上（下）限为缴费工资。职工工资的构成，按《中华人民共和国工资支付条例》等有关规定执行。站在全国的角度测算机关事业单位养老保险的收入，我们以 2022 年全国国有单位职工平均工资作为 2022 年的机关事业单位职工养老保险缴费基数：根据《中国劳动统计年鉴（2023）》，2022 年国有单位职工平均工资为 127 175 元，故 2022 年全国机关事业单位缴费工资基数为月 10 598 元。

**4. 待遇水平**

根据《中国劳动统计年鉴（2022）》表 9-6 关于历年全国机关事业单位城镇职工基本养老保险情况，我们用养老保险总支出除以退休人员数，得到 2022 年全国行政事业单位参保退休人员人均年收入，为 72 904 元，则月人均基本养老金至少达到 6 075 元。

**（二）行政事业单位基本养老保险财务变动分析**

（1）养老保险抚养比快速增长。如表 1-2 所示，1999 年的退休人数与在职职工人数之比从 0.1866 快速增长到 2021 年的 0.5322，图 1-1 显示其增长速度过高，可能加重在职职工的抚养负担，根据机关事业单位养老保险缴费的规则，最终加重财政的负担。出现这种情况，可能是由于我国人口老龄化情况逐渐加重，机关事业单位每年都会增加的退休人数较新增职员的幅度较大。

表 1 – 2                                          1999～2021 年抚养比

| 年份 | 抚养比 | 年份 | 抚养比 |
|------|--------|------|--------|
| 1999 | 0.1866 | 2011 | 0.3216 |
| 2000 | 0.1569 | 2012 | 0.3300 |
| 2001 | 0.1958 | 2013 | 0.3449 |
| 2002 | 0.2156 | 2014 | 0.3627 |
| 2003 | 0.2294 | 2015 | 0.3709 |
| 2004 | 0.2433 | 2016 | 0.4173 |
| 2005 | 0.2570 | 2017 | 0.4589 |
| 2006 | 0.2623 | 2018 | 0.5046 |
| 2007 | 0.2745 | 2019 | 0.5218 |
| 2008 | 0.2896 | 2020 | 0.5296 |
| 2009 | 0.3012 | 2021 | 0.5322 |
| 2010 | 0.3123 |      |        |

资料来源：根据《中国劳动统计年鉴（2022）》整理得到。

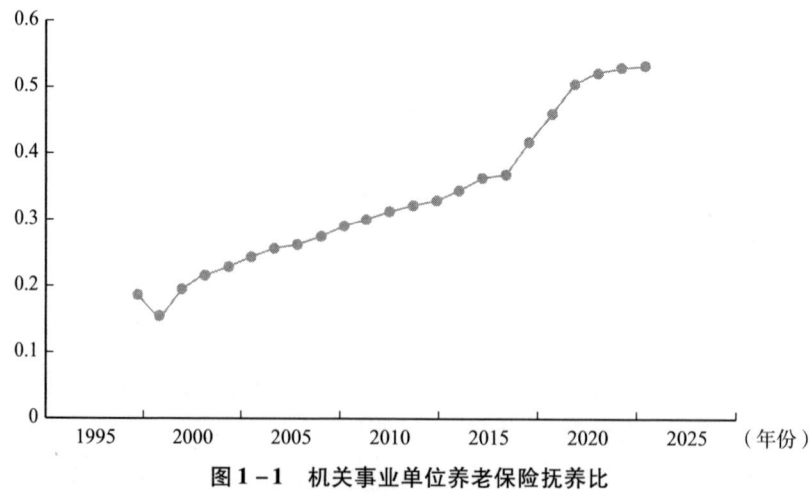

图 1 – 1　机关事业单位养老保险抚养比

（2）如图 1 – 2 所示，年度支出占年度收入比例持续增长，存在年度收支不平衡的风险。

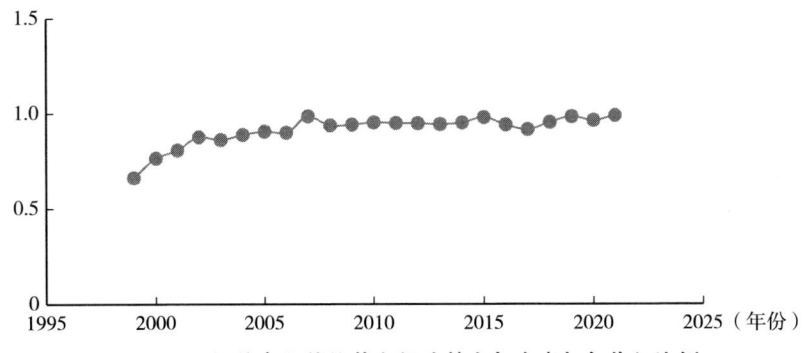

**图 1-2 机关事业单位养老保险基金年支出与年收入比例**

资料来源：根据《中国劳动统计年鉴（2022）》整理得到。

（3）如表 1-3、图 1-3 所示，总体来看，年支出增长率高于年收入增长率，未来可能较为严重的基金缺口。从近些年各地的实际情况来看，养老金欠缴已经成为一项不容忽视的问题，养老金欠缴严重影响了相关单位员工的切身利益以及合法权益。[1]

表 1-3         **1999~2021 年年收入增长率与年支出增长率**

| 年份 | 基金年收入增长率 | 基金年支出增长率 |
| --- | --- | --- |
| 2000 | 1.04 | 1.35 |
| 2001 | 0.33 | 0.41 |
| 2002 | 0.53 | 0.66 |
| 2003 | 0.21 | 0.19 |
| 2004 | 0.13 | 0.16 |
| 2005 | 0.14 | 0.16 |
| 2006 | 0.13 | 0.12 |
| 2007 | 0.22 | 0.33 |
| 2008 | 0.14 | 0.09 |
| 2009 | 0.14 | 0.14 |
| 2010 | 0.12 | 0.14 |

---

① 郑颖：《机关事业单位养老保险基金财务管理研究》，《财会研究》2020 年第 11 期，第 97~98 页。

续表

| 年份 | 基金年收入增长率 | 基金年支出增长率 |
|------|------------------|------------------|
| 2011 | 0.17 | 0.17 |
| 2012 | 0.16 | 0.16 |
| 2013 | 0.12 | 0.11 |
| 2014 | 0.09 | 0.10 |
| 2015 | 0.36 | 0.40 |
| 2016 | 1.33 | 1.24 |
| 2017 | 0.63 | 0.59 |
| 2018 | 0.33 | 0.38 |
| 2019 | 0.08 | 0.11 |
| 2020 | −0.04 | −0.06 |
| 2021 | 0.12 | 0.15 |

资料来源：根据《中国劳动统计年鉴（2022）》整理得到。

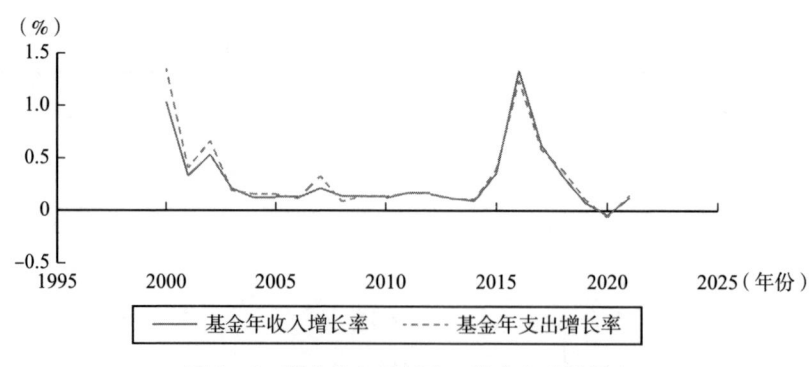

图1-3　基金收入增长率、基金支出增长率

（4）机关事业单位退休金转化为社会化养老保险制度会产生较大的改革成本，可能影响财政的负担能力。机关事业单位养老保险从2014年才开始缴纳，一方面，"老人"和"中人"在此之前未缴纳过养老金，并轨后"老人"和已经退休的"中人"的部分养老保险没有来源；另一方面，由于新制度中增加了强制职业年金制度，而在职业年金中单位按本单位工资总额的8%缴费大部分需要财政承担。这就意味着国家需要承担并轨后机关事业单位产生的养老金改革成本。消化这些改革成本，减轻财政压力，首先就需要对这些转制成

本进行测算，根据财政能力进行早谋划。

（5）基本养老保险结余基金存在增值困难的问题。2022 年机关事业单位基本养老保险基金结余 4 000 亿元，要使这部分基金保值增值，必须要求其年投资收益率大于通货膨胀率和无风险利率之和。当前各地机关事业单位养老保险基金投资渠道有三：一是委托全国社会保障基金力实业进行投资；二是各单位自行投资；三是存银行吃低利息。现实情况是，当前 90% 的基金存银行，总体收益率不足 2%；一旦存在较高的通货膨胀，基金必然贬值，不利于养老保险财务的可持续。

## 第二节　城镇企业职工养老保险制度的发展
## 历程、实施要点及其运行现状

### 一、城镇企业职工养老保险制度的发展历程

我国城镇企业职工养老保险制度是我国养老保障体系中举足轻重的一部分，其平稳、高效的运行是我国民生得以保障的关键支撑，是我国社会稳定、经济发展的重要基石。我国城镇企业职工养老保险制度自 1951 年提出以来，经历了制度的转换与模式的创新，使其在保障民生与维护社会稳定方面更加有力。回顾其发展历程是继续研究制度的基础，其发展历程分为三个阶段。

（一）传统型养老制度阶段（1951~1977 年）

1. 初步创立阶段（1951~1965 年）

1951 年政务院颁布的《中华人民共和国劳动保险条例》标志着我国第一个养老保险体系的创立，其内容主要为：职工从工资中提取 3% 作为劳动保险基金用以发放养老金，职工退休后可以领取相当于本人工资 50% 至 70% 的养老金。同时，条例的颁布表明了我国劳动保险的各项费用全部由实行劳动保险的各企业或出资方负担，如本单位的劳动保险基金不敷开支，可以在本省、自治区、直辖市或者本产业系统内进行调剂，总体呈现出企业级的现收现付制的特征。1953 年政务院颁布的《关于中华人民共和国劳动保险条例若干修正的规定》进一步提出要提高覆盖率与待遇标准的决定，至 1956 年，我国初创的养老保险覆盖率达到企业职工的 94%，职工领取养老金的形式与金额初步确定。1958 年颁布的《关于工人、职工退休处理的暂行规定》，将养老保险从劳

动保险中分离出来，并提出了全国统一的待遇标准，标志着我国当时具有一定基金调剂功能的"现收现付制"的职工养老保险制度走上正轨。

2. 停滞期（1966～1977 年）

1966～1977 年我国养老保险制度陷入发展停滞的困境，1969 年《关于国营企业财务工作中几项制度的改革意见（草案）》的颁布使正处于发展阶段的劳动保险只能在企业内部运行，高层次的基金调剂功能退化。

（二）改革转轨期（1978～1997 年）

1. 逐步恢复期（1978～1983 年）

1978 年以后，我国城镇企业职工养老保险逐步恢复，但在恢复的过程中，诸多遗留问题逐步显现，矛盾层出不穷。

1978 年，企业和国家机关中有一大批应退未退者与特殊情况人员（包括但不限于老弱病残干部、老年工人和因工、因病丧失劳动能力的工人），为妥善解决其养老问题，国务院颁布了《关于工人退休、退职的暂行办法》和《关于安置老弱病残干部的暂行办法》。为了进一步恢复城镇企业职工养老保险制度，1980 年国家劳动总局、中华全国总工会下发《关于整顿与加强劳动保险工作的通知》。这期间一系列办法的颁布使我国城镇企业职工养老保险重新运转起来，但由于其基金调剂功能未得到全面恢复，一些企业面临了难以承受的养老金支付压力，负担过重，城镇企业职工基本养老保险制度运行难以为继，出现了退休职工领不到足额养老金等情况，影响了我国职工养老保险制度的进一步发展，制度亟待改革。

2. 改革启动与方向探索期（1984～1991 年）

此阶段我国城镇企业职工养老保险制度走向了责任主体拓宽、统筹层级提高的发展方向。

1984 年，政府在部分企业推行职工养老金的社会统筹，规定提出拟定全民所有制单位职工退休费用统筹办法并组织试点。1985 年，劳动人事部发布《关于做好统筹退休基金与退休职工服务管理工作的意见》，提出把整个养老保险工作统一管理起来的发展思想，使养老金社会统筹的步伐加快。

1986 年，国务院颁布了《国营企业实行劳动合同制暂行规定》，在规定中明确提出要对已经签订劳动合同的工人实行养老保险的社会统筹，并首次提出养老保险的保费主要由企业和工人共同负担。当养老金不敷使用时，国家给予适当补助，这不但减轻了企业负担，而且增强了个人责任感。据初步统计，1987 年全国已有 600 个市、县实行了退休费用社会统筹，约占全国市县总数的 1/4。自 1987 年底开始，劳动部门针对养老金计发办法改革进行了调研和测算，为启动改革试点做准备，这进一步确保了养老金待遇能够满足养老需求。1989 年，劳动部发布《关于社会保险机构的名称和工作职责的通知》，要求将各级劳动部门所属的社会保险机构名称统一为"社会保险事业管理局"，使我国城镇企业职工养老保险制度逐步规范化。1990 年，劳动部发布《关于加强养老保险基金的征缴和管理工作的通知》，规范了养老保险基金的征缴和管理工作。

1991 年国务院颁布的《关于企业职工养老保险制度改革的决定》，说明了养老保险的缴纳应由政府、企业、个人共担；统筹层次应由市县统筹逐步过渡到省级统筹，这份决定确定了我国城镇企业职工养老保险制度改革的方向，吹响了企业职工劳动保险制度改革的号角，成为我国企业职工养老保险制度改革的重要指导性文件。

3. 深化改革期（1992～1997 年）

1993 年，党的十四届三中全会提出要建立多层次的社会保障制度，并颁布了《关于建立社会主义市场经济体制若干问题的决定》，首次提出要对我国养老保险制度实行改革，使其由单纯的社会统筹模式逐步过渡到社会统筹与个人账户相结合的模式。同期，劳动部制定并印发了《关于建立社会主义市场经济体制时期劳动体制改革总体设想》《企业职工养老保险基金管理规定》《社会保险会计制度（试行）》《企业职工养老保险基金管理规定》《社会保险统计管理规定》《社会保险财务制度（试行）》等；在社会保险立法方面还提出了制定《社会保险法》《职工养老保险条例》等；同时印发《关于基本养老金计发办法改革试点工作的通知》，开启了试点工作并对企业和个人的养老保险缴费比例作出了具体规定。这一系列文件的发布为开展社会保险各方面工作提供了重要依据，使城镇企业职工基本养老保险的运行更加规范化。为城镇企业职工养老保险制度的改革与发展打下基础。

1995 年，国务院颁布了《关于深化企业养老保险制度改革的通知》，对养老保险财务模式进行改革，即由现收现付制转变为"统账结合"的部分积累制，并再次强调我国要实行社会统筹和个人账户相结合的基本养老保险制度。1997 年发布了《关于建立统一的企业职工基本养老保险制度的决定》，明确规定了企业职工基本养老保险制度的财务模式，具体包括以下几点：一是规定了个人账户的记账模式；二是明确了在职职工对保费的负担比例；三是规定了养老金的发放办法；四是由县级统筹到省级统筹过渡，取消行业统筹。这一决定的颁布，标志着我国社会统筹与个人账户相结合的养老保险模式已经基本确立，体现了养老保险制度从企业保险到社会保险的根本性变革。

（三）制度完善期（1998 年至今）

此阶段在确立我国城镇企业职工养老保险"统账结合、统筹层级逐步提高"的大方向后，不断完善制度细则、充实制度内容、挖掘制度内涵，面对不同的问题进行逐一调整与规范，自此，我国城镇企业职工养老保险制度走向了逐步完善的道路。以下为此阶段发布的重要文件与政策方针。

1998 年颁布的《关于印发〈企业职工基本养老保险基金实行收支两条线管理暂行规定〉的通知》与《关于实行企业职工基本养老保险省级统筹和行业统筹移交地方管理有关问题的通知》，一方面提出基本养老保险基金纳入单独的社会保险基金专户，专款专用，另一方面指出要实行企业职工基本养老保险省级统筹，建立基本养老保险基金省级调剂机制。2000 年国务院颁布实施《关于完善城镇职工社会保障体系的试点方案》，该方案规定，个人账户规模由本人缴纳工资的 11% 调整到 8%。2005 年国务院颁布并实施了《关于完善企业职工基本养老保险制度的决定》，该决定围绕着"覆盖广泛、水平适当、结构合理、基金平衡"的原则提出了十项基本内容和四大突破，进一步完善了我国"统账结合"模式的养老保险制度，明确了完善企业职工基本养老保险制度的指导思想和主要任务。2007 年 2 月 15 日，劳动和社会保障部发布《关于进一步扩大做实企业职工基本养老保险个人账户试点工作有关问题的通知》，进一步推动做实个人账户工作、提高做实个人账户比例。2008 年，面对个人账户空转的问题，政府颁布了《关于完善做实个人账户试点工作有关问题的通知》，对试点省份资金配套和个人账户基金管理进行规范，主要强调了要做实个人账户。2010 年 10 月 28 日，十一届全国人大常委会第 17 次会议通过了《中华人民共和国社会保险法》，城镇企业职工基本养老保险制度框架得以法律形式确立，标志着制度改革取得了具有里程碑意义的阶段性历史成就。2018 年国务院出台《关于建立企业职工基本养老保险基金中央调剂制度的通知》，提出要建立中央调剂基金制度，并指出要逐步提高中央调剂比例。

2020 年 10 月，《中共中央关于制定国民经济和社会发展第十四个五年规划和二〇三五年远景目标的建议》提到要在 2035 年之前实现基本养老保险全国统筹，加速了我国城镇企业职工养老保险更高层级统筹的速度，也表明我国城镇企业职工养老保险制度即将走向完善并平稳发展。

## 二、城镇企业职工养老保险制度的实施要点

我国城镇企业职工养老保险制度自改革以来不断发展，各项工作取得明显成效，为促进改革、发展和维护社会稳定发挥了重要作用。但随着我国人口老龄化程度不断升高、就业方式多元化发展、城市化水平不断提高，城镇企业职工养老保险制度仍存在诸多问题，如个人账户没有做实、统筹层次不高、计发办法不尽合理、覆盖范围不够等。为进一步完善制度，2005 年国务院颁布《国务院关于完善企业职工基本养老保险制度的决定》（以下简称《决定》），提出了我国城镇企业职工养老保险制度未来发展的主要任务，对如今的制度发展仍有指导意义。以下为根据 2005 年《决定》中的指导意见总结的城镇中企业职工养老保险制度的实施要点。

（一）确保基本养老金按时足额发放，保障离退休人员基本生活

要继续把确保企业离退休人员基本养老金按时足额发放作为首要任务，进一步完善各项政策和工作机制，确保离退休人员基本养老金按时足额发放，不得发生新的基本养老金拖欠，切实保障离退休人员的合法权益。[①]

（二）逐步做实个人账户，完善社会统筹与个人账户相结合的基本制度

我国个人账户存在着个人账户空账缺口大与个人账户基金收益率低、省级发展水平低等问题，可能会导致统账结合制度的不可持续。做实个人账户，积累基本养老保险基金仍然是我国目前养老制度发展的关键点。

（三）统一城镇个体工商户和灵活就业人员参保缴费政策，扩大覆盖范围

《决定》中提出城镇各类企业职工、个体工商户和灵活就业人员都要参加企业职工基本养老保险。随着互联网、区块链、人工智能等技术的飞速发展，我国"三新"经济[②]的发展速度越来越快，在新的商业模式下，我国目前存在着劳务关系复杂化等问题，有一部分"灵活就业者"的参保缺口产生，我国城镇企业职工养老保险制度要进一步提升覆盖率，就要在这部分"灵活就业者"的"职工化"上下功夫，还要进一步落实国家有关社会保险补贴政策，帮助就业困难人员参保缴费。

---

① 《国务院关于完善企业职工基本养老保险制度的决定》。

② "三新"经济指一种有别于传统经济划分模式的表现形式，主要指楼宇经济、街区经济和总部经济，是新产业、新业态、新商业模式生产活动的集合。

（四）改革基本养老金计发办法，建立参保缴费的激励约束机制；根据经济发展水平和各方面承受能力，合理确定基本养老金水平

2005 年《决定》在养老金计发方面鼓励参保职工缴费的激励约束机制，即在"统账结合"的基础上，向"长缴费、多缴费"人群给予一定的倾斜，养老金计发办法也相应进行了调整，此办法施行并一直沿用至今。具体的养老金计发办法如下：

$$基础养老金 = \left( \frac{上年度在岗职工}{月平均工资} + \frac{本人指数化}{月平均缴费工资} \right) \div 2 \times 缴费年限 \times 1\%$$

$$个人账户养老金 = 本人基本养老保险个人账户累计储存额 \div 计发月数$$

$$过渡性养老金 = 本人指数化月平均缴费工资 \times 建账前缴费年限 \times 1.3\%$$

从算法可以看出，新计发办法在兼顾公平的同时强化效率因素，使此法沿用数年。但近些年也有一系列问题出现，如参保人缴费意愿问题、区域待遇差距问题、个人账户超额支出问题等。

（五）建立多层次养老保险体系，划清中央与地方、政府与企业及个人的责任

多层次多支柱养老保险体系是人口老龄化背景下的养老保险制度可持续发展的可行解决办法。当前，我国养老保险三支柱存在着不平衡的问题，我国养老保险体系的可持续发展面临挑战。我国应基于多层次多支柱养老保险体系的方针，分别从政府、企业和个人三个层面探究其动力机制与实现路径，提出实现基本养老保险全国统筹、发展集合年金计划、规范发展个人养老保险等建议，以发展多层次多支柱养老保险体系，推进我国养老保险制度发展的可持续性。[①]

（六）加强基本养老保险基金征缴和监管，完善多渠道筹资机制

有效的监管是我国城镇企业职工养老保险制度得以高效、平稳运行的关键，也是制度进一步发展与变革的抓手。我国基本养老保险基金监管方面存在较大的问题，如监管团队专业力量不足、监管主体权责不明、存在监管制度漏洞、内部协调性差等。为此，我国应深刻剖析目前问题，广泛整理国内外学术建议，加快我国基本养老保险基金监管体系，确保我国城镇企业职工养老保险制度平稳运行。同时，要进一步扩大筹资渠道，以确保我国养老保险基金充足。

---

① 裴敏：《发展多层次多支柱养老保险体系：动力机制与实现路径》，《经济问题》2023 年第 10 期，第 52～59 页。

（七）进一步做好退休人员社会化管理工作，提高服务水平

目前，我国养老服务还存在着诸多问题，集中在服务形式单一、养老服务不落地、老年人护理工作缺失等方面。目前，我国应将我国养老具体问题与新兴技术相结合，要充分运用数字经济与互联网思维，加强劳动保障工作平台建设，加快公共老年服务设施和服务网络建设，开展老年护理服务，并通过"互联网＋养老服务"的方式使养老服务落地，切实为退休人员提供更多更好的服务。

## 三、城镇企业职工养老保险制度的运行现状

（一）城镇企业职工基本养老保险运行基本情况

根据国务院印发《关于降低社会保险费率综合方案的通知》《关于完善企业职工基本养老保险制度的决定》《基本养老金基金投资管理办法》《2022年国民经济和社会发展统计公报》《中国统计年鉴（2022）》《中国劳动统计年鉴（2022）》。我们通过整理和估算，得到全国城镇企业职工基本养老保险经营状况。

1. 覆盖范围

2021年，根据《中国劳动统计年鉴（2022）》，参加城镇企业职工基本养老保险的有48 074.0万人，其中职工参保共有34 917.1万人，占比为72.63%，离退休人员参保人员共有13 157.0万人，占比17.37%。

2. 基金状况

2021年底，全国行政事业单位基本养老保险基金收入60 454.7029亿元，全年基金总支出是56 481.4635亿元，年末养老基金累计结存52 573.5693亿元。

3. 工资分配

职工养老保险缴费基数与上文机关事业单位的基数确定方法相一致。根据《中国劳动统计年鉴（2022）》，2021年我国城镇私营单位职工平均工资为62 884元，故2021年城镇私营单位缴费工资基数为月5 240元。

4. 待遇水平

根据《中国劳动统计年鉴（2022）》表9 - 7关于历年全国企业及其他城镇职工基本养老保险情况，我们用养老保险总支出（40 683.3亿元）除以退休人员数（11 126.5万人），得到2021年全国城镇企业职工参保退休人员人均

年收入为 77 805 元，则月人均基本养老金至少达到 3 047.03 元。

（二）城镇企业职工基本养老保险财务变动分析

（1）养老保险抚养比快速增长。如表 1-4 所示，1989 年的退休人数与在职职工人数之比从 0.1855 快速增长到 2021 年的 0.3577，通过图 1-4 可更加明显地看出其变化速度与趋势。抚养比增长速度提高，将加重在职职工的抚养负担，最终加重财政的负担。这种情况出现的根本原因可能是我国人口老龄化情况逐渐加重。

表 1-4　　　　　　　　1989～2021 年城镇企业职工抚养比

| 年份 | 抚养比 | 年份 | 抚养比 |
| --- | --- | --- | --- |
| 1989 | 0.1855 | 2006 | 0.3359 |
| 1990 | 0.1856 | 2007 | 0.3319 |
| 1991 | 0.1922 | 2008 | 0.3227 |
| 1992 | 0.2163 | 2009 | 0.3297 |
| 1993 | 0.2297 | 2010 | 0.3261 |
| 1994 | 0.2448 | 2011 | 0.3162 |
| 1995 | 0.2565 | 2012 | 0.3235 |
| 1996 | 0.2693 | 2013 | 0.3317 |
| 1997 | 0.2921 | 2014 | 0.3348 |
| 1998 | 0.3218 | 2015 | 0.3472 |
| 1999 | 0.3232 | 2016 | 0.3575 |
| 2000 | 0.3185 | 2017 | 0.3659 |
| 2001 | 0.3258 | 2018 | 0.3766 |
| 2002 | 0.3373 | 2019 | 0.3779 |
| 2003 | 0.3445 | 2020 | 0.3703 |
| 2004 | 0.3462 | 2021 | 0.3577 |
| 2005 | 0.3420 | | |

资料来源：根据《中国劳动统计年鉴（2022）》整理得到。

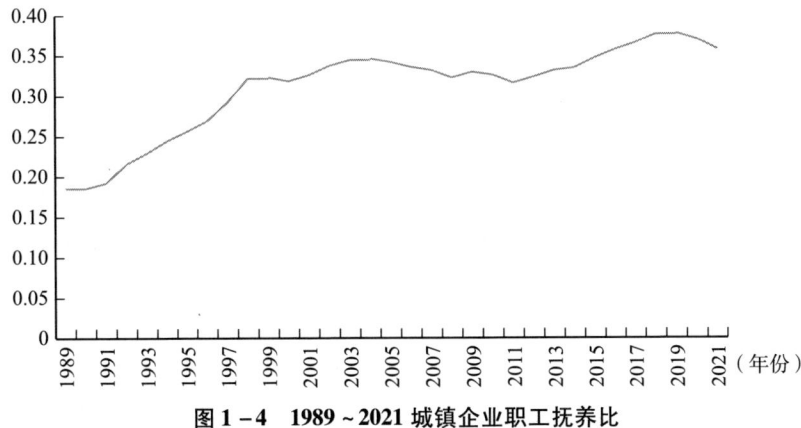

**图 1 - 4　1989~2021 城镇企业职工抚养比**

（2）如图 1 - 5 所示，年度支出占年度收入比例呈现不稳定波动，在新冠疫情期间存在严重的收不抵支的情况，以后年度收支不平衡的风险将继续增大。

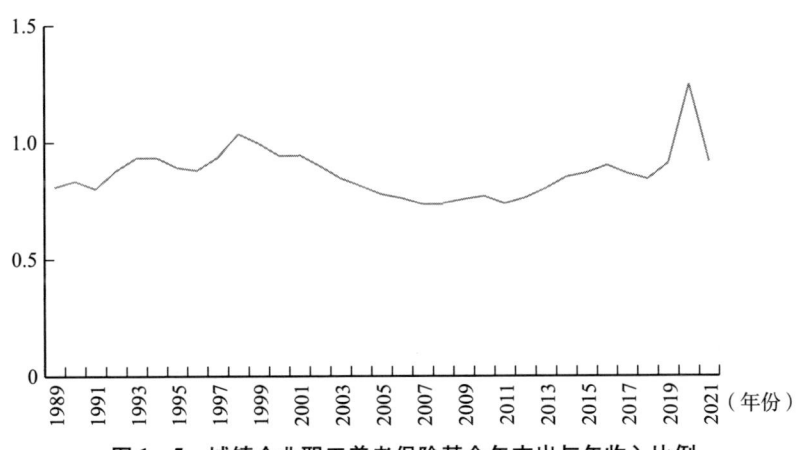

**图 1 - 5　城镇企业职工养老保险基金年支出与年收入比例**

资料来源：根据《中国劳动统计年鉴（2022）》整理得到。

（3）如表 1 - 5、图 1 - 6 所示，总体来看，年支出增长率高于年收入增长率，未来可能较为严重的基金缺口。从近些年各地的实际情况来看，养老金欠缴已经成为一项不容忽视的问题，养老金欠缴严重影响了相关单位员工的切身利益以及合法权益。这与养老金企业缴费率高有一定关系，所以未来要进一步平衡企业与个人养老保险缴费比例，并继续拓宽养老保险的层次。同时，城镇企业职工基本养老保险结余基金同样也存在着增值困难、难以管理的问题。

表 1 – 5　　　　　　　2000～2021 年年收入增长率与年支出增长率

| 年份 | 基金年收入增长率（%） | 基金年支出增长率（%） |
|------|----------|----------|
| 2000 | 11. 56 | 5. 74 |
| 2001 | 7. 03 | 7. 44 |
| 2002 | 24. 54 | 18. 25 |
| 2003 | 15. 30 | 8. 53 |
| 2004 | 16. 17 | 11. 60 |
| 2005 | 20. 47 | 15. 31 |
| 2006 | 25. 40 | 22. 66 |
| 2007 | 24. 47 | 20. 21 |
| 2008 | 25. 53 | 26. 27 |
| 2009 | 18. 41 | 21. 19 |
| 2010 | 17. 25 | 19. 32 |
| 2011 | 26. 73 | 21. 42 |
| 2012 | 18. 59 | 22. 61 |
| 2013 | 13. 54 | 19. 51 |
| 2014 | 11. 78 | 18. 55 |
| 2015 | 14. 19 | 16. 60 |
| 2016 | 7. 81 | 11. 77 |
| 2017 | 14. 77 | 10. 35 |
| 2018 | 13. 55 | 10. 37 |
| 2019 | 1. 90 | 10. 01 |
| 2020 | − 20. 79 | 8. 53 |
| 2021 | 47. 40 | 8. 16 |

资料来源：根据《中国劳动统计年鉴（2022）》整理得到。

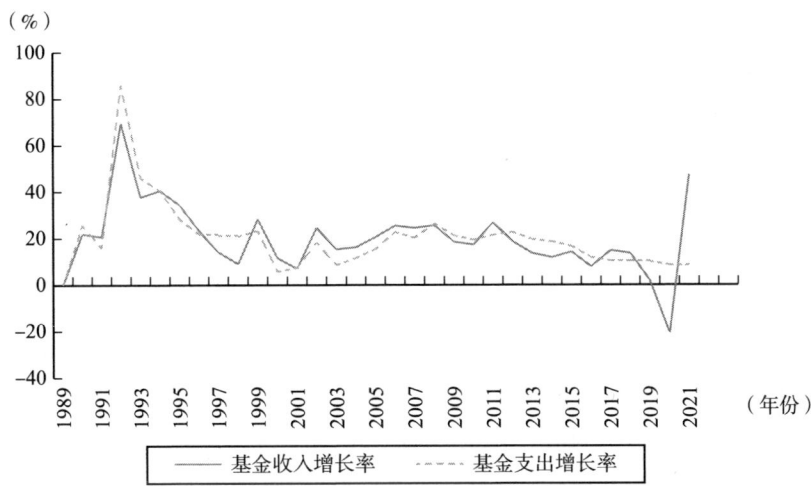

**图 1-6　城镇企业职工养老保险基金收入增长率、基金支出增长率**

资料来源：根据《中国劳动统计年鉴（2022）》整理得到。

## 第三节　城乡居民养老保险制度的发展历程、实施要点及其运行现状

### 一、城乡居民养老保险制度的发展历程

（一）老农村养老保险阶段（1982~2002年）

1. 第一阶段：探索期（1982~1991年）

20世纪80年代初期，我国少数富裕的农村开始建立农民退休养老制度，并给予一定的补贴。1982年，全国有11个省市3 457个生产队实行了养老金制度，满足一定劳动年限和年龄的社员可享受养老金待遇。养老金来源于队办企业利润和公益金，分担比例由生产队根据经济状况确定。[①] 该制度下，约有42万名农村居民领取了养老金，每人每月一般可领取10~15元养老金，最多可达20元以上。[②] 1986年，国家"七五"计划指出要"抓紧建设农村社会保

---

　　① 黄家豪：建国60年来农村养老保险制度的历史探索 [J]. 理论导刊，2009年第10期，第20~23页。

　　② 米红、刘悦：《参数调整与结构转型：改革开放四十年农村社会养老保险发展历程及优化愿景》，《治理研究》2018年第6期，第17~27页。

险制度",正式提出在农村发展社区养老模式,民政部根据要求开始探索建立农村社会保障制度。1991 年 6 月,《国务院关于企业职工养老保险改革的决定》要求民政部负责挑选有条件的地区开展县级农村社会养老保险制度的试点工作。

2. 第二阶段:发展期(1992~1997 年)

1992 年,民政部召开相关会议总结了各地试点经验,并颁布了《县级农村社会养老保险基本方案(试行)》,明确农村社会养老保险采取"个人缴费为主、国家政策扶持"的筹资方式,同时对农村社会养老保险的相关条款做了规范说明,要求各地结合实际情况进一步开展试点工作。截至 1992 年底,全国共有 6 000 万农村人口参加农村社会养老保险,基金达 60 亿元。[①] 1995 年,全国农村社会养老保险工作会议召开,同时,《国务院办公厅转发民政部关于进一步做好农村社会养老保险工作意见的通知》批准了民政部关于健全各级农村社会养老保险管理机构的意见,扩大了农村社会养老保险的覆盖面和基金积累规模,农村社会养老保险工作在全国得到大范围推广。1997 年底,全国有30 个省(自治区、直辖市)开展了农村社会养老保险工作,参保农民达 7 452万人,基金积累近 149 亿元。[②]

3. 第三阶段:停滞期(1998~2002 年)

1998 年,受亚洲金融危机影响,农村社会养老保险账户利率下降,参保农民人数下降。1999 年 7 月,《国务院批转整顿保险业工作小组〈保险业整顿与改革方案〉的通知》决定清理整顿农村社会养老保险工作,停止接受新业务。

(二)新型农村养老保险阶段(2003~2013 年)

1. 第一阶段:地区试点(2003~2007 年)

2002 年 11 月,党的十六大报告提出"在有条件的地区探索建立农村养老、医疗保险和最低生活保障制度",新型农村养老保险制度探索随之展开。2003 年,劳动和社会保障部下发《关于做好当前农村养老保险工作的通知》和《关于认真做好当前农村养老保险工作的通知》,此后部分地区自行开展

---

[①] 王晗、何万里:《我国农村社会养老保险制度发展研究》,《合作经济与科技》2015 年第 11 期,第 192 页。

[②] 李鑫:《浅析我国农村社会养老保险制度的发展历程及建议》,《才智》2010 年第 5 期。第217 页。

了新型农村养老保险的试点工作。2006 年，劳动和社会保障部一号文件要求"积极稳妥地开展农村社会养老保险"，2007 年 10 月，党的十七大报告再次强调要"加快建立覆盖城乡居民的社会保障体系""探索建立农村养老保险制度"，进一步提高了各地区开展新型农村养老保险试点工作的积极性。

2. 第二阶段：全国试点（2008～2010 年）

2008 年《中共中央关于推进农村改革发展若干重大问题的决定》中首次提出了"新型农村社会养老保险"的概念，并明确了其"个人缴费、集体补助、政府补贴相结合"的筹资模式。截至 2008 年底，新型农村养老保险试点县区达 500 个，参保人数增长首次转负为正，年末基金结存 499 亿元，养老金领取人数 512 万人。[①] 2009 年 9 月，在总结各地试点经验的基础上，国务院出台《关于开展新型农村社会养老保险试点的指导意见》，正式在国家层面启动了新型农村养老保险的试点工作。第一批试点在全国 10% 的县（市、区）展开，2010 年 10 月，第二批试点启动，试点范围扩大至 23%。

3. 第三阶段：全覆盖（2011～2013 年）

2011 年 3 月，"十二五"规划提出了实现新型农村社会养老保险制度全覆盖的目标，此后新型农村社会养老保险试点工作推进速度不断加快。2012 年 7 月，全国所有县级行政区全部开展新型农村和城镇居民社会养老保险工作，基本实现了制度全覆盖。[②]

（三）城乡居民养老保险阶段（2014 年至今）

1. 城镇居民社会养老保险的试点

在城镇人口老龄化趋势加重的背景下，城镇非从业居民的养老保障制度建设被提上日程。2011 年 7 月，《国务院关于开展城镇居民社会养老保险试点的指导意见》启动了城镇居民养老保险的试点工作，其基本原则、筹资模式等规定与新型农村养老保险基本一致。

2. 城乡居民养老保险的并轨

2014 年 2 月，李克强总理主持召开国务院常务会议，决定建立全国统一的城乡居民基本保险制度。随后下发的《国务院关于建立统一的城乡居民基本

---

① 何平：《中国农村养老保险制度改革与发展报告》，中国经济出版社。

② 人力资源和社会保障部：全国城乡居民社会养老保险制度研讨会在重庆召开（http://www.mohrss.gov.cn/SYrlzyhshbzb/shehuibaozhang/gzdt/201209/t20120905_86793.html）。

养老保险制度的意见》进一步明确了城乡居民保险的参保范围、筹资模式、养老金待遇等具体细则，与并轨前的新型农村社会养老保险和城镇居民社会养老保险制度基本一致。此后，全国城乡居民基本养老保险基础养老金最低标准不断提高。2015 年基础养老金最低标准由 55 元/月提高至 80 元/月，2018 年又提高至 88 元/月。在此基础上，全国多个省、市、县级行政区在中央规定的最低标准基础上提高了基础养老金。

## 二、城乡居民养老保险制度的实施要点

城乡居民养老保险制度对于促进城乡协调发展、推动社会公平建设以及城市化进程具有重大意义。

（一）参保范围

年满 16 周岁（不含在校学生），非国家机关和事业单位工作人员及不属于职工基本养老保险制度覆盖范围的城乡居民，可以在户籍地参加城乡居民养老保险。

（二）缴费及政府补贴标准

城乡居民养老保险采用按档次缴费的模式，参保人自主选择档次缴费，多缴多得。国家标准的缴费档次包括每年 100 元、200 元、300 元、400 元、500 元、600 元、700 元、800 元、900 元、1 000 元、1 500 元、2 000 元 12 个档次，地方人民政府可以根据实际情况增减缴费档次。

地方人民政府按参保人缴费档次分别给予补贴。对选择最低档次标准缴费的，补贴标准不低于每人每年 30 元；对选择较高档次标准缴费的，适当增加补贴金额；对选择 500 元及以上档次标准缴费的，补贴标准不低于每人每年 60 元，具体标准和办法由地方人民政府确定。

（三）待遇领取标准

城乡居民养老保险待遇由基础养老金和个人账户养老金组成，支付终身。

（1）基础养老金。中央确定基础养老金最低标准，建立基础养老金最低标准正常调整机制，地方人民政府可以根据实际情况适当提高基础养老金标准。

（2）个人账户养老金。个人账户养老金的月计发标准，目前为个人账户全部储存额除以 139（与现行职工基本养老保险个人账户养老金计发系数相同）。个人账户储存额来源包括个人缴费、地方人民政府对参保人的缴费补贴及其他来源的补贴等，同时按国家规定计息，即：

每月领取待遇 = 基础养老金 + (个人累计缴费额 + 政府补贴 + 银行利息)/139

（四）待遇领取条件

参保人年满 60 周岁或累计缴费满 15 年，且未领取国家规定的基本养老保障待遇的，可以按月领取城乡居民养老保险待遇。其中根据不同年龄细分为：

（1）参保人在新农保或城居保制度实施时已年满 60 周岁，且之前未领取国家规定的基本养老保障待遇的，不用缴费，自制度实施之月起，可以按月领取城乡居民养老保险基础养老金；

（2）参保人在新农保或城居保制度实施时距离规定领取年龄（60 周岁）不足 15 年的，应逐年缴费，也允许补缴，累计缴费不超过 15 年；

（3）参保人在新农保或城居保制度实施时距离规定领取年龄（60 周岁）超过 15 年的，应按年缴费，累计缴费不少于 15 年。

（五）转移接续

参加城乡居民养老保险的人员，在缴费期间户籍迁移、需要跨地区转移城乡居民养老保险关系的，可在迁入地申请转移养老保险关系，一次性转移个人账户全部储存额，并按迁入地规定继续参保缴费，缴费年限累计计算；已经按规定领取城乡居民养老保险待遇的，无论户籍是否迁移，其养老保险关系不转移。

## 三、城乡居民养老保险制度的运行现状

（一）城乡居民养老保险运行基本情况

根据《中国统计年鉴（2022）》，2021 年末参加城乡居民基本养老保险的人数达 54 797.4 万人，实际领取待遇人数为 16 213.3 万人；2021 年底全国城乡居民养老保险基金收入 5 338.6 亿元，支出 3 715.0 亿元，累计结余 11 396.4 亿元。

（二）城乡居民养老保险财务变动分析

（1）年度支出占年度收入比例持续增长后回落，短期内年度收支不平衡的风险较小（见图 1-7）。

（2）近两年年收入增长率高于年支出增长率，但总体看年支出增长率高于年收入增长率，未来可能有基金缺口（见表 1-6、图 1-8）。

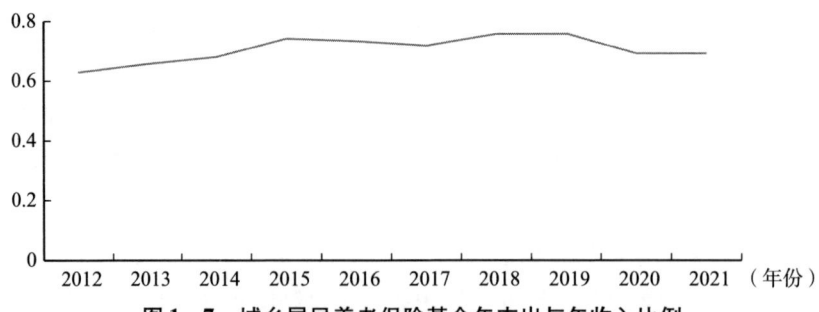

**图 1-7　城乡居民养老保险基金年支出与年收入比例**

资料来源：根据《中国劳动统计年鉴（2022）》整理得到。

表 1-6　　　　　　　　　2013～2021 年年收入增长率与年支出增长率

| 年份 | 基金年收入增长率 | 基金年支出增长率 |
|---|---|---|
| 2013 | 0.1220 | 0.1727 |
| 2014 | 0.1257 | 0.1653 |
| 2015 | 0.2357 | 0.3472 |
| 2016 | 0.0276 | 0.0160 |
| 2017 | 0.1264 | 0.1031 |
| 2018 | 0.1615 | 0.2248 |
| 2019 | 0.0702 | 0.0719 |
| 2020 | 0.1816 | 0.0773 |
| 2021 | 0.1001 | 0.1073 |

资料来源：根据《中国统计年鉴（2022）》整理得到。

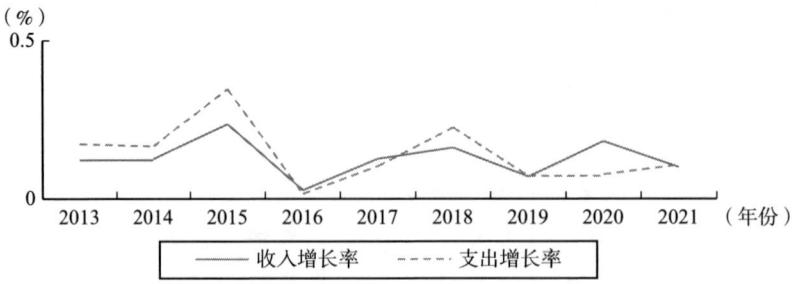

**图 1-8　城乡居民养老保险基金收入增长率、支出增长率**

资料来源：根据《中国劳动统计年鉴（2022）》整理得到。

（3）城乡居民养老保险个人账户投资收益率较低，城乡居民养老保险基金委托投资规模较小，基金增值存在困难。2019 年城乡居民养老保险基金收入中，利息、转移和其他收入 187. 1 亿元，委托投资收益 23. 3 亿元，以 2018 年末累计结余 7 250 亿元计算，基金整体收益率不超过 2. 90%。[1]

---

[1]　米海杰、郭婕、华迎放：《城乡居民基本养老保险财务可持续性评估——基于第七次人口普查数据》，《人口与发展》2023 年第 5 期，第 118~132 页。

# 第二章　2024～2099 年中国人口结构与老年抚养负担测算

中国未来年份的劳动力分性别分年龄人口结构数，是开展社会养老保险精算的基础。本部分首先介绍人口测算的理论，然后对未来劳动力分性别分年龄人口结构数测算方法做出选择，随后对中国未来各年的劳动力分性别分年龄人口结构数进行测算，得出未来各年的适龄劳动力总数。

## 第一节　人口测算模型

### 一、基本模型

假定群体人口的增加源于出生，减少则由于死亡。在时间 $u$ 的出生密度函数记为 $b(u)$，即 $b(u)du$ 是时间 $u$ 与 $u+du$ 之间的出生数。在时间 $u$ 出生者存活到 $x$ 岁的生存函数记为 $s(x, u)$，称为世代生存函数。

定义

$$l(x, u) = b(u)s(x, u) \qquad (2-1)$$

式（2-1）为人口密度函数，则 $l(x, t-x)dt$ 表示出生于 $t-x$ 与 $t-x+dt$ 之间达到 $x$ 岁的人数，于是在时间 $t_0$ 与 $t_1$ 之间达到 $x$ 岁的人数为：

$$\int_{t_0}^{t_1} l(x, t-x)dt \qquad (2-2)$$

### 二、静止人口与稳定人口

1. 静止人口模型

当 $l(x, u)$ 与 $u$ 无关时，相应的模型称为静止人口（stationary population）

模型。此时：

$$l(x, u) = bs(x) \tag{2-3}$$

其中，$b$ 是常数出生密度，$s(x)$ 是不依赖于出生时间的生存函数。

可以将式（2-3）改写为：

$$l(x, u) = bs(x) = l_x \tag{2-4}$$

这里 $b$ 等同于 $l_0$。

对于静止人口，式（2-4）为：

$$\int_{x_0}^{x_1} l(x, t_0 - x) dx = \int_{x_0}^{x_1} l_x dx = T_{x_0} - T_{x_1}$$

即静止人口在时间 $t_0$ 介于年龄 $x_0$ 与 $x_1$ 之间的人数可用函数 $T_x$ 表示。

$$Tx = \int_0^\infty l_{x+t} dt$$

$Tx$ 表示初始 $l_0$ 个成员的生存组在年龄 $x$ 以后生存总年数的期望值。

$$\int_{x_0}^{x_1} l_x \mu_x dx = l_{x_0} - l_{x_1}$$

可作为在年龄 $x_0$ 与 $x_1$ 之间的死亡在任何时间 $t$ 的密度。

2. 稳定人口模型

当人口密度函数具有式（2-5）的形式时，即：

$$l(x, u) = e^{Ru} bs(x) = e^{Ru} l_x \tag{2-5}$$

相应的模型称为稳定人口（stable population）模型，这里 $b > 0$ 及 $R$ 是常数，$s(x)$ 是不依赖于出生时间的生存函数。如 $R = 0$，则稳定人口成为静止人口。在稳定人口中，在时间 $u$ 的出生密度为 $e^{Ru} b = e^{Ru} l_0$。

稳定人口在时间 $t$ 的总人口为：

$$N(t) = \int_0^\infty l(x, t - x) dx = e^{Rt} \int_0^\infty e^{-Rx} l_x dx \tag{2-6}$$

由此可见，当 $R > 0$ 时人口指数式增长，而当 $R < 0$ 时人口指数式递减。

稳定人口中在时间 $t$ 时介于年龄 $x_0$ 与 $x_1$ 之间的人数占总人口的比例为：

$$\frac{\int_{x_0}^{x_1} l(x, t - x) dx}{\int_0^\infty l(x, t - x) dx} = \frac{\int_{x_0}^{x_1} e^{-Rx} l_x dx}{\int_0^\infty e^{-Rx} l_x dx} \tag{2-7}$$

与时间 $t$ 无关。因此，尽管稳定人口的总规模可随时间改变，但相对的年龄分布保持不变。

稳定人口在时间 $t$ 时介于 $x_0$ 与 $x_1$ 岁之间的人数可表示为：

$$\int_{x_0}^{x_1} l(x,\ t-x)\,dx = e^{Rt}\int_{x_0}^{x_1} e^{-Rx}l_x\,dx \qquad (2-8)$$

它与出生时间无关。年龄介于 $x_0$ 与 $x_1$ 之间的人在时间 $t$ 的死亡密度为：

$$\int_{x_0}^{x_1} l(x,\ t-x)\mu(x,\ t-x)\,dx = \int_{x_0}^{x_1} e^{R(t-x)}l_x\,\mu_x\,dx \qquad (2-9)$$

## 三、新出生人口模型

在建立出生函数的过程中，首先引入生育力函数（force of birth function）。生育力函数是指各年龄及各代妇女生育的女婴瞬时出生率，记为 $\beta(x,\ u)$。$\beta(x,\ t-x)dt$ 表示 $x$ 岁妇女在时间 $t$ 与 $t+dt$ 之间生育的女孩数，$x$ 岁妇女自己是在时间 $t-x$ 出生的。

在时间 $t$ 与 $t+dt$ 之间出生的女孩总数为：

$$b_f(t)dt = \Big[\int_0^\infty l_f(x,\ t-x)\beta(x,\ t-x)\,dx\Big]dt \qquad (2-10)$$

式（2-10）中的下标 $f$ 表示有关函数与女性生命相联系。总的出生数（包括男孩）可通过乘一个常数获得，该常数为女孩出生数与总出生数之比。

在式（2-10）两端除以 $dt$，并以式（2-1）取代 $l_f(x,\ t-x)$，我们可看出女性出生密度函数满足积分方程：

$$b_f(t) = \int_0^\infty b_f(t-x)s_f(x,\ t-x)\beta(x,\ t-x)\,dx \qquad (2-11)$$

## 第二节  传统的人口数量分析技术

在实际中，我们估计未来人口变化有许多简便实用的方法和若干基本的数学技巧，主要有以下几种方法。

## 一、线性插值

给出时刻 0 的普查数据 $P(0)$ 和时刻 $n$ 的 $P(n)$，利用线性插值，时刻 $t$ 的估计人口，$0 \leqslant t \leqslant n$，表示为：

$$P(t) = \left(1 - \frac{t}{n}\right) \cdot P(0) + \frac{t}{n} \cdot P(n) = P(0) + \frac{t}{n}\left[P(n) - P(0)\right]$$

$$(2-12)$$

利用此公式的人口学家假设人口是线性增长。假设从 $t=0$ 到 $t=n$ 线性增长模式继续适用，这些等式也可以用于线性外推（即 $t>n$）以估计在最后一次普查后的人口数。但人口数量是线性增长的假设常常是不成立的，因此线性外推不应当用于大的 $t$ 值（例如 $t>2n$）。

## 二、多项式插值

给出 $n+1$ 个历史数据值 $P(0)$，$P(1)$，$P(2)$，…，$P(n)$，一个将再生所有这些给定值的 $n$ 次多项式能够拟合所有这些点。则这样的多项式可以用于估计这些给定的数据点之间或之外的 $P(t)$ 的值。用此方法要慎重，特别对于大的 $n$ 值（较高次多项式）和外推的估计。一个 $n>2$ 次的多项式可能是非常不可靠的，所以外推值和有些时间插值，可能变成不合理的。所以在人口学家中这种方法不通行。

## 三、几何模型

前面已经提到过人口增长模型的形式为：

$$P(t) = P(0) \cdot (1 + r_a)^t$$

$$(2-13)$$

这里 $r_a$ 是年实质率，或

$$P(t) = P(0) \cdot e^{rt}$$

$$(2-14)$$

这里 $r_i$ 是连续瞬间增长率。

给出相隔 $n$ 年的两个人口普查数，$P(0)$ 和 $P(n)$，由这些值所代表的实际年增长率由 $P(n) = P(0) \cdot (1 + r_a)^n$ 得到，所以：

$$r_a = \left(\frac{P(n)}{P(0)}\right)^{\frac{1}{n}} - 1$$

$$(2-15)$$

另外，我们能利用 $P(n) = P(0) \cdot e^{rt}$，得到：

$$r_i = \frac{1}{n} \cdot \ln\left(\frac{P(n)}{P(0)}\right) = \ln(1 + r_a)$$

$$(2-16)$$

对于求内插值和短期外插值这是一个非常流行的方法。

## 四、逻辑曲线

上面描述的所有方法都没有增长的上界，这是一个重大的缺陷。假设规划时间 $t = \infty$，上面的增长模型都导致一个无穷大的人口。

1838 年由韦吕勒（Verhulst）第一个提出了一个设置了上界的人口测算模型，称为逻辑模型（logistic model）（见图 2 - 1）。

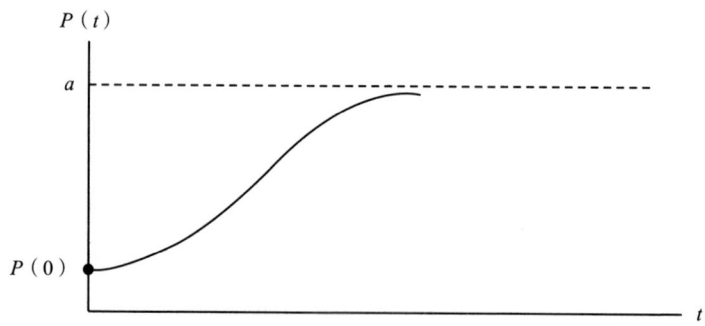

图 2 - 1 logistic model 曲线图

连续瞬时人口增长率 $r_t$ 定义为：

$$r_t = \frac{1}{P(t)} \cdot \frac{dP(t)}{dt} \tag{2-17}$$

这里，$r_t$ 通常是 $t$ 的函数。如果对逻辑模型设置了一个增长上界，即 $\lim_{t \to \infty} P(t) = a$，这时要达到一个上限，瞬间增长率 $r_t$ 必须随时间递减，并且最终达到 0。

我们从微分方程开始，令

$$\frac{1}{P(t)} \cdot \frac{dP(t)}{dt} = r_t = k\left[1 - \frac{P(t)}{a}\right] \tag{2-18}$$

为了解式（2 - 18），求 $P(t)$，我们重新排列得到：

$$\frac{dP}{P\left(1 - \frac{P}{a}\right)} = k \cdot dt \tag{2-19}$$

这里为了记号的方便，用 $P$ 代替 $P(t)$。把左边分解为部分分式，我们有：

$$\left[\frac{\frac{1}{a}}{1 - \frac{P}{a}} + \frac{1}{P}\right]dP = k \cdot dt \tag{2-20}$$

接着我们对式（2－20）的两边积分得到：

$$-\ln\left[1-\frac{P}{a}\right]+\ln P = kt + c \qquad (2-21)$$

或者

$$-\ln\left[1-\frac{P}{a}\right] = kt + c \qquad (2-22)$$

在 $t=0$ 时求式（2－22）的值，我们得到积分中的常数：

$$c = \ln\left[\frac{P(0)}{1-\dfrac{P}{a}}\right] \qquad (2-23)$$

当代入式（2－23）时，给出：

$$\ln\left[\frac{P(t)}{1-\dfrac{P(t)}{a}}\right] = kt + \ln\left[\frac{P(0)}{1-\dfrac{P(0)}{a}}\right] \qquad (2-24)$$

或者通过对式（2－24）取逆对数而得：

$$\frac{P(t)}{1-\dfrac{P(t)}{a}} = e^{kt}\left[\frac{P(0)}{1-\dfrac{P(0)}{a}}\right] \qquad (2-25)$$

最后，我们解式（2－25）求 $P(t)$ 得到：

$$P(t) = \frac{a}{1+\left(\dfrac{a}{P(0)}-1\right)\cdot e^{-kt}} \qquad (2-26)$$

在 $t=0$ 时，$P(0)=P(0)$，并且在 $t=\infty$ 时，它给出 $P(\infty)=a$。式（2－26）通常写作：

$$P(t) = \frac{1}{A+Be^{-kt}} \qquad (2-27)$$

这里 $A=\dfrac{1}{a}$（因此 $P(\infty)=a=\dfrac{1}{A}$），并且 $B$ 是一个常数，它使 $P(0)=\dfrac{1}{A+B}$。

## 第三节  分要素人口精算估计的理论模型

分要素人口精算估计需要对区域人口总数和结构进行预测等。

## 一、区域人口预测

影响人口变动的因素有人口的出生、死亡和迁移，在已知期初人口数和期内人口出生数、死亡数和迁移数时，可以利用人口平衡方程预测期末人口数。如果以 $P_{t,x}$ 表示 $t$ 年初 $x$ 岁的人口数，$D_{t,x}$ 为 $t$ 年内 $x$ 岁死亡人数，$I_{t,x}$ 为 $t$ 年内 $x$ 岁迁入人数，$E_{t,x}$ 为 $t$ 年内 $x$ 岁迁出人数，那么：

$$P_{t+1,x+1} = P_{t,x} - D_{t,x} + I_{t,x} - E_{t,x} \qquad (2-28)$$

零岁人口数通过预测出生人口数得到，以 $B_{t-1}$ 表示 $t-1$ 年内的出生人数，$p_B$ 表示年内存活到 $t$ 年初的婴儿存活率，有：

$$P_{t,0} = B_{t-1} \times p_B$$

运用上述平衡方程预测人口，需要首先预测人口的出生数、分年龄死亡人口数和分年龄迁移人口数，在不考虑国际迁移时，全国人口的变动只受死亡和出生的影响。

（1）$t+1$ 年 $x+1$ 岁的人口数 $P_{t+1,x+1}$ 是 $t$ 年 $x$ 岁存活一年后的人数，也就是 $t$ 年 $x$ 岁的人口数与 $t$ 年 $x$ 岁存活一年概率之积。用公式表示为：

$$P_{t+1,x+1} = P_{t,x} \cdot p_{t,x} \quad (x=0, 1, 2, \cdots) \qquad (2-29)$$

以分性别的人口和存活率代入上式，可以分别估计男女分年龄人口数。

（2）零岁人口数根据出生人口数估计，以 $B_t$ 表示 $t$ 年出生人数，$W_{t,x}$ 表示 $t$ 年 $x$ 岁的妇女人数，$f_{t,x}$ 表示 $t$ 年 $x$ 岁妇女的女性生育率，有：

$$B_t = (1+k) \sum_{x=\alpha}^{\beta} W_{t,x} \cdot f_{t,x} \qquad (2-30)$$

式中，$k$ 为男性出生人口比例，$\alpha$、$\beta$ 是女性生育孩子年龄的下限和上限。

$$总出生人数 = 女性出生数 + 男性出生人数 \qquad (2-31)$$

设 $t$ 年妇女总和生育率为 $TFR_t$，它是育龄妇女分年龄女性生育率之和。

$$TFR_t = \sum_{x=\alpha}^{\beta} f_{t,x} \qquad (2-32)$$

## 二、城镇人口预测

在城镇的人口总和生育率和预期寿命下，采取上述人口预测方法，同时考虑人口城镇化的因素，可以预测城镇人口。其中，城镇出生人数、分年龄死亡人数的预测与上述方法相同，根据迁移政策和迁移的统计数据可以预测未来城镇人口净迁移人数和净迁移率，在分年龄迁移模式下，进一步估计出分年龄迁移率，从而预测分性别和分年龄的城镇人口。

以 $P_{t,x}^u$ 表示 $t$ 年 $x$ 岁的城镇人口数，$D_{t,x}^u$ 表示 $t$ 年 $x$ 岁城镇人口的死亡人数，$(NI)_{t,x}^u$ 表示 $t$ 年 $x$ 岁城镇人口的净迁入人数，有：

$$P_{t+1,x+1}^u = P_{t,x}^u - D_{t,x}^u + (NI)_{t,x}^u \qquad (2-33)$$

分年龄的净迁移人数，可以采取与分年龄生育率类似的估计方法得到。在一定的迁移模式下，根据总和迁移率可以估计出分年龄的迁移率。分年龄率迁移人数是分年龄人数与分年龄迁移率的乘积。

## 第四节 2024~2099 年中国分年龄分性别人口结构数的测算

从以上分析可以看出，要测算中国未来各年适龄劳动力人口数量，首先必须测算未来各年分年龄分性别适龄劳动力人口数，所以必须采用分要素分析法进行测算。

由于我国还处于一个相对封闭人口的状况，因此迁入、迁出人数相对很小，并不影响人口总量变化，因此，忽略人口迁移因素，则式（2-33）为：

$$P_{t+1,x+1} = P_{t,x} + B_{t,x} - D_{t,x} \qquad (2-34)$$

为了使预测结果更为精确，我们使用分性别、年龄人口进行预测，最后将男、女人数相加得到最终结果。

### 一、测算模型

1. 对于基年的 $1-\omega$ 岁人口

我们利用人口动态平衡方程，即某年 $x$ 岁的人数等于前一年 $x-1$ 岁活到 $x$ 岁的人数，用公式表示为：

$$P_1(t+1) = S_0(t)P_0(t)$$
$$P_2(t+1) = S_1(t)P_1(t)$$
$$\cdots\cdots$$
$$P_x(t+1) = S_{x-1}(t)P_{x-1}(t) \quad (x=1,2,\cdots,\omega) \qquad (2-35)$$

式中，$P_x(t+1)$ 表示 $t+1$ 年 $x$ 岁的人数，$S_X(t)$ 表示 $t$ 年 $x$ 岁人口的存活概率，$\omega$ 表示最高年龄组。

2. 零岁人口数等于活动预测时点的前一年内的出生人数

$$P_0(t) = S_b(t)B(t)$$

$$B(t) = \sum f_x(t)W_x(t) \tag{2-36}$$

式中，$S_b(t)$ 表示出生婴儿存活概率，$B(t)$ 为 $t$ 年内的出生人数，$W_x(t)$ 为 $t$ 年 $x$ 岁妇女人数，$f_x(t)$ 为 $t$ 年 $x$ 岁妇女生育率。

3. 适龄劳动力人口总数

$$Male_t = \sum_{x=\alpha_m}^{\beta_m} L_{x,t,m}; \ Female_t = \sum_{x=\alpha_f}^{\beta_f} L_{x,t,f}$$

$$P(t) = Male_t + Female_t \tag{2-37}$$

上式中：$Male_t$ 为第 $t$ 年男性适龄劳动力人口数；$Female_t$ 为第 $t$ 年女性适龄劳动力人口数；$P(t)$ 为第 $t$ 年适龄人口总数；$\alpha$ 为劳动力最低年龄；$\beta$ 为劳动力最高年龄。

## 二、假设条件

1. 基年分性别、年龄的人口数

我们采用《中国人口统计年鉴（2022）》公布的 2021 年全国分年龄、性别的人口调查数为基数。

2. 死亡率

由于环境卫生的改善、粮食的充裕、疾病的有效预防和医疗的进步，全世界绝大多数国家的国民零岁平均寿命（俗称平均寿命），近年来都呈现增加的趋势。由表 2-1 可以发现，1990~2020 年的 30 年间中国零岁平均余命平均增加 9~10 岁，大约每隔 10 年提高 3.12 岁。

表 2-1 　　　　　1990~2020 年中国零岁平均余命 　　　　　单位：岁

| 1990 年预期寿命 | | | 2000 年预期寿命 | | | 2010 年预期寿命 | | | 2020 年预期寿命 | | |
| --- | --- | --- | --- | --- | --- | --- | --- | --- | --- | --- | --- |
| 平均 | 男 | 女 | 平均 | 男 | 女 | 平均 | 男 | 女 | 平均 | 男 | 女 |
| 68.55 | 66.84 | 70.47 | 71.40 | 69.63 | 73.33 | 74.83 | 72.38 | 77.37 | 77.93 | 75.37 | 80.88 |

资料来源：《中国人口统计年鉴（2022）》。

由表 2-2 可以发现，2000~2010 年的 10 年间各国零岁平均余命平均增加 3 岁之间。

表 2-2           **2000~2010 年各国零岁平均余命**      单位：岁

| 国家或地区 | 2000 年 | 2010 年 |
| --- | --- | --- |
| 美国 | 75.6 | 78.5 |
| 韩国 | 75.9 | 81.1 |
| 日本 | 81.1 | 82.8 |
| 英国 | 77.7 | 80.4 |
| 法国 | 79.1 | 81.7 |
| 新加坡 | 78.8 | 81.5 |
| 土耳其 | 71.9 | 75.1 |

资料来源：《国际统计年鉴（2023）》。

中国保监会于 2016 年 12 月 28 日发布了《中国人身保险业经验生命表 (2010—2013)》（以下简称新生命表，详见附录一）。新生命表包括非养老金业务一表、二表和养老金业务表共三套六张表，每套分为男表、女表，简称 "CL（2010—2013）"。非养老金业务一表男性平均寿命为 75.92 岁，女性平均寿命为 81.21 岁。非养老金业务二表男性平均寿命为 79.85 岁，女性平均寿命为 84.94 岁。养老金业务表男性平均寿命为 82.63 岁，女性平均寿命为 87.63 岁（见表 2-3）。

表 2-3     **中国人寿保险业经验生命表（2010~2013）平均余命比较**     单位：岁

| 性别 | 非养老类业务一 | 非养老类业务二 | 养老金业务 |
| --- | --- | --- | --- |
| 男性 | 75.92 | 79.85 | 82.63 |
| 女性 | 81.21 | 84.94 | 87.63 |

资料来源：根据中国人寿保险业经验生命表（2010~2013）整理而得。

考虑中国社会养老保险制度覆盖率比较稳定，生活水平不断提高，故死亡率假设建议第一个 10 年采用《中国人身保险业经验生命表（2010—2013）》中的 CL1~CL2 表，第二、第三个 10 年采用《中国人身保险业经验生命表

（2010—2013）》中的 CL3 ~ CL4 表，以后各年采用《中国人身保险业经验生命表（2010—2013）》中的 CL5 ~ CL6 表。

3. 总和生育率及其分布

总和生育率是决定新生儿数量的重要指标，是按全部育龄妇女计算的生育率，代表育龄妇女的生育水平。它等于出生人数与育龄妇女人数之比。在《中国人口统计年鉴》中，该指标为每千名育龄妇女在一年中生育的婴儿数。育龄妇女通常是指 15 ~ 49 岁的妇女，不问其是否结婚和具有生育能力。一般生育水平受各年龄组育龄妇女的生育水平和各年龄组育龄妇女占全部育龄妇女比重的影响。2015 年以前的较长时期内，尽管我国实行一对夫妻生一胎的计划生育政策，我国总和生育率也达到 1.9 左右；2016 年以后我国全面实行二孩政策，预计以后还会全面放开生育政策，在这种情况下，我国近几年的总和生育率却还在下降，从 2016 年的 1.205 下降到 2021 年的 0.772（见表 2 - 4），这可能是由于新冠疫情和经济进入重要调整期的影响。普遍认为，以后各年随着经济调整政策的稳定以及新冠疫情影响的减弱，我国的总和生育率会逐渐提高。综合考虑预期寿命、城镇化率、经济发展水平以及生育政策等各方面的因素以及中国第七次人口普查总和生育率（2020 年为 1.3），将我国今后 70 年内的总和生育率进行以下假设：未来 15 年即 2022 ~ 2036 年总和生育率为 1.3，2037 年以后各年定为 1.8 是合适的。

表 2 - 4　　　　　　　　中国近年总和生育率

| 项目 | 2016 年 | 2017 年 | 2018 年 | 2019 年 | 2020 年 | 2021 年 |
|---|---|---|---|---|---|---|
| 总和生育率 | 1.205 | 1.128 | 1.080 | 1.064 | 0.883 | 0.772 |

资料来源：《中国人口与劳动统计年鉴（2022）》。

表 2 - 5 列示了世界各国人口指标，可作为参考。

表 2 - 5　　　　　　　2021 年世界各国人口指标

| 国家 | 预期寿命（岁） | | 总和生育率 | 城镇化率（%） |
|---|---|---|---|---|
| | 男 | 女 | | |
| 美国 | 75 | 80 | 1.6 | 82 |
| 日本 | 81 | 87 | 1.3 | 92 |

续表

| 国家 | 预期寿命（岁） | | 总和生育率 | 城镇化率（%） |
|------|------|------|------|------|
| | 男 | 女 | | |
| 德国 | 79 | 83 | 1.5 | 77 |
| 意大利 | 80 | 84 | 1.2 | 71 |
| 加拿大 | 80 | 84 | 1.5 | 81 |
| 俄罗斯 | 66 | 76 | 1.5 | 75 |
| 澳大利亚 | 81 | 85 | 1.6 | 86 |
| 波兰 | 74 | 82 | 1.3 | 60 |
| 匈牙利 | 73 | 79 | 1.6 | 71 |
| 罗马尼亚 | 72 | 79 | 1.3 | 54 |
| 泰国 | 74 | 81 | 1.4 | 59 |
| 菲律宾 | 67 | 76 | 2.5 | 47 |
| 马来西亚 | 73 | 78 | 1.8 | 76 |
| 韩国 | 80 | 86 | 0.8 | 86 |
| 伊朗 | 76 | 78 | 1.9 | 75 |
| 土耳其 | 76 | 81 | 1.9 | 76 |
| 尼日利亚 | 54 | 56 | 5.2 | 51 |
| 巴西 | 72 | 80 | 1.7 | 87 |
| 墨西哥 | 72 | 78 | 2.1 | 73 |
| 阿根廷 | 75 | 81 | 2.2 | 92 |

资料来源：美国人口咨询局《2021 年世界人口数据表》。

至于总和生育率分布的分布，第七次全国人口普查数据显示，2010~2020年，我国育龄妇女生育率曲线向右移动，且更宽更高。2020 年生育峰值年龄为 27 岁，比 2010 年推迟了 3 岁；峰值生育率为 105.6‰，比 2010 年有小幅度提高。与 2010 年相比，2020 年，24 岁及以下各年龄组的生育率均出现一定程度的下降，但 25 岁及以上年龄组的生育率均有不同程度的提高。我们假设生育率如表 2-6、表 2-7 和图 2-2、图 2-3 所示。

表 2 - 6　　　　　　　　　　2024 ~ 2099 年分年龄生育率假设

| 年龄（岁） | 生育率 | 年龄（岁） | 生育率 |
| --- | --- | --- | --- |
| 15 | 0.0010 | 33 | 0.0632 |
| 16 | 0.0015 | 34 | 0.0552 |
| 17 | 0.0030 | 35 | 0.0446 |
| 18 | 0.0060 | 36 | 0.0378 |
| 19 | 0.0090 | 37 | 0.0325 |
| 20 | 0.0120 | 38 | 0.0289 |
| 21 | 0.0180 | 39 | 0.0236 |
| 22 | 0.0250 | 40 | 0.0210 |
| 23 | 0.0380 | 41 | 0.0170 |
| 24 | 0.0630 | 42 | 0.0150 |
| 25 | 0.0880 | 43 | 0.0120 |
| 26 | 0.1006 | 44 | 0.0085 |
| 27 | 0.1056 | 45 | 0.0045 |
| 28 | 0.1036 | 46 | 0.0035 |
| 29 | 0.0996 | 47 | 0.0025 |
| 30 | 0.0932 | 48 | 0.0015 |
| 31 | 0.0850 | 49 | 0.0010 |
| 32 | 0.0756 |  |  |

表 2 - 7　　　　　　　　　　2036 年以后分年龄生育率假设

| 年龄（岁） | 生育率 | 年龄 | 生育率 |
| --- | --- | --- | --- |
| 15 | 0.0014 | 26 | 0.1393 |
| 16 | 0.0021 | 27 | 0.1462 |
| 17 | 0.0042 | 28 | 0.1434 |
| 18 | 0.0083 | 29 | 0.1379 |
| 19 | 0.0120 | 30 | 0.1290 |
| 20 | 0.0166 | 31 | 0.1177 |
| 21 | 0.0250 | 32 | 0.1047 |
| 22 | 0.0346 | 33 | 0.0875 |
| 23 | 0.0526 | 34 | 0.0764 |
| 24 | 0.0872 | 35 | 0.0618 |
| 25 | 0.1218 | 36 | 0.0523 |

续表

| 年龄（岁） | 生育率 | 年龄 | 生育率 |
|---|---|---|---|
| 37 | 0.0450 | 44 | 0.0118 |
| 38 | 0.0400 | 45 | 0.0062 |
| 39 | 0.0327 | 46 | 0.0048 |
| 40 | 0.0291 | 47 | 0.0035 |
| 41 | 0.0235 | 48 | 0.0021 |
| 42 | 0.0208 | 49 | 0.0014 |
| 43 | 0.0166 | | |

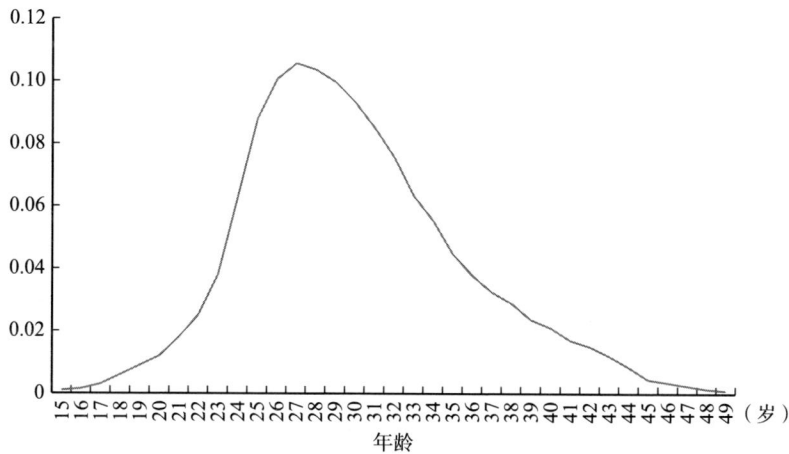

图 2 - 2　2022～2036 年总和生育率分布假设

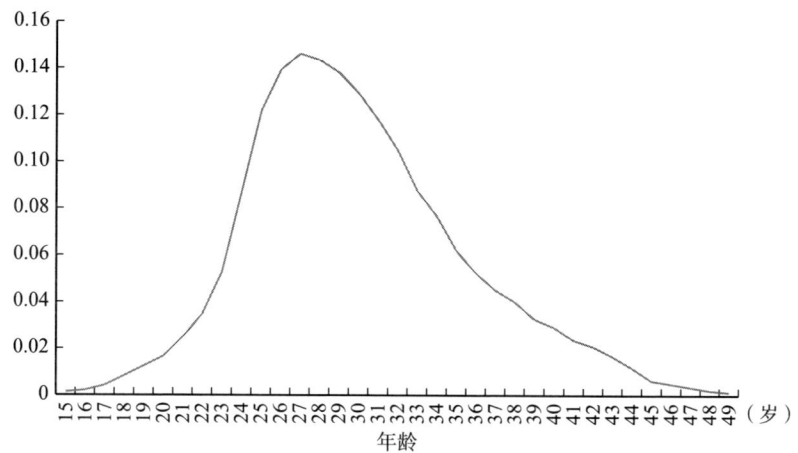

图 2 - 3　2036 年以后总和生育率分布假设

4. 出生婴儿性别比

作为各种人口性别结构基础的出生人口的性别结构主要由生物因素决定的，比较稳定，大量的统计资料表明，出生婴儿性别比一般都在 105 ±2 的范围。但从新中国成立以来人口性别比来看，越来越稳定在 105 左右（见表 2 - 8）；但从出生婴儿性别比看，近 10 年从 2010 年的 117.96 逐步下降到 2021 年的在 110.4，这可能与我国医疗保健水平逐步提高及重男轻女的封建思想逐步消除有关（见表 2 - 9）。在今后 70 多年，这种比例变化不大，故将零岁婴儿性别比定为 108。

表 2 - 8　　　　　　　　　　中国人口性别比

| 时间 | 1953 年 | 1964 年 | 1982 年 | 1990 年 | 2000 年 | 2010 年 | 2020 年 |
|---|---|---|---|---|---|---|---|
| 性别比（以女性为 100） | 107.56 | 105.46 | 106.30 | 106.60 | 106.74 | 105.20 | 105.07 |

资料来源：《中国人口与就业统计年鉴（2022）》第七次全国人口普查人口基本情况。

表 2 - 9　　　　　　　　　今年中国新生婴儿性别比

| 时间 | 2010 年 | 2015 年 | 2017 年 | 2018 年 | 2019 年 | 2020 年 | 2021 年 |
|---|---|---|---|---|---|---|---|
| 性别比（以女性为 100） | 117.96 | 112.55 | 113.33 | 113.89 | 113.93 | 111.22 | 110.40 |

资料来源：《中国人口与就业统计年鉴（2022）》第七次全国人口普查人口基本情况。

5. 迁移人口假设

由于中国人口总量大且是一个人口管理相对封闭的国家，因此每年迁入迁出的人口可以忽略不计，因此假设为 0。

在以上假设下，得到 2025 ~ 2099 年的中国分年龄分性别的人口结构数（见表 2 - 10 各表）。

表 2 - 10（a）　　　　未来各年中国分年龄分性别人口预测数　　　　单位：千人

| 年龄（岁） | 2025 年 | | 2026 年 | | 2027 年 | | 2028 年 | |
|---|---|---|---|---|---|---|---|---|
| | 男性 | 女性 | 男性 | 女性 | 男性 | 女性 | 男性 | 女性 |
| 0 | 5 992 | 5 548 | 5 848 | 5 415 | 5 725 | 5 301 | 5 614 | 5 198 |
| 1 | 6 166 | 5 711 | 5 987 | 5 545 | 5 843 | 5 412 | 5 720 | 5 298 |

续表

| 年龄<br>（岁） | 2025 年 | | 2026 年 | | 2027 年 | | 2028 年 | |
|---|---|---|---|---|---|---|---|---|
| | 男性 | 女性 | 男性 | 女性 | 男性 | 女性 | 男性 | 女性 |
| 2 | 6 378 | 5 908 | 6 162 | 5 708 | 5 983 | 5 542 | 5 840 | 5 409 |
| 3 | 6 602 | 6 116 | 6 375 | 5 906 | 6 160 | 5 706 | 5 980 | 5 540 |
| 4 | 5 300 | 4 804 | 6 600 | 6 115 | 6 373 | 5 904 | 6 158 | 5 705 |
| 5 | 6 251 | 5 667 | 5 298 | 4 803 | 6 598 | 6 113 | 6 371 | 5 903 |
| 6 | 7 931 | 7 029 | 6 250 | 5 666 | 5 297 | 4 802 | 6 596 | 6 112 |
| 7 | 8 393 | 7 671 | 7 929 | 7 028 | 6 248 | 5 665 | 5 296 | 4 801 |
| 8 | 10 361 | 9 486 | 8 391 | 7 670 | 7 927 | 7 027 | 6 247 | 5 664 |
| 9 | 9 877 | 8 844 | 10 358 | 9 484 | 8 389 | 7 669 | 7 925 | 7 026 |
| 10 | 9 406 | 8 237 | 9 874 | 8 843 | 10 356 | 9 483 | 8 387 | 7 668 |
| 11 | 10 570 | 9 386 | 9 403 | 8 236 | 9 871 | 8 841 | 10 353 | 9 482 |
| 12 | 10 160 | 9 060 | 10 566 | 9 384 | 9 401 | 8 235 | 9 869 | 8 840 |
| 13 | 10 906 | 9 571 | 10 157 | 9 058 | 10 563 | 9 383 | 9 398 | 8 234 |
| 14 | 10 019 | 8 710 | 10 902 | 9 569 | 10 154 | 9 057 | 10 559 | 9 381 |
| 15 | 9 939 | 8 616 | 10 015 | 8 708 | 10 898 | 9 567 | 10 150 | 9 055 |
| 16 | 10 003 | 8 793 | 9 935 | 8 614 | 10 011 | 8 707 | 10 893 | 9 565 |
| 17 | 9 722 | 8 447 | 9 998 | 8 791 | 9 930 | 8 612 | 10 007 | 8 704 |
| 18 | 9 593 | 8 359 | 9 718 | 8 445 | 9 994 | 8 789 | 9 926 | 8 610 |
| 19 | 8 584 | 7 304 | 9 589 | 8 357 | 9 713 | 8 443 | 9 989 | 8 787 |
| 20 | 9 652 | 7 804 | 8 580 | 7 302 | 9 584 | 8 355 | 9 708 | 8 440 |
| 21 | 9 343 | 7 749 | 9 647 | 7 802 | 8 575 | 7 300 | 9 579 | 8 353 |
| 22 | 7 169 | 6 309 | 9 338 | 7 747 | 9 642 | 7 800 | 8 571 | 7 298 |
| 23 | 7 849 | 7 534 | 7 165 | 6 308 | 9 333 | 7 745 | 9 637 | 7 798 |
| 24 | 9 172 | 8 436 | 7 844 | 7 532 | 7 161 | 6 306 | 9 328 | 7 743 |
| 25 | 8 687 | 8 221 | 9 167 | 8 433 | 7 840 | 7 530 | 7 156 | 6 304 |
| 26 | 7 550 | 6 604 | 8 681 | 8 218 | 9 161 | 8 431 | 7 835 | 7 527 |
| 27 | 7 934 | 6 574 | 7 546 | 6 602 | 8 676 | 8 216 | 9 155 | 8 428 |
| 28 | 7 581 | 6 358 | 7 928 | 6 572 | 7 540 | 6 600 | 8 670 | 8 213 |
| 29 | 8 677 | 7 885 | 7 575 | 6 356 | 7 923 | 6 570 | 7 535 | 6 598 |

续表

| 年龄<br>（岁） | 2025 年 | | 2026 年 | | 2027 年 | | 2028 年 | |
|---|---|---|---|---|---|---|---|---|
| | 男性 | 女性 | 男性 | 女性 | 男性 | 女性 | 男性 | 女性 |
| 30 | 9 233 | 8 470 | 8 670 | 7 883 | 7 570 | 6 354 | 7 917 | 6 568 |
| 31 | 9 368 | 8 407 | 9 226 | 8 468 | 8 664 | 7 880 | 7 564 | 6 352 |
| 32 | 10 259 | 9 181 | 9 361 | 8 404 | 9 218 | 8 465 | 8 656 | 7 877 |
| 33 | 10 509 | 9 541 | 10 250 | 9 177 | 9 352 | 8 401 | 9 210 | 8 461 |
| 34 | 11 041 | 10 080 | 10 499 | 9 537 | 10 240 | 9 174 | 9 343 | 8 398 |
| 35 | 13 961 | 12 982 | 11 030 | 10 076 | 10 488 | 9 533 | 10 229 | 9 170 |
| 36 | 13 642 | 12 892 | 13 945 | 12 976 | 11 017 | 10 071 | 10 477 | 9 529 |
| 37 | 12 953 | 12 311 | 13 626 | 12 885 | 13 928 | 12 970 | 11 004 | 10 066 |
| 38 | 14 237 | 13 586 | 12 936 | 12 305 | 13 608 | 12 879 | 13 910 | 12 963 |
| 39 | 12 272 | 11 794 | 14 217 | 13 578 | 12 918 | 12 298 | 13 589 | 12 871 |
| 40 | 10 508 | 10 075 | 12 253 | 11 786 | 14 195 | 13 570 | 12 899 | 12 290 |
| 41 | 10 643 | 9 833 | 10 491 | 10 068 | 12 233 | 11 778 | 14 172 | 13 560 |
| 42 | 10 333 | 9 837 | 10 624 | 9 826 | 10 472 | 10 060 | 12 211 | 11 769 |
| 43 | 12 027 | 11 389 | 10 313 | 9 828 | 10 603 | 9 817 | 10 451 | 10 051 |
| 44 | 10 313 | 9 843 | 12 001 | 11 378 | 10 290 | 9 819 | 10 580 | 9 808 |
| 45 | 9 329 | 9 190 | 10 289 | 9 833 | 11 972 | 11 366 | 10 265 | 9 809 |
| 46 | 10 532 | 10 077 | 9 304 | 9 180 | 10 261 | 9 822 | 11 941 | 11 353 |
| 47 | 10 061 | 9 529 | 10 501 | 10 065 | 9 277 | 9 168 | 10 231 | 9 810 |
| 48 | 9 508 | 8 989 | 10 028 | 9 516 | 10 467 | 10 051 | 9 247 | 9 155 |
| 49 | 10 396 | 10 113 | 9 475 | 8 975 | 9 993 | 9 502 | 10 430 | 10 035 |
| 50 | 10 552 | 10 218 | 10 356 | 10 096 | 9 438 | 8 960 | 9 954 | 9 485 |
| 51 | 11 780 | 11 359 | 10 507 | 10 199 | 10 312 | 10 077 | 9 398 | 8 943 |
| 52 | 12 236 | 11 932 | 11 725 | 11 336 | 10 458 | 10 178 | 10 264 | 10 057 |
| 53 | 12 478 | 12 234 | 12 175 | 11 905 | 11 666 | 11 311 | 10 406 | 10 155 |
| 54 | 13 267 | 12 846 | 12 410 | 12 204 | 12 109 | 11 876 | 11 603 | 11 283 |
| 55 | 13 509 | 13 449 | 13 189 | 12 812 | 12 338 | 12 172 | 12 038 | 11 845 |
| 56 | 12 987 | 12 627 | 13 424 | 13 411 | 13 106 | 12 775 | 12 260 | 12 137 |
| 57 | 13 228 | 13 602 | 12 899 | 12 588 | 13 333 | 13 369 | 13 018 | 12 736 |
| 58 | 10 767 | 10 932 | 13 132 | 13 557 | 12 806 | 12 546 | 13 237 | 13 324 |

续表

| 年龄（岁） | 2025 年 | | 2026 年 | | 2027 年 | | 2028 年 | |
|---|---|---|---|---|---|---|---|---|
| | 男性 | 女性 | 男性 | 女性 | 男性 | 女性 | 男性 | 女性 |
| 59 | 12 368 | 12 322 | 10 683 | 10 892 | 13 030 | 13 508 | 12 706 | 12 501 |
| 60 | 12 085 | 11 945 | 12 264 | 12 272 | 10 593 | 10 849 | 12 921 | 13 454 |
| 61 | 11 617 | 11 760 | 11 974 | 11 892 | 12 152 | 12 218 | 10 496 | 10 801 |
| 62 | 13 276 | 13 597 | 11 500 | 11 702 | 11 853 | 11 833 | 12 029 | 12 158 |
| 63 | 9 907 | 10 188 | 13 129 | 13 522 | 11 372 | 11 638 | 11 722 | 11 768 |
| 64 | 5 185 | 5 476 | 9 785 | 10 124 | 12 966 | 13 437 | 11 231 | 11 565 |
| 65 | 6 181 | 6 631 | 5 114 | 5 437 | 9 650 | 10 052 | 12 788 | 13 342 |
| 66 | 5 903 | 5 953 | 6 086 | 6 578 | 5 035 | 5 393 | 9 502 | 9 971 |
| 67 | 7 575 | 7 805 | 5 801 | 5 899 | 5 981 | 6 517 | 4 949 | 5 344 |
| 68 | 8 611 | 8 547 | 7 429 | 7 723 | 5 689 | 5 837 | 5 865 | 6 449 |
| 69 | 7 636 | 7 987 | 8 425 | 8 445 | 7 268 | 7 631 | 5 566 | 5 767 |
| 70 | 7 654 | 8 338 | 7 450 | 7 878 | 8 219 | 8 330 | 7 090 | 7 527 |
| 71 | 7 715 | 8 300 | 7 443 | 8 207 | 7 245 | 7 755 | 7 993 | 8 199 |
| 72 | 6 706 | 7 360 | 7 477 | 8 152 | 7 213 | 8 060 | 7 021 | 7 616 |
| 73 | 6 631 | 7 285 | 6 473 | 7 210 | 7 216 | 7 985 | 6 961 | 7 896 |
| 74 | 5 438 | 6 339 | 6 372 | 7 115 | 6 220 | 7 042 | 6 934 | 7 799 |
| 75 | 5 181 | 5 793 | 5 200 | 6 170 | 6 093 | 6 926 | 5 947 | 6 855 |
| 76 | 4 736 | 5 311 | 4 928 | 5 618 | 4 945 | 5 984 | 5 795 | 6 717 |
| 77 | 4 021 | 4 564 | 4 478 | 5 130 | 4 659 | 5 426 | 4 676 | 5 780 |
| 78 | 3 646 | 4 183 | 3 778 | 4 388 | 4 206 | 4 932 | 4 377 | 5 217 |
| 79 | 3 202 | 3 906 | 3 401 | 4 001 | 3 524 | 4 197 | 3 924 | 4 716 |
| 80 | 2 722 | 3 364 | 2 963 | 3 713 | 3 148 | 3 804 | 3 262 | 3 990 |
| 81 | 2 455 | 2 964 | 2 498 | 3 177 | 2 720 | 3 508 | 2 889 | 3 593 |
| 82 | 2 102 | 2 652 | 2 232 | 2 779 | 2 271 | 2 980 | 2 473 | 3 289 |
| 83 | 1 828 | 2 372 | 1 892 | 2 467 | 2 009 | 2 585 | 2 044 | 2 771 |
| 84 | 1 749 | 2 277 | 1 627 | 2 186 | 1 684 | 2 274 | 1 789 | 2 382 |
| 85 | 1 526 | 2 013 | 1 538 | 2 077 | 1 431 | 1 995 | 1 481 | 2 075 |
| 86 | 1 144 | 1 638 | 1 325 | 1 817 | 1 335 | 1 874 | 1 243 | 1 800 |
| 87 | 1 060 | 1 556 | 979 | 1 460 | 1 134 | 1 619 | 1 143 | 1 670 |

续表

| 年龄<br>（岁） | 2025 年 | | 2026 年 | | 2027 年 | | 2028 年 | |
|---|---|---|---|---|---|---|---|---|
| | 男性 | 女性 | 男性 | 女性 | 男性 | 女性 | 男性 | 女性 |
| 88 | 820 | 1 293 | 893 | 1 369 | 825 | 1 284 | 956 | 1 424 |
| 89 | 731 | 1 219 | 679 | 1 122 | 740 | 1 187 | 684 | 1 114 |
| 90 | 557 | 949 | 594 | 1 042 | 552 | 959 | 601 | 1 015 |
| 91 | 450 | 763 | 443 | 799 | 473 | 877 | 440 | 807 |
| 92 | 377 | 679 | 350 | 631 | 345 | 661 | 368 | 726 |
| 93 | 233 | 449 | 286 | 552 | 266 | 514 | 262 | 538 |
| 94 | 186 | 370 | 172 | 358 | 211 | 441 | 196 | 410 |
| 95 | 148 | 300 | 133 | 290 | 123 | 281 | 151 | 346 |
| 96 | 74 | 178 | 103 | 230 | 92 | 222 | 85 | 215 |
| 97 | 50 | 121 | 49 | 133 | 68 | 172 | 61 | 166 |
| 98 | 32 | 92 | 32 | 88 | 32 | 97 | 44 | 125 |
| 99 | 47 | 178 | 20 | 65 | 19 | 62 | 19 | 68 |
| 100 | 0 | 0 | 28 | 121 | 12 | 44 | 11 | 42 |
| 101 | 0 | 0 | 0 | 0 | 15 | 79 | 6 | 29 |
| 102 | 0 | 0 | 0 | 0 | 0 | 0 | 8 | 50 |

表 2 - 10 （b）　　　　　未来各年中国分年龄分性别人口预测数　　　单位：千人

| 年龄<br>（岁） | 2029 年 | | 2030 年 | | 2031 年 | | 2032 年 | | 2033 年 | | 2034 年 | | 2035 年 | |
|---|---|---|---|---|---|---|---|---|---|---|---|---|---|---|
| | 男性 | 女性 | 男性 | 女性 | 男性 | 女性 | 男性 | 女性 | 男性 | 女性 | 男性 | 女性 | 男性 | 女性 |
| 0 | 5 520 | 5 111 | 5 452 | 5 048 | 5 406 | 5 005 | 5 379 | 4 981 | 5 377 | 4 979 | 5 392 | 4 993 | 5 420 | 5 019 |
| 1 | 5 609 | 5 195 | 5 515 | 5 108 | 5 447 | 5 045 | 5 402 | 5 003 | 5 376 | 4 978 | 5 374 | 4 977 | 5 389 | 4 991 |
| 2 | 5 717 | 5 295 | 5 605 | 5 192 | 5 511 | 5 105 | 5 445 | 5 043 | 5 400 | 5 001 | 5 373 | 4 977 | 5 372 | 4 975 |
| 3 | 5 837 | 5 407 | 5 714 | 5 294 | 5 603 | 5 190 | 5 510 | 5 104 | 5 443 | 5 042 | 5 398 | 5 000 | 5 371 | 4 976 |
| 4 | 5 978 | 5 539 | 5 835 | 5 406 | 5 712 | 5 292 | 5 601 | 5 190 | 5 508 | 5 103 | 5 441 | 5 041 | 5 396 | 4 999 |
| 5 | 6 156 | 5 704 | 5 977 | 5 538 | 5 833 | 5 405 | 5 711 | 5 291 | 5 600 | 5 189 | 5 507 | 5 102 | 5 440 | 5 040 |
| 6 | 6 369 | 5 902 | 6 154 | 5 703 | 5 975 | 5 537 | 5 832 | 5 404 | 5 710 | 5 291 | 5 599 | 5 188 | 5 506 | 5 102 |
| 7 | 6 595 | 6 112 | 6 368 | 5 901 | 6 153 | 5 702 | 5 974 | 5 536 | 5 831 | 5 404 | 5 709 | 5 290 | 5 598 | 5 187 |
| 8 | 5 295 | 4 801 | 6 593 | 6 111 | 6 366 | 5 900 | 6 152 | 5 701 | 5 973 | 5 535 | 5 830 | 5 403 | 5 708 | 5 290 |

续表

| 年龄（岁） | 2029 年 | | 2030 年 | | 2031 年 | | 2032 年 | | 2033 年 | | 2034 年 | | 2035 年 | |
|---|---|---|---|---|---|---|---|---|---|---|---|---|---|---|
| | 男性 | 女性 | 男性 | 女性 | 男性 | 女性 | 男性 | 女性 | 男性 | 女性 | 男性 | 女性 | 男性 | 女性 |
| 9 | 6 245 | 5 664 | 5 293 | 4 800 | 6 592 | 6 110 | 6 365 | 5 900 | 6 151 | 5 701 | 5 972 | 5 535 | 5 829 | 5 402 |
| 10 | 7 923 | 7 025 | 6 244 | 5 663 | 5 292 | 4 800 | 6 591 | 6 109 | 6 364 | 5 899 | 6 150 | 5 700 | 5 971 | 5 534 |
| 11 | 8 384 | 7 667 | 7 921 | 7 024 | 6 242 | 5 662 | 5 291 | 4 799 | 6 589 | 6 109 | 6 363 | 5 898 | 6 148 | 5 699 |
| 12 | 10 350 | 9 480 | 8 382 | 7 666 | 7 919 | 7 023 | 6 241 | 5 661 | 5 290 | 4 799 | 6 588 | 6 108 | 6 362 | 5 898 |
| 13 | 9 865 | 8 838 | 10 346 | 9 479 | 8 379 | 7 664 | 7 917 | 7 022 | 6 240 | 5 661 | 5 289 | 4 798 | 6 587 | 6 107 |
| 14 | 9 394 | 8 232 | 9 862 | 8 837 | 10 343 | 9 477 | 8 377 | 7 663 | 7 915 | 7 022 | 6 238 | 5 660 | 5 288 | 4 797 |
| 15 | 10 555 | 9 379 | 9 391 | 8 230 | 9 858 | 8 835 | 10 340 | 9 476 | 8 375 | 7 662 | 7 913 | 7 021 | 6 236 | 5 659 |
| 16 | 10 146 | 9 053 | 10 551 | 9 377 | 9 387 | 8 228 | 9 855 | 8 834 | 10 337 | 9 475 | 8 373 | 7 661 | 7 911 | 7 020 |
| 17 | 10 889 | 9 563 | 10 141 | 9 051 | 10 547 | 9 375 | 9 384 | 8 227 | 9 853 | 8 833 | 10 334 | 9 473 | 8 370 | 7 660 |
| 18 | 10 002 | 8 702 | 10 884 | 9 561 | 10 137 | 9 048 | 10 543 | 9 373 | 9 381 | 8 226 | 9 849 | 8 831 | 10 331 | 9 472 |
| 19 | 9 921 | 8 608 | 9 997 | 8 700 | 10 879 | 9 558 | 10 133 | 9 047 | 10 540 | 9 372 | 9 378 | 8 225 | 9 846 | 8 830 |
| 20 | 9 984 | 8 784 | 9 917 | 8 605 | 9 993 | 8 698 | 10 875 | 9 557 | 10 130 | 9 046 | 10 536 | 9 371 | 9 375 | 8 224 |
| 21 | 9 703 | 8 438 | 9 979 | 8 782 | 9 911 | 8 603 | 9 989 | 8 696 | 10 871 | 9 555 | 10 126 | 9 044 | 10 532 | 9 369 |
| 22 | 9 574 | 8 351 | 9 698 | 8 436 | 9 974 | 8 780 | 9 908 | 8 602 | 9 985 | 8 695 | 10 867 | 9 554 | 10 122 | 9 043 |
| 23 | 8 566 | 7 296 | 9 569 | 8 348 | 9 693 | 8 433 | 9 970 | 8 778 | 9 904 | 8 600 | 9 981 | 8 693 | 10 863 | 9 552 |
| 24 | 9 632 | 7 796 | 8 561 | 7 294 | 9 563 | 8 346 | 9 689 | 8 432 | 9 966 | 8 776 | 9 900 | 8 598 | 9 977 | 8 692 |
| 25 | 9 322 | 7 740 | 9 626 | 7 793 | 8 556 | 7 292 | 9 559 | 8 344 | 9 685 | 8 430 | 9 962 | 8 775 | 9 896 | 8 597 |
| 26 | 7 152 | 6 302 | 9 317 | 7 738 | 9 620 | 7 791 | 8 552 | 7 290 | 9 555 | 8 343 | 9 680 | 8 429 | 9 957 | 8 773 |
| 27 | 7 830 | 7 525 | 7 147 | 6 300 | 9 311 | 7 736 | 9 615 | 7 789 | 8 548 | 7 289 | 9 550 | 8 341 | 9 676 | 8 427 |
| 28 | 9 149 | 8 426 | 7 824 | 7 523 | 7 143 | 6 298 | 9 306 | 7 734 | 9 611 | 7 788 | 8 544 | 7 287 | 9 546 | 8 339 |
| 29 | 8 664 | 8 211 | 9 143 | 8 423 | 7 819 | 7 520 | 7 139 | 6 297 | 9 301 | 7 732 | 9 606 | 7 786 | 8 540 | 7 286 |
| 30 | 7 529 | 6 596 | 8 657 | 8 208 | 9 136 | 8 420 | 7 815 | 7 519 | 7 135 | 6 295 | 9 296 | 7 730 | 9 600 | 7 784 |
| 31 | 7 911 | 6 566 | 7 523 | 6 594 | 8 650 | 8 205 | 9 130 | 8 418 | 7 810 | 7 517 | 7 131 | 6 294 | 9 290 | 7 729 |
| 32 | 7 557 | 6 350 | 7 904 | 6 564 | 7 517 | 6 592 | 8 645 | 8 203 | 9 125 | 8 416 | 7 805 | 7 515 | 7 126 | 6 292 |
| 33 | 8 648 | 7 874 | 7 550 | 6 348 | 7 897 | 6 561 | 7 512 | 6 590 | 8 639 | 8 201 | 9 118 | 8 414 | 7 800 | 7 513 |
| 34 | 9 201 | 8 458 | 8 640 | 7 871 | 7 543 | 6 345 | 7 891 | 6 559 | 7 506 | 6 588 | 8 633 | 8 198 | 9 112 | 8 411 |
| 35 | 9 333 | 8 394 | 9 191 | 8 454 | 8 631 | 7 868 | 7 537 | 6 343 | 7 885 | 6 557 | 7 501 | 6 586 | 8 626 | 8 196 |
| 36 | 10 218 | 9 166 | 9 323 | 8 390 | 9 181 | 8 451 | 8 624 | 7 865 | 7 531 | 6 341 | 7 878 | 6 555 | 7 494 | 6 583 |

续表

| 年龄<br>（岁） | 2029 年 | | 2030 年 | | 2031 年 | | 2032 年 | | 2033 年 | | 2034 年 | | 2035 年 | |
|---|---|---|---|---|---|---|---|---|---|---|---|---|---|---|
| | 男性 | 女性 | 男性 | 女性 | 男性 | 女性 | 男性 | 女性 | 男性 | 女性 | 男性 | 女性 | 男性 | 女性 |
| 37 | 10 464 | 9 524 | 10 206 | 9 161 | 9 312 | 8 386 | 9 173 | 8 447 | 8 616 | 7 862 | 7 524 | 6 338 | 7 871 | 6 552 |
| 38 | 10 990 | 10 061 | 10 451 | 9 519 | 10 193 | 9 156 | 9 303 | 8 383 | 9 164 | 8 444 | 8 607 | 7 859 | 7 516 | 6 336 |
| 39 | 13 891 | 12 955 | 10 975 | 10 055 | 10 436 | 9 513 | 10 182 | 9 152 | 9 293 | 8 379 | 9 154 | 8 440 | 8 598 | 7 855 |
| 40 | 13 569 | 12 863 | 13 870 | 12 947 | 10 958 | 10 049 | 10 424 | 9 509 | 10 170 | 9 148 | 9 282 | 8 375 | 9 143 | 8 436 |
| 41 | 12 877 | 12 281 | 13 546 | 12 854 | 13 847 | 12 938 | 10 944 | 10 044 | 10 411 | 9 503 | 10 157 | 9 143 | 9 270 | 8 370 |
| 42 | 14 146 | 13 550 | 12 854 | 12 272 | 13 522 | 12 844 | 13 828 | 12 930 | 10 929 | 10 038 | 10 396 | 9 498 | 10 143 | 9 137 |
| 43 | 12 187 | 11 759 | 14 118 | 13 539 | 12 829 | 12 262 | 13 502 | 12 836 | 13 807 | 12 922 | 10 913 | 10 031 | 10 381 | 9 492 |
| 44 | 10 428 | 10 042 | 12 160 | 11 748 | 14 088 | 13 526 | 12 808 | 12 253 | 13 479 | 12 827 | 13 785 | 12 913 | 10 895 | 10 024 |
| 45 | 10 555 | 9 798 | 10 403 | 10 032 | 12 131 | 11 736 | 14 063 | 13 516 | 12 785 | 12 243 | 13 456 | 12 817 | 13 760 | 12 903 |
| 46 | 10 238 | 9 798 | 10 527 | 9 787 | 10 376 | 10 020 | 12 108 | 11 726 | 14 036 | 13 504 | 12 760 | 12 233 | 13 430 | 12 806 |
| 47 | 11 906 | 11 339 | 10 209 | 9 786 | 10 496 | 9 775 | 10 354 | 10 011 | 12 082 | 11 715 | 14 006 | 13 491 | 12 734 | 12 221 |
| 48 | 10 199 | 9 796 | 11 868 | 11 323 | 10 176 | 9 772 | 10 473 | 9 765 | 10 331 | 10 001 | 12 055 | 11 703 | 13 974 | 13 478 |
| 49 | 9 214 | 9 141 | 10 163 | 9 781 | 11 826 | 11 306 | 10 151 | 9 761 | 10 447 | 9 754 | 10 305 | 9 990 | 12 025 | 11 690 |
| 50 | 10 390 | 10 018 | 9 179 | 9 126 | 10 123 | 9 764 | 11 794 | 11 292 | 10 123 | 9 749 | 10 419 | 9 742 | 10 277 | 9 978 |
| 51 | 9 912 | 9 468 | 10 346 | 10 000 | 9 140 | 9 109 | 10 094 | 9 751 | 11 760 | 11 277 | 10 094 | 9 737 | 10 388 | 9 729 |
| 52 | 9 354 | 8 925 | 9 866 | 9 449 | 10 298 | 9 979 | 9 111 | 9 096 | 10 062 | 9 737 | 11 723 | 11 261 | 10 062 | 9 723 |
| 53 | 10 212 | 10 034 | 9 307 | 8 905 | 9 816 | 9 427 | 10 263 | 9 963 | 9 080 | 9 082 | 10 027 | 9 722 | 11 683 | 11 243 |
| 54 | 10 349 | 10 131 | 10 157 | 10 010 | 9 256 | 8 883 | 9 780 | 9 411 | 10 225 | 9 946 | 9 046 | 9 066 | 9 991 | 9 705 |
| 55 | 11 535 | 11 254 | 10 288 | 10 104 | 10 097 | 9 983 | 9 219 | 8 867 | 9 741 | 9 394 | 10 184 | 9 928 | 9 010 | 9 049 |
| 56 | 11 962 | 11 811 | 11 462 | 11 221 | 10 223 | 10 075 | 10 054 | 9 963 | 9 180 | 8 849 | 9 699 | 9 375 | 10 140 | 9 908 |
| 57 | 12 177 | 12 100 | 11 881 | 11 775 | 11 385 | 11 187 | 10 176 | 10 053 | 10 007 | 9 941 | 9 137 | 8 829 | 9 654 | 9 354 |
| 58 | 12 924 | 12 693 | 12 089 | 12 060 | 11 795 | 11 735 | 11 328 | 11 160 | 10 125 | 10 029 | 9 957 | 9 917 | 9 092 | 8 808 |
| 59 | 13 134 | 13 276 | 12 823 | 12 647 | 11 995 | 12 016 | 11 732 | 11 705 | 11 267 | 11 131 | 10 071 | 10 003 | 9 903 | 9 891 |
| 60 | 12 600 | 12 451 | 13 024 | 13 223 | 12 715 | 12 597 | 11 926 | 11 982 | 11 663 | 11 671 | 11 201 | 11 099 | 10 012 | 9 974 |
| 61 | 12 802 | 13 394 | 12 484 | 12 396 | 12 904 | 13 165 | 12 636 | 12 558 | 11 851 | 11 945 | 11 590 | 11 635 | 11 131 | 11 065 |
| 62 | 10 391 | 10 747 | 12 673 | 13 328 | 12 358 | 12 335 | 12 817 | 13 120 | 12 551 | 12 515 | 11 771 | 11 904 | 11 512 | 11 596 |
| 63 | 11 895 | 12 091 | 10 275 | 10 688 | 12 532 | 13 255 | 12 269 | 12 289 | 12 724 | 13 072 | 12 459 | 12 469 | 11 686 | 11 860 |
| 64 | 11 577 | 11 694 | 11 748 | 12 015 | 10 148 | 10 621 | 12 434 | 13 201 | 12 173 | 12 239 | 12 625 | 13 019 | 12 362 | 12 419 |

续表

| 年龄（岁） | 2029 年 | | 2030 年 | | 2031 年 | | 2032 年 | | 2033 年 | | 2034 年 | | 2035 年 | |
|---|---|---|---|---|---|---|---|---|---|---|---|---|---|---|
| | 男性 | 女性 | 男性 | 女性 | 男性 | 女性 | 男性 | 女性 | 男性 | 女性 | 男性 | 女性 | 男性 | 女性 |
| 65 | 11 077 | 11 483 | 11 417 | 11 612 | 11 587 | 11 930 | 10 063 | 10 574 | 12 330 | 13 142 | 12 071 | 12 184 | 12 519 | 12 960 |
| 66 | 12 591 | 13 235 | 10 906 | 11 391 | 11 242 | 11 518 | 11 482 | 11 870 | 9 972 | 10 521 | 12 218 | 13 076 | 11 961 | 12 123 |
| 67 | 9 338 | 9 880 | 12 374 | 13 114 | 10 719 | 11 286 | 11 132 | 11 453 | 11 370 | 11 804 | 9 875 | 10 461 | 12 099 | 13 002 |
| 68 | 4 853 | 5 288 | 9 158 | 9 777 | 12 136 | 12 976 | 10 606 | 11 215 | 11 015 | 11 381 | 11 250 | 11 729 | 9 771 | 10 395 |
| 69 | 5 738 | 6 372 | 4 748 | 5 225 | 8 959 | 9 660 | 11 996 | 12 884 | 10 484 | 11 135 | 10 888 | 11 300 | 11 121 | 11 646 |
| 70 | 5 430 | 5 688 | 5 598 | 6 285 | 4 632 | 5 153 | 8 846 | 9 583 | 11 844 | 12 781 | 10 351 | 11 046 | 10 750 | 11 210 |
| 71 | 6 896 | 7 409 | 5 281 | 5 599 | 5 444 | 6 187 | 4 566 | 5 107 | 8 720 | 9 496 | 11 676 | 12 666 | 10 204 | 10 947 |
| 72 | 7 746 | 8 053 | 6 682 | 7 276 | 5 117 | 5 499 | 5 356 | 6 124 | 4 493 | 5 055 | 8 580 | 9 400 | 11 488 | 12 537 |
| 73 | 6 776 | 7 461 | 7 476 | 7 888 | 6 449 | 7 128 | 5 022 | 5 435 | 5 257 | 6 053 | 4 410 | 4 996 | 8 421 | 9 290 |
| 74 | 6 689 | 7 712 | 6 511 | 7 287 | 7 183 | 7 704 | 6 311 | 7 033 | 4 914 | 5 363 | 5 144 | 5 972 | 4 315 | 4 930 |
| 75 | 6 630 | 7 592 | 6 396 | 7 507 | 6 226 | 7 094 | 7 003 | 7 581 | 6 152 | 6 924 | 4 791 | 5 280 | 5 015 | 5 879 |
| 76 | 5 656 | 6 648 | 6 306 | 7 363 | 6 083 | 7 281 | 6 042 | 6 965 | 6 796 | 7 447 | 5 970 | 6 798 | 4 649 | 5 184 |
| 77 | 5 479 | 6 488 | 5 348 | 6 421 | 5 962 | 7 112 | 5 873 | 7 126 | 5 834 | 6 817 | 6 561 | 7 289 | 5 764 | 6 653 |
| 78 | 4 393 | 5 557 | 5 147 | 6 237 | 5 024 | 6 173 | 5 722 | 6 935 | 5 636 | 6 949 | 5 598 | 6 647 | 6 297 | 7 107 |
| 79 | 4 083 | 4 989 | 4 097 | 5 314 | 4 801 | 5 965 | 4 789 | 5 993 | 5 454 | 6 733 | 5 373 | 6 747 | 5 337 | 6 454 |
| 80 | 3 632 | 4 484 | 3 779 | 4 743 | 3 793 | 5 053 | 4 543 | 5 764 | 4 531 | 5 792 | 5 161 | 6 506 | 5 084 | 6 519 |
| 81 | 2 993 | 3 769 | 3 333 | 4 236 | 3 468 | 4 481 | 3 560 | 4 857 | 4 264 | 5 541 | 4 253 | 5 567 | 4 844 | 6 255 |
| 82 | 2 627 | 3 369 | 2 722 | 3 534 | 3 031 | 3 972 | 3 227 | 4 283 | 3 312 | 4 642 | 3 968 | 5 296 | 3 958 | 5 322 |
| 83 | 2 226 | 3 060 | 2 365 | 3 134 | 2 450 | 3 287 | 2 795 | 3 774 | 2 975 | 4 069 | 3 054 | 4 410 | 3 658 | 5 031 |
| 84 | 1 820 | 2 554 | 1 982 | 2 820 | 2 105 | 2 889 | 2 237 | 3 103 | 2 552 | 3 562 | 2 717 | 3 840 | 2 789 | 4 163 |
| 85 | 1 574 | 2 174 | 1 601 | 2 330 | 1 743 | 2 573 | 1 903 | 2 707 | 2 022 | 2 908 | 2 306 | 3 338 | 2 456 | 3 599 |
| 86 | 1 286 | 1 872 | 1 366 | 1 961 | 1 390 | 2 103 | 1 559 | 2 394 | 1 702 | 2 519 | 1 808 | 2 706 | 2 062 | 3 106 |
| 87 | 1 064 | 1 604 | 1 101 | 1 668 | 1 169 | 1 748 | 1 229 | 1 941 | 1 378 | 2 210 | 1 504 | 2 325 | 1 599 | 2 498 |
| 88 | 963 | 1 469 | 896 | 1 411 | 928 | 1 468 | 1 021 | 1 600 | 1 073 | 1 777 | 1 204 | 2 023 | 1 314 | 2 129 |
| 89 | 792 | 1 235 | 798 | 1 274 | 742 | 1 224 | 800 | 1 332 | 880 | 1 452 | 925 | 1 613 | 1 038 | 1 836 |
| 90 | 556 | 952 | 644 | 1 056 | 649 | 1 089 | 631 | 1 100 | 680 | 1 197 | 748 | 1 306 | 786 | 1 450 |
| 91 | 479 | 854 | 443 | 801 | 512 | 888 | 543 | 970 | 528 | 980 | 569 | 1 066 | 626 | 1 163 |
| 92 | 342 | 668 | 373 | 707 | 344 | 663 | 421 | 783 | 446 | 855 | 434 | 864 | 468 | 940 |

续表

| 年龄(岁) | 2029年 | | 2030年 | | 2031年 | | 2032年 | | 2033年 | | 2034年 | | 2035年 | |
|---|---|---|---|---|---|---|---|---|---|---|---|---|---|---|
| | 男性 | 女性 | 男性 | 女性 | 男性 | 女性 | 男性 | 女性 | 男性 | 女性 | 男性 | 女性 | 男性 | 女性 |
| 93 | 279 | 591 | 260 | 543 | 283 | 575 | 278 | 578 | 340 | 683 | 360 | 745 | 350 | 753 |
| 94 | 193 | 430 | 206 | 472 | 191 | 434 | 223 | 496 | 220 | 499 | 269 | 589 | 285 | 643 |
| 95 | 140 | 321 | 138 | 336 | 147 | 369 | 148 | 370 | 172 | 422 | 169 | 425 | 207 | 502 |
| 96 | 104 | 265 | 97 | 246 | 95 | 258 | 111 | 311 | 111 | 311 | 129 | 355 | 127 | 357 |
| 97 | 57 | 161 | 69 | 198 | 64 | 184 | 70 | 214 | 81 | 258 | 81 | 258 | 95 | 295 |
| 98 | 39 | 121 | 36 | 117 | 44 | 144 | 46 | 150 | 49 | 175 | 57 | 211 | 57 | 211 |
| 99 | 27 | 88 | 24 | 85 | 22 | 82 | 30 | 115 | 31 | 121 | 34 | 140 | 39 | 169 |
| 100 | 11 | 46 | 16 | 60 | 14 | 58 | 15 | 65 | 20 | 91 | 20 | 95 | 22 | 110 |
| 101 | 6 | 27 | 6 | 30 | 9 | 39 | 9 | 45 | 9 | 50 | 13 | 70 | 13 | 73 |
| 102 | 3 | 18 | 3 | 17 | 3 | 19 | 5 | 29 | 5 | 33 | 6 | 37 | 8 | 52 |
| 103 | 4 | 30 | 2 | 11 | 2 | 14 | 2 | 14 | 3 | 21 | 3 | 24 | 3 | 27 |
| 104 | 0 | 0 | 2 | 17 | 1 | 6 | 1 | 7 | 1 | 10 | 2 | 15 | 2 | 17 |
| 105+ | 0 | 0 | 0 | 0 | 1 | 9 | 0 | 4 | 0 | 5 | 1 | 7 | 1 | 10 |

**表 2-10（c） 未来各年中国分年龄分性别人口预测数** 单位：千人

| 年龄(岁) | 2036年 | | 2037年 | | 2038年 | | 2039年 | | 2040年 | | 2041年 | | 2042年 | |
|---|---|---|---|---|---|---|---|---|---|---|---|---|---|---|
| | 男性 | 女性 | 男性 | 女性 | 男性 | 女性 | 男性 | 女性 | 男性 | 女性 | 男性 | 女性 | 男性 | 女性 |
| 0 | 5 458 | 5 054 | 5 509 | 5 101 | 7 697 | 7 127 | 7 766 | 7 191 | 7 809 | 7 231 | 7 828 | 7 248 | 7 830 | 7 250 |
| 1 | 5 417 | 5 016 | 5 455 | 5 052 | 5 505 | 5 098 | 7 692 | 7 124 | 7 761 | 7 187 | 7 804 | 7 227 | 7 823 | 7 244 |
| 2 | 5 387 | 4 989 | 5 414 | 5 015 | 5 452 | 5 050 | 5 503 | 5 097 | 7 689 | 7 121 | 7 758 | 7 185 | 7 801 | 7 225 |
| 3 | 5 370 | 4 974 | 5 385 | 4 988 | 5 412 | 5 014 | 5 450 | 5 049 | 5 501 | 5 096 | 7 686 | 7 120 | 7 755 | 7 183 |
| 4 | 5 370 | 4 975 | 5 368 | 4 973 | 5 383 | 4 987 | 5 411 | 5 013 | 5 449 | 5 048 | 5 499 | 5 095 | 7 684 | 7 118 |
| 5 | 5 395 | 4 999 | 5 369 | 4 974 | 5 367 | 4 972 | 5 382 | 4 986 | 5 410 | 5 012 | 5 448 | 5 047 | 5 498 | 5 094 |
| 6 | 5 439 | 5 040 | 5 394 | 4 998 | 5 368 | 4 973 | 5 366 | 4 972 | 5 381 | 4 986 | 5 408 | 5 011 | 5 446 | 5 046 |
| 7 | 5 505 | 5 101 | 5 438 | 5 039 | 5 393 | 4 997 | 5 367 | 4 973 | 5 365 | 4 971 | 5 380 | 4 985 | 5 408 | 5 011 |
| 8 | 5 597 | 5 187 | 5 504 | 5 101 | 5 437 | 5 039 | 5 392 | 4 997 | 5 366 | 4 972 | 5 364 | 4 971 | 5 379 | 4 985 |
| 9 | 5 707 | 5 289 | 5 596 | 5 186 | 5 503 | 5 100 | 5 436 | 5 038 | 5 391 | 4 996 | 5 365 | 4 972 | 5 363 | 4 970 |
| 10 | 5 828 | 5 402 | 5 706 | 5 288 | 5 595 | 5 186 | 5 502 | 5 100 | 5 435 | 5 037 | 5 390 | 4 996 | 5 364 | 4 971 |

续表

| 年龄<br>（岁） | 2036 年 | | 2037 年 | | 2038 年 | | 2039 年 | | 2040 年 | | 2041 年 | | 2042 年 | |
|---|---|---|---|---|---|---|---|---|---|---|---|---|---|---|
| | 男性 | 女性 | 男性 | 女性 | 男性 | 女性 | 男性 | 女性 | 男性 | 女性 | 男性 | 女性 | 男性 | 女性 |
| 11 | 5 970 | 5 534 | 5 827 | 5 401 | 5 705 | 5 288 | 5 594 | 5 185 | 5 501 | 5 099 | 5 434 | 5 037 | 5 389 | 4 995 |
| 12 | 6 147 | 5 699 | 5 969 | 5 533 | 5 826 | 5 401 | 5 704 | 5 287 | 5 593 | 5 185 | 5 500 | 5 098 | 5 433 | 5 036 |
| 13 | 6 360 | 5 897 | 6 146 | 5 698 | 5 967 | 5 533 | 5 825 | 5 400 | 5 702 | 5 287 | 5 591 | 5 184 | 5 498 | 5 098 |
| 14 | 6 585 | 6 107 | 6 359 | 5 897 | 6 144 | 5 698 | 5 966 | 5 532 | 5 823 | 5 400 | 5 701 | 5 286 | 5 590 | 5 184 |
| 15 | 5 286 | 4 797 | 6 583 | 6 106 | 6 357 | 5 896 | 6 143 | 5 697 | 5 964 | 5 531 | 5 822 | 5 399 | 5 699 | 5 286 |
| 16 | 6 235 | 5 659 | 5 285 | 4 796 | 6 581 | 6 105 | 6 355 | 5 895 | 6 141 | 5 696 | 5 963 | 5 531 | 5 820 | 5 398 |
| 17 | 7 908 | 7 019 | 6 233 | 5 658 | 5 283 | 4 796 | 6 580 | 6 104 | 6 353 | 5 894 | 6 139 | 5 695 | 5 961 | 5 530 |
| 18 | 8 368 | 7 659 | 7 906 | 7 018 | 6 231 | 5 657 | 5 281 | 4 795 | 6 577 | 6 103 | 6 351 | 5 893 | 6 137 | 5 695 |
| 19 | 10 328 | 9 471 | 8 365 | 7 658 | 7 903 | 7 017 | 6 229 | 5 656 | 5 280 | 4 794 | 6 575 | 6 102 | 6 349 | 5 893 |
| 20 | 9 843 | 8 829 | 10 324 | 9 469 | 8 362 | 7 657 | 7 900 | 7 016 | 6 227 | 5 655 | 5 278 | 4 793 | 6 573 | 6 102 |
| 21 | 9 372 | 8 222 | 9 839 | 8 827 | 10 320 | 9 468 | 8 359 | 7 656 | 7 898 | 7 015 | 6 224 | 5 654 | 5 276 | 4 793 |
| 22 | 10 528 | 9 367 | 9 368 | 8 221 | 9 836 | 8 826 | 10 316 | 9 466 | 8 356 | 7 654 | 7 895 | 7 013 | 6 222 | 5 654 |
| 23 | 10 118 | 9 041 | 10 524 | 9 366 | 9 364 | 8 219 | 9 832 | 8 824 | 10 312 | 9 464 | 8 352 | 7 653 | 7 891 | 7 012 |
| 24 | 10 858 | 9 550 | 10 114 | 9 039 | 10 520 | 9 364 | 9 361 | 8 218 | 9 828 | 8 822 | 10 308 | 9 462 | 8 349 | 7 652 |
| 25 | 9 973 | 8 690 | 10 854 | 9 548 | 10 110 | 9 038 | 10 516 | 9 362 | 9 357 | 8 216 | 9 823 | 8 821 | 10 304 | 9 461 |
| 26 | 9 891 | 8 595 | 9 968 | 8 688 | 10 849 | 9 546 | 10 105 | 9 036 | 10 511 | 9 360 | 9 352 | 8 215 | 9 819 | 8 819 |
| 27 | 9 952 | 8 771 | 9 886 | 8 593 | 9 964 | 8 687 | 10 844 | 9 544 | 10 101 | 9 034 | 10 506 | 9 358 | 9 348 | 8 213 |
| 28 | 9 671 | 8 425 | 9 948 | 8 769 | 9 882 | 8 591 | 9 959 | 8 685 | 10 838 | 9 542 | 10 096 | 9 032 | 10 501 | 9 356 |
| 29 | 9 541 | 8 337 | 9 666 | 8 423 | 9 942 | 8 767 | 9 876 | 8 589 | 9 954 | 8 683 | 10 833 | 9 540 | 10 090 | 9 030 |
| 30 | 8 535 | 7 284 | 9 535 | 8 335 | 9 661 | 8 421 | 9 937 | 8 765 | 9 871 | 8 587 | 9 948 | 8 681 | 10 827 | 9 538 |
| 31 | 9 594 | 7 782 | 8 530 | 7 282 | 9 530 | 8 333 | 9 655 | 8 419 | 9 931 | 8 763 | 9 865 | 8 585 | 9 942 | 8 679 |
| 32 | 9 284 | 7 727 | 9 588 | 7 780 | 8 524 | 7 280 | 9 524 | 8 331 | 9 649 | 8 417 | 9 925 | 8 761 | 9 859 | 8 583 |
| 33 | 7 121 | 6 290 | 9 278 | 7 724 | 9 582 | 7 778 | 8 519 | 7 278 | 9 517 | 8 329 | 9 642 | 8 415 | 9 918 | 8 758 |
| 34 | 7 794 | 7 510 | 7 116 | 6 289 | 9 271 | 7 722 | 9 575 | 7 776 | 8 512 | 7 276 | 9 510 | 8 326 | 9 635 | 8 412 |
| 35 | 9 104 | 8 408 | 7 788 | 7 508 | 7 110 | 6 287 | 9 264 | 7 720 | 9 567 | 7 773 | 8 506 | 7 274 | 9 503 | 8 324 |
| 36 | 8 618 | 8 193 | 9 097 | 8 406 | 7 781 | 7 505 | 7 104 | 6 284 | 9 256 | 7 717 | 9 559 | 7 771 | 8 498 | 7 271 |
| 37 | 7 487 | 6 581 | 8 610 | 8 190 | 9 088 | 8 402 | 7 774 | 7 503 | 7 098 | 6 282 | 9 248 | 7 714 | 9 550 | 7 768 |
| 38 | 7 863 | 6 550 | 7 480 | 6 578 | 8 602 | 8 187 | 9 079 | 8 399 | 7 766 | 7 500 | 7 091 | 6 279 | 9 238 | 7 711 |

续表

| 年龄(岁) | 2036 年 | | 2037 年 | | 2038 年 | | 2039 年 | | 2040 年 | | 2041 年 | | 2042 年 | |
|---|---|---|---|---|---|---|---|---|---|---|---|---|---|---|
| | 男性 | 女性 | 男性 | 女性 | 男性 | 女性 | 男性 | 女性 | 男性 | 女性 | 男性 | 女性 | 男性 | 女性 |
| 39 | 7 508 | 6 333 | 7 854 | 6 547 | 7 472 | 6 575 | 8 593 | 8 183 | 9 070 | 8 395 | 7 758 | 7 496 | 7 083 | 6 277 |
| 40 | 8 588 | 7 852 | 7 500 | 6 330 | 7 845 | 6 543 | 7 463 | 6 572 | 8 583 | 8 179 | 9 059 | 8 391 | 7 749 | 7 492 |
| 41 | 9 131 | 8 431 | 8 577 | 7 847 | 7 490 | 6 326 | 7 835 | 6 540 | 7 454 | 6 568 | 8 572 | 8 174 | 9 047 | 8 386 |
| 42 | 9 257 | 8 365 | 9 119 | 8 426 | 8 565 | 7 843 | 7 480 | 6 323 | 7 824 | 6 536 | 7 443 | 6 565 | 8 560 | 8 169 |
| 43 | 10 128 | 9 131 | 9 243 | 8 360 | 9 105 | 8 421 | 8 552 | 7 838 | 7 468 | 6 319 | 7 813 | 6 532 | 7 432 | 6 560 |
| 44 | 10 364 | 9 485 | 10 111 | 9 125 | 9 228 | 8 354 | 9 090 | 8 415 | 8 538 | 7 832 | 7 456 | 6 314 | 7 800 | 6 527 |
| 45 | 10 876 | 10 016 | 10 345 | 9 477 | 10 093 | 9 118 | 9 212 | 8 347 | 9 074 | 8 408 | 8 523 | 7 826 | 7 443 | 6 309 |
| 46 | 13 734 | 12 892 | 10 855 | 10 007 | 10 325 | 9 469 | 10 074 | 9 110 | 9 194 | 8 340 | 9 057 | 8 401 | 8 507 | 7 819 |
| 47 | 13 401 | 12 794 | 13 705 | 12 880 | 10 832 | 9 998 | 10 304 | 9 460 | 10 052 | 9 101 | 9 175 | 8 332 | 9 038 | 8 393 |
| 48 | 12 705 | 12 209 | 13 371 | 12 781 | 13 674 | 12 866 | 10 807 | 9 988 | 10 280 | 9 451 | 10 030 | 9 092 | 9 154 | 8 324 |
| 49 | 13 940 | 13 463 | 12 673 | 12 195 | 13 338 | 12 767 | 13 640 | 12 852 | 10 780 | 9 977 | 10 255 | 9 440 | 10 005 | 9 082 |
| 50 | 11 993 | 11 676 | 13 902 | 13 446 | 12 639 | 12 181 | 13 302 | 12 751 | 13 603 | 12 837 | 10 752 | 9 965 | 10 227 | 9 429 |
| 51 | 10 248 | 9 964 | 11 958 | 11 661 | 13 862 | 13 428 | 12 603 | 12 164 | 13 263 | 12 734 | 13 564 | 12 820 | 10 720 | 9 951 |
| 52 | 10 356 | 9 715 | 10 215 | 9 950 | 11 920 | 11 644 | 13 818 | 13 409 | 12 563 | 12 147 | 13 222 | 12 716 | 13 521 | 12 801 |
| 53 | 10 028 | 9 707 | 10 320 | 9 700 | 10 181 | 9 934 | 11 879 | 11 626 | 13 771 | 13 388 | 12 520 | 12 128 | 13 177 | 12 696 |
| 54 | 11 640 | 11 224 | 9 991 | 9 691 | 10 282 | 9 683 | 10 143 | 9 917 | 11 836 | 11 606 | 13 720 | 13 365 | 12 474 | 12 107 |
| 55 | 9 951 | 9 687 | 11 593 | 11 203 | 9 951 | 9 673 | 10 241 | 9 665 | 10 103 | 9 899 | 11 788 | 11 584 | 13 666 | 13 340 |
| 56 | 8 972 | 9 031 | 9 908 | 9 668 | 11 543 | 11 181 | 9 908 | 9 653 | 10 197 | 9 646 | 10 059 | 9 879 | 11 738 | 11 561 |
| 57 | 10 093 | 9 886 | 8 930 | 9 011 | 9 862 | 9 646 | 11 490 | 11 156 | 9 862 | 9 632 | 10 150 | 9 624 | 10 013 | 9 857 |
| 58 | 9 606 | 9 332 | 10 043 | 9 862 | 8 885 | 8 989 | 9 813 | 9 623 | 11 432 | 11 129 | 9 813 | 9 609 | 10 099 | 9 601 |
| 59 | 9 043 | 8 785 | 9 554 | 9 307 | 9 989 | 9 836 | 8 838 | 8 966 | 9 760 | 9 598 | 11 371 | 11 100 | 9 760 | 9 584 |
| 60 | 9 846 | 9 863 | 8 990 | 8 760 | 9 499 | 9 281 | 9 931 | 9 808 | 8 786 | 8 940 | 9 703 | 9 571 | 11 305 | 11 069 |
| 61 | 9 949 | 9 943 | 9 784 | 9 833 | 8 934 | 8 733 | 9 439 | 9 252 | 9 869 | 9 778 | 8 731 | 8 913 | 9 642 | 9 541 |
| 62 | 11 056 | 11 028 | 9 882 | 9 910 | 9 718 | 9 800 | 8 874 | 8 704 | 9 376 | 9 221 | 9 802 | 9 745 | 8 672 | 8 883 |
| 63 | 11 429 | 11 553 | 10 976 | 10 987 | 9 811 | 9 873 | 9 648 | 9 764 | 8 809 | 8 672 | 9 307 | 9 187 | 9 731 | 9 709 |
| 64 | 11 594 | 11 812 | 11 339 | 11 507 | 10 890 | 10 943 | 9 734 | 9 833 | 9 572 | 9 724 | 8 740 | 8 636 | 9 235 | 9 150 |
| 65 | 12 258 | 12 363 | 11 497 | 11 759 | 11 244 | 11 455 | 10 799 | 10 893 | 9 652 | 9 789 | 9 492 | 9 680 | 8 667 | 8 598 |
| 66 | 12 405 | 12 895 | 12 147 | 12 301 | 11 393 | 11 700 | 11 142 | 11 397 | 10 701 | 10 839 | 9 565 | 9 740 | 9 406 | 9 632 |

续表

| 年龄（岁） | 2036 年 | | 2037 年 | | 2038 年 | | 2039 年 | | 2040 年 | | 2041 年 | | 2042 年 | |
|---|---|---|---|---|---|---|---|---|---|---|---|---|---|---|
| | 男性 | 女性 | 男性 | 女性 | 男性 | 女性 | 男性 | 女性 | 男性 | 女性 | 男性 | 女性 | 男性 | 女性 |
| 67 | 11 845 | 12 055 | 12 285 | 12 823 | 12 029 | 12 232 | 11 282 | 11 634 | 11 034 | 11 333 | 10 597 | 10 778 | 9 472 | 9 685 |
| 68 | 11 972 | 12 920 | 11 720 | 11 979 | 12 155 | 12 742 | 11 902 | 12 154 | 11 163 | 11 561 | 10 918 | 11 262 | 10 485 | 10 710 |
| 69 | 9 658 | 10 321 | 11 834 | 12 828 | 11 585 | 11 894 | 12 015 | 12 651 | 11 766 | 12 068 | 11 035 | 11 479 | 10 792 | 11 182 |
| 70 | 10 980 | 11 552 | 9 536 | 10 239 | 11 684 | 12 725 | 11 438 | 11 798 | 11 863 | 12 550 | 11 616 | 11 971 | 10 895 | 11 387 |
| 71 | 10 598 | 11 109 | 10 824 | 11 448 | 9 400 | 10 146 | 11 518 | 12 611 | 11 276 | 11 692 | 11 695 | 12 437 | 11 451 | 11 864 |
| 72 | 10 040 | 10 835 | 10 427 | 10 996 | 10 650 | 11 332 | 9 249 | 10 043 | 11 333 | 12 482 | 11 094 | 11 573 | 11 506 | 12 310 |
| 73 | 11 275 | 12 391 | 9 854 | 10 709 | 10 234 | 10 868 | 10 453 | 11 200 | 9 078 | 9 927 | 11 123 | 12 337 | 10 889 | 11 439 |
| 74 | 8 240 | 9 166 | 11 033 | 12 226 | 9 642 | 10 566 | 10 014 | 10 723 | 10 228 | 11 051 | 8 883 | 9 794 | 10 884 | 12 173 |
| 75 | 4 206 | 4 853 | 8 033 | 9 024 | 10 755 | 12 036 | 9 399 | 10 403 | 9 762 | 10 557 | 9 970 | 10 879 | 8 659 | 9 642 |
| 76 | 4 867 | 5 773 | 4 082 | 4 765 | 7 796 | 8 861 | 10 438 | 11 818 | 9 122 | 10 214 | 9 474 | 10 365 | 9 676 | 10 682 |
| 77 | 4 489 | 5 074 | 4 699 | 5 650 | 3 941 | 4 664 | 7 526 | 8 672 | 10 077 | 11 567 | 8 807 | 9 997 | 9 147 | 10 145 |
| 78 | 5 532 | 6 488 | 4 308 | 4 947 | 4 509 | 5 509 | 3 782 | 4 548 | 7 223 | 8 456 | 9 671 | 11 278 | 8 452 | 9 748 |
| 79 | 6 003 | 6 901 | 5 273 | 6 299 | 4 106 | 4 803 | 4 299 | 5 349 | 3 605 | 4 415 | 6 885 | 8 210 | 9 219 | 10 951 |
| 80 | 5 050 | 6 236 | 5 680 | 6 668 | 4 990 | 6 087 | 3 886 | 4 642 | 4 067 | 5 169 | 3 411 | 4 267 | 6 515 | 7 934 |
| 81 | 4 772 | 6 267 | 4 740 | 5 995 | 5 331 | 6 410 | 4 683 | 5 851 | 3 647 | 4 462 | 3 818 | 4 969 | 3 202 | 4 102 |
| 82 | 4 507 | 5 978 | 4 440 | 5 990 | 4 410 | 5 730 | 4 960 | 6 127 | 4 358 | 5 593 | 3 394 | 4 265 | 3 552 | 4 749 |
| 83 | 3 649 | 5 056 | 4 156 | 5 680 | 4 094 | 5 691 | 4 066 | 5 444 | 4 574 | 5 821 | 4 018 | 5 313 | 3 129 | 4 052 |
| 84 | 3 340 | 4 749 | 3 332 | 4 772 | 3 795 | 5 361 | 3 738 | 5 371 | 3 713 | 5 138 | 4 176 | 5 494 | 3 669 | 5 015 |
| 85 | 2 521 | 3 902 | 3 019 | 4 451 | 3 012 | 4 473 | 3 430 | 5 025 | 3 379 | 5 035 | 3 356 | 4 816 | 3 775 | 5 150 |
| 86 | 2 196 | 3 349 | 2 254 | 3 630 | 2 700 | 4 141 | 2 693 | 4 161 | 3 067 | 4 675 | 3 021 | 4 684 | 3 001 | 4 481 |
| 87 | 1 823 | 2 867 | 1 941 | 3 092 | 1 993 | 3 351 | 2 387 | 3 823 | 2 381 | 3 841 | 2 712 | 4 316 | 2 671 | 4 324 |
| 88 | 1 396 | 2 287 | 1 593 | 2 625 | 1 696 | 2 830 | 1 741 | 3 068 | 2 085 | 3 500 | 2 080 | 3 517 | 2 369 | 3 951 |
| 89 | 1 133 | 1 932 | 1 204 | 2 075 | 1 373 | 2 382 | 1 462 | 2 569 | 1 500 | 2 784 | 1 797 | 3 176 | 1 793 | 3 191 |
| 90 | 882 | 1 651 | 963 | 1 737 | 1 023 | 1 866 | 1 167 | 2 142 | 1 242 | 2 309 | 1 275 | 2 503 | 1 528 | 2 856 |
| 91 | 658 | 1 291 | 738 | 1 470 | 806 | 1 547 | 856 | 1 662 | 976 | 1 907 | 1 040 | 2 056 | 1 067 | 2 229 |
| 92 | 515 | 1 025 | 541 | 1 138 | 607 | 1 296 | 663 | 1 363 | 704 | 1 464 | 803 | 1 681 | 855 | 1 813 |
| 93 | 377 | 819 | 416 | 894 | 437 | 992 | 490 | 1 130 | 535 | 1 189 | 568 | 1 277 | 648 | 1 466 |
| 94 | 277 | 649 | 298 | 707 | 328 | 771 | 345 | 856 | 387 | 974 | 422 | 1 025 | 449 | 1 101 |

续表

| 年龄<br>（岁） | 2036 年 | | 2037 年 | | 2038 年 | | 2039 年 | | 2040 年 | | 2041 年 | | 2042 年 | |
|---|---|---|---|---|---|---|---|---|---|---|---|---|---|---|
| | 男性 | 女性 | 男性 | 女性 | 男性 | 女性 | 男性 | 女性 | 男性 | 女性 | 男性 | 女性 | 男性 | 女性 |
| 95 | 220 | 548 | 214 | 553 | 230 | 602 | 253 | 657 | 266 | 729 | 299 | 830 | 326 | 873 |
| 96 | 156 | 422 | 165 | 461 | 161 | 465 | 173 | 506 | 190 | 552 | 200 | 613 | 224 | 698 |
| 97 | 93 | 296 | 114 | 350 | 121 | 382 | 117 | 386 | 126 | 420 | 139 | 458 | 146 | 509 |
| 98 | 67 | 241 | 66 | 242 | 80 | 286 | 85 | 312 | 83 | 315 | 89 | 343 | 98 | 374 |
| 99 | 39 | 169 | 46 | 193 | 45 | 194 | 55 | 230 | 58 | 251 | 57 | 253 | 61 | 276 |
| 100 | 26 | 133 | 26 | 133 | 30 | 152 | 30 | 153 | 36 | 181 | 38 | 197 | 37 | 199 |
| 101 | 14 | 85 | 16 | 103 | 16 | 103 | 19 | 117 | 19 | 118 | 23 | 139 | 24 | 152 |
| 102 | 8 | 55 | 9 | 64 | 10 | 77 | 10 | 77 | 11 | 88 | 11 | 88 | 14 | 104 |
| 103 | 4 | 38 | 4 | 40 | 5 | 46 | 6 | 56 | 6 | 56 | 7 | 64 | 6 | 64 |
| 104 | 2 | 19 | 2 | 27 | 2 | 28 | 3 | 33 | 3 | 39 | 3 | 39 | 4 | 45 |
| 105 + | 1 | 11 | 1 | 13 | 1 | 18 | 1 | 19 | 1 | 22 | 2 | 26 | 2 | 26 |

表 2 - 10 （d）　　　　未来各年中国分年龄分性别人口预测数　　　　单位：千人

| 年龄<br>（岁） | 2043 年 | | 2044 年 | | 2045 年 | | 2046 年 | | 2047 年 | | 2048 年 | | 2049 年 | |
|---|---|---|---|---|---|---|---|---|---|---|---|---|---|---|
| | 男性 | 女性 | 男性 | 女性 | 男性 | 女性 | 男性 | 女性 | 男性 | 女性 | 男性 | 女性 | 男性 | 女性 |
| 0 | 7 792 | 7 215 | 7 695 | 7 125 | 7 535 | 6 977 | 7 323 | 6 781 | 7 099 | 6 573 | 6 880 | 6 370 | 6 666 | 6 172 |
| 1 | 7 825 | 7 247 | 7 787 | 7 211 | 7 690 | 7 121 | 7 531 | 6 974 | 7 318 | 6 778 | 7 095 | 6 570 | 6 875 | 6 367 |
| 2 | 7 819 | 7 242 | 7 822 | 7 245 | 7 783 | 7 209 | 7 686 | 7 119 | 7 527 | 6 972 | 7 315 | 6 775 | 7 091 | 6 568 |
| 3 | 7 798 | 7 223 | 7 816 | 7 240 | 7 819 | 7 243 | 7 781 | 7 207 | 7 684 | 7 117 | 7 524 | 6 970 | 7 313 | 6 774 |
| 4 | 7 753 | 7 182 | 7 796 | 7 222 | 7 814 | 7 239 | 7 817 | 7 242 | 7 778 | 7 206 | 7 681 | 7 116 | 7 522 | 6 969 |
| 5 | 7 682 | 7 117 | 7 751 | 7 181 | 7 794 | 7 221 | 7 812 | 7 238 | 7 815 | 7 240 | 7 777 | 7 205 | 7 680 | 7 115 |
| 6 | 5 497 | 5 093 | 7 680 | 7 116 | 7 749 | 7 180 | 7 792 | 7 220 | 7 811 | 7 237 | 7 813 | 7 240 | 7 775 | 7 204 |
| 7 | 5 445 | 5 046 | 5 496 | 5 093 | 7 679 | 7 115 | 7 748 | 7 179 | 7 791 | 7 219 | 7 809 | 7 236 | 7 812 | 7 239 |
| 8 | 5 407 | 5 010 | 5 444 | 5 045 | 5 495 | 5 092 | 7 678 | 7 115 | 7 747 | 7 179 | 7 790 | 7 218 | 7 808 | 7 235 |
| 9 | 5 378 | 4 984 | 5 406 | 5 010 | 5 444 | 5 045 | 5 494 | 5 092 | 7 676 | 7 114 | 7 745 | 7 178 | 7 788 | 7 218 |
| 10 | 5 362 | 4 970 | 5 377 | 4 983 | 5 405 | 5 009 | 5 443 | 5 044 | 5 493 | 5 091 | 7 675 | 7 113 | 7 744 | 7 177 |
| 11 | 5 363 | 4 971 | 5 361 | 4 969 | 5 376 | 4 983 | 5 404 | 5 009 | 5 442 | 5 044 | 5 492 | 5 090 | 7 674 | 7 112 |
| 12 | 5 388 | 4 995 | 5 362 | 4 970 | 5 360 | 4 969 | 5 375 | 4 982 | 5 403 | 5 008 | 5 440 | 5 043 | 5 491 | 5 090 |

续表

| 年龄 | 2043 年 | | 2044 年 | | 2045 年 | | 2046 年 | | 2047 年 | | 2048 年 | | 2049 年 | |
|---|---|---|---|---|---|---|---|---|---|---|---|---|---|---|
| （岁） | 男性 | 女性 | 男性 | 女性 | 男性 | 女性 | 男性 | 女性 | 男性 | 女性 | 男性 | 女性 | 男性 | 女性 |
| 13 | 5 432 | 5 036 | 5 387 | 4 994 | 5 361 | 4 970 | 5 359 | 4 968 | 5 374 | 4 982 | 5 401 | 5 007 | 5 439 | 5 043 |
| 14 | 5 497 | 5 097 | 5 430 | 5 035 | 5 386 | 4 994 | 5 359 | 4 969 | 5 358 | 4 967 | 5 373 | 4 981 | 5 400 | 5 007 |
| 15 | 5 589 | 5 183 | 5 496 | 5 097 | 5 429 | 5 035 | 5 384 | 4 993 | 5 358 | 4 968 | 5 356 | 4 967 | 5 371 | 4 981 |
| 16 | 5 698 | 5 285 | 5 587 | 5 182 | 5 494 | 5 096 | 5 427 | 5 034 | 5 383 | 4 992 | 5 356 | 4 968 | 5 355 | 4 966 |
| 17 | 5 818 | 5 397 | 5 696 | 5 284 | 5 585 | 5 182 | 5 493 | 5 095 | 5 426 | 5 033 | 5 381 | 4 992 | 5 355 | 4 967 |
| 18 | 5 959 | 5 529 | 5 816 | 5 397 | 5 694 | 5 283 | 5 584 | 5 181 | 5 491 | 5 095 | 5 424 | 5 033 | 5 380 | 4 991 |
| 19 | 6 135 | 5 694 | 5 957 | 5 528 | 5 815 | 5 396 | 5 692 | 5 283 | 5 582 | 5 180 | 5 489 | 5 094 | 5 422 | 5 032 |
| 20 | 6 347 | 5 892 | 6 133 | 5 693 | 5 955 | 5 527 | 5 813 | 5 395 | 5 691 | 5 282 | 5 580 | 5 179 | 5 487 | 5 093 |
| 21 | 6 571 | 6 101 | 6 345 | 5 891 | 6 131 | 5 692 | 5 953 | 5 526 | 5 810 | 5 394 | 5 688 | 5 281 | 5 578 | 5 178 |
| 22 | 5 274 | 4 792 | 6 568 | 6 100 | 6 342 | 5 890 | 6 129 | 5 691 | 5 951 | 5 525 | 5 808 | 5 393 | 5 686 | 5 280 |
| 23 | 6 220 | 5 653 | 5 272 | 4 791 | 6 566 | 6 098 | 6 340 | 5 889 | 6 126 | 5 690 | 5 948 | 5 525 | 5 806 | 5 392 |
| 24 | 7 888 | 7 011 | 6 217 | 5 651 | 5 270 | 4 790 | 6 563 | 6 097 | 6 337 | 5 888 | 6 124 | 5 689 | 5 946 | 5 523 |
| 25 | 8 346 | 7 650 | 7 885 | 7 010 | 6 214 | 5 650 | 5 268 | 4 789 | 6 560 | 6 096 | 6 335 | 5 886 | 6 121 | 5 688 |
| 26 | 10 299 | 9 459 | 8 342 | 7 649 | 7 881 | 7 008 | 6 212 | 5 649 | 5 265 | 4 788 | 6 557 | 6 095 | 6 332 | 5 885 |
| 27 | 9 814 | 8 817 | 10 294 | 9 457 | 8 338 | 7 647 | 7 878 | 7 007 | 6 209 | 5 648 | 5 263 | 4 787 | 6 554 | 6 094 |
| 28 | 9 343 | 8 211 | 9 810 | 8 815 | 10 289 | 9 455 | 8 334 | 7 645 | 7 874 | 7 005 | 6 206 | 5 647 | 5 260 | 4 786 |
| 29 | 10 495 | 9 354 | 9 338 | 8 209 | 9 804 | 8 813 | 10 284 | 9 453 | 8 329 | 7 644 | 7 870 | 7 004 | 6 202 | 5 646 |
| 30 | 10 085 | 9 028 | 10 489 | 9 352 | 9 333 | 8 207 | 9 799 | 8 811 | 10 278 | 9 450 | 8 325 | 7 642 | 7 865 | 7 002 |
| 31 | 10 820 | 9 536 | 10 079 | 9 026 | 10 483 | 9 350 | 9 328 | 8 205 | 9 793 | 8 809 | 10 272 | 9 448 | 8 320 | 7 640 |
| 32 | 9 936 | 8 676 | 10 813 | 9 533 | 10 072 | 9 023 | 10 476 | 9 347 | 9 322 | 8 203 | 9 787 | 8 807 | 10 265 | 9 446 |
| 33 | 9 852 | 8 581 | 9 929 | 8 674 | 10 806 | 9 530 | 10 066 | 9 021 | 10 469 | 9 345 | 9 315 | 8 201 | 9 780 | 8 804 |
| 34 | 9 911 | 8 756 | 9 845 | 8 578 | 9 922 | 8 671 | 10 798 | 9 528 | 10 058 | 9 018 | 10 462 | 9 342 | 9 309 | 8 199 |
| 35 | 9 627 | 8 409 | 9 903 | 8 753 | 9 837 | 8 575 | 9 914 | 8 669 | 10 789 | 9 525 | 10 050 | 9 015 | 10 453 | 9 339 |
| 36 | 9 495 | 8 321 | 9 619 | 8 406 | 9 894 | 8 750 | 9 829 | 8 572 | 9 906 | 8 666 | 10 780 | 9 521 | 10 042 | 9 012 |
| 37 | 8 491 | 7 269 | 9 486 | 8 318 | 9 610 | 8 403 | 9 885 | 8 747 | 9 820 | 8 569 | 9 896 | 8 662 | 10 770 | 9 518 |
| 38 | 9 541 | 7 764 | 8 482 | 7 266 | 9 476 | 8 314 | 9 601 | 8 400 | 9 875 | 8 743 | 9 810 | 8 566 | 9 887 | 8 659 |
| 39 | 9 228 | 7 707 | 9 531 | 7 761 | 8 473 | 7 262 | 9 466 | 8 310 | 9 591 | 8 396 | 9 865 | 8 739 | 9 799 | 8 562 |
| 40 | 7 075 | 6 273 | 9 218 | 7 704 | 9 519 | 7 757 | 8 463 | 7 259 | 9 455 | 8 306 | 9 579 | 8 392 | 9 853 | 8 735 |

续表

| 年龄<br>（岁） | 2043 年 | | 2044 年 | | 2045 年 | | 2046 年 | | 2047 年 | | 2048 年 | | 2049 年 | |
|---|---|---|---|---|---|---|---|---|---|---|---|---|---|---|
| | 男性 | 女性 | 男性 | 女性 | 男性 | 女性 | 男性 | 女性 | 男性 | 女性 | 男性 | 女性 | 男性 | 女性 |
| 41 | 7 739 | 7 488 | 7 066 | 6 270 | 9 206 | 7 699 | 9 507 | 7 753 | 8 452 | 7 255 | 9 443 | 8 302 | 9 567 | 8 387 |
| 42 | 9 035 | 8 381 | 7 728 | 7 484 | 7 056 | 6 266 | 9 193 | 7 695 | 9 494 | 7 748 | 8 441 | 7 250 | 9 430 | 8 297 |
| 43 | 8 547 | 8 164 | 9 021 | 8 376 | 7 717 | 7 479 | 7 046 | 6 262 | 9 179 | 7 690 | 9 480 | 7 743 | 8 428 | 7 246 |
| 44 | 7 420 | 6 556 | 8 533 | 8 158 | 9 007 | 8 370 | 7 704 | 7 474 | 7 034 | 6 258 | 9 164 | 7 684 | 9 465 | 7 738 |
| 45 | 7 786 | 6 522 | 7 407 | 6 550 | 8 518 | 8 152 | 8 991 | 8 363 | 7 690 | 7 468 | 7 022 | 6 253 | 9 148 | 7 678 |
| 46 | 7 429 | 6 304 | 7 771 | 6 516 | 7 393 | 6 545 | 8 501 | 8 145 | 8 973 | 8 356 | 7 676 | 7 461 | 7 008 | 6 248 |
| 47 | 8 489 | 7 812 | 7 413 | 6 298 | 7 755 | 6 510 | 7 377 | 6 539 | 8 484 | 8 137 | 8 955 | 8 348 | 7 660 | 7 454 |
| 48 | 9 017 | 8 385 | 8 470 | 7 804 | 7 396 | 6 291 | 7 737 | 6 504 | 7 360 | 6 532 | 8 464 | 8 129 | 8 934 | 8 340 |
| 49 | 9 131 | 8 315 | 8 995 | 8 375 | 8 449 | 7 795 | 7 378 | 6 284 | 7 718 | 6 496 | 7 342 | 6 525 | 8 443 | 8 120 |
| 50 | 9 978 | 9 071 | 9 107 | 8 305 | 8 971 | 8 365 | 8 426 | 7 786 | 7 358 | 6 277 | 7 697 | 6 488 | 7 322 | 6 517 |
| 51 | 10 198 | 9 416 | 9 949 | 9 059 | 9 080 | 8 294 | 8 945 | 8 354 | 8 402 | 7 775 | 7 337 | 6 268 | 7 675 | 6 480 |
| 52 | 10 687 | 9 937 | 10 165 | 9 403 | 9 918 | 9 046 | 9 052 | 8 282 | 8 916 | 8 342 | 8 375 | 7 764 | 7 314 | 6 259 |
| 53 | 13 475 | 12 781 | 10 650 | 9 922 | 10 131 | 9 388 | 9 884 | 9 032 | 9 021 | 8 269 | 8 886 | 8 329 | 8 347 | 7 752 |
| 54 | 13 128 | 12 674 | 13 425 | 12 759 | 10 611 | 9 905 | 10 093 | 9 372 | 9 847 | 9 016 | 8 988 | 8 255 | 8 853 | 8 315 |
| 55 | 12 424 | 12 085 | 13 076 | 12 651 | 13 372 | 12 735 | 10 569 | 9 886 | 10 053 | 9 355 | 9 808 | 8 999 | 8 952 | 8 239 |
| 56 | 13 607 | 13 313 | 12 371 | 12 060 | 13 020 | 12 625 | 13 314 | 12 710 | 10 523 | 9 866 | 10 010 | 9 336 | 9 766 | 8 981 |
| 57 | 11 683 | 11 535 | 13 544 | 13 284 | 12 313 | 12 034 | 12 959 | 12 597 | 13 253 | 12 682 | 10 474 | 9 844 | 9 964 | 9 315 |
| 58 | 9 962 | 9 833 | 11 625 | 11 508 | 13 476 | 13 252 | 12 252 | 12 005 | 12 894 | 12 567 | 13 186 | 12 651 | 10 422 | 9 821 |
| 59 | 10 045 | 9 576 | 9 909 | 9 808 | 11 562 | 11 477 | 13 404 | 13 217 | 12 186 | 11 973 | 12 825 | 12 534 | 13 115 | 12 618 |
| 60 | 9 704 | 9 556 | 9 987 | 9 549 | 9 851 | 9 780 | 11 495 | 11 445 | 13 326 | 13 180 | 12 115 | 11 939 | 12 750 | 12 498 |
| 61 | 11 234 | 11 034 | 9 643 | 9 527 | 9 924 | 9 520 | 9 790 | 9 750 | 11 423 | 11 410 | 13 242 | 13 139 | 12 039 | 11 902 |
| 62 | 9 577 | 9 509 | 11 158 | 10 997 | 9 578 | 9 495 | 9 857 | 9 487 | 9 724 | 9 717 | 11 346 | 11 371 | 13 153 | 13 095 |
| 63 | 8 609 | 8 850 | 9 508 | 9 474 | 11 077 | 10 957 | 9 508 | 9 460 | 9 786 | 9 453 | 9 653 | 9 681 | 11 264 | 11 329 |
| 64 | 9 655 | 9 670 | 8 542 | 8 814 | 9 434 | 9 436 | 10 991 | 10 912 | 9 434 | 9 421 | 9 709 | 9 414 | 9 578 | 9 642 |
| 65 | 9 157 | 9 109 | 9 574 | 9 627 | 8 470 | 8 774 | 9 354 | 9 393 | 10 898 | 10 863 | 9 355 | 9 379 | 9 627 | 9 372 |
| 66 | 8 589 | 8 554 | 9 074 | 9 063 | 9 487 | 9 578 | 8 394 | 8 730 | 9 270 | 9 346 | 10 800 | 10 809 | 9 270 | 9 332 |
| 67 | 9 315 | 9 578 | 8 505 | 8 506 | 8 986 | 9 012 | 9 395 | 9 524 | 8 312 | 8 681 | 9 180 | 9 294 | 10 695 | 10 748 |
| 68 | 9 372 | 9 624 | 9 216 | 9 517 | 8 415 | 8 452 | 8 891 | 8 955 | 9 296 | 9 464 | 8 224 | 8 626 | 9 083 | 9 235 |

续表

| 年龄<br>（岁） | 2043 年 | | 2044 年 | | 2045 年 | | 2046 年 | | 2047 年 | | 2048 年 | | 2049 年 | |
|---|---|---|---|---|---|---|---|---|---|---|---|---|---|---|
| | 男性 | 女性 | 男性 | 女性 | 男性 | 女性 | 男性 | 女性 | 男性 | 女性 | 男性 | 女性 | 男性 | 女性 |
| 69 | 10 365 | 10 633 | 9 264 | 9 555 | 9 110 | 9 449 | 8 319 | 8 392 | 8 789 | 8 891 | 9 189 | 9 397 | 8 130 | 8 565 |
| 70 | 10 655 | 11 092 | 10 233 | 10 548 | 9 147 | 9 479 | 8 995 | 9 374 | 8 213 | 8 325 | 8 678 | 8 820 | 9 072 | 9 322 |
| 71 | 10 740 | 11 284 | 10 504 | 10 992 | 10 088 | 10 453 | 9 017 | 9 394 | 8 867 | 9 289 | 8 096 | 8 250 | 8 554 | 8 741 |
| 72 | 11 267 | 11 743 | 10 567 | 11 169 | 10 335 | 10 880 | 9 925 | 10 347 | 8 872 | 9 298 | 8 724 | 9 195 | 7 966 | 8 166 |
| 73 | 11 293 | 12 167 | 11 058 | 11 606 | 10 371 | 11 040 | 10 143 | 10 754 | 9 742 | 10 227 | 8 707 | 9 190 | 8 563 | 9 088 |
| 74 | 10 655 | 11 286 | 11 050 | 12 005 | 10 820 | 11 451 | 10 148 | 10 892 | 9 925 | 10 610 | 9 532 | 10 090 | 8 520 | 9 067 |
| 75 | 10 610 | 11 984 | 10 387 | 11 111 | 10 772 | 11 819 | 10 548 | 11 274 | 9 893 | 10 723 | 9 676 | 10 446 | 9 292 | 9 934 |
| 76 | 8 404 | 9 467 | 10 297 | 11 767 | 10 081 | 10 909 | 10 455 | 11 604 | 10 237 | 11 069 | 9 601 | 10 529 | 9 390 | 10 256 |
| 77 | 9 342 | 10 455 | 8 113 | 9 266 | 9 941 | 11 516 | 9 732 | 10 677 | 10 094 | 11 358 | 9 884 | 10 834 | 9 270 | 10 305 |
| 78 | 8 778 | 9 892 | 8 966 | 10 194 | 7 786 | 9 035 | 9 541 | 11 229 | 9 340 | 10 411 | 9 687 | 11 075 | 9 485 | 10 564 |
| 79 | 8 057 | 9 464 | 8 368 | 9 604 | 8 546 | 9 898 | 7 422 | 8 772 | 9 095 | 10 903 | 8 903 | 10 109 | 9 234 | 10 753 |
| 80 | 8 723 | 10 582 | 7 623 | 9 146 | 7 917 | 9 281 | 8 087 | 9 565 | 7 023 | 8 477 | 8 605 | 10 536 | 8 424 | 9 768 |
| 81 | 6 115 | 7 627 | 8 187 | 10 172 | 7 155 | 8 792 | 7 431 | 8 922 | 7 590 | 9 194 | 6 592 | 8 149 | 8 077 | 10 128 |
| 82 | 2 980 | 3 920 | 5 690 | 7 290 | 7 618 | 9 723 | 6 658 | 8 403 | 6 915 | 8 528 | 7 063 | 8 788 | 6 134 | 7 789 |
| 83 | 3 275 | 4 512 | 2 747 | 3 724 | 5 246 | 6 926 | 7 024 | 9 237 | 6 139 | 7 983 | 6 376 | 8 101 | 6 512 | 8 349 |
| 84 | 2 857 | 3 824 | 2 991 | 4 258 | 2 508 | 3 515 | 4 790 | 6 537 | 6 414 | 8 718 | 5 606 | 7 535 | 5 822 | 7 647 |
| 85 | 3 316 | 4 701 | 2 582 | 3 584 | 2 703 | 3 991 | 2 267 | 3 295 | 4 330 | 6 127 | 5 798 | 8 172 | 5 067 | 7 063 |
| 86 | 3 376 | 4 791 | 2 965 | 4 373 | 2 309 | 3 335 | 2 417 | 3 714 | 2 027 | 3 066 | 3 872 | 5 700 | 5 184 | 7 603 |
| 87 | 2 653 | 4 136 | 2 984 | 4 423 | 2 622 | 4 037 | 2 042 | 3 079 | 2 137 | 3 428 | 1 793 | 2 830 | 3 423 | 5 262 |
| 88 | 2 333 | 3 959 | 2 317 | 3 787 | 2 607 | 4 049 | 2 290 | 3 696 | 1 783 | 2 818 | 1 867 | 3 139 | 1 566 | 2 591 |
| 89 | 2 042 | 3 585 | 2 011 | 3 593 | 1 998 | 3 437 | 2 247 | 3 675 | 1 974 | 3 354 | 1 537 | 2 558 | 1 609 | 2 848 |
| 90 | 1 524 | 2 870 | 1 735 | 3 224 | 1 709 | 3 230 | 1 698 | 3 090 | 1 910 | 3 304 | 1 678 | 3 016 | 1 307 | 2 300 |
| 91 | 1 278 | 2 543 | 1 275 | 2 555 | 1 452 | 2 871 | 1 430 | 2 876 | 1 421 | 2 751 | 1 598 | 2 942 | 1 404 | 2 685 |
| 92 | 878 | 1 965 | 1 051 | 2 241 | 1 049 | 2 252 | 1 194 | 2 530 | 1 176 | 2 535 | 1 169 | 2 425 | 1 314 | 2 593 |
| 93 | 690 | 1 581 | 708 | 1 713 | 848 | 1 955 | 846 | 1 964 | 964 | 2 206 | 949 | 2 211 | 943 | 2 115 |
| 94 | 512 | 1 264 | 545 | 1 363 | 559 | 1 477 | 670 | 1 685 | 668 | 1 693 | 761 | 1 902 | 750 | 1 906 |
| 95 | 346 | 938 | 395 | 1 077 | 421 | 1 161 | 432 | 1 259 | 517 | 1 436 | 516 | 1 443 | 587 | 1 621 |
| 96 | 245 | 735 | 260 | 789 | 297 | 906 | 316 | 977 | 325 | 1 059 | 389 | 1 208 | 388 | 1 214 |

续表

| 年龄<br>（岁） | 2043 年 | | 2044 年 | | 2045 年 | | 2046 年 | | 2047 年 | | 2048 年 | | 2049 年 | |
|---|---|---|---|---|---|---|---|---|---|---|---|---|---|---|
| | 男性 | 女性 | 男性 | 女性 | 男性 | 女性 | 男性 | 女性 | 男性 | 女性 | 男性 | 女性 | 男性 | 女性 |
| 97 | 164 | 579 | 179 | 610 | 190 | 655 | 217 | 752 | 231 | 810 | 237 | 878 | 284 | 1 002 |
| 98 | 103 | 416 | 116 | 473 | 127 | 498 | 134 | 535 | 153 | 614 | 163 | 662 | 168 | 718 |
| 99 | 67 | 301 | 71 | 334 | 79 | 380 | 86 | 400 | 92 | 430 | 105 | 493 | 112 | 532 |
| 100 | 40 | 217 | 44 | 237 | 46 | 263 | 52 | 299 | 57 | 315 | 60 | 338 | 69 | 388 |
| 101 | 23 | 154 | 25 | 167 | 28 | 182 | 29 | 202 | 33 | 230 | 36 | 242 | 38 | 260 |
| 102 | 15 | 114 | 14 | 115 | 15 | 125 | 17 | 137 | 18 | 152 | 20 | 173 | 22 | 182 |
| 103 | 8 | 76 | 8 | 83 | 8 | 84 | 9 | 91 | 10 | 99 | 10 | 110 | 11 | 126 |
| 104 | 3 | 45 | 4 | 53 | 5 | 58 | 4 | 59 | 5 | 64 | 5 | 70 | 5 | 77 |
| 105 + | 2 | 30 | 2 | 30 | 2 | 36 | 2 | 39 | 2 | 39 | 2 | 43 | 3 | 47 |

表 2 - 10（e）　　　　未来各年中国分年龄分性别人口预测数　　　　单位：千人

| 年龄<br>（岁） | 2050 年 | | 2051 年 | | 2052 年 | | 2053 年 | | 2054 年 | | 2055 年 | | 2056 年 | |
|---|---|---|---|---|---|---|---|---|---|---|---|---|---|---|
| | 男性 | 女性 | 男性 | 女性 | 男性 | 女性 | 男性 | 女性 | 男性 | 女性 | 男性 | 女性 | 男性 | 女性 |
| 0 | 6 454 | 5 976 | 6 249 | 5 787 | 6 058 | 5 609 | 5 878 | 5 443 | 5 717 | 5 293 | 5 573 | 5 160 | 5 442 | 5 039 |
| 1 | 6 662 | 6 169 | 6 450 | 5 973 | 6 246 | 5 784 | 6 055 | 5 607 | 5 875 | 5 440 | 5 714 | 5 291 | 5 570 | 5 158 |
| 2 | 6 872 | 6 365 | 6 659 | 6 167 | 6 447 | 5 971 | 6 243 | 5 782 | 6 052 | 5 605 | 5 872 | 5 438 | 5 711 | 5 289 |
| 3 | 7 089 | 6 566 | 6 870 | 6 364 | 6 657 | 6 166 | 6 446 | 5 970 | 6 242 | 5 781 | 6 051 | 5 604 | 5 871 | 5 437 |
| 4 | 7 310 | 6 772 | 7 087 | 6 565 | 6 868 | 6 363 | 6 656 | 6 165 | 6 444 | 5 970 | 6 241 | 5 780 | 6 050 | 5 603 |
| 5 | 7 521 | 6 968 | 7 309 | 6 771 | 7 086 | 6 565 | 6 867 | 6 362 | 6 655 | 6 165 | 6 443 | 5 969 | 6 240 | 5 780 |
| 6 | 7 678 | 7 114 | 7 519 | 6 967 | 7 308 | 6 771 | 7 085 | 6 564 | 6 866 | 6 362 | 6 654 | 6 164 | 6 443 | 5 969 |
| 7 | 7 774 | 7 203 | 7 677 | 7 113 | 7 518 | 6 966 | 7 307 | 6 770 | 7 084 | 6 564 | 6 865 | 6 361 | 6 653 | 6 164 |
| 8 | 7 811 | 7 238 | 7 772 | 7 202 | 7 676 | 7 113 | 7 517 | 6 966 | 7 306 | 6 770 | 7 083 | 6 563 | 6 864 | 6 361 |
| 9 | 7 807 | 7 235 | 7 809 | 7 237 | 7 771 | 7 202 | 7 675 | 7 112 | 7 516 | 6 965 | 7 305 | 6 769 | 7 082 | 6 563 |
| 10 | 7 787 | 7 217 | 7 805 | 7 234 | 7 808 | 7 237 | 7 770 | 7 201 | 7 674 | 7 112 | 7 515 | 6 965 | 7 304 | 6 769 |
| 11 | 7 742 | 7 176 | 7 785 | 7 216 | 7 804 | 7 233 | 7 807 | 7 236 | 7 769 | 7 201 | 7 673 | 7 111 | 7 514 | 6 964 |
| 12 | 7 672 | 7 112 | 7 741 | 7 176 | 7 784 | 7 216 | 7 803 | 7 233 | 7 806 | 7 235 | 7 768 | 7 200 | 7 671 | 7 111 |
| 13 | 5 490 | 5 089 | 7 670 | 7 111 | 7 740 | 7 175 | 7 783 | 7 215 | 7 802 | 7 232 | 7 805 | 7 235 | 7 767 | 7 200 |
| 14 | 5 438 | 5 042 | 5 488 | 5 089 | 7 669 | 7 110 | 7 738 | 7 174 | 7 782 | 7 214 | 7 800 | 7 232 | 7 803 | 7 234 |

| 年龄（岁） | 2050 年 | | 2051 年 | | 2052 年 | | 2053 年 | | 2054 年 | | 2055 年 | | 2056 年 | |
|---|---|---|---|---|---|---|---|---|---|---|---|---|---|---|
| | 男性 | 女性 | 男性 | 女性 | 男性 | 女性 | 男性 | 女性 | 男性 | 女性 | 男性 | 女性 | 男性 | 女性 |
| 15 | 5 399 | 5 006 | 5 437 | 5 041 | 5 487 | 5 088 | 7 668 | 7 110 | 7 737 | 7 174 | 7 780 | 7 214 | 7 799 | 7 231 |
| 16 | 5 370 | 4 980 | 5 397 | 5 006 | 5 435 | 5 041 | 5 486 | 5 088 | 7 666 | 7 109 | 7 735 | 7 173 | 7 778 | 7 213 |
| 17 | 5 353 | 4 966 | 5 368 | 4 979 | 5 396 | 5 005 | 5 434 | 5 040 | 5 485 | 5 087 | 7 664 | 7 108 | 7 733 | 7 172 |
| 18 | 5 353 | 4 966 | 5 351 | 4 965 | 5 367 | 4 979 | 5 395 | 5 005 | 5 433 | 5 040 | 5 484 | 5 087 | 7 662 | 7 108 |
| 19 | 5 378 | 4 990 | 5 351 | 4 966 | 5 350 | 4 964 | 5 366 | 4 978 | 5 394 | 5 004 | 5 432 | 5 039 | 5 482 | 5 086 |
| 20 | 5 420 | 5 031 | 5 376 | 4 989 | 5 350 | 4 965 | 5 349 | 4 964 | 5 364 | 4 978 | 5 392 | 5 003 | 5 430 | 5 039 |
| 21 | 5 485 | 5 092 | 5 418 | 5 030 | 5 375 | 4 989 | 5 349 | 4 965 | 5 348 | 4 963 | 5 363 | 4 977 | 5 391 | 5 003 |
| 22 | 5 576 | 5 178 | 5 483 | 5 091 | 5 417 | 5 030 | 5 373 | 4 988 | 5 347 | 4 964 | 5 346 | 4 963 | 5 362 | 4 977 |
| 23 | 5 684 | 5 279 | 5 574 | 5 177 | 5 482 | 5 091 | 5 416 | 5 029 | 5 372 | 4 988 | 5 346 | 4 963 | 5 345 | 4 962 |
| 24 | 5 804 | 5 391 | 5 682 | 5 278 | 5 572 | 5 176 | 5 480 | 5 090 | 5 414 | 5 028 | 5 370 | 4 987 | 5 345 | 4 963 |
| 25 | 5 943 | 5 522 | 5 801 | 5 390 | 5 680 | 5 277 | 5 571 | 5 175 | 5 479 | 5 089 | 5 413 | 5 028 | 5 369 | 4 986 |
| 26 | 6 118 | 5 687 | 5 941 | 5 521 | 5 799 | 5 390 | 5 678 | 5 277 | 5 569 | 5 174 | 5 477 | 5 089 | 5 411 | 5 027 |
| 27 | 6 329 | 5 884 | 6 115 | 5 685 | 5 939 | 5 521 | 5 798 | 5 389 | 5 677 | 5 276 | 5 567 | 5 174 | 5 475 | 5 088 |
| 28 | 6 551 | 6 092 | 6 326 | 5 883 | 6 113 | 5 685 | 5 937 | 5 520 | 5 796 | 5 388 | 5 675 | 5 275 | 5 565 | 5 173 |
| 29 | 5 257 | 4 785 | 6 547 | 6 091 | 6 323 | 5 882 | 6 111 | 5 684 | 5 935 | 5 519 | 5 794 | 5 387 | 5 673 | 5 274 |
| 30 | 6 199 | 5 644 | 5 254 | 4 784 | 6 545 | 6 090 | 6 321 | 5 881 | 6 109 | 5 683 | 5 932 | 5 518 | 5 791 | 5 386 |
| 31 | 7 861 | 7 000 | 6 195 | 5 643 | 5 252 | 4 783 | 6 542 | 6 089 | 6 318 | 5 880 | 6 106 | 5 682 | 5 930 | 5 517 |
| 32 | 8 314 | 7 638 | 7 856 | 6 998 | 6 193 | 5 642 | 5 250 | 4 782 | 6 539 | 6 088 | 6 316 | 5 879 | 6 104 | 5 681 |
| 33 | 10 258 | 9 443 | 8 309 | 7 636 | 7 852 | 6 997 | 6 190 | 5 641 | 5 247 | 4 781 | 6 536 | 6 087 | 6 313 | 5 878 |
| 34 | 9 773 | 8 802 | 10 251 | 9 440 | 8 305 | 7 634 | 7 848 | 6 996 | 6 186 | 5 640 | 5 245 | 4 780 | 6 533 | 6 085 |
| 35 | 9 301 | 8 196 | 9 765 | 8 799 | 10 245 | 9 438 | 8 300 | 7 633 | 7 843 | 6 994 | 6 183 | 5 638 | 5 242 | 4 779 |
| 36 | 10 444 | 9 336 | 9 293 | 8 193 | 9 760 | 8 797 | 10 239 | 9 436 | 8 295 | 7 631 | 7 839 | 6 992 | 6 179 | 5 637 |
| 37 | 10 032 | 9 009 | 10 435 | 9 332 | 9 287 | 8 191 | 9 753 | 8 794 | 10 233 | 9 433 | 8 290 | 7 629 | 7 834 | 6 990 |
| 38 | 10 760 | 9 514 | 10 022 | 9 005 | 10 428 | 9 329 | 9 281 | 8 188 | 9 747 | 8 792 | 10 225 | 9 430 | 8 284 | 7 626 |
| 39 | 9 876 | 8 655 | 10 748 | 9 510 | 10 015 | 9 002 | 10 420 | 9 326 | 9 274 | 8 186 | 9 739 | 8 789 | 10 218 | 9 427 |
| 40 | 9 788 | 8 558 | 9 864 | 8 651 | 10 739 | 9 506 | 10 007 | 8 999 | 10 411 | 9 323 | 9 267 | 8 183 | 9 731 | 8 785 |
| 41 | 9 841 | 8 730 | 9 775 | 8 553 | 9 856 | 8 647 | 10 730 | 9 502 | 9 998 | 8 995 | 10 402 | 9 319 | 9 258 | 8 179 |
| 42 | 9 554 | 8 382 | 9 827 | 8 725 | 9 766 | 8 549 | 9 846 | 8 643 | 10 720 | 9 498 | 9 989 | 8 991 | 10 392 | 9 315 |

续表

| 年龄（岁） | 2050 年 | | 2051 年 | | 2052 年 | | 2053 年 | | 2054 年 | | 2055 年 | | 2056 年 | |
|---|---|---|---|---|---|---|---|---|---|---|---|---|---|---|
| | 男性 | 女性 | 男性 | 女性 | 男性 | 女性 | 男性 | 女性 | 男性 | 女性 | 男性 | 女性 | 男性 | 女性 |
| 43 | 9 416 | 8 291 | 9 540 | 8 377 | 9 817 | 8 720 | 9 756 | 8 545 | 9 836 | 8 639 | 10 709 | 9 493 | 9 978 | 8 986 |
| 44 | 8 414 | 7 241 | 9 401 | 8 285 | 9 529 | 8 372 | 9 806 | 8 716 | 9 745 | 8 540 | 9 825 | 8 634 | 10 696 | 9 488 |
| 45 | 9 448 | 7 732 | 8 399 | 7 235 | 9 389 | 8 281 | 9 517 | 8 367 | 9 793 | 8 711 | 9 733 | 8 535 | 9 813 | 8 629 |
| 46 | 9 131 | 7 672 | 9 430 | 7 725 | 8 388 | 7 230 | 9 376 | 8 275 | 9 504 | 8 362 | 9 780 | 8 705 | 9 719 | 8 530 |
| 47 | 6 993 | 6 242 | 9 111 | 7 665 | 9 415 | 7 720 | 8 375 | 7 225 | 9 362 | 8 270 | 9 490 | 8 356 | 9 765 | 8 699 |
| 48 | 7 642 | 7 447 | 6 977 | 6 235 | 9 096 | 7 659 | 9 400 | 7 714 | 8 362 | 7 220 | 9 347 | 8 263 | 9 474 | 8 350 |
| 49 | 8 912 | 8 331 | 7 623 | 7 439 | 6 965 | 6 230 | 9 080 | 7 653 | 9 383 | 7 708 | 8 347 | 7 214 | 9 330 | 8 257 |
| 50 | 8 421 | 8 110 | 8 888 | 8 321 | 7 608 | 7 432 | 6 951 | 6 225 | 9 062 | 7 646 | 9 365 | 7 701 | 8 330 | 7 208 |
| 51 | 7 301 | 6 508 | 8 396 | 8 099 | 8 869 | 8 313 | 7 592 | 7 425 | 6 936 | 6 219 | 9 043 | 7 639 | 9 344 | 7 694 |
| 52 | 7 651 | 6 471 | 7 278 | 6 499 | 8 377 | 8 091 | 8 848 | 8 304 | 7 574 | 7 417 | 6 920 | 6 212 | 9 022 | 7 631 |
| 53 | 7 289 | 6 250 | 7 625 | 6 460 | 7 260 | 6 492 | 8 355 | 8 082 | 8 826 | 8 295 | 75 55 | 7 409 | 6 902 | 6 206 |
| 54 | 8 316 | 7 739 | 7 262 | 6 239 | 7 604 | 6 453 | 7 240 | 6 484 | 8 332 | 8 072 | 8 801 | 8 285 | 7 534 | 7 400 |
| 55 | 8 818 | 8 299 | 8 283 | 7 724 | 7 240 | 6 231 | 7 581 | 6 444 | 7 218 | 6 475 | 8 307 | 8 061 | 8 775 | 8 274 |
| 56 | 8 913 | 8 222 | 8 780 | 8 282 | 8 256 | 7 713 | 7 217 | 6 222 | 7 557 | 6 435 | 7 195 | 6 466 | 8 281 | 8 050 |
| 57 | 9 721 | 8 961 | 8 872 | 8 204 | 8 750 | 8 269 | 8 227 | 7 701 | 7 192 | 6 212 | 7 530 | 6 424 | 7 170 | 6 455 |
| 58 | 9 914 | 9 293 | 9 672 | 8 940 | 8 839 | 8 190 | 8 717 | 8 255 | 8 197 | 7 688 | 7 165 | 6 201 | 7 502 | 6 413 |
| 59 | 10 366 | 9 795 | 9 860 | 9 268 | 9 633 | 8 923 | 8 803 | 8 174 | 8 682 | 8 239 | 8 164 | 7 673 | 7 136 | 6 189 |
| 60 | 13 039 | 12 582 | 10 306 | 9 767 | 9 818 | 9 249 | 9 592 | 8 904 | 8 765 | 8 157 | 8 644 | 8 222 | 8 128 | 7 657 |
| 61 | 12 671 | 12 460 | 12 958 | 12 543 | 10 258 | 9 745 | 9 772 | 9 227 | 9 547 | 8 883 | 8 724 | 8 138 | 8 604 | 8 203 |
| 62 | 11 958 | 11 862 | 12 585 | 12 418 | 12 892 | 12 511 | 10 206 | 9 720 | 9 723 | 9 204 | 9 499 | 8 861 | 8 681 | 8 118 |
| 63 | 13 058 | 13 047 | 11 871 | 11 819 | 12 517 | 12 383 | 12 822 | 12 476 | 10 150 | 9 692 | 9 670 | 9 178 | 9 447 | 8 836 |
| 64 | 11 176 | 11 283 | 12 956 | 12 994 | 11 801 | 11 782 | 12 443 | 12 344 | 12 746 | 12 437 | 10 090 | 9 662 | 9 613 | 9 149 |
| 65 | 9 497 | 9 598 | 11 082 | 11 233 | 12 872 | 12 949 | 11 725 | 11 741 | 12 363 | 12 301 | 12 664 | 12 393 | 10 026 | 9 628 |
| 66 | 9 540 | 9 325 | 9 411 | 9 550 | 11 004 | 11 189 | 12 782 | 12 899 | 11 643 | 11 696 | 12 276 | 12 254 | 12 576 | 12 346 |
| 67 | 9 180 | 9 280 | 9 448 | 9 272 | 9 340 | 9 510 | 10 921 | 11 142 | 12 685 | 12 844 | 11 555 | 11 646 | 12 183 | 12 202 |
| 68 | 10 582 | 10 680 | 9 083 | 9 221 | 9 369 | 9 228 | 9 262 | 9 465 | 10 830 | 11 089 | 12 580 | 12 783 | 11 459 | 11 591 |
| 69 | 8 978 | 9 169 | 10 460 | 10 604 | 9 001 | 9 172 | 9 284 | 9 180 | 9 178 | 9 414 | 10 732 | 11 030 | 12 466 | 12 716 |
| 70 | 8 027 | 8 497 | 8 864 | 9 096 | 10 357 | 10 541 | 8 912 | 9 117 | 9 193 | 9 125 | 9 088 | 9 358 | 10 626 | 10 965 |

续表

| 年龄（岁） | 2050 年 | | 2051 年 | | 2052 年 | | 2053 年 | | 2054 年 | | 2055 年 | | 2056 年 | |
|---|---|---|---|---|---|---|---|---|---|---|---|---|---|---|
| | 男性 | 女性 | 男性 | 女性 | 男性 | 女性 | 男性 | 女性 | 男性 | 女性 | 男性 | 女性 | 男性 | 女性 |
| 71 | 8 944 | 9 238 | 7 913 | 8 420 | 8 768 | 9 035 | 10 244 | 10 471 | 8 815 | 9 057 | 9 092 | 9 064 | 8 989 | 9 296 |
| 72 | 8 417 | 8 652 | 8 799 | 9 144 | 7 817 | 8 357 | 8 662 | 8 968 | 10 120 | 10 393 | 8 708 | 8 989 | 8 983 | 8 997 |
| 73 | 7 819 | 8 071 | 8 261 | 8 551 | 8 680 | 9 067 | 7 711 | 8 287 | 8 545 | 8 893 | 9 983 | 10 306 | 8 590 | 8 914 |
| 74 | 8 379 | 8 967 | 7 650 | 7 964 | 8 134 | 8 471 | 8 547 | 8 981 | 7 593 | 8 209 | 8 413 | 8 809 | 9 830 | 10 208 |
| 75 | 8 306 | 8 927 | 8 168 | 8 828 | 7 515 | 7 878 | 7 990 | 8 380 | 8 396 | 8 885 | 7 458 | 8 121 | 8 264 | 8 714 |
| 76 | 9 018 | 9 754 | 8 061 | 8 765 | 8 000 | 8 719 | 7 361 | 7 781 | 7 826 | 8 276 | 8 223 | 8 776 | 7 305 | 8 021 |
| 77 | 9 066 | 10 038 | 8 707 | 9 546 | 7 867 | 8 639 | 7 808 | 8 594 | 7 184 | 7 670 | 7 638 | 8 158 | 8 026 | 8 650 |
| 78 | 8 896 | 10 048 | 8 700 | 9 788 | 8 462 | 9 386 | 7 646 | 8 495 | 7 588 | 8 450 | 6 982 | 7 541 | 7 423 | 8 021 |
| 79 | 9 042 | 10 257 | 8 480 | 9 756 | 8 414 | 9 596 | 8 183 | 9 202 | 7 394 | 8 328 | 7 338 | 8 284 | 6 751 | 7 393 |
| 80 | 8 737 | 10 391 | 8 555 | 9 912 | 8 154 | 9 532 | 8 090 | 9 376 | 7 868 | 8 991 | 7 109 | 8 137 | 7 056 | 8 094 |
| 81 | 7 907 | 9 390 | 8 201 | 9 988 | 8 175 | 9 646 | 7 791 | 9 277 | 7 730 | 9 125 | 7 518 | 8 750 | 6 793 | 7 919 |
| 82 | 7 516 | 9 681 | 7 358 | 8 976 | 7 782 | 9 679 | 7 757 | 9 347 | 7 393 | 8 989 | 7 335 | 8 842 | 7 134 | 8 479 |
| 83 | 5 655 | 7 400 | 6 930 | 9 197 | 6 930 | 8 656 | 7 329 | 9 334 | 7 306 | 9 015 | 6 963 | 8 669 | 6 909 | 8 527 |
| 84 | 5 946 | 7 880 | 5 164 | 6 984 | 6 474 | 8 824 | 6 474 | 8 305 | 6 847 | 8 956 | 6 826 | 8 649 | 6 506 | 8 318 |
| 85 | 5 262 | 7 167 | 5 375 | 7 386 | 4 783 | 6 663 | 5 997 | 8 419 | 5 997 | 7 923 | 6 342 | 8 544 | 6 322 | 8 252 |
| 86 | 4 531 | 6 571 | 4 705 | 6 668 | 4 933 | 7 005 | 4 390 | 6 320 | 5 504 | 7 984 | 5 504 | 7 515 | 5 821 | 8 103 |
| 87 | 4 583 | 7 019 | 4 006 | 6 066 | 4 276 | 6 284 | 4 483 | 6 601 | 3 990 | 5 955 | 5 002 | 7 524 | 5 002 | 7 081 |
| 88 | 2 990 | 4 818 | 4 003 | 6 426 | 3 601 | 5 677 | 3 845 | 5 881 | 4 030 | 6 178 | 3 587 | 5 574 | 4 497 | 7 042 |
| 89 | 1 350 | 2 351 | 2 578 | 4 372 | 3 558 | 5 970 | 3 201 | 5 274 | 3 417 | 5 464 | 3 582 | 5 740 | 3 188 | 5 178 |
| 90 | 1 368 | 2 561 | 1 147 | 2 114 | 2 262 | 4 030 | 3 121 | 5 503 | 2 808 | 4 862 | 2 998 | 5 036 | 3 143 | 5 291 |
| 91 | 1 093 | 2 048 | 1 144 | 2 280 | 992 | 1 932 | 1 956 | 3 683 | 2 700 | 5 029 | 2 429 | 4 444 | 2 593 | 4 603 |
| 92 | 1 155 | 2 367 | 899 | 1 805 | 975 | 2 065 | 845 | 1 750 | 1 667 | 3 336 | 2 300 | 4 555 | 2 069 | 4 025 |
| 93 | 1 061 | 2 261 | 932 | 2 064 | 753 | 1 619 | 816 | 1 853 | 708 | 1 570 | 1 395 | 2 993 | 1 926 | 4 086 |
| 94 | 745 | 1 823 | 838 | 1 950 | 765 | 1 832 | 618 | 1 437 | 670 | 1 645 | 581 | 1 394 | 1 146 | 2 657 |
| 95 | 579 | 1 624 | 575 | 1 554 | 674 | 1 712 | 616 | 1 609 | 497 | 1 262 | 539 | 1 444 | 468 | 1 223 |
| 96 | 442 | 1 364 | 435 | 1 366 | 452 | 1 348 | 529 | 1 485 | 483 | 1 395 | 391 | 1 094 | 424 | 1 252 |
| 97 | 283 | 1 007 | 322 | 1 131 | 333 | 1 170 | 346 | 1 154 | 405 | 1 271 | 370 | 1 195 | 299 | 937 |
| 98 | 201 | 819 | 200 | 823 | 240 | 955 | 248 | 987 | 257 | 974 | 301 | 1 073 | 275 | 1 008 |

续表

| 年龄（岁） | 2050 年 男性 | 2050 年 女性 | 2051 年 男性 | 2051 年 女性 | 2052 年 男性 | 2052 年 女性 | 2053 年 男性 | 2053 年 女性 | 2054 年 男性 | 2054 年 女性 | 2055 年 男性 | 2055 年 女性 | 2056 年 男性 | 2056 年 女性 |
|---|---|---|---|---|---|---|---|---|---|---|---|---|---|---|
| 99 | 115 | 576 | 137 | 657 | 144 | 683 | 173 | 793 | 179 | 820 | 185 | 809 | 217 | 891 |
| 100 | 73 | 419 | 75 | 454 | 96 | 536 | 101 | 557 | 121 | 647 | 124 | 669 | 129 | 660 |
| 101 | 43 | 299 | 46 | 322 | 51 | 363 | 64 | 429 | 68 | 445 | 81 | 517 | 84 | 535 |
| 102 | 23 | 195 | 26 | 224 | 30 | 252 | 33 | 283 | 41 | 335 | 44 | 348 | 52 | 404 |
| 103 | 12 | 132 | 13 | 142 | 16 | 170 | 18 | 191 | 20 | 215 | 26 | 254 | 27 | 264 |
| 104 | 6 | 88 | 7 | 93 | 8 | 105 | 10 | 126 | 11 | 141 | 12 | 159 | 15 | 188 |
| 105 + | 3 | 52 | 3 | 59 | 4 | 66 | 4 | 75 | 5 | 89 | 6 | 100 | 7 | 113 |

**表 2 - 10（f） 未来各年中国分年龄分性别人口预测数** 单位：千人

| 年龄（岁） | 2057 年 男性 | 2057 年 女性 | 2058 年 男性 | 2058 年 女性 | 2059 年 男性 | 2059 年 女性 | 2060 年 男性 | 2060 年 女性 | 2061 年 男性 | 2061 年 女性 | 2062 年 男性 | 2062 年 女性 | 2063 年 男性 | 2063 年 女性 |
|---|---|---|---|---|---|---|---|---|---|---|---|---|---|---|
| 0 | 5 329 | 4 934 | 5 229 | 4 842 | 5 148 | 4 766 | 5 091 | 4 714 | 5 059 | 4 685 | 5 057 | 4 682 | 5 104 | 4 726 |
| 1 | 5 439 | 5 037 | 5 326 | 4 932 | 5 226 | 4 840 | 5 145 | 4 764 | 5 088 | 4 712 | 5 056 | 4 682 | 5 054 | 4 680 |
| 2 | 5 568 | 5 157 | 5 437 | 5 035 | 5 324 | 4 931 | 5 224 | 4 838 | 5 143 | 4 763 | 5 086 | 4 710 | 5 055 | 4 681 |
| 3 | 5 710 | 5 289 | 5 566 | 5 156 | 5 435 | 5 034 | 5 323 | 4 930 | 5 223 | 4 838 | 5 141 | 4 762 | 5 085 | 4 709 |
| 4 | 5 870 | 5 437 | 5 709 | 5 288 | 5 565 | 5 155 | 5 434 | 5 034 | 5 322 | 4 929 | 5 222 | 4 837 | 5 140 | 4 761 |
| 5 | 6 049 | 5 603 | 5 869 | 5 436 | 5 708 | 5 287 | 5 564 | 5 155 | 5 433 | 5 033 | 5 321 | 4 929 | 5 221 | 4 837 |
| 6 | 6 239 | 5 779 | 6 048 | 5 602 | 5 868 | 5 436 | 5 707 | 5 287 | 5 564 | 5 154 | 5 433 | 5 033 | 5 320 | 4 928 |
| 7 | 6 442 | 5 968 | 6 238 | 5 779 | 6 047 | 5 602 | 5 867 | 5 435 | 5 706 | 5 287 | 5 563 | 5 154 | 5 432 | 5 032 |
| 8 | 6 652 | 6 163 | 6 441 | 5 968 | 6 237 | 5 779 | 6 046 | 5 602 | 5 866 | 5 435 | 5 706 | 5 286 | 5 562 | 5 153 |
| 9 | 6 864 | 6 360 | 6 651 | 6 163 | 6 440 | 5 967 | 6 236 | 5 778 | 6 045 | 5 601 | 5 866 | 5 435 | 5 705 | 5 286 |
| 10 | 7 081 | 6 562 | 6 863 | 6 360 | 6 650 | 6 163 | 6 439 | 5 967 | 6 235 | 5 778 | 6 045 | 5 601 | 5 865 | 5 434 |
| 11 | 7 303 | 6 768 | 7 080 | 6 562 | 6 862 | 6 359 | 6 649 | 6 162 | 6 438 | 5 966 | 6 235 | 5 777 | 6 044 | 5 600 |
| 12 | 7 513 | 6 964 | 7 302 | 6 768 | 7 079 | 6 561 | 6 861 | 6 359 | 6 648 | 6 162 | 6 437 | 5 966 | 6 234 | 5 777 |
| 13 | 7 670 | 7 110 | 7 512 | 6 963 | 7 300 | 6 767 | 7 078 | 6 561 | 6 859 | 6 358 | 6 647 | 6 161 | 6 436 | 5 965 |
| 14 | 7 765 | 7 199 | 7 669 | 7 109 | 7 510 | 6 963 | 7 299 | 6 767 | 7 076 | 6 560 | 6 858 | 6 358 | 6 646 | 6 161 |
| 15 | 7 802 | 7 234 | 7 764 | 7 198 | 7 667 | 7 109 | 7 509 | 6 962 | 7 298 | 6 766 | 7 075 | 6 560 | 6 857 | 6 357 |
| 16 | 7 797 | 7 230 | 7 800 | 7 233 | 7 762 | 7 198 | 7 665 | 7 108 | 7 507 | 6 961 | 7 296 | 6 766 | 7 073 | 6 559 |

续表

| 年龄（岁） | 2057 年 | | 2058 年 | | 2059 年 | | 2060 年 | | 2061 年 | | 2062 年 | | 2063 年 | |
|---|---|---|---|---|---|---|---|---|---|---|---|---|---|---|
| | 男性 | 女性 | 男性 | 女性 | 男性 | 女性 | 男性 | 女性 | 男性 | 女性 | 男性 | 女性 | 男性 | 女性 |
| 17 | 7 777 | 7 212 | 7 795 | 7 230 | 7 798 | 7 232 | 7 760 | 7 197 | 7 664 | 7 107 | 7 506 | 6 961 | 7 295 | 6 765 |
| 18 | 7 732 | 7 172 | 7 775 | 7 212 | 7 794 | 7 229 | 7 796 | 7 231 | 7 759 | 7 196 | 7 662 | 7 107 | 7 504 | 6 960 |
| 19 | 7 661 | 7 107 | 7 730 | 7 171 | 7 773 | 7 211 | 7 792 | 7 228 | 7 795 | 7 231 | 7 757 | 7 195 | 7 660 | 7 106 |
| 20 | 5 481 | 5 086 | 7 659 | 7 106 | 7 728 | 7 170 | 7 771 | 7 210 | 7 790 | 7 227 | 7 793 | 7 230 | 7 755 | 7 195 |
| 21 | 5 429 | 5 038 | 5 480 | 5 085 | 7 657 | 7 105 | 7 726 | 7 169 | 7 769 | 7 209 | 7 788 | 7 226 | 7 791 | 7 229 |
| 22 | 5 389 | 5 002 | 5 428 | 5 037 | 5 478 | 5 084 | 7 655 | 7 104 | 7 724 | 7 168 | 7 767 | 7 208 | 7 786 | 7 225 |
| 23 | 5 360 | 4 976 | 5 388 | 5 002 | 5 426 | 5 037 | 5 477 | 5 084 | 7 653 | 7 103 | 7 722 | 7 167 | 7 765 | 7 207 |
| 24 | 5 343 | 4 961 | 5 359 | 4 975 | 5 387 | 5 001 | 5 425 | 5 036 | 5 475 | 5 083 | 7 651 | 7 102 | 7 720 | 7 166 |
| 25 | 5 343 | 4 962 | 5 342 | 4 961 | 5 357 | 4 975 | 5 385 | 5 000 | 5 423 | 5 035 | 5 474 | 5 082 | 7 649 | 7 101 |
| 26 | 5 367 | 4 986 | 5 341 | 4 961 | 5 340 | 4 960 | 5 356 | 4 974 | 5 383 | 5 000 | 5 422 | 5 035 | 5 472 | 5 082 |
| 27 | 5 409 | 5 026 | 5 366 | 4 985 | 5 340 | 4 961 | 5 339 | 4 959 | 5 354 | 4 973 | 5 382 | 4 999 | 5 420 | 5 034 |
| 28 | 5 473 | 5 087 | 5 408 | 5 025 | 5 364 | 4 984 | 5 338 | 4 960 | 5 337 | 4 958 | 5 352 | 4 972 | 5 380 | 4 998 |
| 29 | 5 563 | 5 172 | 5 471 | 5 086 | 5 406 | 5 025 | 5 362 | 4 983 | 5 336 | 4 959 | 5 335 | 4 958 | 5 350 | 4 972 |
| 30 | 5 671 | 5 273 | 5 561 | 5 171 | 5 469 | 5 085 | 5 404 | 5 024 | 5 360 | 4 982 | 5 334 | 4 958 | 5 333 | 4 957 |
| 31 | 5 789 | 5 385 | 5 668 | 5 272 | 5 559 | 5 170 | 5 467 | 5 085 | 5 401 | 5 023 | 5 358 | 4 982 | 5 332 | 4 957 |
| 32 | 5 927 | 5 516 | 5 787 | 5 384 | 5 666 | 5 271 | 5 556 | 5 169 | 5 465 | 5 084 | 5 399 | 5 022 | 5 355 | 4 981 |
| 33 | 6 101 | 5 680 | 5 925 | 5 515 | 5 784 | 5 383 | 5 663 | 5 270 | 5 554 | 5 168 | 5 462 | 5 083 | 5 396 | 5 021 |
| 34 | 6 310 | 5 876 | 6 098 | 5 678 | 5 922 | 5 514 | 5 781 | 5 382 | 5 660 | 5 269 | 5 551 | 5 167 | 5 459 | 5 081 |
| 35 | 6 529 | 6 084 | 6 306 | 5 875 | 6 094 | 5 677 | 5 918 | 5 512 | 5 778 | 5 381 | 5 657 | 5 268 | 5 548 | 5 166 |
| 36 | 5 239 | 4 778 | 6 525 | 6 082 | 6 302 | 5 873 | 6 091 | 5 676 | 5 915 | 5 511 | 5 774 | 5 379 | 5 654 | 5 267 |
| 37 | 6 175 | 5 635 | 5 235 | 4 777 | 6 521 | 6 081 | 6 298 | 5 872 | 6 087 | 5 674 | 5 911 | 5 509 | 5 771 | 5 378 |
| 38 | 7 828 | 6 988 | 6 171 | 5 633 | 5 232 | 4 775 | 6 517 | 6 079 | 6 294 | 5 870 | 6 083 | 5 672 | 5 907 | 5 508 |
| 39 | 8 278 | 7 624 | 7 823 | 6 986 | 6 167 | 5 632 | 5 228 | 4 774 | 6 512 | 6 077 | 6 289 | 5 868 | 6 078 | 5 670 |
| 40 | 10 210 | 9 423 | 8 271 | 7 621 | 7 816 | 6 983 | 6 162 | 5 630 | 5 224 | 4 772 | 6 507 | 6 074 | 6 284 | 5 866 |
| 41 | 9 723 | 8 782 | 10 201 | 9 420 | 8 264 | 7 618 | 7 809 | 6 980 | 6 156 | 5 627 | 5 219 | 4 770 | 6 501 | 6 072 |
| 42 | 9 250 | 8 176 | 9 714 | 8 778 | 10 191 | 9 415 | 8 256 | 7 614 | 7 802 | 6 977 | 6 150 | 5 625 | 5 214 | 4 768 |
| 43 | 10 382 | 9 310 | 9 240 | 8 171 | 9 703 | 8 773 | 10 180 | 9 411 | 8 247 | 7 610 | 7 794 | 6 974 | 6 144 | 5 622 |
| 44 | 9 967 | 8 982 | 10 370 | 9 305 | 9 229 | 8 167 | 9 692 | 8 769 | 10 169 | 9 406 | 8 238 | 7 606 | 7 785 | 6 970 |

续表

| 年龄<br>（岁） | 2057 年 | | 2058 年 | | 2059 年 | | 2060 年 | | 2061 年 | | 2062 年 | | 2063 年 | |
|---|---|---|---|---|---|---|---|---|---|---|---|---|---|---|
| | 男性 | 女性 | 男性 | 女性 | 男性 | 女性 | 男性 | 女性 | 男性 | 女性 | 男性 | 女性 | 男性 | 女性 |
| 45 | 10 683 | 9 482 | 9 954 | 8 976 | 10 357 | 9 300 | 9 218 | 8 162 | 9 680 | 8 764 | 10 156 | 9 400 | 8 228 | 7 602 |
| 46 | 9 799 | 8 624 | 10 668 | 9 476 | 9 941 | 8 970 | 10 343 | 9 294 | 9 205 | 8 157 | 9 667 | 8 758 | 10 142 | 9 394 |
| 47 | 9 705 | 8 524 | 9 785 | 8 618 | 10 652 | 9 470 | 9 926 | 8 964 | 10 327 | 9 287 | 9 192 | 8 151 | 9 653 | 8 752 |
| 48 | 9 749 | 8 693 | 9 689 | 8 517 | 9 768 | 8 611 | 10 635 | 9 463 | 9 910 | 8 958 | 10 310 | 9 280 | 9 177 | 8 145 |
| 49 | 9 457 | 8 343 | 9 732 | 8 685 | 9 672 | 8 511 | 9 751 | 8 604 | 10 616 | 9 455 | 9 892 | 8 950 | 10 292 | 9 273 |
| 50 | 9 312 | 8 249 | 9 439 | 8 336 | 9 713 | 8 678 | 9 652 | 8 503 | 9 732 | 8 597 | 10 595 | 9 447 | 9 872 | 8 942 |
| 51 | 8 312 | 7 201 | 9 292 | 8 242 | 9 418 | 8 328 | 9 692 | 8 670 | 9 632 | 8 495 | 9 711 | 8 588 | 10 572 | 9 438 |
| 52 | 9 323 | 7 686 | 8 293 | 7 193 | 9 270 | 8 233 | 9 396 | 8 319 | 9 669 | 8 661 | 9 609 | 8 486 | 9 688 | 8 580 |
| 53 | 8 999 | 7 622 | 9 299 | 7 677 | 8 272 | 7 185 | 9 246 | 8 224 | 9 372 | 8 310 | 9 645 | 8 651 | 9 585 | 8 477 |
| 54 | 6 883 | 6 198 | 8 974 | 7 613 | 9 273 | 7 668 | 8 249 | 7 177 | 9 221 | 8 214 | 9 346 | 8 300 | 9 618 | 8 640 |
| 55 | 7 511 | 7 390 | 6 863 | 6 190 | 8 947 | 7 603 | 9 246 | 7 657 | 8 224 | 7 167 | 9 193 | 8 203 | 9 319 | 8 289 |
| 56 | 8 747 | 8 262 | 7 487 | 7 379 | 6 841 | 6 181 | 8 918 | 7 592 | 9 216 | 7 646 | 8 198 | 7 157 | 9 164 | 8 191 |
| 57 | 8 252 | 8 037 | 8 717 | 8 249 | 7 461 | 7 368 | 6 817 | 6 171 | 8 887 | 7 580 | 9 184 | 7 634 | 8 169 | 7 145 |
| 58 | 7 143 | 6 444 | 8 221 | 8 023 | 8 684 | 8 234 | 7 433 | 7 355 | 6 792 | 6 160 | 8 854 | 7 567 | 9 150 | 7 621 |
| 59 | 7 472 | 6 401 | 7 114 | 6 432 | 8 188 | 8 008 | 8 649 | 8 219 | 7 404 | 7 341 | 6 764 | 6 149 | 8 819 | 7 552 |
| 60 | 7 105 | 6 176 | 7 440 | 6 388 | 7 084 | 6 418 | 8 153 | 7 991 | 8 612 | 8 201 | 7 372 | 7 326 | 6 735 | 6 136 |
| 61 | 8 091 | 7 639 | 7 072 | 6 162 | 7 405 | 6 373 | 7 051 | 6 404 | 8 115 | 7 972 | 8 572 | 8 182 | 7 337 | 7 309 |
| 62 | 8 561 | 8 182 | 8 050 | 7 620 | 7 037 | 6 146 | 7 368 | 6 357 | 7 015 | 6 387 | 8 074 | 7 952 | 8 529 | 8 161 |
| 63 | 8 633 | 8 095 | 8 514 | 8 159 | 8 006 | 7 598 | 6 998 | 6 129 | 7 328 | 6 339 | 6 977 | 6 369 | 8 030 | 7 929 |
| 64 | 9 391 | 8 808 | 8 582 | 8 069 | 8 464 | 8 133 | 7 959 | 7 574 | 6 957 | 6 109 | 7 284 | 6 319 | 6 936 | 6 349 |
| 65 | 9 551 | 9 117 | 9 331 | 8 777 | 8 527 | 8 041 | 8 410 | 8 105 | 7 908 | 7 548 | 6 912 | 6 088 | 7 238 | 6 297 |
| 66 | 9 956 | 9 591 | 9 484 | 9 082 | 9 266 | 8 744 | 8 468 | 8 010 | 8 351 | 8 074 | 7 852 | 7 519 | 6 864 | 6 065 |
| 67 | 12 480 | 12 293 | 9 880 | 9 550 | 9 412 | 9 044 | 9 195 | 8 706 | 8 403 | 7 976 | 8 287 | 8 040 | 7 793 | 7 487 |
| 68 | 12 082 | 12 144 | 12 377 | 12 235 | 9 798 | 9 505 | 9 334 | 9 001 | 9 119 | 8 665 | 8 333 | 7 938 | 8 219 | 8 001 |
| 69 | 11 355 | 11 529 | 11 973 | 12 080 | 12 265 | 12 170 | 9 709 | 9 455 | 9 250 | 8 953 | 9 037 | 8 619 | 8 258 | 7 896 |
| 70 | 12 343 | 12 640 | 11 243 | 11 461 | 11 854 | 12 008 | 12 143 | 12 098 | 9 613 | 9 399 | 9 158 | 8 900 | 8 947 | 8 568 |
| 71 | 10 510 | 10 892 | 12 208 | 12 556 | 11 121 | 11 384 | 11 725 | 11 928 | 12 011 | 12 017 | 9 508 | 9 336 | 9 058 | 8 841 |
| 72 | 8 880 | 9 227 | 10 383 | 10 810 | 12 061 | 12 462 | 10 986 | 11 299 | 11 583 | 11 839 | 11 866 | 11 928 | 9 394 | 9 266 |

续表

| 年龄（岁） | 2057 年 | | 2058 年 | | 2059 年 | | 2060 年 | | 2061 年 | | 2062 年 | | 2063 年 | |
|---|---|---|---|---|---|---|---|---|---|---|---|---|---|---|
| | 男性 | 女性 | 男性 | 女性 | 男性 | 女性 | 男性 | 女性 | 男性 | 女性 | 男性 | 女性 | 男性 | 女性 |
| 73 | 8 861 | 8 921 | 8 760 | 9 150 | 10 243 | 10 720 | 11 898 | 12 358 | 10 837 | 11 205 | 11 427 | 11 740 | 11 705 | 11 828 |
| 74 | 8 458 | 8 830 | 8 725 | 8 837 | 8 625 | 9 063 | 10 085 | 10 619 | 11 714 | 12 241 | 10 671 | 11 099 | 11 251 | 11 629 |
| 75 | 9 656 | 10 099 | 8 309 | 8 735 | 8 570 | 8 742 | 8 472 | 8 966 | 9 907 | 10 505 | 11 507 | 12 110 | 10 482 | 10 980 |
| 76 | 8 095 | 8 607 | 9 457 | 9 974 | 8 138 | 8 627 | 8 394 | 8 634 | 8 298 | 8 855 | 9 703 | 10 375 | 11 271 | 11 961 |
| 77 | 7 130 | 7 906 | 7 900 | 8 484 | 9 230 | 9 832 | 7 942 | 8 504 | 8 193 | 8 511 | 8 099 | 8 729 | 9 470 | 10 227 |
| 78 | 7 800 | 8 505 | 6 929 | 7 774 | 7 678 | 8 342 | 8 970 | 9 667 | 7 719 | 8 362 | 7 962 | 8 368 | 7 871 | 8 583 |
| 79 | 7 178 | 7 864 | 7 542 | 8 338 | 6 700 | 7 621 | 7 425 | 8 178 | 8 674 | 9 477 | 7 464 | 8 197 | 7 699 | 8 204 |
| 80 | 6 492 | 7 224 | 6 902 | 7 683 | 7 252 | 8 147 | 6 443 | 7 446 | 7 139 | 7 990 | 8 341 | 9 260 | 7 177 | 8 009 |
| 81 | 6 742 | 7 877 | 6 203 | 7 030 | 6 595 | 7 478 | 6 930 | 7 929 | 6 156 | 7 247 | 6 822 | 7 776 | 7 970 | 9 012 |
| 82 | 6 446 | 7 674 | 6 397 | 7 633 | 5 886 | 6 812 | 6 258 | 7 246 | 6 576 | 7 683 | 5 842 | 7 022 | 6 473 | 7 535 |
| 83 | 6 719 | 8 177 | 6 071 | 7 400 | 6 025 | 7 362 | 5 544 | 6 570 | 5 894 | 6 988 | 6 193 | 7 409 | 5 502 | 6 772 |
| 84 | 6 455 | 8 181 | 6 277 | 7 845 | 5 672 | 7 100 | 5 629 | 7 063 | 5 179 | 6 303 | 5 507 | 6 704 | 5 786 | 7 109 |
| 85 | 6 026 | 7 936 | 5 979 | 7 806 | 5 815 | 7 485 | 5 254 | 6 774 | 5 214 | 6 739 | 4 798 | 6 014 | 5 101 | 6 397 |
| 86 | 5 803 | 7 826 | 5 531 | 7 526 | 5 487 | 7 403 | 5 336 | 7 099 | 4 822 | 6 425 | 4 786 | 6 391 | 4 403 | 5 703 |
| 87 | 5 290 | 7 636 | 5 273 | 7 375 | 5 026 | 7 092 | 4 986 | 6 976 | 4 850 | 6 690 | 4 382 | 6 054 | 4 349 | 6 022 |
| 88 | 4 497 | 6 628 | 4 756 | 7 147 | 4 741 | 6 902 | 4 519 | 6 638 | 4 483 | 6 529 | 4 360 | 6 261 | 3 940 | 5 666 |
| 89 | 3 996 | 6 542 | 3 996 | 6 157 | 4 227 | 6 640 | 4 213 | 6 412 | 4 016 | 6 167 | 3 984 | 6 066 | 3 875 | 5 817 |
| 90 | 2 797 | 4 773 | 3 506 | 6 030 | 3 506 | 5 676 | 3 708 | 6 120 | 3 697 | 5 911 | 3 523 | 5 684 | 3 496 | 5 591 |
| 91 | 2 719 | 4 836 | 2 420 | 4 363 | 3 033 | 5 512 | 3 033 | 5 187 | 3 208 | 5 594 | 3 198 | 5 402 | 3 048 | 5 195 |
| 92 | 2 209 | 4 169 | 2 316 | 4 380 | 2 061 | 3 951 | 2 584 | 4 992 | 2 584 | 4 699 | 2 733 | 5 067 | 2 724 | 4 893 |
| 93 | 1 733 | 3 610 | 1 850 | 3 740 | 1 939 | 3 929 | 1 726 | 3 544 | 2 163 | 4 478 | 2 163 | 4 215 | 2 288 | 4 545 |
| 94 | 1 582 | 3 627 | 1 423 | 3 205 | 1 519 | 3 320 | 1 593 | 3 488 | 1 417 | 3 146 | 1 777 | 3 975 | 1 777 | 3 741 |
| 95 | 922 | 2 332 | 1 272 | 3 184 | 1 145 | 2 814 | 1 222 | 2 915 | 1 281 | 3 062 | 1 140 | 2 762 | 1 429 | 3 490 |
| 96 | 367 | 1 061 | 724 | 2 023 | 999 | 2 762 | 899 | 2 441 | 960 | 2 528 | 1 006 | 2 656 | 895 | 2 396 |
| 97 | 324 | 1 072 | 281 | 909 | 554 | 1 732 | 765 | 2 365 | 688 | 2 090 | 735 | 2 165 | 770 | 2 274 |
| 98 | 222 | 791 | 241 | 905 | 209 | 767 | 412 | 1 462 | 569 | 1 996 | 512 | 1 764 | 546 | 1 827 |
| 99 | 198 | 838 | 160 | 657 | 174 | 752 | 151 | 637 | 297 | 1 214 | 410 | 1 658 | 369 | 1 465 |
| 100 | 151 | 727 | 138 | 683 | 112 | 536 | 121 | 613 | 105 | 520 | 207 | 991 | 286 | 1 353 |

| 年龄（岁） | 2057 年 | | 2058 年 | | 2059 年 | | 2060 年 | | 2061 年 | | 2062 年 | | 2063 年 | |
|---|---|---|---|---|---|---|---|---|---|---|---|---|---|---|
| | 男性 | 女性 | 男性 | 女性 | 男性 | 女性 | 男性 | 女性 | 男性 | 女性 | 男性 | 女性 | 男性 | 女性 |
| 101 | 87 | 527 | 102 | 581 | 93 | 546 | 75 | 428 | 81 | 490 | 71 | 415 | 139 | 792 |
| 102 | 54 | 417 | 56 | 412 | 66 | 454 | 60 | 426 | 48 | 334 | 52 | 383 | 46 | 324 |
| 103 | 32 | 307 | 33 | 317 | 35 | 313 | 41 | 345 | 37 | 324 | 30 | 254 | 32 | 291 |
| 104 | 16 | 195 | 19 | 226 | 20 | 234 | 20 | 231 | 24 | 254 | 22 | 239 | 18 | 187 |
| 105 + | 8 | 134 | 9 | 139 | 11 | 161 | 11 | 167 | 11 | 164 | 13 | 181 | 12 | 170 |

表 2-10（g）　　　　未来各年中国分年龄分性别人口预测数　　　　单位：千人

| 年龄（岁） | 2064 年 | | 2065 年 | | 2066 年 | | 2067 年 | | 2068 年 | | 2069 年 | | 2070 年 | |
|---|---|---|---|---|---|---|---|---|---|---|---|---|---|---|
| | 男性 | 女性 | 男性 | 女性 | 男性 | 女性 | 男性 | 女性 | 男性 | 女性 | 男性 | 女性 | 男性 | 女性 |
| 0 | 5 200 | 4 815 | 5 326 | 4 931 | 5 466 | 5 061 | 5 606 | 5 190 | 5 735 | 5 311 | 5 853 | 5 419 | 5 950 | 5 510 |
| 1 | 5 101 | 4 724 | 5 197 | 4 813 | 5 323 | 4 929 | 5 463 | 5 059 | 5 602 | 5 188 | 5 732 | 5 308 | 5 850 | 5 417 |
| 2 | 5 052 | 4 679 | 5 099 | 4 722 | 5 195 | 4 811 | 5 321 | 4 927 | 5 461 | 5 058 | 5 600 | 5 186 | 5 730 | 5 307 |
| 3 | 5 053 | 4 680 | 5 051 | 4 678 | 5 098 | 4 721 | 5 194 | 4 811 | 5 319 | 4 927 | 5 460 | 5 057 | 5 599 | 5 186 |
| 4 | 5 084 | 4 709 | 5 052 | 4 680 | 5 050 | 4 678 | 5 097 | 4 721 | 5 193 | 4 810 | 5 318 | 4 926 | 5 458 | 5 056 |
| 5 | 5 140 | 4 761 | 5 083 | 4 708 | 5 051 | 4 679 | 5 049 | 4 677 | 5 096 | 4 720 | 5 192 | 4 810 | 5 317 | 4 925 |
| 6 | 5 220 | 4 836 | 5 139 | 4 761 | 5 082 | 4 708 | 5 051 | 4 679 | 5 048 | 4 677 | 5 095 | 4 720 | 5 191 | 4 809 |
| 7 | 5 319 | 4 928 | 5 220 | 4 836 | 5 138 | 4 760 | 5 082 | 4 708 | 5 050 | 4 678 | 5 048 | 4 676 | 5 094 | 4 720 |
| 8 | 5 431 | 5 032 | 5 319 | 4 928 | 5 219 | 4 835 | 5 138 | 4 760 | 5 081 | 4 707 | 5 049 | 4 678 | 5 047 | 4 676 |
| 9 | 5 562 | 5 153 | 5 430 | 5 031 | 5 318 | 4 927 | 5 218 | 4 835 | 5 137 | 4 760 | 5 080 | 4 707 | 5 049 | 4 678 |
| 10 | 5 704 | 5 285 | 5 561 | 5 153 | 5 430 | 5 031 | 5 317 | 4 927 | 5 218 | 4 835 | 5 136 | 4 759 | 5 080 | 4 707 |
| 11 | 5 864 | 5 434 | 5 703 | 5 285 | 5 560 | 5 152 | 5 429 | 5 031 | 5 316 | 4 926 | 5 217 | 4 834 | 5 135 | 4 759 |
| 12 | 6 043 | 5 600 | 5 863 | 5 433 | 5 702 | 5 285 | 5 559 | 5 152 | 5 428 | 5 030 | 5 316 | 4 926 | 5 216 | 4 834 |
| 13 | 6 232 | 5 776 | 6 042 | 5 599 | 5 862 | 5 433 | 5 701 | 5 284 | 5 558 | 5 151 | 5 427 | 5 030 | 5 315 | 4 926 |
| 14 | 6 435 | 5 965 | 6 231 | 5 776 | 6 041 | 5 599 | 5 861 | 5 433 | 5 700 | 5 284 | 5 557 | 5 151 | 5 426 | 5 030 |
| 15 | 6 644 | 6 160 | 6 434 | 5 964 | 6 230 | 5 775 | 6 039 | 5 599 | 5 860 | 5 432 | 5 699 | 5 283 | 5 556 | 5 150 |
| 16 | 6 855 | 6 357 | 6 643 | 6 159 | 6 432 | 5 964 | 6 229 | 5 775 | 6 038 | 5 598 | 5 859 | 5 432 | 5 698 | 5 283 |
| 17 | 7 072 | 6 558 | 6 854 | 6 356 | 6 642 | 6 159 | 6 431 | 5 963 | 6 227 | 5 774 | 6 037 | 5 597 | 5 857 | 5 431 |
| 18 | 7 293 | 6 764 | 7 070 | 6 558 | 6 852 | 6 355 | 6 640 | 6 158 | 6 429 | 5 963 | 6 226 | 5 774 | 6 035 | 5 597 |

续表

| 年龄（岁） | 2064 年 | | 2065 年 | | 2066 年 | | 2067 年 | | 2068 年 | | 2069 年 | | 2070 年 | |
|---|---|---|---|---|---|---|---|---|---|---|---|---|---|---|
| | 男性 | 女性 | 男性 | 女性 | 男性 | 女性 | 男性 | 女性 | 男性 | 女性 | 男性 | 女性 | 男性 | 女性 |
| 19 | 7 502 | 6 959 | 7 291 | 6 763 | 7 069 | 6 557 | 6 851 | 6 355 | 6 639 | 6 158 | 6 428 | 5 962 | 6 225 | 5 773 |
| 20 | 7 658 | 7 105 | 7 500 | 6 958 | 7 289 | 6 763 | 7 067 | 6 556 | 6 849 | 6 354 | 6 637 | 6 157 | 6 426 | 5 961 |
| 21 | 7 753 | 7 194 | 7 657 | 7 104 | 7 498 | 6 957 | 7 288 | 6 762 | 7 065 | 6 555 | 6 847 | 6 353 | 6 635 | 6 156 |
| 22 | 7 789 | 7 228 | 7 751 | 7 193 | 7 655 | 7 103 | 7 497 | 6 957 | 7 286 | 6 761 | 7 063 | 6 554 | 6 846 | 6 352 |
| 23 | 7 784 | 7 224 | 7 787 | 7 227 | 7 749 | 7 192 | 7 653 | 7 102 | 7 495 | 6 956 | 7 284 | 6 760 | 7 062 | 6 554 |
| 24 | 7 763 | 7 206 | 7 782 | 7 224 | 7 785 | 7 226 | 7 747 | 7 191 | 7 650 | 7 101 | 7 492 | 6 955 | 7 282 | 6 759 |
| 25 | 7 718 | 7 165 | 7 761 | 7 205 | 7 780 | 7 223 | 7 782 | 7 225 | 7 745 | 7 190 | 7 648 | 7 100 | 7 490 | 6 954 |
| 26 | 7 646 | 7 100 | 7 715 | 7 164 | 7 759 | 7 204 | 7 777 | 7 221 | 7 780 | 7 224 | 7 742 | 7 189 | 7 646 | 7 099 |
| 27 | 5 471 | 5 081 | 7 644 | 7 099 | 7 713 | 7 163 | 7 756 | 7 203 | 7 775 | 7 220 | 7 778 | 7 223 | 7 740 | 7 188 |
| 28 | 5 418 | 5 033 | 5 469 | 5 080 | 7 641 | 7 098 | 7 710 | 7 162 | 7 754 | 7 202 | 7 772 | 7 219 | 7 775 | 7 222 |
| 29 | 5 378 | 4 997 | 5 416 | 5 032 | 5 467 | 5 079 | 7 639 | 7 097 | 7 708 | 7 161 | 7 751 | 7 201 | 7 769 | 7 218 |
| 30 | 5 348 | 4 971 | 5 376 | 4 996 | 5 414 | 5 032 | 5 465 | 5 078 | 7 636 | 7 096 | 7 705 | 7 160 | 7 748 | 7 200 |
| 31 | 5 331 | 4 956 | 5 346 | 4 970 | 5 374 | 4 995 | 5 412 | 5 031 | 5 463 | 5 078 | 7 633 | 7 095 | 7 702 | 7 159 |
| 32 | 5 330 | 4 956 | 5 328 | 4 955 | 5 344 | 4 969 | 5 372 | 4 995 | 5 410 | 5 030 | 5 460 | 5 077 | 7 629 | 7 093 |
| 33 | 5 353 | 4 980 | 5 327 | 4 955 | 5 326 | 4 954 | 5 341 | 4 968 | 5 369 | 4 994 | 5 407 | 5 029 | 5 458 | 5 076 |
| 34 | 5 394 | 5 020 | 5 350 | 4 979 | 5 324 | 4 954 | 5 323 | 4 953 | 5 338 | 4 967 | 5 366 | 4 993 | 5 404 | 5 028 |
| 35 | 5 456 | 5 080 | 5 391 | 5 019 | 5 347 | 4 977 | 5 321 | 4 953 | 5 320 | 4 952 | 5 336 | 4 966 | 5 363 | 4 991 |
| 36 | 5 545 | 5 165 | 5 453 | 5 079 | 5 388 | 5 017 | 5 344 | 4 976 | 5 318 | 4 952 | 5 317 | 4 950 | 5 332 | 4 964 |
| 37 | 5 650 | 5 265 | 5 541 | 5 163 | 5 450 | 5 078 | 5 384 | 5 016 | 5 341 | 4 975 | 5 315 | 4 951 | 5 314 | 4 949 |
| 38 | 5 767 | 5 376 | 5 646 | 5 264 | 5 537 | 5 162 | 5 446 | 5 076 | 5 380 | 5 015 | 5 337 | 4 973 | 5 311 | 4 949 |
| 39 | 5 903 | 5 506 | 5 762 | 5 374 | 5 642 | 5 262 | 5 533 | 5 160 | 5 442 | 5 074 | 5 376 | 5 013 | 5 333 | 4 972 |
| 40 | 6 073 | 5 668 | 5 898 | 5 504 | 5 758 | 5 372 | 5 638 | 5 260 | 5 529 | 5 158 | 5 437 | 5 072 | 5 372 | 5 011 |
| 41 | 6 279 | 5 863 | 6 068 | 5 666 | 5 893 | 5 502 | 5 753 | 5 370 | 5 633 | 5 258 | 5 524 | 5 156 | 5 433 | 5 070 |
| 42 | 6 495 | 6 069 | 6 273 | 5 861 | 6 062 | 5 663 | 5 887 | 5 499 | 5 747 | 5 368 | 5 627 | 5 255 | 5 519 | 5 154 |
| 43 | 5 209 | 4 765 | 6 488 | 6 066 | 6 266 | 5 858 | 6 056 | 5 661 | 5 881 | 5 496 | 5 741 | 5 365 | 5 621 | 5 253 |
| 44 | 6 137 | 5 619 | 5 203 | 4 763 | 6 481 | 6 063 | 6 259 | 5 855 | 6 049 | 5 658 | 5 874 | 5 493 | 5 735 | 5 362 |
| 45 | 7 775 | 6 966 | 6 129 | 5 616 | 5 196 | 4 760 | 6 473 | 6 059 | 6 251 | 5 851 | 6 041 | 5 654 | 5 867 | 5 490 |
| 46 | 8 217 | 7 597 | 7 765 | 6 961 | 6 121 | 5 612 | 5 189 | 4 757 | 6 464 | 6 056 | 6 243 | 5 848 | 6 033 | 5 651 |

续表

| 年龄<br>（岁） | 2064 年 | | 2065 年 | | 2066 年 | | 2067 年 | | 2068 年 | | 2069 年 | | 2070 年 | |
|---|---|---|---|---|---|---|---|---|---|---|---|---|---|---|
| | 男性 | 女性 | 男性 | 女性 | 男性 | 女性 | 男性 | 女性 | 男性 | 女性 | 男性 | 女性 | 男性 | 女性 |
| 47 | 10 127 | 9 388 | 8 204 | 7 592 | 7 753 | 6 957 | 6 112 | 5 608 | 5 181 | 4 754 | 6 454 | 6 051 | 6 233 | 5 844 |
| 48 | 9 637 | 8 745 | 10 110 | 9 380 | 8 191 | 7 586 | 7 740 | 6 951 | 6 102 | 5 604 | 5 173 | 4 750 | 6 443 | 6 047 |
| 49 | 9 160 | 8 139 | 9 620 | 8 738 | 10 092 | 9 373 | 8 176 | 7 580 | 7 726 | 6 946 | 6 091 | 5 599 | 5 164 | 4 746 |
| 50 | 10 272 | 9 265 | 9 142 | 8 132 | 9 601 | 8 731 | 10 072 | 9 365 | 8 160 | 7 573 | 7 711 | 6 940 | 6 079 | 5 594 |
| 51 | 9 851 | 8 934 | 10 249 | 9 256 | 9 122 | 8 124 | 9 580 | 8 722 | 10 051 | 9 356 | 8 142 | 7 566 | 7 695 | 6 933 |
| 52 | 10 547 | 9 428 | 9 828 | 8 925 | 10 225 | 9 246 | 9 101 | 8 115 | 9 558 | 8 713 | 10 027 | 9 346 | 8 123 | 7 558 |
| 53 | 9 663 | 8 570 | 10 521 | 9 417 | 9 803 | 8 915 | 10 199 | 9 236 | 9 078 | 8 106 | 9 533 | 8 703 | 10 002 | 9 336 |
| 54 | 9 558 | 8 466 | 9 637 | 8 560 | 10 492 | 9 406 | 9 776 | 8 904 | 10 171 | 9 225 | 9 053 | 8 096 | 9 507 | 8 693 |
| 55 | 9 589 | 8 629 | 9 530 | 8 455 | 9 608 | 8 548 | 10 460 | 9 393 | 9 747 | 8 892 | 10 141 | 9 212 | 9 026 | 8 086 |
| 56 | 9 289 | 8 277 | 9 558 | 8 616 | 9 499 | 8 443 | 9 577 | 8 536 | 10 427 | 9 380 | 9 716 | 8 879 | 10 108 | 9 199 |
| 57 | 9 132 | 8 178 | 9 256 | 8 264 | 9 525 | 8 603 | 9 466 | 8 430 | 9 544 | 8 522 | 10 390 | 9 365 | 9 682 | 8 865 |
| 58 | 8 139 | 7 133 | 9 098 | 8 164 | 9 222 | 8 249 | 9 490 | 8 588 | 9 431 | 8 415 | 9 508 | 8 507 | 10 352 | 9 349 |
| 59 | 9 113 | 7 606 | 8 106 | 7 119 | 9 061 | 8 148 | 9 185 | 8 234 | 9 452 | 8 571 | 9 393 | 8 399 | 9 470 | 8 491 |
| 60 | 8 780 | 7 536 | 9 073 | 7 591 | 8 071 | 7 104 | 9 022 | 8 131 | 9 145 | 8 216 | 9 411 | 8 553 | 9 352 | 8 381 |
| 61 | 6 704 | 6 121 | 8 740 | 7 519 | 9 031 | 7 573 | 8 034 | 7 088 | 8 980 | 8 112 | 9 102 | 8 197 | 9 367 | 8 534 |
| 62 | 7 300 | 7 290 | 6 670 | 6 106 | 8 696 | 7 500 | 8 986 | 7 554 | 7 993 | 7 070 | 8 935 | 8 092 | 9 057 | 8 176 |
| 63 | 8 482 | 8 138 | 7 261 | 7 269 | 6 634 | 6 088 | 8 648 | 7 478 | 8 937 | 7 532 | 7 950 | 7 050 | 8 886 | 8 069 |
| 64 | 7 982 | 7 905 | 8 432 | 8 113 | 7 218 | 7 246 | 6 594 | 6 069 | 8 597 | 7 455 | 8 884 | 7 509 | 7 903 | 7 028 |
| 65 | 6 891 | 6 327 | 7 931 | 7 877 | 8 378 | 8 085 | 7 171 | 7 221 | 6 552 | 6 048 | 8 542 | 7 429 | 8 827 | 7 482 |
| 66 | 7 187 | 6 273 | 6 843 | 6 303 | 7 876 | 7 847 | 8 319 | 8 054 | 7 121 | 7 194 | 6 506 | 6 025 | 8 482 | 7 401 |
| 67 | 6 812 | 6 039 | 7 132 | 6 246 | 6 791 | 6 276 | 7 816 | 7 814 | 8 256 | 8 019 | 7 067 | 7 163 | 6 457 | 5 999 |
| 68 | 7 728 | 7 451 | 6 755 | 6 010 | 7 073 | 6 216 | 6 735 | 6 246 | 7 751 | 7 777 | 8 187 | 7 981 | 7 008 | 7 129 |
| 69 | 8 144 | 7 959 | 7 658 | 7 412 | 6 694 | 5 979 | 7 009 | 6 183 | 6 674 | 6 213 | 7 681 | 7 735 | 8 113 | 7 939 |
| 70 | 8 176 | 7 849 | 8 064 | 7 912 | 7 582 | 7 368 | 6 628 | 5 943 | 6 940 | 6 147 | 6 608 | 6 176 | 7 605 | 7 689 |
| 71 | 8 850 | 8 511 | 8 087 | 7 797 | 7 976 | 7 859 | 7 500 | 7 319 | 6 556 | 5 903 | 6 864 | 6 106 | 6 536 | 6 135 |
| 72 | 8 949 | 8 775 | 8 743 | 8 447 | 7 990 | 7 739 | 7 879 | 7 800 | 7 409 | 7 264 | 6 477 | 5 859 | 6 781 | 6 060 |
| 73 | 9 266 | 9 189 | 8 828 | 8 701 | 8 624 | 8 377 | 7 881 | 7 674 | 7 773 | 7 735 | 7 309 | 7 203 | 6 389 | 5 810 |
| 74 | 11 525 | 11 716 | 9 124 | 9 102 | 8 692 | 8 619 | 8 492 | 8 298 | 7 760 | 7 602 | 7 653 | 7 662 | 7 196 | 7 135 |

续表

| 年龄<br>（岁） | 2064 年 | | 2065 年 | | 2066 年 | | 2067 年 | | 2068 年 | | 2069 年 | | 2070 年 | |
|---|---|---|---|---|---|---|---|---|---|---|---|---|---|---|
| | 男性 | 女性 | 男性 | 女性 | 男性 | 女性 | 男性 | 女性 | 男性 | 女性 | 男性 | 女性 | 男性 | 女性 |
| 75 | 11 052 | 11 504 | 11 321 | 11 591 | 8 962 | 9 004 | 8 538 | 8 527 | 8 341 | 8 209 | 7 623 | 7 520 | 7 518 | 7 580 |
| 76 | 10 267 | 10 845 | 10 825 | 11 362 | 11 089 | 11 448 | 8 778 | 8 893 | 8 363 | 8 421 | 8 170 | 8 107 | 7 466 | 7 428 |
| 77 | 11 000 | 11 789 | 10 020 | 10 689 | 10 565 | 11 200 | 10 822 | 11 284 | 8 567 | 8 766 | 8 162 | 8 301 | 7 974 | 7 991 |
| 78 | 9 203 | 10 056 | 10 690 | 11 592 | 9 738 | 10 511 | 10 267 | 11 012 | 10 518 | 11 095 | 8 326 | 8 619 | 7 932 | 8 162 |
| 79 | 7 611 | 8 414 | 8 900 | 9 858 | 10 338 | 11 365 | 9 417 | 10 304 | 9 929 | 10 796 | 10 171 | 10 877 | 8 052 | 8 450 |
| 80 | 7 403 | 8 016 | 7 319 | 8 221 | 8 558 | 9 632 | 9 941 | 11 104 | 9 055 | 10 068 | 9 547 | 10 548 | 9 780 | 10 627 |
| 81 | 6 858 | 7 795 | 7 074 | 7 801 | 6 993 | 8 001 | 8 177 | 9 374 | 9 498 | 10 806 | 8 652 | 9 798 | 9 122 | 10 266 |
| 82 | 7 563 | 8 732 | 6 508 | 7 553 | 6 713 | 7 559 | 6 636 | 7 753 | 7 759 | 9 084 | 9 013 | 10 471 | 8 210 | 9 495 |
| 83 | 6 096 | 7 267 | 7 123 | 8 422 | 6 129 | 7 284 | 6 322 | 7 290 | 6 250 | 7 477 | 7 308 | 8 760 | 8 489 | 10 099 |
| 84 | 5 140 | 6 497 | 5 696 | 6 972 | 6 655 | 8 080 | 5 726 | 6 989 | 5 907 | 6 995 | 5 839 | 7 174 | 6 828 | 8 405 |
| 85 | 5 360 | 6 782 | 4 761 | 6 199 | 5 276 | 6 652 | 6 164 | 7 709 | 5 304 | 6 668 | 5 471 | 6 673 | 5 409 | 6 844 |
| 86 | 4 681 | 6 066 | 4 919 | 6 432 | 4 370 | 5 879 | 4 842 | 6 309 | 5 657 | 7 311 | 4 868 | 6 324 | 5 021 | 6 329 |
| 87 | 4 001 | 5 375 | 4 254 | 5 717 | 4 470 | 6 062 | 3 971 | 5 540 | 4 400 | 5 945 | 5 141 | 6 890 | 4 424 | 5 959 |
| 88 | 3 910 | 5 636 | 3 598 | 5 030 | 3 825 | 5 350 | 4 019 | 5 673 | 3 570 | 5 185 | 3 956 | 5 564 | 4 622 | 6 448 |
| 89 | 3 501 | 5 264 | 3 475 | 5 237 | 3 197 | 4 673 | 3 399 | 4 971 | 3 572 | 5 271 | 3 173 | 4 817 | 3 516 | 5 169 |
| 90 | 3 400 | 5 362 | 3 072 | 4 852 | 3 049 | 4 827 | 2 805 | 4 308 | 2 982 | 4 582 | 3 134 | 4 858 | 2 784 | 4 440 |
| 91 | 3 024 | 5 110 | 2 941 | 4 900 | 2 658 | 4 435 | 2 638 | 4 412 | 2 427 | 3 937 | 2 580 | 4 188 | 2 711 | 4 440 |
| 92 | 2 596 | 4 706 | 2 576 | 4 629 | 2 505 | 4 439 | 2 264 | 4 017 | 2 247 | 3 996 | 2 067 | 3 566 | 2 198 | 3 793 |
| 93 | 2 281 | 4 389 | 2 174 | 4 221 | 2 157 | 4 152 | 2 098 | 3 981 | 1 895 | 3 603 | 1 881 | 3 584 | 1 731 | 3 199 |
| 94 | 1 879 | 4 035 | 1 874 | 3 896 | 1 786 | 3 747 | 1 772 | 3 686 | 1 723 | 3 534 | 1 557 | 3 199 | 1 545 | 3 182 |
| 95 | 1 429 | 3 285 | 1 511 | 3 542 | 1 507 | 3 421 | 1 436 | 3 290 | 1 425 | 3 236 | 1 386 | 3 103 | 1 252 | 2 808 |
| 96 | 1 123 | 3 027 | 1 123 | 2 849 | 1 187 | 3 072 | 1 184 | 2 967 | 1 128 | 2 854 | 1 119 | 2 807 | 1 088 | 2 692 |
| 97 | 685 | 2 052 | 859 | 2 592 | 859 | 2 440 | 909 | 2 631 | 906 | 2 541 | 863 | 2 443 | 857 | 2 403 |
| 98 | 573 | 1 919 | 510 | 1 732 | 639 | 2 188 | 639 | 2 059 | 676 | 2 220 | 674 | 2 144 | 642 | 2 062 |
| 99 | 394 | 1 518 | 413 | 1 594 | 368 | 1 438 | 461 | 1 817 | 461 | 1 710 | 487 | 1 844 | 486 | 1 781 |
| 100 | 257 | 1 195 | 275 | 1 238 | 288 | 1 300 | 256 | 1 173 | 321 | 1 482 | 321 | 1 395 | 340 | 1 504 |
| 101 | 192 | 1 081 | 173 | 955 | 184 | 989 | 193 | 1 039 | 172 | 938 | 216 | 1 185 | 216 | 1 115 |
| 102 | 90 | 618 | 124 | 844 | 111 | 746 | 119 | 772 | 125 | 811 | 111 | 732 | 139 | 925 |

续表

| 年龄<br>（岁） | 2064 年 | | 2065 年 | | 2066 年 | | 2067 年 | | 2068 年 | | 2069 年 | | 2070 年 | |
|---|---|---|---|---|---|---|---|---|---|---|---|---|---|---|
| | 男性 | 女性 | 男性 | 女性 | 男性 | 女性 | 男性 | 女性 | 男性 | 女性 | 男性 | 女性 | 男性 | 女性 |
| 103 | 28 | 246 | 55 | 470 | 77 | 642 | 69 | 567 | 73 | 587 | 77 | 617 | 69 | 557 |
| 104 | 19 | 215 | 17 | 182 | 33 | 347 | 45 | 473 | 41 | 418 | 43 | 433 | 45 | 455 |
| 105 + | 10 | 134 | 11 | 153 | 9 | 129 | 18 | 247 | 25 | 337 | 23 | 298 | 24 | 308 |

表 2 - 10 （h） 未来各年中国分年龄分性别人口预测数 单位：千人

| 年龄<br>（岁） | 2071 年 | | 2072 年 | | 2073 年 | | 2074 年 | | 2075 年 | | 2076 年 | | 2077 年 | |
|---|---|---|---|---|---|---|---|---|---|---|---|---|---|---|
| | 男性 | 女性 | 男性 | 女性 | 男性 | 女性 | 男性 | 女性 | 男性 | 女性 | 男性 | 女性 | 男性 | 女性 |
| 0 | 6 023 | 5 577 | 6 063 | 5 614 | 6 077 | 5 627 | 6 061 | 5 612 | 6 023 | 5 577 | 5 965 | 5 523 | 5 893 | 5 456 |
| 1 | 5 947 | 5 507 | 6 019 | 5 574 | 6 060 | 5 612 | 6 074 | 5 624 | 6 058 | 5 610 | 6 020 | 5 574 | 5 962 | 5 521 |
| 2 | 5 847 | 5 415 | 5 945 | 5 505 | 6 017 | 5 572 | 6 058 | 5 610 | 6 071 | 5 623 | 6 056 | 5 608 | 6 017 | 5 573 |
| 3 | 5 728 | 5 306 | 5 846 | 5 414 | 5 943 | 5 504 | 6 015 | 5 571 | 6 056 | 5 609 | 6 070 | 5 622 | 6 054 | 5 607 |
| 4 | 5 598 | 5 185 | 5 727 | 5 305 | 5 845 | 5 414 | 5 942 | 5 504 | 6 014 | 5 571 | 6 055 | 5 608 | 6 068 | 5 621 |
| 5 | 5 458 | 5 055 | 5 597 | 5 184 | 5 726 | 5 305 | 5 844 | 5 413 | 5 941 | 5 503 | 6 013 | 5 570 | 6 054 | 5 608 |
| 6 | 5 316 | 4 925 | 5 457 | 5 055 | 5 596 | 5 184 | 5 726 | 5 304 | 5 843 | 5 413 | 5 940 | 5 503 | 6 012 | 5 570 |
| 7 | 5 191 | 4 809 | 5 316 | 4 925 | 5 456 | 5 055 | 5 595 | 5 184 | 5 725 | 5 304 | 5 842 | 5 412 | 5 939 | 5 502 |
| 8 | 5 094 | 4 719 | 5 190 | 4 808 | 5 315 | 4 924 | 5 455 | 5 054 | 5 595 | 5 183 | 5 724 | 5 303 | 5 841 | 5 412 |
| 9 | 5 046 | 4 676 | 5 093 | 4 719 | 5 189 | 4 808 | 5 314 | 4 924 | 5 455 | 5 054 | 5 594 | 5 183 | 5 723 | 5 303 |
| 10 | 5 048 | 4 677 | 5 046 | 4 675 | 5 092 | 4 719 | 5 189 | 4 808 | 5 314 | 4 924 | 5 454 | 5 054 | 5 593 | 5 182 |
| 11 | 5 079 | 4 706 | 5 047 | 4 677 | 5 045 | 4 675 | 5 092 | 4 718 | 5 188 | 4 807 | 5 313 | 4 923 | 5 453 | 5 053 |
| 12 | 5 135 | 4 758 | 5 078 | 4 706 | 5 046 | 4 677 | 5 044 | 4 675 | 5 091 | 4 718 | 5 187 | 4 807 | 5 312 | 4 923 |
| 13 | 5 215 | 4 834 | 5 134 | 4 758 | 5 077 | 4 706 | 5 046 | 4 676 | 5 043 | 4 674 | 5 090 | 4 717 | 5 186 | 4 807 |
| 14 | 5 314 | 4 925 | 5 214 | 4 833 | 5 133 | 4 758 | 5 076 | 4 705 | 5 045 | 4 676 | 5 042 | 4 674 | 5 089 | 4 717 |
| 15 | 5 425 | 5 029 | 5 313 | 4 925 | 5 213 | 4 833 | 5 132 | 4 757 | 5 075 | 4 705 | 5 044 | 4 676 | 5 041 | 4 673 |
| 16 | 5 555 | 5 150 | 5 424 | 5 029 | 5 312 | 4 924 | 5 212 | 4 832 | 5 131 | 4 757 | 5 074 | 4 704 | 5 043 | 4 675 |
| 17 | 5 697 | 5 282 | 5 554 | 5 149 | 5 423 | 5 028 | 5 310 | 4 924 | 5 211 | 4 832 | 5 130 | 4 756 | 5 073 | 4 704 |
| 18 | 5 856 | 5 430 | 5 695 | 5 282 | 5 552 | 5 149 | 5 422 | 5 028 | 5 309 | 4 923 | 5 210 | 4 831 | 5 128 | 4 756 |
| 19 | 6 034 | 5 596 | 5 855 | 5 430 | 5 694 | 5 281 | 5 551 | 5 148 | 5 420 | 5 027 | 5 308 | 4 923 | 5 209 | 4 831 |
| 20 | 6 223 | 5 772 | 6 033 | 5 596 | 5 853 | 5 429 | 5 693 | 5 280 | 5 550 | 5 148 | 5 419 | 5 026 | 5 307 | 4 922 |

续表

| 年龄<br>（岁） | 2071 年 | | 2072 年 | | 2073 年 | | 2074 年 | | 2075 年 | | 2076 年 | | 2077 年 | |
|---|---|---|---|---|---|---|---|---|---|---|---|---|---|---|
| | 男性 | 女性 | 男性 | 女性 | 男性 | 女性 | 男性 | 女性 | 男性 | 女性 | 男性 | 女性 | 男性 | 女性 |
| 21 | 6 425 | 5 961 | 6 222 | 5 772 | 6 031 | 5 595 | 5 852 | 5 429 | 5 691 | 5 280 | 5 548 | 5 147 | 5 418 | 5 026 |
| 22 | 6 634 | 6 155 | 6 423 | 5 960 | 6 220 | 5 771 | 6 029 | 5 594 | 5 850 | 5 428 | 5 690 | 5 279 | 5 547 | 5 146 |
| 23 | 6 844 | 6 351 | 6 632 | 6 155 | 6 421 | 5 959 | 6 218 | 5 770 | 6 028 | 5 593 | 5 849 | 5 427 | 5 688 | 5 278 |
| 24 | 7 060 | 6 553 | 6 842 | 6 351 | 6 630 | 6 154 | 6 420 | 5 958 | 6 217 | 5 769 | 6 026 | 5 593 | 5 847 | 5 426 |
| 25 | 7 280 | 6 758 | 7 058 | 6 552 | 6 840 | 6 350 | 6 628 | 6 153 | 6 418 | 5 957 | 6 215 | 5 769 | 6 025 | 5 592 |
| 26 | 7 488 | 6 953 | 7 278 | 6 757 | 7 055 | 6 551 | 6 838 | 6 349 | 6 626 | 6 152 | 6 416 | 5 957 | 6 213 | 5 768 |
| 27 | 7 644 | 7 098 | 7 486 | 6 952 | 7 275 | 6 756 | 7 053 | 6 550 | 6 836 | 6 348 | 6 624 | 6 151 | 6 414 | 5 956 |
| 28 | 7 737 | 7 187 | 7 641 | 7 097 | 7 483 | 6 951 | 7 273 | 6 755 | 7 051 | 6 549 | 6 834 | 6 347 | 6 622 | 6 150 |
| 29 | 7 772 | 7 221 | 7 735 | 7 186 | 7 638 | 7 096 | 7 481 | 6 950 | 7 270 | 6 754 | 7 048 | 6 548 | 6 831 | 6 346 |
| 30 | 7 767 | 7 217 | 7 769 | 7 220 | 7 732 | 7 184 | 7 635 | 7 095 | 7 478 | 6 948 | 7 268 | 6 753 | 7 046 | 6 547 |
| 31 | 7 745 | 7 198 | 7 763 | 7 216 | 7 766 | 7 218 | 7 729 | 7 183 | 7 632 | 7 094 | 7 475 | 6 947 | 7 265 | 6 752 |
| 32 | 7 698 | 7 157 | 7 741 | 7 197 | 7 760 | 7 214 | 7 763 | 7 217 | 7 725 | 7 182 | 7 629 | 7 092 | 7 471 | 6 946 |
| 33 | 7 626 | 7 092 | 7 695 | 7 156 | 7 738 | 7 196 | 7 756 | 7 213 | 7 759 | 7 216 | 7 721 | 7 180 | 7 625 | 7 091 |
| 34 | 5 455 | 5 075 | 7 622 | 7 090 | 7 691 | 7 154 | 7 734 | 7 194 | 7 752 | 7 211 | 7 755 | 7 214 | 7 718 | 7 179 |
| 35 | 5 401 | 5 027 | 5 452 | 5 073 | 7 618 | 7 089 | 7 686 | 7 153 | 7 730 | 7 192 | 7 748 | 7 210 | 7 751 | 7 212 |
| 36 | 5 360 | 4 990 | 5 398 | 5 025 | 5 449 | 5 072 | 7 613 | 7 087 | 7 682 | 7 151 | 7 725 | 7 191 | 7 744 | 7 208 |
| 37 | 5 329 | 4 963 | 5 357 | 4 989 | 5 395 | 5 024 | 5 445 | 5 071 | 7 608 | 7 085 | 7 677 | 7 149 | 7 720 | 7 189 |
| 38 | 5 310 | 4 948 | 5 325 | 4 962 | 5 353 | 4 987 | 5 391 | 5 022 | 5 441 | 5 069 | 7 603 | 7 083 | 7 672 | 7 147 |
| 39 | 5 307 | 4 947 | 5 306 | 4 946 | 5 321 | 4 960 | 5 349 | 4 986 | 5 387 | 5 021 | 5 437 | 5 067 | 7 597 | 7 080 |
| 40 | 5 329 | 4 970 | 5 303 | 4 946 | 5 302 | 4 944 | 5 317 | 4 958 | 5 345 | 4 984 | 5 383 | 5 019 | 5 433 | 5 066 |
| 41 | 5 367 | 5 009 | 5 324 | 4 968 | 5 298 | 4 943 | 5 297 | 4 942 | 5 312 | 4 956 | 5 340 | 4 982 | 5 378 | 5 017 |
| 42 | 5 427 | 5 068 | 5 362 | 5 007 | 5 319 | 4 965 | 5 293 | 4 941 | 5 292 | 4 940 | 5 307 | 4 954 | 5 335 | 4 979 |
| 43 | 5 513 | 5 151 | 5 422 | 5 066 | 5 357 | 5 004 | 5 313 | 4 963 | 5 288 | 4 939 | 5 287 | 4 937 | 5 302 | 4 951 |
| 44 | 5 615 | 5 250 | 5 507 | 5 148 | 5 416 | 5 063 | 5 350 | 5 002 | 5 307 | 4 960 | 5 282 | 4 936 | 5 281 | 4 935 |
| 45 | 5 727 | 5 359 | 5 608 | 5 247 | 5 500 | 5 145 | 5 409 | 5 060 | 5 344 | 4 999 | 5 301 | 4 957 | 5 275 | 4 933 |
| 46 | 5 859 | 5 487 | 5 720 | 5 356 | 5 600 | 5 243 | 5 492 | 5 142 | 5 402 | 5 057 | 5 337 | 4 995 | 5 293 | 4 954 |
| 47 | 6 024 | 5 647 | 5 850 | 5 483 | 5 711 | 5 352 | 5 592 | 5 240 | 5 484 | 5 138 | 5 393 | 5 053 | 5 329 | 4 992 |
| 48 | 6 223 | 5 839 | 6 014 | 5 642 | 5 841 | 5 479 | 5 702 | 5 348 | 5 583 | 5 236 | 5 475 | 5 135 | 5 385 | 5 049 |

续表

| 年龄（岁） | 2071年 | | 2072年 | | 2073年 | | 2074年 | | 2075年 | | 2076年 | | 2077年 | |
|---|---|---|---|---|---|---|---|---|---|---|---|---|---|---|
| | 男性 | 女性 | 男性 | 女性 | 男性 | 女性 | 男性 | 女性 | 男性 | 女性 | 男性 | 女性 | 男性 | 女性 |
| 49 | 6 432 | 6 042 | 6 212 | 5 834 | 6 003 | 5 638 | 5 830 | 5 474 | 5 691 | 5 344 | 5 573 | 5 232 | 5 465 | 5 130 |
| 50 | 5 154 | 4 742 | 6 419 | 6 037 | 6 200 | 5 829 | 5 992 | 5 633 | 5 819 | 5 469 | 5 680 | 5 339 | 5 562 | 5 227 |
| 51 | 6 066 | 5 589 | 5 142 | 4 738 | 6 405 | 6 031 | 6 186 | 5 824 | 5 979 | 5 628 | 5 806 | 5 464 | 5 668 | 5 334 |
| 52 | 7 677 | 6 926 | 6 052 | 5 583 | 5 130 | 4 733 | 6 390 | 6 025 | 6 172 | 5 818 | 5 965 | 5 622 | 5 792 | 5 459 |
| 53 | 8 103 | 7 550 | 7 657 | 6 918 | 6 036 | 5 577 | 5 117 | 4 727 | 6 374 | 6 018 | 6 156 | 5 811 | 5 950 | 5 615 |
| 54 | 9 974 | 9 324 | 8 080 | 7 541 | 7 636 | 6 910 | 6 020 | 5 570 | 5 103 | 4 722 | 6 357 | 6 011 | 6 139 | 5 804 |
| 55 | 9 479 | 8 681 | 9 944 | 9 312 | 8 056 | 7 531 | 7 613 | 6 900 | 6 002 | 5 563 | 5 088 | 4 715 | 6 338 | 6 003 |
| 56 | 8 997 | 8 074 | 9 448 | 8 669 | 9 912 | 9 298 | 8 030 | 7 520 | 7 589 | 6 890 | 5 982 | 5 555 | 5 072 | 4 709 |
| 57 | 10 073 | 9 185 | 8 966 | 8 061 | 9 415 | 8 655 | 9 878 | 9 284 | 8 002 | 7 508 | 7 562 | 6 880 | 5 961 | 5 546 |
| 58 | 9 646 | 8 850 | 10 036 | 9 169 | 8 932 | 8 047 | 9 380 | 8 640 | 9 841 | 9 268 | 7 973 | 7 495 | 7 534 | 6 868 |
| 59 | 10 310 | 9 331 | 9 607 | 8 833 | 9 995 | 9 151 | 8 896 | 8 032 | 9 343 | 8 624 | 9 802 | 9 250 | 7 941 | 7 480 |
| 60 | 9 429 | 8 473 | 10 266 | 9 311 | 9 565 | 8 814 | 9 952 | 9 132 | 8 858 | 8 015 | 9 302 | 8 605 | 9 759 | 9 230 |
| 61 | 9 309 | 8 362 | 9 385 | 8 454 | 10 218 | 9 290 | 9 521 | 8 794 | 9 906 | 9 111 | 8 817 | 7 996 | 9 259 | 8 586 |
| 62 | 9 320 | 8 512 | 9 262 | 8 340 | 9 338 | 8 432 | 10 166 | 9 266 | 9 473 | 8 771 | 9 856 | 9 087 | 8 772 | 7 976 |
| 63 | 9 007 | 8 153 | 9 269 | 8 488 | 9 211 | 8 317 | 9 287 | 8 408 | 10 111 | 9 240 | 9 421 | 8 746 | 9 802 | 9 062 |
| 64 | 8 834 | 8 043 | 8 954 | 8 128 | 9 214 | 8 461 | 9 157 | 8 291 | 9 232 | 8 382 | 10 051 | 9 211 | 9 366 | 8 719 |
| 65 | 7 852 | 7 003 | 8 777 | 8 015 | 8 897 | 8 099 | 9 155 | 8 432 | 9 098 | 8 262 | 9 173 | 8 353 | 9 987 | 9 179 |
| 66 | 8 765 | 7 454 | 7 797 | 6 976 | 8 716 | 7 985 | 8 834 | 8 068 | 9 091 | 8 399 | 9 035 | 8 230 | 9 109 | 8 321 |
| 67 | 8 418 | 7 369 | 8 698 | 7 422 | 7 738 | 6 947 | 8 649 | 7 951 | 8 767 | 8 034 | 9 022 | 8 364 | 8 966 | 8 195 |
| 68 | 6 403 | 5 971 | 8 348 | 7 334 | 8 626 | 7 387 | 7 673 | 6 914 | 8 578 | 7 913 | 8 694 | 7 996 | 8 947 | 8 324 |
| 69 | 6 945 | 7 091 | 6 345 | 5 939 | 8 272 | 7 295 | 8 548 | 7 348 | 7 604 | 6 877 | 8 500 | 7 871 | 8 616 | 7 954 |
| 70 | 8 033 | 7 892 | 6 876 | 7 049 | 6 282 | 5 904 | 8 190 | 7 252 | 8 464 | 7 304 | 7 529 | 6 836 | 8 416 | 7 824 |
| 71 | 7 522 | 7 638 | 7 946 | 7 839 | 6 801 | 7 002 | 6 214 | 5 865 | 8 101 | 7 204 | 8 372 | 7 255 | 7 447 | 6 791 |
| 72 | 6 457 | 6 089 | 7 431 | 7 581 | 7 850 | 7 781 | 6 719 | 6 950 | 6 139 | 5 821 | 8 003 | 7 150 | 8 270 | 7 201 |
| 73 | 6 690 | 6 009 | 6 369 | 6 038 | 7 331 | 7 518 | 7 743 | 7 716 | 6 628 | 6 892 | 6 056 | 5 772 | 7 895 | 7 090 |
| 74 | 6 291 | 5 756 | 6 587 | 5 953 | 6 271 | 5 981 | 7 218 | 7 447 | 7 624 | 7 643 | 6 526 | 6 827 | 5 963 | 5 718 |
| 75 | 7 069 | 7 059 | 6 179 | 5 694 | 6 470 | 5 889 | 6 160 | 5 917 | 7 090 | 7 367 | 7 489 | 7 561 | 6 411 | 6 753 |
| 76 | 7 363 | 7 486 | 6 924 | 6 972 | 6 052 | 5 624 | 6 337 | 5 816 | 6 034 | 5 844 | 6 944 | 7 276 | 7 335 | 7 468 |

续表

| 年龄（岁） | 2071 年 | | 2072 年 | | 2073 年 | | 2074 年 | | 2075 年 | | 2076 年 | | 2077 年 | |
|---|---|---|---|---|---|---|---|---|---|---|---|---|---|---|
| | 男性 | 女性 | 男性 | 女性 | 男性 | 女性 | 男性 | 女性 | 男性 | 女性 | 男性 | 女性 | 男性 | 女性 |
| 77 | 7 287 | 7 321 | 7 186 | 7 379 | 6 758 | 6 872 | 5 907 | 5 543 | 6 185 | 5 733 | 5 889 | 5 761 | 6 778 | 7 172 |
| 78 | 7 749 | 7 858 | 7 082 | 7 199 | 6 984 | 7 256 | 6 567 | 6 757 | 5 741 | 5 450 | 6 011 | 5 637 | 5 723 | 5 664 |
| 79 | 7 670 | 8 002 | 7 494 | 7 704 | 6 848 | 7 057 | 6 754 | 7 113 | 6 351 | 6 624 | 5 551 | 5 343 | 5 813 | 5 526 |
| 80 | 7 742 | 8 256 | 7 376 | 7 818 | 7 206 | 7 527 | 6 585 | 6 895 | 6 494 | 6 950 | 6 107 | 6 472 | 5 338 | 5 221 |
| 81 | 9 345 | 10 343 | 7 398 | 8 035 | 7 047 | 7 609 | 6 885 | 7 325 | 6 292 | 6 711 | 6 205 | 6 764 | 5 835 | 6 299 |
| 82 | 8 656 | 9 948 | 8 867 | 10 022 | 7 020 | 7 786 | 6 687 | 7 373 | 6 533 | 7 098 | 5 971 | 6 503 | 5 888 | 6 554 |
| 83 | 7 732 | 9 157 | 8 153 | 9 594 | 8 352 | 9 666 | 6 611 | 7 509 | 6 298 | 7 111 | 6 153 | 6 845 | 5 623 | 6 271 |
| 84 | 7 931 | 9 689 | 7 224 | 8 785 | 7 617 | 9 204 | 7 803 | 9 273 | 6 177 | 7 204 | 5 884 | 6 822 | 5 749 | 6 568 |
| 85 | 6 324 | 8 019 | 7 346 | 9 244 | 6 692 | 8 382 | 7 055 | 8 782 | 7 227 | 8 848 | 5 721 | 6 874 | 5 451 | 6 509 |
| 86 | 4 964 | 6 491 | 5 804 | 7 605 | 6 742 | 8 767 | 6 141 | 7 949 | 6 475 | 8 328 | 6 633 | 8 391 | 5 251 | 6 519 |
| 87 | 4 563 | 5 964 | 4 511 | 6 117 | 5 275 | 7 167 | 6 127 | 8 262 | 5 581 | 7 491 | 5 884 | 7 848 | 6 028 | 7 907 |
| 88 | 3 977 | 5 577 | 4 103 | 5 582 | 4 056 | 5 725 | 4 742 | 6 707 | 5 509 | 7 732 | 5 018 | 7 011 | 5 291 | 7 345 |
| 89 | 4 108 | 5 991 | 3 535 | 5 182 | 3 646 | 5 186 | 3 604 | 5 319 | 4 215 | 6 231 | 4 896 | 7 184 | 4 459 | 6 513 |
| 90 | 3 085 | 4 765 | 3 604 | 5 522 | 3 101 | 4 776 | 3 199 | 4 780 | 3 162 | 4 902 | 3 698 | 5 744 | 4 295 | 6 622 |
| 91 | 2 408 | 4 059 | 2 669 | 4 355 | 3 118 | 5 047 | 2 683 | 4 365 | 2 768 | 4 369 | 2 736 | 4 481 | 3 199 | 5 250 |
| 92 | 2 309 | 4 022 | 2 052 | 3 676 | 2 273 | 3 945 | 2 656 | 4 571 | 2 285 | 3 954 | 2 357 | 3 957 | 2 330 | 4 059 |
| 93 | 1 840 | 3 402 | 1 933 | 3 608 | 1 718 | 3 297 | 1 903 | 3 538 | 2 224 | 4 100 | 1 913 | 3 547 | 1 974 | 3 550 |
| 94 | 1 422 | 2 840 | 1 511 | 3 020 | 1 588 | 3 203 | 1 411 | 2 927 | 1 563 | 3 141 | 1 827 | 3 640 | 1 572 | 3 148 |
| 95 | 1 243 | 2 793 | 1 143 | 2 493 | 1 216 | 2 652 | 1 277 | 2 812 | 1 135 | 2 570 | 1 257 | 2 757 | 1 469 | 3 196 |
| 96 | 983 | 2 436 | 9 76 | 2 423 | 898 | 2 162 | 955 | 2 300 | 1 003 | 2 439 | 891 | 2 229 | 988 | 2 392 |
| 97 | 833 | 2 305 | 753 | 2 086 | 747 | 2 075 | 687 | 1 852 | 731 | 1 969 | 768 | 2 088 | 682 | 1 909 |
| 98 | 637 | 2 028 | 620 | 1 945 | 560 | 1 760 | 556 | 1 751 | 511 | 1 563 | 544 | 1 662 | 571 | 1 763 |
| 99 | 463 | 1 713 | 459 | 1 685 | 447 | 1 616 | 404 | 1 462 | 401 | 1 454 | 369 | 1 298 | 392 | 1 381 |
| 100 | 339 | 1 453 | 323 | 1 397 | 320 | 1 374 | 311 | 1 318 | 281 | 1 193 | 279 | 1 186 | 257 | 1 059 |
| 101 | 228 | 1 202 | 227 | 1 161 | 217 | 1 117 | 215 | 1 098 | 209 | 1 053 | 189 | 953 | 188 | 948 |
| 102 | 139 | 870 | 147 | 939 | 147 | 906 | 140 | 872 | 139 | 857 | 135 | 822 | 122 | 744 |
| 103 | 86 | 703 | 86 | 662 | 91 | 714 | 91 | 689 | 86 | 663 | 86 | 652 | 83 | 625 |
| 104 | 40 | 410 | 51 | 519 | 51 | 488 | 54 | 526 | 53 | 508 | 51 | 489 | 50 | 481 |
| 105 + | 25 | 324 | 23 | 292 | 28 | 369 | 28 | 348 | 30 | 375 | 30 | 362 | 28 | 348 |

表 2 - 10（i）　　　　　　未来各年中国分年龄分性别人口预测数　　　　单位：千人

| 年龄（岁） | 2078 年 | | 2079 年 | | 2080 年 | | 2081 年 | | 2082 年 | | 2083 年 | | 2084 年 | |
|---|---|---|---|---|---|---|---|---|---|---|---|---|---|---|
| | 男性 | 女性 | 男性 | 女性 | 男性 | 女性 | 男性 | 女性 | 男性 | 女性 | 男性 | 女性 | 男性 | 女性 |
| 0 | 5 805 | 5 375 | 5 709 | 5 286 | 5 605 | 5 190 | 5 498 | 5 091 | 5 390 | 4 990 | 5 280 | 4 889 | 5 170 | 4 787 |
| 1 | 5 889 | 5 454 | 5 802 | 5 373 | 5 706 | 5 284 | 5 602 | 5 188 | 5 495 | 5 089 | 5 387 | 4 988 | 5 277 | 4 887 |
| 2 | 5 960 | 5 519 | 5 887 | 5 452 | 5 800 | 5 371 | 5 704 | 5 282 | 5 600 | 5 186 | 5 493 | 5 087 | 5 384 | 4 987 |
| 3 | 6 016 | 5 572 | 5 958 | 5 518 | 5 885 | 5 451 | 5 798 | 5 370 | 5 702 | 5 281 | 5 598 | 5 185 | 5 492 | 5 086 |
| 4 | 6 053 | 5 607 | 6 014 | 5 571 | 5 957 | 5 518 | 5 884 | 5 450 | 5 797 | 5 370 | 5 701 | 5 281 | 5 597 | 5 185 |
| 5 | 6 068 | 5 620 | 6 052 | 5 606 | 6 013 | 5 570 | 5 956 | 5 517 | 5 883 | 5 450 | 5 796 | 5 369 | 5 700 | 5 280 |
| 6 | 6 053 | 5 607 | 6 067 | 5 620 | 6 051 | 5 606 | 6 013 | 5 570 | 5 955 | 5 517 | 5 883 | 5 449 | 5 795 | 5 369 |
| 7 | 6 012 | 5 569 | 6 052 | 5 607 | 6 066 | 5 620 | 6 050 | 5 605 | 6 012 | 5 570 | 5 954 | 5 516 | 5 882 | 5 449 |
| 8 | 5 939 | 5 502 | 6 011 | 5 569 | 6 051 | 5 607 | 6 065 | 5 619 | 6 049 | 5 605 | 6 011 | 5 569 | 5 953 | 5 516 |
| 9 | 5 841 | 5 411 | 5 938 | 5 502 | 6 010 | 5 568 | 6 051 | 5 606 | 6 064 | 5 619 | 6 049 | 5 604 | 6 010 | 5 569 |
| 10 | 5 723 | 5 302 | 5 840 | 5 411 | 5 937 | 5 501 | 6 009 | 5 568 | 6 050 | 5 606 | 6 063 | 5 618 | 6 048 | 5 604 |
| 11 | 5 592 | 5 182 | 5 722 | 5 302 | 5 839 | 5 411 | 5 936 | 5 501 | 6 008 | 5 568 | 6 049 | 5 605 | 6 063 | 5 618 |
| 12 | 5 452 | 5 053 | 5 591 | 5 182 | 5 721 | 5 302 | 5 838 | 5 410 | 5 935 | 5 500 | 6 007 | 5 567 | 6 048 | 5 605 |
| 13 | 5 311 | 4 922 | 5 451 | 5 052 | 5 590 | 5 181 | 5 720 | 5 301 | 5 837 | 5 410 | 5 934 | 5 500 | 6 006 | 5 567 |
| 14 | 5 185 | 4 806 | 5 310 | 4 922 | 5 450 | 5 052 | 5 589 | 5 181 | 5 719 | 5 301 | 5 836 | 5 409 | 5 933 | 5 499 |
| 15 | 5 088 | 4 717 | 5 184 | 4 806 | 5 309 | 4 922 | 5 449 | 5 052 | 5 588 | 5 180 | 5 718 | 5 300 | 5 835 | 5 409 |
| 16 | 5 040 | 4 673 | 5 087 | 4 716 | 5 183 | 4 805 | 5 308 | 4 921 | 5 448 | 5 051 | 5 587 | 5 180 | 5 716 | 5 300 |
| 17 | 5 042 | 4 675 | 5 039 | 4 672 | 5 086 | 4 716 | 5 182 | 4 805 | 5 307 | 4 921 | 5 447 | 5 051 | 5 586 | 5 179 |
| 18 | 5 072 | 4 703 | 5 040 | 4 674 | 5 038 | 4 672 | 5 085 | 4 715 | 5 181 | 4 804 | 5 306 | 4 920 | 5 446 | 5 050 |
| 19 | 5 127 | 4 755 | 5 071 | 4 703 | 5 039 | 4 674 | 5 037 | 4 671 | 5 084 | 4 715 | 5 180 | 4 804 | 5 304 | 4 920 |
| 20 | 5 207 | 4 830 | 5 126 | 4 755 | 5 069 | 4 702 | 5 038 | 4 673 | 5 036 | 4 671 | 5 082 | 4 714 | 5 178 | 4 803 |
| 21 | 5 305 | 4 922 | 5 206 | 4 830 | 5 125 | 4 754 | 5 068 | 4 702 | 5 037 | 4 673 | 5 034 | 4 670 | 5 081 | 4 714 |
| 22 | 5 416 | 5 025 | 5 304 | 4 921 | 5 205 | 4 829 | 5 123 | 4 754 | 5 067 | 4 701 | 5 035 | 4 672 | 5 033 | 4 670 |
| 23 | 5 545 | 5 146 | 5 415 | 5 025 | 5 303 | 4 920 | 5 203 | 4 828 | 5 122 | 4 753 | 5 066 | 4 701 | 5 034 | 4 671 |
| 24 | 5 687 | 5 278 | 5 544 | 5 145 | 5 413 | 5 024 | 5 301 | 4 920 | 5 202 | 4 828 | 5 121 | 4 752 | 5 064 | 4 700 |
| 25 | 5 845 | 5 426 | 5 685 | 5 277 | 5 542 | 5 144 | 5 412 | 5 023 | 5 300 | 4 919 | 5 200 | 4 827 | 5 119 | 4 752 |
| 26 | 6 023 | 5 591 | 5 844 | 5 425 | 5 684 | 5 276 | 5 541 | 5 144 | 5 410 | 5 022 | 5 298 | 4 918 | 5 199 | 4 826 |
| 27 | 6 211 | 5 767 | 6 021 | 5 590 | 5 842 | 5 424 | 5 682 | 5 275 | 5 539 | 5 143 | 5 408 | 5 022 | 5 296 | 4 918 |

续表

| 年龄（岁） | 2078 年 | | 2079 年 | | 2080 年 | | 2081 年 | | 2082 年 | | 2083 年 | | 2084 年 | |
|---|---|---|---|---|---|---|---|---|---|---|---|---|---|---|
| | 男性 | 女性 | 男性 | 女性 | 男性 | 女性 | 男性 | 女性 | 男性 | 女性 | 男性 | 女性 | 男性 | 女性 |
| 28 | 6 412 | 5 955 | 6 209 | 5 766 | 6 019 | 5 589 | 5 840 | 5 423 | 5 680 | 5 275 | 5 537 | 5 142 | 5 407 | 5 021 |
| 29 | 6 620 | 6 149 | 6 410 | 5 954 | 6 207 | 5 765 | 6 017 | 5 589 | 5 838 | 5 422 | 5 678 | 5 274 | 5 535 | 5 141 |
| 30 | 6 829 | 6 345 | 6 617 | 6 148 | 6 407 | 5 953 | 6 204 | 5 764 | 6 014 | 5 588 | 5 836 | 5 421 | 5 676 | 5 273 |
| 31 | 7 043 | 6 546 | 6 826 | 6 344 | 6 614 | 6 147 | 6 405 | 5 952 | 6 202 | 5 763 | 6 012 | 5 587 | 5 833 | 5 421 |
| 32 | 7 261 | 6 751 | 7 040 | 6 544 | 6 823 | 6 342 | 6 611 | 6 146 | 6 402 | 5 951 | 6 199 | 5 762 | 6 009 | 5 586 |
| 33 | 7 468 | 6 945 | 7 258 | 6 749 | 7 036 | 6 543 | 6 820 | 6 341 | 6 608 | 6 145 | 6 399 | 5 949 | 6 196 | 5 761 |
| 34 | 7 622 | 7 090 | 7 464 | 6 943 | 7 254 | 6 748 | 7 033 | 6 542 | 6 816 | 6 340 | 6 605 | 6 143 | 6 395 | 5 948 |
| 35 | 7 713 | 7 177 | 7 617 | 7 088 | 7 460 | 6 941 | 7 250 | 6 746 | 7 029 | 6 540 | 6 812 | 6 338 | 6 601 | 6 142 |
| 36 | 7 746 | 7 211 | 7 709 | 7 175 | 7 613 | 7 086 | 7 456 | 6 940 | 7 246 | 6 745 | 7 025 | 6 539 | 6 808 | 6 337 |
| 37 | 7 739 | 7 206 | 7 741 | 7 209 | 7 704 | 7 173 | 7 608 | 7 084 | 7 451 | 6 938 | 7 241 | 6 743 | 7 020 | 6 537 |
| 38 | 7 715 | 7 186 | 7 733 | 7 204 | 7 736 | 7 206 | 7 699 | 7 171 | 7 603 | 7 082 | 7 446 | 6 936 | 7 236 | 6 741 |
| 39 | 7 666 | 7 144 | 7 709 | 7 184 | 7 727 | 7 201 | 7 730 | 7 204 | 7 693 | 7 169 | 7 597 | 7 080 | 7 440 | 6 933 |
| 40 | 7 591 | 7 078 | 7 660 | 7 142 | 7 703 | 7 181 | 7 721 | 7 199 | 7 724 | 7 201 | 7 687 | 7 166 | 7 591 | 7 077 |
| 41 | 5 428 | 5 063 | 7 585 | 7 075 | 7 653 | 7 139 | 7 696 | 7 178 | 7 714 | 7 196 | 7 717 | 7 198 | 7 680 | 7 163 |
| 42 | 5 373 | 5 014 | 5 423 | 5 061 | 7 577 | 7 072 | 7 646 | 7 135 | 7 689 | 7 175 | 7 707 | 7 192 | 7 710 | 7 195 |
| 43 | 5 329 | 4 977 | 5 367 | 5 012 | 5 417 | 5 059 | 7 570 | 7 068 | 7 638 | 7 132 | 7 681 | 7 172 | 7 699 | 7 189 |
| 44 | 5 296 | 4 949 | 5 323 | 4 974 | 5 361 | 5 009 | 5 411 | 5 056 | 7 561 | 7 064 | 7 629 | 7 128 | 7 672 | 7 168 |
| 45 | 5 274 | 4 932 | 5 289 | 4 946 | 5 317 | 4 971 | 5 354 | 5 006 | 5 404 | 5 053 | 7 552 | 7 060 | 7 620 | 7 124 |
| 46 | 5 268 | 4 930 | 5 267 | 4 929 | 5 282 | 4 943 | 5 309 | 4 968 | 5 347 | 5 003 | 5 397 | 5 050 | 7 541 | 7 056 |
| 47 | 5 285 | 4 951 | 5 260 | 4 927 | 5 259 | 4 925 | 5 274 | 4 939 | 5 301 | 4 965 | 5 339 | 5 000 | 5 389 | 5 046 |
| 48 | 5 320 | 4 988 | 5 277 | 4 947 | 5 251 | 4 923 | 5 250 | 4 922 | 5 265 | 4 935 | 5 293 | 4 961 | 5 330 | 4 996 |
| 49 | 5 375 | 5 045 | 5 310 | 4 984 | 5 267 | 4 943 | 5 242 | 4 919 | 5 241 | 4 918 | 5 256 | 4 931 | 5 283 | 4 957 |
| 50 | 5 454 | 5 126 | 5 364 | 5 041 | 5 300 | 4 980 | 5 257 | 4 939 | 5 232 | 4 915 | 5 230 | 4 913 | 5 246 | 4 927 |
| 51 | 5 550 | 5 222 | 5 443 | 5 121 | 5 353 | 5 036 | 5 288 | 4 975 | 5 246 | 4 934 | 5 220 | 4 910 | 5 219 | 4 909 |
| 52 | 5 655 | 5 328 | 5 537 | 5 217 | 5 430 | 5 116 | 5 340 | 5 031 | 5 276 | 4 970 | 5 233 | 4 929 | 5 208 | 4 905 |
| 53 | 5 778 | 5 453 | 5 640 | 5 322 | 5 523 | 5 211 | 5 416 | 5 110 | 5 327 | 5 025 | 5 263 | 4 964 | 5 220 | 4 923 |
| 54 | 5 933 | 5 609 | 5 762 | 5 446 | 5 625 | 5 316 | 5 508 | 5 205 | 5 401 | 5 104 | 5 312 | 5 019 | 5 248 | 4 958 |
| 55 | 6 121 | 5 796 | 5 916 | 5 601 | 5 745 | 5 439 | 5 608 | 5 309 | 5 491 | 5 198 | 5 385 | 5 097 | 5 296 | 5 012 |

续表

| 年龄（岁） | 2078 年 | | 2079 年 | | 2080 年 | | 2081 年 | | 2082 年 | | 2083 年 | | 2084 年 | |
|---|---|---|---|---|---|---|---|---|---|---|---|---|---|---|
| | 男性 | 女性 | 男性 | 女性 | 男性 | 女性 | 男性 | 女性 | 男性 | 女性 | 男性 | 女性 | 男性 | 女性 |
| 56 | 6 317 | 5 994 | 6 101 | 5 788 | 5 896 | 5 593 | 5 726 | 5 431 | 5 590 | 5 301 | 5 473 | 5 190 | 5 368 | 5 090 |
| 57 | 5 054 | 4 701 | 6 295 | 5 984 | 6 080 | 5 779 | 5 876 | 5 584 | 5 706 | 5 422 | 5 571 | 5 293 | 5 454 | 5 182 |
| 58 | 5 939 | 5 536 | 5 035 | 4 693 | 6 272 | 5 974 | 6 057 | 5 769 | 5 854 | 5 574 | 5 685 | 5 413 | 5 550 | 5 284 |
| 59 | 7 504 | 6 855 | 5 915 | 5 526 | 5 015 | 4 684 | 6 247 | 5 963 | 6 033 | 5 758 | 5 831 | 5 564 | 5 662 | 5 402 |
| 60 | 7 906 | 7 465 | 7 471 | 6 840 | 5 890 | 5 514 | 4 993 | 4 674 | 6 220 | 5 950 | 6 007 | 5 746 | 5 805 | 5 552 |
| 61 | 9 714 | 9 209 | 7 869 | 7 447 | 7 437 | 6 824 | 5 862 | 5 501 | 4 970 | 4 663 | 6 191 | 5 936 | 5 979 | 5 732 |
| 62 | 9 212 | 8 564 | 9 665 | 9 186 | 7 830 | 7 428 | 7 399 | 6 807 | 5 833 | 5 487 | 4 945 | 4 651 | 6 159 | 5 921 |
| 63 | 8 724 | 7 953 | 9 162 | 8 539 | 9 612 | 9 159 | 7 787 | 7 407 | 7 359 | 6 788 | 5 801 | 5 472 | 4 918 | 4 638 |
| 64 | 9 744 | 9 033 | 8 673 | 7 928 | 9 108 | 8 512 | 9 555 | 9 131 | 7 741 | 7 384 | 7 315 | 6 766 | 5 767 | 5 455 |
| 65 | 9 306 | 8 689 | 9 682 | 9 002 | 8 617 | 7 901 | 9 049 | 8 483 | 9 494 | 9 099 | 7 691 | 7 358 | 7 268 | 6 743 |
| 66 | 9 917 | 9 144 | 9 240 | 8 655 | 9 614 | 8 967 | 8 557 | 7 871 | 8 986 | 8 450 | 9 428 | 9 064 | 7 638 | 7 330 |
| 67 | 9 040 | 8 285 | 9 841 | 9 105 | 9 170 | 8 619 | 9 541 | 8 929 | 8 492 | 7 837 | 8 918 | 8 414 | 9 356 | 9 026 |
| 68 | 8 892 | 8 156 | 8 965 | 8 246 | 9 760 | 9 062 | 9 094 | 8 578 | 9 462 | 8 887 | 8 421 | 7 800 | 8 844 | 8 375 |
| 69 | 8 866 | 8 280 | 8 811 | 8 113 | 8 883 | 8 202 | 9 671 | 9 013 | 9 012 | 8 532 | 9 376 | 8 840 | 8 345 | 7 759 |
| 70 | 8 531 | 7 906 | 8 778 | 8 231 | 8 724 | 8 065 | 8 796 | 8 154 | 9 576 | 8 960 | 8 923 | 8 482 | 9 283 | 8 787 |
| 71 | 8 324 | 7 772 | 8 438 | 7 854 | 8 683 | 8 176 | 8 629 | 8 011 | 8 700 | 8 099 | 9 471 | 8 900 | 8 826 | 8 425 |
| 72 | 7 357 | 6 740 | 8 224 | 7 714 | 8 336 | 7 795 | 8 578 | 8 115 | 8 525 | 7 951 | 8 595 | 8 039 | 9 357 | 8 834 |
| 73 | 8 158 | 7 141 | 7 257 | 6 684 | 8 112 | 7 650 | 8 223 | 7 730 | 8 462 | 8 047 | 8 409 | 7 885 | 8 478 | 7 972 |
| 74 | 7 773 | 7 023 | 8 033 | 7 074 | 7 146 | 6 621 | 7 987 | 7 578 | 8 096 | 7 657 | 8 332 | 7 971 | 8 280 | 7 811 |
| 75 | 5 857 | 5 656 | 7 636 | 6 948 | 7 891 | 6 998 | 7 019 | 6 550 | 7 846 | 7 496 | 7 953 | 7 575 | 8 184 | 7 885 |
| 76 | 6 279 | 6 670 | 5 737 | 5 587 | 7 479 | 6 862 | 7 729 | 6 911 | 6 875 | 6 469 | 7 685 | 7 404 | 7 790 | 7 481 |
| 77 | 7 159 | 7 361 | 6 128 | 6 575 | 5 599 | 5 507 | 7 300 | 6 764 | 7 543 | 6 813 | 6 710 | 6 376 | 7 500 | 7 298 |
| 78 | 6 587 | 7 052 | 6 958 | 7 238 | 5 956 | 6 465 | 5 441 | 5 415 | 7 094 | 6 651 | 7 331 | 6 699 | 6 521 | 6 269 |
| 79 | 5 534 | 5 553 | 6 370 | 6 914 | 6 728 | 7 096 | 5 759 | 6 338 | 5 262 | 5 308 | 6 860 | 6 520 | 7 089 | 6 567 |
| 80 | 5 589 | 5 399 | 5 322 | 5 426 | 6 125 | 6 755 | 6 470 | 6 933 | 5 538 | 6 192 | 5 060 | 5 186 | 6 596 | 6 370 |
| 81 | 5 100 | 5 081 | 5 341 | 5 255 | 5 085 | 5 280 | 5 852 | 6 574 | 6 182 | 6 747 | 5 292 | 6 027 | 4 835 | 5 048 |
| 82 | 5 537 | 6 104 | 4 840 | 4 923 | 5 068 | 5 092 | 4 825 | 5 117 | 5 553 | 6 370 | 5 866 | 6 538 | 5 021 | 5 840 |
| 83 | 5 546 | 6 321 | 5 215 | 5 887 | 4 558 | 4 748 | 4 773 | 4 911 | 4 544 | 4 934 | 5 230 | 6 143 | 5 525 | 6 305 |

续表

| 年龄<br>（岁） | 2078 年 | | 2079 年 | | 2080 年 | | 2081 年 | | 2082 年 | | 2083 年 | | 2084 年 | |
|---|---|---|---|---|---|---|---|---|---|---|---|---|---|---|
| | 男性 | 女性 | 男性 | 女性 | 男性 | 女性 | 男性 | 女性 | 男性 | 女性 | 男性 | 女性 | 男性 | 女性 |
| 84 | 5 254 | 6 017 | 5 181 | 6 065 | 4 872 | 5 648 | 4 259 | 4 556 | 4 459 | 4 712 | 4 246 | 4 734 | 4 886 | 5 894 |
| 85 | 5 325 | 6 266 | 4 866 | 5 741 | 4 799 | 5 786 | 4 513 | 5 388 | 3 945 | 4 346 | 4 130 | 4 495 | 3 933 | 4 517 |
| 86 | 5 002 | 6 173 | 4 887 | 5 943 | 4 466 | 5 444 | 4 405 | 5 487 | 4 142 | 5 110 | 3 620 | 4 122 | 3 791 | 4 263 |
| 87 | 4 772 | 6 143 | 4 546 | 5 817 | 4 441 | 5 600 | 4 059 | 5 130 | 4 003 | 5 171 | 3 764 | 4 816 | 3 290 | 3 884 |
| 88 | 5 420 | 7 401 | 4 290 | 5 749 | 4 087 | 5 444 | 3 993 | 5 241 | 3 649 | 4 802 | 3 599 | 4 840 | 3 384 | 4 507 |
| 89 | 4 702 | 6 824 | 4 816 | 6 876 | 3 813 | 5 341 | 3 632 | 5 058 | 3 549 | 4 869 | 3 243 | 4 461 | 3 198 | 4 496 |
| 90 | 3 913 | 6 004 | 4 125 | 6 290 | 4 226 | 6 338 | 3 345 | 4 923 | 3 187 | 4 662 | 3 114 | 4 488 | 2 845 | 4 112 |
| 91 | 3 716 | 6 052 | 3 385 | 5 487 | 3 569 | 5 749 | 3 656 | 5 793 | 2 894 | 4 500 | 2 757 | 4 261 | 2 694 | 4 102 |
| 92 | 2 725 | 4 755 | 3 165 | 5 482 | 2 883 | 4 970 | 3 040 | 5 207 | 3 114 | 5 247 | 2 465 | 4 076 | 2 349 | 3 860 |
| 93 | 1 951 | 3 641 | 2 281 | 4 265 | 2 650 | 4 917 | 2 414 | 4 458 | 2 545 | 4 671 | 2 607 | 4 706 | 2 064 | 3 656 |
| 94 | 1 621 | 3 151 | 1 603 | 3 232 | 1 874 | 3 786 | 2 177 | 4 365 | 1 983 | 3 958 | 2 091 | 4 147 | 2 142 | 4 178 |
| 95 | 1 264 | 2 764 | 1 304 | 2 766 | 1 289 | 2 837 | 1 507 | 3 324 | 1 751 | 3 832 | 1 595 | 3 474 | 1 681 | 3 640 |
| 96 | 1 154 | 2 772 | 993 | 2 398 | 1 024 | 2 400 | 1 012 | 2 461 | 1 184 | 2 883 | 1 375 | 3 324 | 1 253 | 3 014 |
| 97 | 756 | 2 048 | 883 | 2 374 | 760 | 2 053 | 784 | 2 055 | 775 | 2 107 | 906 | 2 469 | 1 052 | 2 846 |
| 98 | 507 | 1 611 | 562 | 1 729 | 657 | 2 003 | 565 | 1 733 | 583 | 1 734 | 576 | 1 779 | 674 | 2 084 |
| 99 | 412 | 1 464 | 366 | 1 338 | 405 | 1 436 | 474 | 1 664 | 408 | 1 439 | 420 | 1 440 | 416 | 1 477 |
| 100 | 273 | 1 126 | 287 | 1 194 | 255 | 1 091 | 282 | 1 171 | 330 | 1 357 | 284 | 1 174 | 293 | 1 175 |
| 101 | 173 | 846 | 183 | 900 | 193 | 954 | 171 | 872 | 190 | 936 | 222 | 1 085 | 191 | 938 |
| 102 | 121 | 740 | 111 | 661 | 118 | 703 | 124 | 745 | 110 | 681 | 122 | 731 | 143 | 847 |
| 103 | 75 | 566 | 75 | 563 | 69 | 502 | 73 | 534 | 77 | 566 | 68 | 518 | 76 | 556 |
| 104 | 49 | 461 | 44 | 417 | 44 | 415 | 41 | 370 | 43 | 394 | 45 | 418 | 40 | 382 |
| 105 + | 28 | 342 | 27 | 328 | 25 | 297 | 25 | 296 | 23 | 264 | 24 | 281 | 25 | 297 |

表 2 - 10 （j）　　　　未来各年中国分年龄分性别人口预测数　　　　单位：千人

| 年龄<br>（岁） | 2085 年 | | 2086 年 | | 2087 年 | | 2088 年 | | 2089 年 | | 2090 年 | | 2091 年 | |
|---|---|---|---|---|---|---|---|---|---|---|---|---|---|---|
| | 男性 | 女性 | 男性 | 女性 | 男性 | 女性 | 男性 | 女性 | 男性 | 女性 | 男性 | 女性 | 男性 | 女性 |
| 0 | 5 067 | 4 692 | 4 973 | 4 604 | 4 888 | 4 526 | 4 816 | 4 460 | 4 758 | 4 406 | 4 717 | 4 368 | 4 694 | 4 346 |
| 1 | 5 168 | 4 785 | 5 065 | 4 690 | 4 970 | 4 602 | 4 885 | 4 524 | 4 814 | 4 457 | 4 756 | 4 404 | 4 715 | 4 366 |

续表

| 年龄（岁） | 2085 年 | | 2086 年 | | 2087 年 | | 2088 年 | | 2089 年 | | 2090 年 | | 2091 年 | |
|---|---|---|---|---|---|---|---|---|---|---|---|---|---|---|
| | 男性 | 女性 | 男性 | 女性 | 男性 | 女性 | 男性 | 女性 | 男性 | 女性 | 男性 | 女性 | 男性 | 女性 |
| 2 | 5 275 | 4 885 | 5 166 | 4 784 | 5 063 | 4 689 | 4 968 | 4 601 | 4 883 | 4 523 | 4 812 | 4 456 | 4 754 | 4 403 |
| 3 | 5 383 | 4 986 | 5 273 | 4 884 | 5 164 | 4 783 | 5 061 | 4 688 | 4 967 | 4 600 | 4 882 | 4 522 | 4 810 | 4 455 |
| 4 | 5 491 | 5 086 | 5 382 | 4 985 | 5 272 | 4 884 | 5 163 | 4 782 | 5 060 | 4 687 | 4 966 | 4 599 | 4 881 | 4 521 |
| 5 | 5 596 | 5 184 | 5 490 | 5 085 | 5 381 | 4 985 | 5 272 | 4 883 | 5 162 | 4 782 | 5 059 | 4 687 | 4 965 | 4 599 |
| 6 | 5 699 | 5 280 | 5 596 | 5 184 | 5 489 | 5 085 | 5 380 | 4 984 | 5 271 | 4 883 | 5 162 | 4 782 | 5 059 | 4 686 |
| 7 | 5 795 | 5 368 | 5 699 | 5 279 | 5 595 | 5 183 | 5 488 | 5 085 | 5 380 | 4 984 | 5 270 | 4 882 | 5 161 | 4 781 |
| 8 | 5 881 | 5 449 | 5 794 | 5 368 | 5 698 | 5 279 | 5 594 | 5 183 | 5 488 | 5 084 | 5 379 | 4 983 | 5 269 | 4 882 |
| 9 | 5 953 | 5 515 | 5 880 | 5 448 | 5 793 | 5 367 | 5 697 | 5 279 | 5 593 | 5 183 | 5 487 | 5 084 | 5 378 | 4 983 |
| 10 | 6 009 | 5 568 | 5 952 | 5 515 | 5 879 | 5 448 | 5 792 | 5 367 | 5 696 | 5 278 | 5 593 | 5 182 | 5 486 | 5 083 |
| 11 | 6 047 | 5 603 | 6 009 | 5 568 | 5 951 | 5 515 | 5 879 | 5 447 | 5 791 | 5 367 | 5 696 | 5 278 | 5 592 | 5 182 |
| 12 | 6 062 | 5 617 | 6 046 | 5 603 | 6 008 | 5 567 | 5 950 | 5 514 | 5 878 | 5 447 | 5 790 | 5 366 | 5 695 | 5 277 |
| 13 | 6 047 | 5 604 | 6 061 | 5 617 | 6 045 | 5 603 | 6 007 | 5 567 | 5 949 | 5 514 | 5 877 | 5 447 | 5 789 | 5 366 |
| 14 | 6 005 | 5 566 | 6 046 | 5 604 | 6 059 | 5 617 | 6 044 | 5 602 | 6 005 | 5 567 | 5 948 | 5 513 | 5 876 | 5 446 |
| 15 | 5 932 | 5 499 | 6 004 | 5 566 | 6 045 | 5 603 | 6 058 | 5 616 | 6 043 | 5 602 | 6 004 | 5 566 | 5 947 | 5 513 |
| 16 | 5 834 | 5 408 | 5 931 | 5 498 | 6 003 | 5 565 | 6 043 | 5 603 | 6 057 | 5 616 | 6 041 | 5 601 | 6 003 | 5 566 |
| 17 | 5 715 | 5 299 | 5 832 | 5 408 | 5 929 | 5 498 | 6 001 | 5 565 | 6 042 | 5 602 | 6 056 | 5 615 | 6 040 | 5 601 |
| 18 | 5 585 | 5 179 | 5 714 | 5 299 | 5 831 | 5 407 | 5 928 | 5 497 | 6 000 | 5 564 | 6 041 | 5 602 | 6 054 | 5 614 |
| 19 | 5 444 | 5 049 | 5 583 | 5 178 | 5 713 | 5 298 | 5 830 | 5 407 | 5 927 | 5 497 | 5 999 | 5 563 | 6 039 | 5 601 |
| 20 | 5 303 | 4 919 | 5 443 | 5 049 | 5 582 | 5 178 | 5 711 | 5 298 | 5 828 | 5 406 | 5 925 | 5 496 | 5 997 | 5 563 |
| 21 | 5 177 | 4 803 | 5 302 | 4 918 | 5 442 | 5 048 | 5 581 | 5 177 | 5 710 | 5 297 | 5 827 | 5 405 | 5 924 | 5 495 |
| 22 | 5 080 | 4 713 | 5 176 | 4 802 | 5 300 | 4 918 | 5 440 | 5 048 | 5 579 | 5 176 | 5 708 | 5 296 | 5 825 | 5 405 |
| 23 | 5 032 | 4 669 | 5 078 | 4 712 | 5 174 | 4 801 | 5 299 | 4 917 | 5 439 | 5 047 | 5 578 | 5 176 | 5 707 | 5 296 |
| 24 | 5 033 | 4 671 | 5 030 | 4 669 | 5 077 | 4 712 | 5 173 | 4 801 | 5 298 | 4 917 | 5 437 | 5 046 | 5 576 | 5 175 |
| 25 | 5 063 | 4 699 | 5 031 | 4 670 | 5 029 | 4 668 | 5 076 | 4 711 | 5 171 | 4 800 | 5 296 | 4 916 | 5 436 | 5 046 |
| 26 | 5 118 | 4 751 | 5 061 | 4 699 | 5 030 | 4 669 | 5 028 | 4 667 | 5 074 | 4 710 | 5 170 | 4 799 | 5 295 | 4 915 |
| 27 | 5 197 | 4 826 | 5 116 | 4 750 | 5 060 | 4 698 | 5 028 | 4 669 | 5 026 | 4 667 | 5 072 | 4 710 | 5 168 | 4 799 |
| 28 | 5 295 | 4 917 | 5 196 | 4 825 | 5 114 | 4 750 | 5 058 | 4 697 | 5 027 | 4 668 | 5 024 | 4 666 | 5 071 | 4 709 |
| 29 | 5 405 | 5 020 | 5 293 | 4 916 | 5 194 | 4 824 | 5 113 | 4 749 | 5 056 | 4 696 | 5 025 | 4 667 | 5 022 | 4 665 |

续表

| 年龄（岁） | 2085 年 | | 2086 年 | | 2087 年 | | 2088 年 | | 2089 年 | | 2090 年 | | 2091 年 | |
|---|---|---|---|---|---|---|---|---|---|---|---|---|---|---|
| | 男性 | 女性 | 男性 | 女性 | 男性 | 女性 | 男性 | 女性 | 男性 | 女性 | 男性 | 女性 | 男性 | 女性 |
| 30 | 5 533 | 5 140 | 5 403 | 5 019 | 5 291 | 4 915 | 5 192 | 4 823 | 5 111 | 4 748 | 5 054 | 4 696 | 5 023 | 4 666 |
| 31 | 5 673 | 5 272 | 5 531 | 5 140 | 5 401 | 5 018 | 5 289 | 4 914 | 5 190 | 4 823 | 5 109 | 4 747 | 5 052 | 4 695 |
| 32 | 5 831 | 5 420 | 5 671 | 5 271 | 5 528 | 5 139 | 5 398 | 5 017 | 5 286 | 4 913 | 5 187 | 4 822 | 5 106 | 4 746 |
| 33 | 6 007 | 5 585 | 5 828 | 5 418 | 5 668 | 5 270 | 5 526 | 5 138 | 5 396 | 5 017 | 5 284 | 4 913 | 5 185 | 4 821 |
| 34 | 6 193 | 5 760 | 6 003 | 5 583 | 5 825 | 5 417 | 5 665 | 5 269 | 5 523 | 5 136 | 5 393 | 5 015 | 5 281 | 4 911 |
| 35 | 6 392 | 5 947 | 6 190 | 5 758 | 6 000 | 5 582 | 5 822 | 5 416 | 5 662 | 5 268 | 5 520 | 5 135 | 5 390 | 5 014 |
| 36 | 6 597 | 6 140 | 6 388 | 5 945 | 6 186 | 5 757 | 5 997 | 5 581 | 5 818 | 5 415 | 5 659 | 5 266 | 5 517 | 5 134 |
| 37 | 6 804 | 6 335 | 6 593 | 6 139 | 6 384 | 5 944 | 6 182 | 5 755 | 5 993 | 5 579 | 5 815 | 5 413 | 5 655 | 5 265 |
| 38 | 7 016 | 6 535 | 6 799 | 6 333 | 6 589 | 6 137 | 6 380 | 5 942 | 6 178 | 5 754 | 5 989 | 5 577 | 5 811 | 5 412 |
| 39 | 7 231 | 6 738 | 7 010 | 6 533 | 6 794 | 6 331 | 6 584 | 6 135 | 6 375 | 5 940 | 6 173 | 5 752 | 5 984 | 5 575 |
| 40 | 7 434 | 6 931 | 7 225 | 6 736 | 7 005 | 6 530 | 6 789 | 6 329 | 6 578 | 6 132 | 6 370 | 5 938 | 6 168 | 5 749 |
| 41 | 7 584 | 7 074 | 7 428 | 6 928 | 7 219 | 6 733 | 6 998 | 6 527 | 6 783 | 6 326 | 6 573 | 6 130 | 6 364 | 5 935 |
| 42 | 7 672 | 7 160 | 7 577 | 7 071 | 7 421 | 6 925 | 7 212 | 6 730 | 6 992 | 6 525 | 6 776 | 6 323 | 6 566 | 6 127 |
| 43 | 7 702 | 7 191 | 7 664 | 7 156 | 7 569 | 7 067 | 7 413 | 6 921 | 7 204 | 6 727 | 6 985 | 6 521 | 6 769 | 6 320 |
| 44 | 7 690 | 7 185 | 7 693 | 7 188 | 7 656 | 7 153 | 7 561 | 7 064 | 7 404 | 6 918 | 7 196 | 6 723 | 6 977 | 6 518 |
| 45 | 7 662 | 7 164 | 7 681 | 7 181 | 7 684 | 7 183 | 7 646 | 7 148 | 7 551 | 7 059 | 7 395 | 6 914 | 7 187 | 6 719 |
| 46 | 7 609 | 7 119 | 7 652 | 7 159 | 7 670 | 7 176 | 7 673 | 7 179 | 7 636 | 7 144 | 7 541 | 7 055 | 7 385 | 6 909 |
| 47 | 7 530 | 7 051 | 7 598 | 7 114 | 7 640 | 7 154 | 7 659 | 7 171 | 7 662 | 7 174 | 7 624 | 7 139 | 7 530 | 7 050 |
| 48 | 5 380 | 5 042 | 7 518 | 7 046 | 7 585 | 7 109 | 7 628 | 7 149 | 7 646 | 7 166 | 7 649 | 7 168 | 7 612 | 7 134 |
| 49 | 5 321 | 4 992 | 5 370 | 5 038 | 7 504 | 7 040 | 7 572 | 7 103 | 7 614 | 7 143 | 7 632 | 7 160 | 7 635 | 7 163 |
| 50 | 5 273 | 4 953 | 5 310 | 4 987 | 5 360 | 5 034 | 7 489 | 7 034 | 7 557 | 7 097 | 7 599 | 7 137 | 7 617 | 7 154 |
| 51 | 5 234 | 4 922 | 5 262 | 4 948 | 5 299 | 4 983 | 5 348 | 5 029 | 7 473 | 7 027 | 7 541 | 7 090 | 7 583 | 7 130 |
| 52 | 5 207 | 4 904 | 5 222 | 4 917 | 5 249 | 4 943 | 5 286 | 4 978 | 5 336 | 5 024 | 7 456 | 7 020 | 7 523 | 7 083 |
| 53 | 5 195 | 4 899 | 5 194 | 4 898 | 5 209 | 4 912 | 5 236 | 4 937 | 5 273 | 4 972 | 5 322 | 5 018 | 7 437 | 7 012 |
| 54 | 5 206 | 4 917 | 5 181 | 4 893 | 5 179 | 4 892 | 5 194 | 4 906 | 5 221 | 4 931 | 5 258 | 4 966 | 5 308 | 5 012 |
| 55 | 5 232 | 4 952 | 5 190 | 4 911 | 5 165 | 4 887 | 5 164 | 4 886 | 5 179 | 4 899 | 5 206 | 4 925 | 5 243 | 4 959 |
| 56 | 5 279 | 5 005 | 5 216 | 4 944 | 5 173 | 4 904 | 5 149 | 4 880 | 5 147 | 4 878 | 5 162 | 4 892 | 5 189 | 4 918 |
| 57 | 5 349 | 5 082 | 5 261 | 4 997 | 5 197 | 4 937 | 5 155 | 4 896 | 5 131 | 4 872 | 5 130 | 4 871 | 5 144 | 4 884 |

续表

| 年龄（岁） | 2085 年 | | 2086 年 | | 2087 年 | | 2088 年 | | 2089 年 | | 2090 年 | | 2091 年 | |
|---|---|---|---|---|---|---|---|---|---|---|---|---|---|---|
| | 男性 | 女性 | 男性 | 女性 | 男性 | 女性 | 男性 | 女性 | 男性 | 女性 | 男性 | 女性 | 男性 | 女性 |
| 58 | 5 434 | 5 173 | 5 329 | 5 073 | 5 241 | 4 989 | 5 178 | 4 928 | 5 136 | 4 887 | 5 112 | 4 864 | 5 110 | 4 862 |
| 59 | 5 528 | 5 273 | 5 412 | 5 163 | 5 308 | 5 063 | 5 220 | 4 979 | 5 157 | 4 919 | 5 116 | 4 878 | 5 091 | 4 854 |
| 60 | 5 638 | 5 391 | 5 504 | 5 262 | 5 389 | 5 152 | 5 285 | 5 052 | 5 198 | 4 969 | 5 135 | 4 908 | 5 093 | 4 868 |
| 61 | 5 778 | 5 539 | 5 611 | 5 379 | 5 478 | 5 250 | 5 364 | 5 140 | 5 260 | 5 041 | 5 173 | 4 957 | 5 111 | 4 897 |
| 62 | 5 949 | 5 718 | 5 749 | 5 525 | 5 583 | 5 365 | 5 450 | 5 237 | 5 337 | 5 127 | 5 234 | 5 028 | 5 147 | 4 944 |
| 63 | 6 126 | 5 904 | 5 916 | 5 702 | 5 718 | 5 509 | 5 553 | 5 350 | 5 421 | 5 222 | 5 308 | 5 113 | 5 205 | 5 014 |
| 64 | 4 889 | 4 624 | 6 090 | 5 886 | 5 881 | 5 684 | 5 684 | 5 492 | 5 520 | 5 333 | 5 389 | 5 206 | 5 276 | 5 097 |
| 65 | 5 730 | 5 436 | 4 858 | 4 608 | 6 051 | 5 865 | 5 844 | 5 664 | 5 648 | 5 473 | 5 484 | 5 314 | 5 354 | 5 187 |
| 66 | 7 218 | 6 717 | 5 690 | 5 415 | 4 824 | 4 590 | 6 008 | 5 843 | 5 803 | 5 642 | 5 608 | 5 452 | 5 446 | 5 294 |
| 67 | 7 580 | 7 299 | 7 163 | 6 688 | 5 646 | 5 392 | 4 787 | 4 570 | 5 963 | 5 818 | 5 759 | 5 618 | 5 565 | 5 429 |
| 68 | 9 278 | 8 983 | 7 517 | 7 264 | 7 103 | 6 657 | 5 600 | 5 366 | 4 747 | 4 549 | 5 913 | 5 790 | 5 711 | 5 592 |
| 69 | 8 764 | 8 330 | 9 194 | 8 935 | 7 449 | 7 226 | 7 039 | 6 621 | 5 549 | 5 338 | 4 704 | 4 525 | 5 860 | 5 760 |
| 70 | 8 263 | 7 713 | 8 677 | 8 281 | 9 103 | 8 882 | 7 375 | 7 183 | 6 969 | 6 582 | 5 494 | 5 306 | 4 658 | 4 498 |
| 71 | 9 182 | 8 729 | 8 173 | 7 661 | 8 583 | 8 226 | 9 004 | 8 823 | 7 295 | 7 135 | 6 894 | 6 538 | 5 434 | 5 271 |
| 72 | 8 719 | 8 362 | 9 071 | 8 664 | 8 074 | 7 604 | 8 479 | 8 164 | 8 896 | 8 757 | 7 207 | 7 082 | 6 810 | 6 489 |
| 73 | 9 230 | 8 760 | 8 601 | 8 292 | 8 948 | 8 591 | 7 964 | 7 540 | 8 364 | 8 096 | 8 775 | 8 684 | 7 109 | 7 023 |
| 74 | 8 348 | 7 896 | 9 088 | 8 677 | 8 468 | 8 214 | 8 811 | 8 510 | 7 842 | 7 469 | 8 235 | 8 019 | 8 640 | 8 602 |
| 75 | 8 133 | 7 727 | 8 200 | 7 812 | 8 928 | 8 584 | 8 319 | 8 126 | 8 655 | 8 419 | 7 703 | 7 389 | 8 090 | 7 933 |
| 76 | 8 016 | 7 788 | 7 966 | 7 631 | 8 032 | 7 715 | 8 744 | 8 478 | 8 148 | 8 026 | 8 477 | 8 315 | 7 545 | 7 298 |
| 77 | 7 603 | 7 374 | 7 824 | 7 677 | 7 775 | 7 522 | 7 839 | 7 605 | 8 534 | 8 357 | 7 952 | 7 911 | 8 274 | 8 196 |
| 78 | 7 289 | 7 176 | 7 389 | 7 251 | 7 603 | 7 548 | 7 556 | 7 396 | 7 618 | 7 478 | 8 294 | 8 217 | 7 728 | 7 778 |
| 79 | 6 306 | 6 146 | 7 049 | 7 035 | 7 145 | 7 109 | 7 352 | 7 400 | 7 307 | 7 251 | 7 367 | 7 331 | 8 020 | 8 056 |
| 80 | 6 816 | 6 416 | 6 063 | 6 005 | 6 778 | 6 873 | 6 870 | 6 945 | 7 070 | 7 230 | 7 026 | 7 085 | 7 084 | 7 163 |
| 81 | 6 303 | 6 200 | 6 513 | 6 244 | 5 794 | 5 845 | 6 476 | 6 689 | 6 565 | 6 759 | 6 755 | 7 037 | 6 713 | 6 895 |
| 82 | 4 588 | 4 891 | 5 981 | 6 008 | 6 180 | 6 051 | 5 498 | 5 663 | 6 145 | 6 482 | 6 229 | 6 550 | 6 410 | 6 819 |
| 83 | 4 729 | 5 632 | 4 321 | 4 717 | 5 633 | 5 794 | 5 821 | 5 836 | 5 178 | 5 462 | 5 788 | 6 251 | 5 867 | 6 317 |
| 84 | 5 162 | 6 049 | 4 418 | 5 403 | 4 037 | 4 526 | 5 263 | 5 559 | 5 438 | 5 599 | 4 838 | 5 240 | 5 408 | 5 998 |
| 85 | 4 526 | 5 624 | 4 781 | 5 772 | 4 093 | 5 155 | 3 739 | 4 318 | 4 875 | 5 304 | 5 037 | 5 342 | 4 481 | 5 000 |

续表

| 年龄(岁) | 2085年 男性 | 2085年 女性 | 2086年 男性 | 2086年 女性 | 2087年 男性 | 2087年 女性 | 2088年 男性 | 2088年 女性 | 2089年 男性 | 2089年 女性 | 2090年 男性 | 2090年 女性 | 2091年 男性 | 2091年 女性 |
|---|---|---|---|---|---|---|---|---|---|---|---|---|---|---|
| 86 | 3 609 | 4 284 | 4 154 | 5 333 | 4 388 | 5 474 | 3 756 | 4 889 | 3 432 | 4 095 | 4 474 | 5 030 | 4 623 | 5 066 |
| 87 | 3 445 | 4 017 | 3 280 | 4 037 | 3 775 | 5 026 | 3 988 | 5 158 | 3 413 | 4 607 | 3 119 | 3 859 | 4 066 | 4 740 |
| 88 | 2 958 | 3 635 | 3 097 | 3 760 | 2 949 | 3 778 | 3 394 | 4 704 | 3 585 | 4 828 | 3 069 | 4 312 | 2 804 | 3 612 |
| 89 | 3 007 | 4 187 | 2 629 | 3 378 | 2 753 | 3 493 | 2 621 | 3 510 | 3 016 | 4 370 | 3 186 | 4 485 | 2 727 | 4 006 |
| 90 | 2 806 | 4 145 | 2 639 | 3 860 | 2 307 | 3 113 | 2 415 | 3 220 | 2 299 | 3 235 | 2 646 | 4 028 | 2 795 | 4 134 |
| 91 | 2 462 | 3 758 | 2 428 | 3 788 | 2 283 | 3 528 | 1 995 | 2 846 | 2 089 | 2 943 | 1 989 | 2 957 | 2 290 | 3 682 |
| 92 | 2 294 | 3 716 | 2 097 | 3 404 | 2 068 | 3 431 | 1 944 | 3 195 | 1 700 | 2 577 | 1 780 | 2 666 | 1 694 | 2 678 |
| 93 | 1 966 | 3 462 | 1 921 | 3 333 | 1 756 | 3 053 | 1 731 | 3 078 | 1 628 | 2 866 | 1 423 | 2 312 | 1 490 | 2 391 |
| 94 | 1 695 | 3 246 | 1 615 | 3 073 | 1 578 | 2 959 | 1 442 | 2 711 | 1 422 | 2 732 | 1 337 | 2 544 | 1 169 | 2 052 |
| 95 | 1 722 | 3 668 | 1 363 | 2 849 | 1 299 | 2 698 | 1 269 | 2 597 | 1 160 | 2 380 | 1 144 | 2 399 | 1 075 | 2 234 |
| 96 | 1 321 | 3 158 | 1 353 | 3 182 | 1 071 | 2 472 | 1 020 | 2 340 | 997 | 2 253 | 911 | 2 064 | 898 | 2 081 |
| 97 | 959 | 2 581 | 1 011 | 2 704 | 1 035 | 2 724 | 820 | 2 116 | 781 | 2 004 | 763 | 1 929 | 697 | 1 768 |
| 98 | 783 | 2 402 | 713 | 2 178 | 752 | 2 282 | 770 | 2 299 | 610 | 1 786 | 581 | 1 691 | 567 | 1 628 |
| 99 | 486 | 1 731 | 564 | 1 995 | 514 | 1 809 | 542 | 1 895 | 555 | 1 910 | 440 | 1 484 | 419 | 1 405 |
| 100 | 290 | 1 205 | 339 | 1 412 | 393 | 1 628 | 358 | 1 476 | 378 | 1 546 | 387 | 1 558 | 306 | 1 210 |
| 101 | 197 | 939 | 194 | 963 | 227 | 1 128 | 264 | 1 301 | 241 | 1 179 | 254 | 1 236 | 260 | 1 245 |
| 102 | 123 | 732 | 127 | 733 | 125 | 752 | 147 | 881 | 170 | 1 016 | 155 | 921 | 164 | 965 |
| 103 | 88 | 644 | 76 | 557 | 78 | 557 | 78 | 572 | 91 | 670 | 105 | 772 | 96 | 700 |
| 104 | 45 | 410 | 52 | 475 | 45 | 411 | 46 | 411 | 46 | 422 | 53 | 494 | 62 | 569 |
| 105 + | 23 | 272 | 25 | 292 | 29 | 338 | 25 | 292 | 26 | 293 | 26 | 300 | 30 | 352 |

表2-10 (k)　　　未来各年中国分年龄分性别人口预测数　　　单位：千人

| 年龄(岁) | 2092年 男性 | 2092年 女性 | 2093年 男性 | 2093年 女性 | 2094年 男性 | 2094年 女性 | 2095年 男性 | 2095年 女性 | 2096年 男性 | 2096年 女性 | 2097年 男性 | 2097年 女性 | 2098年 男性 | 2098年 女性 | 2099年 男性 | 2099年 女性 |
|---|---|---|---|---|---|---|---|---|---|---|---|---|---|---|---|---|
| 0 | 4 687 | 4 339 | 4 695 | 4 347 | 4 716 | 4 366 | 4 747 | 4 395 | 4 786 | 4 431 | 4 828 | 4 470 | 3 547 | 3 284 | 3 547 | 3 284 |
| 1 | 4 691 | 4 344 | 4 684 | 4 337 | 4 692 | 4 345 | 4 713 | 4 364 | 4 744 | 4 393 | 4 783 | 4 429 | 4 825 | 4 468 | 3 545 | 3 283 |
| 2 | 4 713 | 4 365 | 4 689 | 4 343 | 4 682 | 4 336 | 4 690 | 4 344 | 4 711 | 4 363 | 4 743 | 4 392 | 4 781 | 4 428 | 4 823 | 4 467 |
| 3 | 4 753 | 4 402 | 4 712 | 4 364 | 4 688 | 4 342 | 4 681 | 4 335 | 4 689 | 4 343 | 4 710 | 4 362 | 4 742 | 4 391 | 4 780 | 4 427 |

续表

| 年龄（岁） | 2092 年 | | 2093 年 | | 2094 年 | | 2095 年 | | 2096 年 | | 2097 年 | | 2098 年 | | 2099 年 | |
|---|---|---|---|---|---|---|---|---|---|---|---|---|---|---|---|---|
| | 男性 | 女性 | 男性 | 女性 | 男性 | 女性 | 男性 | 女性 | 男性 | 女性 | 男性 | 女性 | 男性 | 女性 | 男性 | 女性 |
| 4 | 4 809 | 4 455 | 4 752 | 4 401 | 4 711 | 4 363 | 4 687 | 4 341 | 4 680 | 4 335 | 4 688 | 4 342 | 4 709 | 4 361 | 4 741 | 4 391 |
| 5 | 4 880 | 4 521 | 4 809 | 4 454 | 4 751 | 4 401 | 4 710 | 4 363 | 4 686 | 4 341 | 4 679 | 4 334 | 4 687 | 4 342 | 4 708 | 4 361 |
| 6 | 4 964 | 4 599 | 4 880 | 4 520 | 4 808 | 4 454 | 4 750 | 4 401 | 4 709 | 4 363 | 4 686 | 4 341 | 4 678 | 4 334 | 4 687 | 4 341 |
| 7 | 5 058 | 4 686 | 4 963 | 4 598 | 4 879 | 4 520 | 4 807 | 4 454 | 4 750 | 4 400 | 4 709 | 4 362 | 4 685 | 4 341 | 4 678 | 4 333 |
| 8 | 5 160 | 4 781 | 5 057 | 4 686 | 4 963 | 4 598 | 4 878 | 4 520 | 4 807 | 4 453 | 4 749 | 4 400 | 4 708 | 4 362 | 4 685 | 4 340 |
| 9 | 5 269 | 4 882 | 5 160 | 4 781 | 5 057 | 4 685 | 4 962 | 4 598 | 4 878 | 4 519 | 4 806 | 4 453 | 4 748 | 4 400 | 4 708 | 4 361 |
| 10 | 5 377 | 4 983 | 5 268 | 4 881 | 5 159 | 4 780 | 5 056 | 4 685 | 4 962 | 4 597 | 4 877 | 4 519 | 4 805 | 4 453 | 4 748 | 4 399 |
| 11 | 5 485 | 5 083 | 5 377 | 4 982 | 5 267 | 4 881 | 5 158 | 4 780 | 5 055 | 4 685 | 4 961 | 4 597 | 4 876 | 4 519 | 4 805 | 4 452 |
| 12 | 5 591 | 5 181 | 5 484 | 5 083 | 5 376 | 4 982 | 5 266 | 4 881 | 5 157 | 4 779 | 5 055 | 4 684 | 4 960 | 4 597 | 4 876 | 4 518 |
| 13 | 5 694 | 5 277 | 5 590 | 5 181 | 5 484 | 5 082 | 5 375 | 4 982 | 5 266 | 4 880 | 5 156 | 4 779 | 5 054 | 4 684 | 4 959 | 4 596 |
| 14 | 5 788 | 5 365 | 5 693 | 5 277 | 5 589 | 5 181 | 5 483 | 5 082 | 5 374 | 4 981 | 5 265 | 4 880 | 5 155 | 4 779 | 5 053 | 4 683 |
| 15 | 5 874 | 5 446 | 5 787 | 5 365 | 5 692 | 5 276 | 5 588 | 5 180 | 5 481 | 5 081 | 5 373 | 4 981 | 5 264 | 4 880 | 5 154 | 4 778 |
| 16 | 5 946 | 5 512 | 5 873 | 5 445 | 5 786 | 5 364 | 5 690 | 5 276 | 5 587 | 5 180 | 5 480 | 5 081 | 5 372 | 4 981 | 5 263 | 4 879 |
| 17 | 6 002 | 5 565 | 5 944 | 5 512 | 5 872 | 5 445 | 5 785 | 5 364 | 5 689 | 5 275 | 5 586 | 5 179 | 5 479 | 5 080 | 5 371 | 4 980 |
| 18 | 6 039 | 5 600 | 6 000 | 5 564 | 5 943 | 5 511 | 5 871 | 5 444 | 5 783 | 5 363 | 5 688 | 5 275 | 5 585 | 5 178 | 5 478 | 5 080 |
| 19 | 6 053 | 5 614 | 6 037 | 5 599 | 5 999 | 5 564 | 5 941 | 5 510 | 5 869 | 5 443 | 5 782 | 5 363 | 5 687 | 5 274 | 5 583 | 5 178 |
| 20 | 6 038 | 5 600 | 6 051 | 5 613 | 6 036 | 5 599 | 5 998 | 5 563 | 5 940 | 5 510 | 5 868 | 5 443 | 5 781 | 5 362 | 5 685 | 5 274 |
| 21 | 5 996 | 5 562 | 6 036 | 5 600 | 6 050 | 5 612 | 6 034 | 5 598 | 5 996 | 5 562 | 5 939 | 5 509 | 5 867 | 5 442 | 5 779 | 5 362 |
| 22 | 5 922 | 5 495 | 5 994 | 5 561 | 6 035 | 5 599 | 6 048 | 5 612 | 6 033 | 5 597 | 5 995 | 5 562 | 5 937 | 5 508 | 5 865 | 5 442 |
| 23 | 5 824 | 5 404 | 5 921 | 5 494 | 5 993 | 5 561 | 6 033 | 5 598 | 6 047 | 5 611 | 6 031 | 5 597 | 5 993 | 5 561 | 5 936 | 5 508 |
| 24 | 5 705 | 5 295 | 5 822 | 5 403 | 5 919 | 5 493 | 5 991 | 5 560 | 6 032 | 5 598 | 6 045 | 5 610 | 6 029 | 5 596 | 5 992 | 5 561 |
| 25 | 5 575 | 5 174 | 5 704 | 5 294 | 5 820 | 5 403 | 5 917 | 5 493 | 5 989 | 5 559 | 6 030 | 5 597 | 6 043 | 5 609 | 6 028 | 5 595 |
| 26 | 5 434 | 5 045 | 5 573 | 5 174 | 5 702 | 5 293 | 5 819 | 5 402 | 5 916 | 5 492 | 5 988 | 5 558 | 6 028 | 5 596 | 6 041 | 5 608 |
| 27 | 5 293 | 4 914 | 5 433 | 5 044 | 5 571 | 5 173 | 5 700 | 5 293 | 5 817 | 5 401 | 5 914 | 5 491 | 5 986 | 5 557 | 6 026 | 5 595 |
| 28 | 5 167 | 4 798 | 5 291 | 4 914 | 5 431 | 5 043 | 5 569 | 5 172 | 5 698 | 5 292 | 5 815 | 5 400 | 5 912 | 5 490 | 5 984 | 5 556 |
| 29 | 5 069 | 4 708 | 5 165 | 4 797 | 5 289 | 4 913 | 5 429 | 5 043 | 5 567 | 5 171 | 5 696 | 5 291 | 5 813 | 5 399 | 5 910 | 5 489 |
| 30 | 5 021 | 4 664 | 5 067 | 4 707 | 5 163 | 4 796 | 5 287 | 4 912 | 5 427 | 5 042 | 5 565 | 5 170 | 5 694 | 5 290 | 5 811 | 5 398 |
| 31 | 5 021 | 4 666 | 5 019 | 4 663 | 5 065 | 4 707 | 5 161 | 4 796 | 5 285 | 4 911 | 5 425 | 5 041 | 5 563 | 5 169 | 5 692 | 5 289 |

续表

| 年龄（岁） | 2092 年 | | 2093 年 | | 2094 年 | | 2095 年 | | 2096 年 | | 2097 年 | | 2098 年 | | 2099 年 | |
|---|---|---|---|---|---|---|---|---|---|---|---|---|---|---|---|---|
| | 男性 | 女性 | 男性 | 女性 | 男性 | 女性 | 男性 | 女性 | 男性 | 女性 | 男性 | 女性 | 男性 | 女性 | 男性 | 女性 |
| 32 | 5 050 | 4 694 | 5 019 | 4 665 | 5 016 | 4 663 | 5 063 | 4 706 | 5 158 | 4 795 | 5 283 | 4 910 | 5 423 | 5 040 | 5 560 | 5 168 |
| 33 | 5 104 | 4 745 | 5 048 | 4 693 | 5 016 | 4 664 | 5 014 | 4 662 | 5 060 | 4 705 | 5 156 | 4 794 | 5 281 | 4 909 | 5 420 | 5 039 |
| 34 | 5 182 | 4 820 | 5 101 | 4 744 | 5 045 | 4 692 | 5 014 | 4 663 | 5 011 | 4 661 | 5 058 | 4 704 | 5 153 | 4 793 | 5 278 | 4 908 |
| 35 | 5 278 | 4 910 | 5 179 | 4 819 | 5 099 | 4 743 | 5 042 | 4 691 | 5 011 | 4 662 | 5 009 | 4 660 | 5 055 | 4 703 | 5 151 | 4 792 |
| 36 | 5 387 | 5 013 | 5 275 | 4 909 | 5 176 | 4 817 | 5 096 | 4 742 | 5 039 | 4 690 | 5 008 | 4 661 | 5 006 | 4 659 | 5 052 | 4 702 |
| 37 | 5 513 | 5 133 | 5 383 | 5 012 | 5 272 | 4 908 | 5 173 | 4 816 | 5 092 | 4 741 | 5 036 | 4 688 | 5 005 | 4 660 | 5 003 | 4 658 |
| 38 | 5 651 | 5 263 | 5 509 | 5 131 | 5 380 | 5 010 | 5 268 | 4 906 | 5 170 | 4 814 | 5 089 | 4 739 | 5 033 | 4 687 | 5 001 | 4 658 |
| 39 | 5 806 | 5 410 | 5 647 | 5 261 | 5 505 | 5 129 | 5 376 | 5 008 | 5 264 | 4 905 | 5 166 | 4 813 | 5 085 | 4 737 | 5 029 | 4 685 |
| 40 | 5 979 | 5 573 | 5 802 | 5 408 | 5 643 | 5 260 | 5 501 | 5 127 | 5 371 | 5 007 | 5 260 | 4 903 | 5 162 | 4 811 | 5 081 | 4 736 |
| 41 | 6 163 | 5 747 | 5 974 | 5 571 | 5 796 | 5 405 | 5 638 | 5 257 | 5 496 | 5 125 | 5 366 | 5 004 | 5 255 | 4 901 | 5 157 | 4 809 |
| 42 | 6 358 | 5 933 | 6 157 | 5 745 | 5 968 | 5 569 | 5 791 | 5 403 | 5 632 | 5 255 | 5 491 | 5 123 | 5 361 | 5 002 | 5 250 | 4 899 |
| 43 | 6 560 | 6 124 | 6 351 | 5 930 | 6 150 | 5 742 | 5 962 | 5 566 | 5 785 | 5 400 | 5 626 | 5 252 | 5 485 | 5 120 | 5 355 | 4 999 |
| 44 | 6 761 | 6 317 | 6 552 | 6 121 | 6 344 | 5 926 | 6 143 | 5 739 | 5 955 | 5 563 | 5 778 | 5 397 | 5 620 | 5 249 | 5 479 | 5 118 |
| 45 | 6 968 | 6 514 | 6 753 | 6 313 | 6 544 | 6 117 | 6 336 | 5 923 | 6 136 | 5 735 | 5 948 | 5 560 | 5 771 | 5 394 | 5 613 | 5 246 |
| 46 | 7 177 | 6 715 | 6 958 | 6 510 | 6 744 | 6 309 | 6 535 | 6 113 | 6 328 | 5 919 | 6 127 | 5 732 | 5 940 | 5 556 | 5 763 | 5 390 |
| 47 | 7 374 | 6 904 | 7 167 | 6 710 | 6 948 | 6 505 | 6 734 | 6 305 | 6 525 | 6 109 | 6 318 | 5 915 | 6 118 | 5 728 | 5 931 | 5 553 |
| 48 | 7 517 | 7 045 | 7 362 | 6 899 | 7 155 | 6 705 | 6 937 | 6 500 | 6 723 | 6 300 | 6 515 | 6 104 | 6 308 | 5 911 | 6 108 | 5 724 |
| 49 | 7 598 | 7 128 | 7 504 | 7 039 | 7 349 | 6 894 | 7 142 | 6 700 | 6 924 | 6 495 | 6 711 | 6 295 | 6 503 | 6 099 | 6 296 | 5 906 |
| 50 | 7 620 | 7 156 | 7 583 | 7 121 | 7 489 | 7 033 | 7 334 | 6 888 | 7 128 | 6 694 | 6 910 | 6 489 | 6 698 | 6 289 | 6 490 | 6 094 |
| 51 | 7 601 | 7 147 | 7 604 | 7 149 | 7 567 | 7 115 | 7 473 | 7 026 | 7 318 | 6 881 | 7 113 | 6 687 | 6 895 | 6 483 | 6 683 | 6 284 |
| 52 | 7 565 | 7 122 | 7 583 | 7 140 | 7 586 | 7 142 | 7 549 | 7 107 | 7 455 | 7 019 | 7 301 | 6 874 | 7 096 | 6 680 | 6 879 | 6 476 |
| 53 | 7 504 | 7 075 | 7 546 | 7 114 | 7 564 | 7 132 | 7 567 | 7 134 | 7 530 | 7 099 | 7 436 | 7 011 | 7 282 | 6 866 | 7 078 | 6 673 |
| 54 | 7 416 | 7 003 | 7 483 | 7 066 | 7 525 | 7 106 | 7 543 | 7 123 | 7 546 | 7 125 | 7 509 | 7 091 | 7 415 | 7 002 | 7 262 | 6 858 |
| 55 | 5 292 | 5 006 | 7 394 | 6 994 | 7 461 | 7 057 | 7 503 | 7 096 | 7 521 | 7 113 | 7 523 | 7 116 | 7 487 | 7 082 | 7 393 | 6 993 |
| 56 | 5 226 | 4 952 | 5 275 | 4 998 | 7 370 | 6 984 | 7 437 | 7 047 | 7 478 | 7 086 | 7 496 | 7 103 | 7 499 | 7 106 | 7 462 | 7 071 |
| 57 | 5 171 | 4 910 | 5 208 | 4 944 | 5 256 | 4 990 | 7 345 | 6 973 | 7 411 | 7 036 | 7 452 | 7 075 | 7 470 | 7 092 | 7 473 | 7 094 |
| 58 | 5 125 | 4 876 | 5 152 | 4 901 | 5 188 | 4 936 | 5 237 | 4 982 | 7 317 | 6 961 | 7 383 | 7 023 | 7 424 | 7 063 | 7 442 | 7 079 |
| 59 | 5 090 | 4 853 | 5 104 | 4 867 | 5 131 | 4 892 | 5 167 | 4 926 | 5 216 | 4 972 | 7 288 | 6 947 | 7 353 | 7 010 | 7 394 | 7 049 |

续表

| 年龄<br>（岁） | 2092 年 | | 2093 年 | | 2094 年 | | 2095 年 | | 2096 年 | | 2097 年 | | 2098 年 | | 2099 年 | |
|---|---|---|---|---|---|---|---|---|---|---|---|---|---|---|---|---|
| | 男性 | 女性 | 男性 | 女性 | 男性 | 女性 | 男性 | 女性 | 男性 | 女性 | 男性 | 女性 | 男性 | 女性 | 男性 | 女性 |
| 60 | 5 069 | 4 844 | 5 068 | 4 843 | 5 082 | 4 857 | 5 109 | 4 882 | 5 145 | 4 916 | 5 193 | 4 962 | 7 256 | 6 932 | 7 322 | 6 995 |
| 61 | 5 070 | 4 857 | 5 045 | 4 833 | 5 044 | 4 832 | 5 059 | 4 845 | 5 085 | 4 870 | 5 121 | 4 905 | 5 169 | 4 951 | 7 223 | 6 916 |
| 62 | 5 085 | 4 884 | 5 044 | 4 844 | 5 020 | 4 821 | 5 019 | 4 819 | 5 033 | 4 833 | 5 059 | 4 858 | 5 095 | 4 892 | 5 143 | 4 938 |
| 63 | 5 119 | 4 930 | 5 058 | 4 871 | 5 017 | 4 830 | 4 993 | 4 807 | 4 992 | 4 806 | 5 006 | 4 819 | 5 031 | 4 844 | 5 067 | 4 879 |
| 64 | 5 174 | 4 998 | 5 089 | 4 915 | 5 028 | 4 855 | 4 987 | 4 815 | 4 963 | 4 792 | 4 962 | 4 791 | 4 976 | 4 804 | 5 002 | 4 829 |
| 65 | 5 242 | 5 079 | 5 141 | 4 980 | 5 056 | 4 898 | 4 995 | 4 839 | 4 955 | 4 799 | 4 931 | 4 775 | 4 930 | 4 774 | 4 944 | 4 787 |
| 66 | 5 317 | 5 168 | 5 206 | 5 059 | 5 105 | 4 961 | 5 021 | 4 879 | 4 961 | 4 820 | 4 920 | 4 780 | 4 897 | 4 757 | 4 896 | 4 756 |
| 67 | 5 405 | 5 271 | 5 276 | 5 146 | 5 166 | 5 038 | 5 066 | 4 940 | 4 983 | 4 858 | 4 923 | 4 799 | 4 883 | 4 760 | 4 859 | 4 736 |
| 68 | 5 519 | 5 403 | 5 360 | 5 246 | 5 232 | 5 121 | 5 123 | 5 014 | 5 024 | 4 917 | 4 941 | 4 835 | 4 882 | 4 776 | 4 842 | 4 737 |
| 69 | 5 659 | 5 562 | 5 469 | 5 375 | 5 311 | 5 219 | 5 185 | 5 094 | 5 077 | 4 987 | 4 979 | 4 891 | 4 896 | 4 809 | 4 838 | 4 751 |
| 70 | 5 802 | 5 726 | 5 603 | 5 529 | 5 415 | 5 343 | 5 259 | 5 188 | 5 134 | 5 064 | 5 027 | 4 958 | 4 930 | 4 862 | 4 848 | 4 781 |
| 71 | 4 607 | 4 468 | 5 739 | 5 687 | 5 542 | 5 492 | 5 356 | 5 307 | 5 202 | 5 153 | 5 078 | 5 030 | 4 972 | 4 925 | 4 876 | 4 830 |
| 72 | 5 369 | 5 231 | 4 551 | 4 434 | 5 669 | 5 645 | 5 475 | 5 451 | 5 292 | 5 267 | 5 139 | 5 115 | 5 017 | 4 992 | 4 912 | 4 888 |
| 73 | 6 718 | 6 435 | 5 296 | 5 188 | 4 490 | 4 397 | 5 592 | 5 598 | 5 401 | 5 405 | 5 220 | 5 223 | 5 069 | 5 072 | 4 949 | 4 951 |
| 74 | 7 000 | 6 956 | 6 615 | 6 374 | 5 214 | 5 139 | 4 421 | 4 356 | 5 506 | 5 545 | 5 318 | 5 354 | 5 140 | 5 174 | 4 991 | 5 024 |
| 75 | 8 487 | 8 510 | 6 876 | 6 882 | 6 498 | 6 306 | 5 122 | 5 084 | 4 342 | 4 309 | 5 409 | 5 485 | 5 224 | 5 297 | 5 049 | 5 118 |
| 76 | 7 924 | 7 836 | 8 313 | 8 405 | 6 735 | 6 797 | 6 364 | 6 228 | 5 017 | 5 021 | 4 253 | 4 256 | 5 298 | 5 417 | 5 117 | 5 231 |
| 77 | 7 364 | 7 193 | 7 733 | 7 723 | 8 113 | 8 284 | 6 573 | 6 700 | 6 211 | 6 139 | 4 896 | 4 949 | 4 151 | 4 195 | 5 171 | 5 340 |
| 78 | 8 041 | 8 059 | 7 156 | 7 073 | 7 515 | 7 594 | 7 885 | 8 146 | 6 388 | 6 587 | 6 036 | 6 036 | 4 758 | 4 866 | 4 034 | 4 125 |
| 79 | 7 473 | 7 626 | 7 775 | 7 901 | 6 920 | 6 934 | 7 268 | 7 445 | 7 625 | 7 986 | 6 177 | 6 458 | 5 837 | 5 918 | 4 601 | 4 771 |
| 80 | 7 712 | 7 871 | 7 186 | 7 451 | 7 477 | 7 719 | 6 654 | 6 775 | 6 988 | 7 274 | 7 332 | 7 802 | 5 940 | 6 310 | 5 613 | 5 782 |
| 81 | 6 769 | 6 971 | 7 369 | 7 660 | 6 866 | 7 251 | 7 144 | 7 513 | 6 358 | 6 594 | 6 677 | 7 079 | 7 006 | 7 593 | 5 675 | 6 141 |
| 82 | 6 370 | 6 681 | 6 423 | 6 755 | 6 992 | 7 423 | 6 516 | 7 026 | 6 779 | 7 280 | 6 034 | 6 389 | 6 336 | 6 860 | 6 648 | 7 358 |
| 83 | 6 037 | 6 576 | 6 000 | 6 443 | 6 049 | 6 514 | 6 586 | 7 158 | 6 137 | 6 776 | 6 385 | 7 021 | 5 683 | 6 162 | 5 967 | 6 615 |
| 84 | 5 481 | 6 060 | 5 641 | 6 309 | 5 606 | 6 182 | 5 652 | 6 250 | 6 153 | 6 868 | 5 733 | 6 501 | 5 965 | 6 736 | 5 309 | 5 912 |
| 85 | 5 009 | 5 722 | 5 077 | 5 782 | 5 225 | 6 019 | 5 192 | 5 898 | 5 235 | 5 963 | 5 699 | 6 553 | 5 310 | 6 203 | 5 526 | 6 427 |
| 86 | 4 113 | 4 742 | 4 597 | 5 427 | 4 660 | 5 484 | 4 795 | 5 709 | 4 765 | 5 594 | 4 804 | 5 655 | 5 230 | 6 215 | 4 874 | 5 882 |
| 87 | 4 201 | 4 774 | 3 737 | 4 468 | 4 178 | 5 114 | 4 235 | 5 168 | 4 358 | 5 380 | 4 331 | 5 271 | 4 366 | 5 329 | 4 753 | 5 857 |

续表

| 年龄<br>（岁） | 2092 年 | | 2093 年 | | 2094 年 | | 2095 年 | | 2096 年 | | 2097 年 | | 2098 年 | | 2099 年 | |
|---|---|---|---|---|---|---|---|---|---|---|---|---|---|---|---|---|
| | 男性 | 女性 | 男性 | 女性 | 男性 | 女性 | 男性 | 女性 | 男性 | 女性 | 男性 | 女性 | 男性 | 女性 | 男性 | 女性 |
| 88 | 3 655 | 4 436 | 3 777 | 4 468 | 3 360 | 4 182 | 3 756 | 4 786 | 3 807 | 4 836 | 3 918 | 5 035 | 3 894 | 4 933 | 3 925 | 4 988 |
| 89 | 2 492 | 3 355 | 3 249 | 4 121 | 3 357 | 4 151 | 2 986 | 3 885 | 3 338 | 4 447 | 3 383 | 4 493 | 3 482 | 4 678 | 3 461 | 4 583 |
| 90 | 2 393 | 3 693 | 2 186 | 3 093 | 2 850 | 3 799 | 2 945 | 3 826 | 2 620 | 3 581 | 2 929 | 4 099 | 2 968 | 4 141 | 3 055 | 4 312 |
| 91 | 2 418 | 3 779 | 2 070 | 3 375 | 1 891 | 2 827 | 2 466 | 3 472 | 2 548 | 3 497 | 2 267 | 3 273 | 2 534 | 3 746 | 2 568 | 3 785 |
| 92 | 1 950 | 3 335 | 2 060 | 3 422 | 1 763 | 3 057 | 1 611 | 2 560 | 2 100 | 3 145 | 2 170 | 3 168 | 1 931 | 2 965 | 2 158 | 3 393 |
| 93 | 1 419 | 2 403 | 1 633 | 2 991 | 1 725 | 3 070 | 1 476 | 2 742 | 1 349 | 2 297 | 1 759 | 2 821 | 1 817 | 2 842 | 1 617 | 2 659 |
| 94 | 1 224 | 2 123 | 1 165 | 2 133 | 1 341 | 2 655 | 1 417 | 2 725 | 1 213 | 2 434 | 1 108 | 2 039 | 1 445 | 2 504 | 1 492 | 2 523 |
| 95 | 940 | 1 802 | 984 | 1 863 | 937 | 1 872 | 1 079 | 2 331 | 1 139 | 2 392 | 975 | 2 137 | 891 | 1 790 | 1 162 | 2 198 |
| 96 | 845 | 1 938 | 738 | 1 563 | 773 | 1 616 | 736 | 1 624 | 847 | 2 022 | 895 | 2 075 | 766 | 1 854 | 700 | 1 553 |
| 97 | 688 | 1 782 | 647 | 1 659 | 565 | 1 338 | 592 | 1 384 | 563 | 1 391 | 648 | 1 731 | 685 | 1 777 | 586 | 1 587 |
| 98 | 519 | 1 492 | 511 | 1 504 | 481 | 1 400 | 420 | 1 129 | 440 | 1 168 | 419 | 1 174 | 482 | 1 461 | 510 | 1 500 |
| 99 | 409 | 1 352 | 374 | 1 239 | 369 | 1 249 | 347 | 1 163 | 303 | 938 | 317 | 970 | 302 | 975 | 348 | 1 213 |
| 100 | 292 | 1 146 | 285 | 1 103 | 261 | 1 011 | 257 | 1 019 | 242 | 949 | 211 | 765 | 221 | 791 | 211 | 795 |
| 101 | 206 | 967 | 196 | 916 | 191 | 882 | 175 | 808 | 173 | 814 | 162 | 758 | 142 | 611 | 148 | 632 |
| 102 | 168 | 972 | 133 | 755 | 126 | 715 | 124 | 688 | 113 | 631 | 111 | 636 | 105 | 592 | 91 | 477 |
| 103 | 101 | 733 | 104 | 739 | 82 | 574 | 78 | 544 | 76 | 523 | 70 | 479 | 69 | 484 | 65 | 450 |
| 104 | 57 | 516 | 60 | 541 | 61 | 545 | 48 | 423 | 46 | 401 | 45 | 386 | 41 | 353 | 40 | 357 |
| 105 + | 35 | 405 | 32 | 368 | 33 | 385 | 34 | 388 | 27 | 301 | 26 | 285 | 25 | 275 | 23 | 252 |

# 第五节　2024~2099 年中国老年抚养负担的测算

## 一、老年抚养负担指标选择

老年抚养负担比也称为老年抚养比，是指退出劳动领域的老龄人口与适龄劳动人口之比，是用来衡量适龄劳动力老年抚养负担的指标。由于国际劳工组织将劳动年龄人口的统计定为 15 岁至 64 岁，65 岁及以上为老年人，因此其计算公式为：

$$GDR = \frac{P_{65+}}{P_{15-64}} \qquad (2-38)$$

其中，$GDR$ 为老年抚养比；$P_{65+}$ 为 65 岁及以上老年人口数；$P_{15-64}$ 为 15～64 岁劳动年龄人口数。

## 二、测算结果

依据表 2 - 10，并利用式（2 - 38），我们计算得到 2025～2097 年的中国各年的老年抚养比（见表 2 - 11），并进一步得到未来各年的老年抚养比变动趋势（见图 2 - 4）。

表 2 - 11　　　　　　　　未来各年中国老年抚养比

| 年份 | 老年抚养比 | 年份 | 老年抚养比 | 年份 | 老年抚养比 | 年份 | 老年抚养比 |
|------|-----------|------|-----------|------|-----------|------|-----------|
| 2025 | 0.2271 | 2044 | 0.4837 | 2063 | 0.6331 | 2082 | 0.6814 |
| 2026 | 0.2261 | 2045 | 0.4899 | 2064 | 0.6255 | 2083 | 0.6817 |
| 2027 | 0.2354 | 2046 | 0.4983 | 2065 | 0.6242 | 2084 | 0.6791 |
| 2028 | 0.2526 | 2047 | 0.5118 | 2066 | 0.6246 | 2085 | 0.6683 |
| 2029 | 0.2649 | 2048 | 0.5194 | 2067 | 0.6204 | 2086 | 0.6529 |
| 2030 | 0.2782 | 2049 | 0.5271 | 2068 | 0.6120 | 2087 | 0.6448 |
| 2031 | 0.2915 | 2050 | 0.5346 | 2069 | 0.6118 | 2088 | 0.6358 |
| 2032 | 0.3044 | 2051 | 0.5480 | 2070 | 0.6126 | 2089 | 0.6262 |
| 2033 | 0.3245 | 2052 | 0.5742 | 2071 | 0.6102 | 2090 | 0.6161 |
| 2034 | 0.3431 | 2053 | 0.5923 | 2072 | 0.6128 | 2091 | 0.6056 |
| 2035 | 0.3649 | 2054 | 0.6125 | 2073 | 0.6161 | 2092 | 0.5949 |
| 2036 | 0.3854 | 2055 | 0.6333 | 2074 | 0.6212 | 2093 | 0.5840 |
| 2037 | 0.4031 | 2056 | 0.6417 | 2075 | 0.6262 | 2094 | 0.5730 |
| 2038 | 0.4200 | 2057 | 0.6474 | 2076 | 0.6319 | 2095 | 0.5622 |
| 2039 | 0.4353 | 2058 | 0.6513 | 2077 | 0.6422 | 2096 | 0.5515 |
| 2040 | 0.4468 | 2059 | 0.6513 | 2078 | 0.6500 | 2097 | 0.5412 |
| 2041 | 0.4577 | 2060 | 0.6510 | 2079 | 0.6598 | | |
| 2042 | 0.4651 | 2061 | 0.6483 | 2080 | 0.6639 | | |
| 2043 | 0.4738 | 2062 | 0.6400 | 2081 | 0.6710 | | |

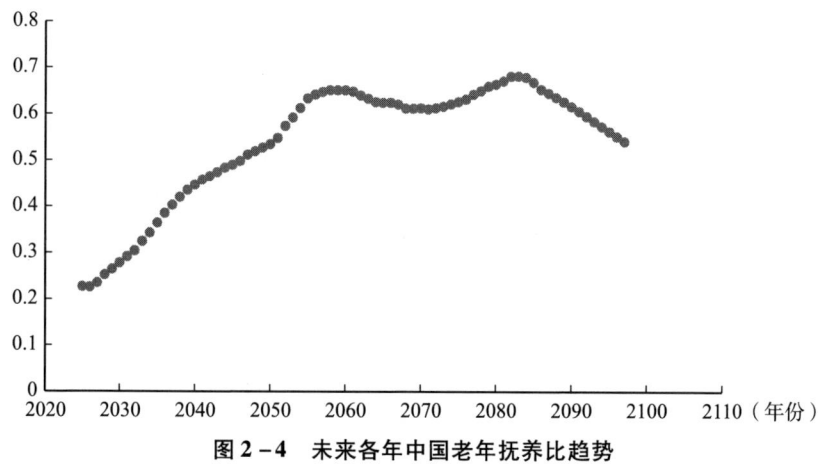

**图 2-4 未来各年中国老年抚养比趋势**

比较各年的老年抚养比预测值，未来各年老年抚养负担的具有以下走势：老年抚养比从 2024 年的 0.2250 逐年上升至 2058 年的 0.6513，以后又逐年下降至 2072 年的 0.6102，之后又逐年上升至 2083 年的 0.6817，接着又继续下降至 2097 年的 0.5412。

由此可见，由于生育率较低，将来中国劳动力的抚养负担会逐年加重，直至 2080 年前后才会有所减轻，但依然保持在较高水平。这样的趋势可能会影响到社会养老保险的财务平衡，从而影响社会养老保险制度的可持续性。

# 第三章　中国社会养老保险
# 一般财务平衡模型

## 第一节　社会养老保险精算模型中的重要变量

在建立社会养老保险测算的数学模型前，我们需要简单介绍一些比较重要的基本变量，它们也是社会养老保险制度本身所规定的变量。

（一）缴费率

缴费率表示缴费者的养老保险缴费与缴费工资总额的比率。缴费率在养老保险收支平衡中的地位很重要。缴费率高，缴费收入就多，养老保险基金收支平衡就容易实现；缴费率较低，缴费收入少，则不利于养老保险基金收支平衡的实现。缴费率高低的确定取决于缴费者的承受能力。缴费率低，缴费者负担轻，有利于企业自身积累；缴费率过高，企业负担重，不利于企业的自身发展。因此，确定缴费率的水平，最主要的是考虑企业的承受能力。除此以外，养老金替代水平和老年抚养比也是影响缴费率的因素，如果养老金收入水平提高，退休职工增多，势必要求提高缴费率；如果缴费率超过企业所能承受的范围，应采取措施调整养老金水平和退休年龄，使缴费率降下来。一般认为社会保险多项目统筹费率的极限为30%，其中养老保险项目统筹费率为22% ~ 24%。我国基本养老保险制度规定：企业的缴费比率一般不得超过企业工资总额的20%。

（二）替代水平

替代水平是指养老金相对于职工工资的比例，用以表示职工退休后的养老金收入替代工资收入的水平的高低。根据比较对象和范围的不同，替代水平分为平均替代率和目标替代率。平均替代率是指全部退休职工的平均养老金收入与全部职工的平均工资收入的比例，是用以表示退休职工整体的养老金收入水平高低的指标。目标替代率是指单个职工退休后头一年的养老金收入与退休前一年工资收入的比率，是用以表示退休后收入相对于退休前收入水平高低的指标。替代水平是影响养老保险基金平衡的基本因素。替代率高，养老保险金支出数额就大；替代率低，养老保险支出数额就小，养老保险基金收支平衡就容易实现。发达国家的基本保障水平一般只有退休前工资的40%～50%，我国目前养老金的平均替代率约为职工平均工资的80%～85%，显然较高，需要采取措施把替代率降低下来。目前实施的养老金计发办法的改革可以逐步把替代水平降下来，但难度较大。替代水平的高低取决于三个因素。（1）恩格尔系数。当社会恩格尔系数较高时，食物支出在总支出中所占比重较大，替代水平过低会使退休职工的养老金收入不能维持基本生活需要。因此，在人均国民收入水平较低时，应保持一定水平的替代率，以后随着国民收入水平的提高和恩格尔系数的下降，可逐步将替代比例降下来。（2）养老金刚性。养老金刚性一方面表现为代际攀比，即晚退休者要求比照不低于早退休者的养老金比例发放养老金；另一方面表现为地区间攀比，即一地区养老金替代水平要求比照不低于其他地方的标准来确定。（3）养老金收入水平提高的影响。随着国民收入水平的提高，晚退休者的养老金收入的绝对数额应比早退休者的养老金收入的绝对数略有提高，这也制约了替代水平的降低。根据我国的实际情况，平均替代率应在50%～70%之间。

（三）老年抚养比

老年抚养比是指退休职工人数与在职职工人数之比，用以表示每一个在职职工要供养几个退休职工。抚养比小，社会养老负担就轻，社会养老保险收支容易平衡；抚养比大，社会养老负担重，社会养老保险平衡就困难。抚养比的大小关系到养老保险基金的收支，影响老年抚养比数值大小的因素有就业年龄、退休年龄和年龄构成。

（1）就业年龄。就业年龄低，在职职工即养老金缴费者人数就多，养老保险基金缴费就多；就业年龄高，养老保险基金缴费就少。一般来说，职工的就业年龄是比较稳定的，降低就业年龄很困难，一是因为受学校教育年限的限制，就业年龄不可能太早；二是受法定就业年龄的限制，就业年龄必须在16岁以上。

（2）退休年龄。退休年龄提高，则在职职工人数增多，退休职工人数减少，抚养比降低，社会养老负担减轻，养老保险收支平衡就容易实现。退休年龄降低，则在职职工人数减少，退休职工人数增多，抚养比提高，社会养老负担加重，养老保险收支平衡就不容易实现。退休年龄的变动弹性较大，有的国家规定男女平均退休年龄为 55 岁，有的国家规定为 60 岁。有的国家规定为 65 岁或更大。

（3）年龄构成。职工年龄构成是指各年龄组职工（包括在职职工和退休职工）的人数在职工总人数中所占的比重。当人口结构趋于老龄化时，全部职工中退休职工人数所占比例增加，在职职工人数所占比例趋于减少，抚养比增大，社会养老负担增加。反之，当人口结构趋于年轻化时，则抚养比降低，社会养老负担减轻。

（四）工资增长率

工资增长率是表示职工工资随工龄或年份而增长的比率。工资增长率越高，缴费工资基数的增长越快，养老保险基金缴费收入的增长也越快，同时退休时养老金标准就越高，因而养老保险基金支出的增长也越快。一般而言，工资增长时，全体在职职工的工资都相应增长，已退休职工的养老金也会相应增长，但养老金的增长率会低于工资增长率，相当于工资增长率的80% 左右。

（五）养老金增值率

养老金增值率是表示养老保险基金的投资增值部分与养老保险基金的比率。养老金增值率越高，养老金增值速度就越快，就能够给养老保险基金带来更多的增值收入。养老金增值率与养老保险支出的关系取决于养老金计发采取什么方法，在个人账户形式下，养老金增值率越高，个人账户记账利率也越高（记账利率一般略小于养老金增值率），个人账户储存额就越大，职工退休后的养老金支出额也越大。在个人账户形式下，养老金增值率对收支平衡的影响，主要取决于养老金增值率对养老保险基金的实际增值与个人账户的账面增值的比较。

（六）目标期间

目标期间是指维持养老金收支平衡所取的期间。现收现付模式下是当年平衡，目标期间就是一年。完全积累模式下是职工开始就业时缴费，职工退休后领取养老金，目标期间是职工就业年限加上退休后平均余命的年限。目标期间取得长短对于部分积累模式来说，是与主观意愿有关的，目标期间取得长些，有利于在人口老龄化时解决较长期间的养老金收支平衡问题，使老龄化带来的养老负担在各代中更加均匀，不会对后代造成沉重的养老负担。

## 第二节 社会养老保险基础精算模型的构建

社会养老保险的福利就是年老退休金。职工为得到退休金必须缴纳社会保险费，我们称之为醵出金。醵出金由企业和职工共同分担，比例由国家法规确定，且在职工仍然工作时按年或月支付，支付额为上年职工平均工资的一定比例。职工得到的各种福利称为受益，主要是指退休受益。

醵出金和受益金的精算现值平衡可以按个人计算，但更经常的是以所有参加者集体的某种综合为基础进行计算。前者是后者的基础。本章将先建立个体社会养老保险参加者的受益金与醵出金的现值精算模型，然后建立所有参加者集体的受益金与醵出金的现值精算模型。

（一）基础模型

1. 工资级别函数

社会养老保险的醵出金为职工年收入的一个确定比例，因此，为估计醵出金，必须先预计未来的工资收入。为此，定义工资函数如下：

$$(ES)_{x+h+t} = (AS)_{x+h} \frac{S_{x+h+t}}{S_{x+h}} \qquad (3-1)$$

$(AS)_{x+h}$ 是一个 $x$ 岁进入社会养老保险计划，现年 $x+h$ 岁的参加者的实际年薪；$(ES)_{x+h+t}$ 是预计该参加者在 $x+h+t$ 岁时的年薪；$S_y$ 为工资尺度函数，不仅反映绩效与资历增长，而且考虑了长期通胀及退休金计划所有成员的生产力提高而产生的影响。我们假设工资以 $g_1$ 比例逐年增长，则式（3-1）变为：

$$(ES)_{x+h+t} = (AS)_{x+h}(1+g_1)^t \qquad (3-2)$$

2. 养老金级别函数

在养老保险计划中，参加者通常要经历 40~45 年的养老权利递增，而退休后的年金给付则可能延续 20 年或更长。为了防止这中间物价持续上涨导致养老金购买力急剧下降，为了让退休员工享受到生产率提高带来的好处，必须对退休者的养老金进行调整。我们假设退休人员养老金每年以 $g_2$ 比例增长，这时 $g_2 < g_1$，则：

$$(ERS)_{r+h+t} = (RS)_{r+h}(1+g_2)^t \qquad (3-3)$$

式中，$(RS)_{r+h}$ 是一个 $r+h$ 岁退休人员在当年的实际退休金；$(ERS)_{r+h+t}$

是个 $r$ 岁退休、活到 $r+h+t$ 岁时的退休人员的退休金；$g_2 = (40\% \sim 80\%)g_1$。

3. 酿出金精算模型

实际酿出金支付在离散状态下，我们假设酿出金在生存年末缴纳，若酿出金以每年薪水的 $C$ 比率缴纳且年薪以 $g_1$ 比例增加，则其未来精算现值为：

$$
\begin{aligned}
PV_{x+h} &= C(AS)_{x+h} \sum_{k=1}^{r-x-h} V^k (1+g_1)^k {}_kP_{x+h}^{(\tau)} \\
&= C(AS)_{x+h} \sum_{k=1}^{r-x-h} V'^k {}_kP_{x+h}^{(\tau)}
\end{aligned}
\tag{3-4}
$$

其中，$V' = v(1+i_1)$；$v = \dfrac{1}{1+i}$。

若酿出金每年分 $m$ 次支付，假设年内的死亡是均匀的，则可以得到其未来精算现值为：

$$
\begin{aligned}
PV_{x+h} &= C(AS)_{x+h} \left[ \sum_{k=1}^{r-x-h} V'^k {}_kP_{x+h}^{(\tau)} + \frac{m-1}{2m}\left(1 - \frac{D'_{x+h}}{D'_x}\right) \right] \\
&= C(AS)_{x+h} \left[ \frac{N'_{x+h} - N'_{x+h+r}}{D'_{x+h}} + \frac{m-1}{2m}\left(1 - \frac{D'_{x+h}}{D'_x}\right) \right]
\end{aligned}
\tag{3-5}
$$

其中，$D'_x = v'^x l_x$，$N'_x = \displaystyle\sum_{k=0}^{\infty} D'_{x+k}$。

4. 退休受益精算模型

年老退休金指因达到法定退休年龄而获得的福利，它是一种延期的年金，通常从退休时开始支付。我们假设 $R(x, h, t)$ 仅与退休前的工资有关，故设退休金为退休前一年薪水的固定比率 $T$。

引入函数 $R(x, h, t)$，表示 $x$ 岁进入、现龄 $x+h$ 岁、并将在 $x+h+t$ 岁退休的即时年退休金，以 $\ddot{a}^r_{x+h+t}$ 表示 $x+h+t$ 岁因年老退休的雇员可获得的起始年为 1 单位年初付退休金在退休时的精算现值，则可获得的退休金在退休时的精算现值为 $R(x, h, t)\ddot{a}^r_{x+h+t}$。

假设 $r$ 为退休年龄，则 $r = x+h+t$。

对于现龄 $x+h < r$ 的雇员的适龄退休收益之精算现值可表示为：

$$
APV_{x+h} = V^{r-x-h}_{r-x-h}P_{x+h}R(x, h, t)\ddot{a}^r_{x+h+t}
\tag{3-6}
$$

从式（3-6）可看出：退休金的精算现值依赖于 $R(x, h, t)$，实际中 $R(x, h, t)$ 有多种形式，常见的有以下两种。

（1）$R(x, h, t)$ 与薪水无关。此时，$R(x, h, t)$ 仅与雇员的服务年限有关，设退休金为服务年限的 $b$ 倍，则 $R(x, h, t) = b(h+t)$，这里 $t$ 为整数。

有时，$b$ 在不同的时间区间取值，如：

$$R(x, h, t) = \begin{cases} b_1(h+t) & (h+t \leqslant 30) \\ 30b_1 + b_2(h+t-30) & (h+t > 30) \end{cases} \quad (3-7)$$

（2）$R(x, h, t)$ 与退休前最后几年的薪水有关。此时，$R(x, h, t)$ 可能与退休当年的薪水有关，也可能与退休前最后几年的平均薪水有关，还可能与平均薪水和服务年限均有关。

假设 $R(x, h, t)$ 仅与退休当年的薪水有关，设退休金为退休前一年薪水的固定比率 $T$，则：

$$R(x, h, t) = T(ES)_{x+h+t} = T(AS)_{x+h}\frac{S_{x+h+t}}{S_{x+h}} = T(AS)_{x+h}(1+g_1)^t$$
$$(3-8)$$

其中，$g_1$ 为在职职工工资平均年增长率。

$\ddot{a}^r_{x+h+t}$ 是 $x+h+t$ 岁参加者的终身生存年金，其表达式为：

$$\ddot{a}_{x+h+t} = 1 + a_{x+h+t} = \sum_{s=0}^{\infty} v''^s p_{x+h+t} \quad (3-9)$$

其中，$V'' = \dfrac{1+g_2}{1+i}$，$i$ 为利率。

若退休金每年分 $m$ 次支付，假设年内的死亡是均匀的，则可得：

$$\ddot{a}^{r(m)}_r = a^r_r + \frac{m+1}{2m} = \sum_{k=1}^{\infty} V''^k_k P^{(r)}_{x+h} - \frac{m-1}{2m}\left(1 - \frac{D''_{r+n}}{D''_r}\right) \quad (3-10)$$

其中，$D''_x = v''^x l_x$。

我们假设 $n$ 为退休人员从 $r$ 岁起至最终死亡的年限，得到：

$$APV^{(m)}_{x+h} = V''^{r-x-h}_{r-x-h}P_{x+h}\left[\sum_{k=1}^{\infty} V''^k_k P_{x+h} - \frac{m-1}{2m}\left(1 - \frac{D''_{r+n}}{D''_r}\right)\right]R(x, h, r-x-h)$$
$$(3-11)$$

## 第三节　社会养老保险年度财务平衡精算模型

加强养老保险基金管理的关键是确定养老保险基金在收入和支出之间的数量上的平衡关系。养老保险基金收支平衡是指养老保险所筹集的资金与按规定应支付的费用、开支之间收支相抵后应大体保持平衡，或略有结余。这是养老保险基金在筹集和使用上的基本原则。

（一）养老保险基金平衡方式的分类

传统的分类方法是将养老保险基金模式分成现收现付制、部分积累制和完全积累制。但是这种划分方法还没有深入本质之处，也无法与人口变化联系起来，而且没有包含所有类型的基金模式。此处利用人口学特有分析方法——时期分析和队列分析，将养老保险基金划分成四种：现收现付制（一年内时期平衡），阶段式平衡（一年以上时期平衡），队列平衡（或同批人平衡），单个人自我平衡。

图 3 - 1 中横轴表示年份，纵轴表示年龄——划分为三大段，即被抚养人口、劳动人口、退休人口。从横轴垂直向上的矩形表示某一年度各年龄的人数，这些人分别处于不同阶段。沿 BC 线向右上方沿 45°角斜向上升的平行四边形则表示出生于同一年代的同批人（如平行四边形 MBB′K），他们一生中在相同的时间内经历生命周期三个不同阶段，即被抚养阶段、工作阶段和退休阶段。

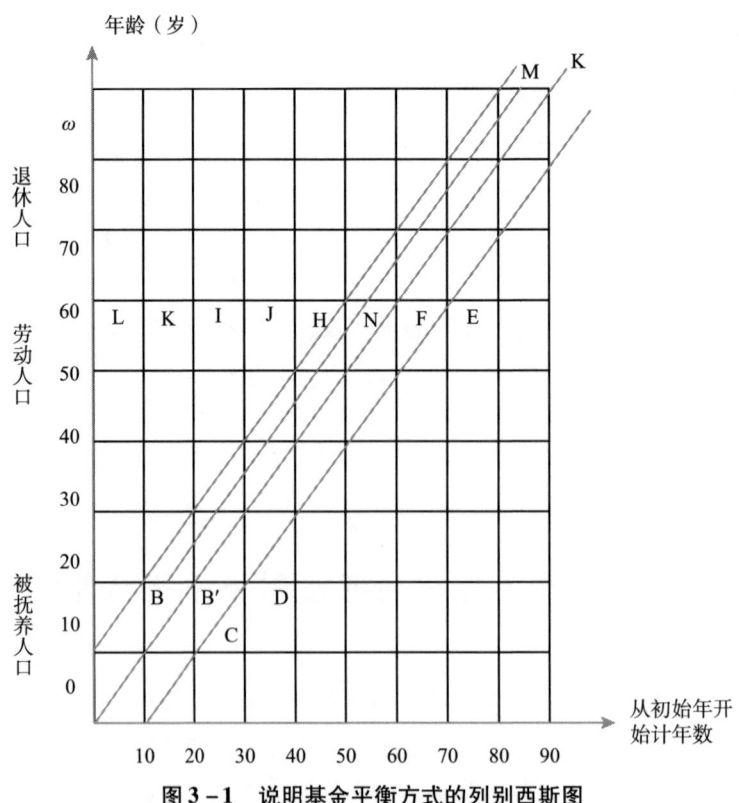

图 3 - 1　说明基金平衡方式的列别西斯图

一年内时期平衡就是某一年度内，已退休人员退休费从在职人员的工资总额中划出，在图 3 - 1 中就是沿纵轴方向的平衡；阶段式平衡与一年内时期平衡一样，只是时期跨度大于一年；队列平衡就是图 3 - 1 中沿 BC 线向右上方 45°角斜向上升的平行四边形（如平行四边形 MBB′K）所表示的同批人之间的平衡；单个人自我平衡就是图 3 - 1 中沿 B′N 线段的一个人自我平衡。

可见，现收现付制是一年期内平衡，部分积累制是时期平衡，完全积累制是单个人自我平衡，商业人寿养老保险则是队列平衡。

（二）现收现付制平衡的精算模型和分析

现收现付制是社会养老保险基金筹资的基本模式。世界上多数国家曾经或至今仍实行现收现付制，其具体做法是：在养老保险基金的支出方面，确定职工退休后的养老金发放办法和待遇标准，并根据退休职工的人数作出当年需支付的养老保险费用的测算；在养老保险基金的收入方面，根据"以支定收"原则，确定参加保险的企业和职工按养老金缴费基数的一定比例缴费，使养老保险基金收和支基本平衡。可见，现收现付制是将一笔当年应支出的养老保险基金按一定的提取比例，分摊到参加保险的企业和个人身上。

根据现收现付筹资模式的定义，当年养老缴费收入应等于当年养老金发放支出，即：

$$养老金缴费收入 = 养老金发放支出$$

假定养老金缴费是按照职工工资的一定比例缴纳的，该比例称为缴费率；养老金发放是按照平均养老金发放的，则：

$$养老金缴费收入 = 缴费率 \times 缴费工资总额$$
$$= 缴费率 \times 缴费职工人数 \times 职工平均工资$$
$$养老金发放支出 = 退休职工人数 \times 平均养老金$$

假设社会成员从 $a$ 岁开始参加工作，第 $t$ 年的岁数为 $x$，$r$ 岁退休。又设某年的时间为 $t$，$C_t$ 为第 $t$ 年的缴费率，$U_t$ 为第 $i$ 年的失业率，$W_x(t)$ 表示在时间 $t$ 时 $x$ 岁的在职职工的年工资总额（$a \leqslant x < r$），$L_{x,1}(t)$ 为在时间 $t$ 时 $x$ 岁劳动力人口的总数，$l_x(t)$ 为第 $t$ 年年初的 $x$ 岁人的人口数，则第 $t$ 年养老保险费收入总额为：

$$
\begin{aligned}
T - income_t &= \sum_{x=a}^{r-1} (1 - U_t) C_t W_x(t) L_x(t) \\
&= \sum_{x=a}^{r-1} (1 - U_t) C_t W_a(t - x + a)(1 + g_1)^{x-a} \left( \frac{l_{x,1}(t) + l_{x+1,1}(t+1)}{2} \right)
\end{aligned}
$$

$$(3 - 12)$$

又设退休金为退休前一年薪水的固定比率 $T$，$r$ 为退休年龄，$L_{x,2}(t)$ 为第 $t$ 年 $x$ 岁退休人员总数。第 $t$ 年退休金支出总额为：

$$
\begin{aligned}
T - expenditure_t &= \sum_{x=r}^{\omega-1} TW_{r-1}(t-x+r-1)(1+g_2)^{x-r} L_{x,2}(t) \\
&= \sum_{x=r}^{\omega-1} TW_a(t-x+a)(1+g_1)^{r-a-1}(1+g_2)^{x-r} \\
&\quad \left( \frac{l_{x,2}(t) + l_{x+1,2}(t+1)}{2} \right)
\end{aligned}
\tag{3-13}
$$

由式（3-12）和式（3-13）得：

$$
C_t = \frac{\displaystyle\sum_{x=r}^{\omega-1} TW_a(t-x+a)(1+g_1)^{r-a-1}(1+g_2)^{x-r}\left(\frac{l_{x,2}(t)+l_{x+1,2}(t+1)}{2}\right)}{\displaystyle\sum_{x=a}^{r-1}(1-U_t)CW_a(t-x+a)(1+g_1)^{x-a}\left(\frac{l_{x,1}(t)+l_{x+1,1}(t+1)}{2}\right)}
\tag{3-14}
$$

上面三个公式中：$l_{x,1}(a \leqslant x < r)$ 表示就业分年龄人口数，$l_{x,2}(\omega > x \geqslant r)$ 表示退休分年龄人口数，$\omega$ 表示终极年龄，$L_x = \dfrac{l_x + l_{x+1}}{2}$ 表示年中死亡均布分布情况下的 $x$ 岁人的平均数，$g_1$ 表示工资的年平均增长率，$g_2$ 表示退休金的年平均增长率。

最后得到第 $t$ 年的养老金收支缺口为：

$$
Gap_t = (T-income)_t - (T-expenditure)_t
\tag{3-15}
$$

# 第四节　社会养老保险目标期限内的纵向财务平衡精算模型

我们假设社会养老保险目标期限为 $n$ 年，利率为 $i$，则 $n$ 年内的社会养老金收入现值为：

$$
GPV_t = \sum_{k=1}^{n} (T-income)_{t+k} \times v^k
\tag{3-16}
$$

$n$ 年内的社会养老金支出现值为：

$$GAPV_t = \sum_{k=1}^{n} (T - expenditure)_{t+k} \times v^k \qquad (3-17)$$

最后得到 $n$ 年的养老金收支缺口现值为：

$$Gap_t = GPV_t - GAPV_t \qquad (3-18)$$

式（3-16）、式（3-17）和式（3-18）中，$v = \dfrac{1}{1+i}$。

# 第四章　社会养老保险财务平衡的精算与分析

## 第一节　机关事业单位养老保险财务平衡的测算

### 一、精算模型

#### （一）统筹账户年收入与年支出的精算模型

根据第一章第一节关于机关事业单位养老保险特征以及第三章第三节现收现付制收入支出的理论精算模型，假设失业率为 0，我们简化精算模型得到第 $t$ 年年总收入为：

$$
\begin{aligned}
T-income_t &= \sum_{x=a}^{r-1} C_t W_x(t) L_x(t) \\
&= \sum_{x=a}^{r-1} C_t W_a(t-x+a)(1+g_1)^{x-a}\left(\frac{l_{x,1}(t)+l_{x+1,1}(t+1)}{2}\right)
\end{aligned}
\tag{4-1}
$$

为了简化计算，我们采用式（4-2）：

$$
T-income_t \approx C_t W_1(t) L_1(t)
\tag{4-2}
$$

其中，$W_1(t)$ 为第 $t$ 年的机关事业单位职工平均工资；$L_1(t)$ 为第 $t$ 年的机关事业单位职工人数；$W_1(t+n)=W_1(t)(1+g_1)^n$，$n$ 为正整数；$l_{x,1}(t)$ 为第 $t$ 年初的机关事业单位年满 $x$ 岁的职工人数；$l_{x+1,1}(t+1)$ 为第 $t+1$ 年初或第 $t$ 年末年满 $x+1$ 岁的机关事业单位职工人数。

第 $t$ 年总年支出为：

$$
T-expenditure_t = \sum_{x=r}^{\omega-1} TW_{r-1}(t-x+r-1)(1+g_2)^{x-r} L_{x,2}(t)
$$

$$= \sum_{x=r}^{\omega-1} TW_a(t-x+a)(1+g_1)^{r-a-1}(1+g_2)^{x-r}$$

$$\left(\frac{l_{x,2}(t)+l_{x+1,2}(t+1)}{2}\right)$$

$$\approx W_2(t)L_2(t) \qquad (4-3)$$

因为在机关事业单位养老保险制度下，有一个预期固定的 $T$，$W_2(t)=TW_1(t-1)$，因此，

$$T-expenditure_t \approx W_2(t)L_2(t)=TW_1(t-1)L_2(t) \qquad (4-4)$$

其中，$W_2(t)$ 为第 $t$ 年的机关事业单位退休人员的平均退休金；$L_2(t)$ 为第 $t$ 年的机关事业单位退休人员人数；$W_2(t+n)=W_2(t)(1+g_2)^n$，$n$ 为正整数；$l_{x,2}(t)$ 为第 $t$ 年初的机关事业单位年满 $x$ 岁的退休人员人数；$l_{x+1,2}(t+1)$ 为第 $t+1$ 年初或第 $t$ 年末年满 $x+1$ 岁的机关事业单位退休人员人数。

（二）统筹账户未来各年收入与支出的精算现值模型

我国基本养老保险制度规定，基本养老保险待遇由基础养老金和个人账户养老金构成。基础养老金实行现收现付制，遵循收支平衡、略有结余的原则，统筹账户支出内容主要是退休者的基础养老金，收入内容主要是当年缴费收入加上基金结余。个人养老金财务上实行自我平衡的模式，因此中国基本养老保险财务平衡主要指的是基础养老金的财务平衡。

假设：$t$ 为年份，$L_t^m$ 为 $t$ 年男性在职职工总人数，$L_t^f$ 为 $t$ 年女性在职职工总人数，$L_t^{r,m}$ 为 $t$ 年男性退休者总人数，$L_t^{r,f}$ 为 $t$ 年女性退休者总人数，$i$ 为年利率，$W_t^m$ 为男性职工平均缴费工资基数，$W_t^f$ 为女性职工平均缴费工资基数，$W_t^{r,m}$ 为 $t$ 年男性人均月退休金，$W_t^{r,f}$ 为 $t$ 年女性人均退休金，$C_t$ 为缴费率，$TP_{t-1}$ 为 $t-1$ 年基金结余，$g_1$ 为在岗职工年平均工资增长率，$g_2$ 为养老金年均调整率。$PV_t$ 为未来各年统筹账户基金收入在 $t$ 年的现值，$APV_t$ 为未来各年统筹账户基金支出在 $t$ 年的现值。则：

$$PV_{t_0} = (t_0-t_n) 年间在职男职工缴费现值 + (t_0-t_n) 年间在职女职工缴费现值$$
$$+ (t_0-1) 年底基金结余 \times (1+利率)$$

$$= \sum_{t=t_0}^{t_n} C_t W_t^m L_t^m v^{t-t_0} + \sum_{t=t_0}^{t_n} C_t W_t^f L_t^f v^{t-t_0} + TP_{t_0-1}(1+i)$$

$$= \sum_{t=t_0}^{t_n} C_t W_{t_0}^m (1+g_1)^{t-t_0} L_t^m v^{t-t_0} + \sum_{t=t_0}^{t_n} C_t W_{t_0}^f (1+g_1)^{t-t_0} L_t^f v^{t-t_0} + TP_{t_0-1}(1+i)$$

$$(4-5)$$

为了便于测算，我们引入式（4-2），得：

$$PV_{t_0} = \sum_{t=t_0}^{t_n} \frac{(T - income)_t}{v^{t-t_0}} \approx \sum_{t=t_0}^{t_n} \frac{C_t W_1(t) L_1(t)}{v^{t-t_0}} \qquad (4-6)$$

$$APV_{t_0} = \begin{matrix} t_0 - t_n \text{ 年间男性退休人员} \\ \text{养老金支出现值} \end{matrix} + \begin{matrix} t_0 - t_n \text{ 年间女性退休人员} \\ \text{养老金支出现值} \end{matrix}$$

$$= \sum_{t=t_0}^{t_n} W_t^{r,m} L_t^{r,m} v^{t_n-t_0} + \sum_{t=t_0}^{t_n} W_t^{r,f} L_t^{r,f} v^{t_n-t_n}$$

$$= \sum_{t=t_0}^{t_n} W_{t_0}^{r,m} (1+g_2)^{t-t_0} L_t^{r,m} v^{t-t_0} + \sum_{t=t_0}^{t_n} W_{t_0}^{r,f} (1+g_2)^{t-t_0} L_t^{r,f} v^{t-t_0} \quad (4-7)$$

为了简化计算，我们引入式（4-4），得到：

$$APV_{t_0} = \sum_{t=t_0}^{t_n} \frac{(T - expenditure)_t}{(1+i)^{t-t_0}} \approx \sum_{t=t_0}^{t_n} \frac{W_2(t) L_2(t)}{(1+i)^{t-t_0}} = \sum_{t=t_0}^{t_n} \frac{TW_1(t-1) L_2(t)}{(1+i)^{t-t_0}}$$

$$(4-8)$$

（三）统筹账户未来各年收支缺口的精算现值模型

根据式（4-6）、式（4-8）得到统筹账户养老基金收支缺口精算现值模型，即：

$$\sigma_{t_0} = PV_{t_0} - APV_{t_0} + Fund_{t_0} \qquad (4-9)$$

式（4-9）中，$Fund_{t_0}$ 是基年 $t_0$ 的统筹账户养老金结余。

当 $\sigma \geq 0$ 时，基金可持续发展；当 $\sigma < 0$，基金收不抵支。

## 二、参数取值及说明

（一）平均参保年龄

由于无法取得所有参保人员数据进行翔实的经验分析，且机关和事业单位职工一般对个人教育学历有较高要求，一般都要求有大学学历，而一般大学毕业的入职者都应该在 22 岁左右，故假设：平均参保年龄为 20 岁。

（二）退休年龄

当前我国机关与事业单位职工退休制度规定：退休年龄为男性 60 岁，女性 55 岁。但从当前各国的退休制度发展趋势看，我国退休年龄在未来会延迟。根据国外退休年龄变化趋势以及我国未来寿命发展情况，假设我国机关与事业单位职工未来各年的平均退休年龄如表 4-1 所示。

表4-1　　　　　　　　未来各年机关事业单位职工平均退休年龄　　　　　单位：岁

| 实施年份 | 平均退休年龄 | | 实施年份 | 平均退休年龄 | |
|---|---|---|---|---|---|
| | 男 | 女 | | 男 | 女 |
| 2024 | 60 | 55 | 2035 | 60 | 59 |
| 2025 | 60 | 56 | 2036 | 60 | 60 |
| 2026 | 60 | 56 | 2037 | 61 | 60 |
| 2027 | 60 | 56 | 2038 | 62 | 60 |
| 2028 | 60 | 57 | 2039 | 62 | 61 |
| 2029 | 60 | 57 | 2040 | 62 | 62 |
| 2030 | 60 | 57 | 2041 | 63 | 63 |
| 2031 | 60 | 57 | 2042 | 63 | 63 |
| 2032 | 60 | 58 | 2043 | 64 | 64 |
| 2033 | 60 | 58 | 2044 | 64 | 64 |
| 2034 | 60 | 59 | 2045+ | 65 | 65 |

资料来源：http://www.cnrencai.com/shebao/yanglao/100268.html，参考该网址公布的《延迟退休年龄表》整理得到。

### （三）平均工资（$W$）及工资增长率（$i_1$）

《中国劳动统计年鉴（2022）》显示，2021年国有单位职工平均工资为115 583元，故2021年我国机关事业单位缴费工资基数为月9 632元。自1995以来，27年、10年、5年、3年的平均增长率分别为12.96%、10.26%、9.75%及8.89%（见表4-2）。

表4-2　　　　　　　　国有就业人员平均工资和指数

| 年份 | 国有单位（元/年） | 平均货币工资指数（上年=100） |
|---|---|---|
| 1995 | 5 553 | 117.30 |
| 2000 | 9 441 | 111.80 |
| 2005 | 18 978 | 115.40 |
| 2010 | 38 359 | 112.40 |
| 2011 | 43 483 | 113.40 |
| 2012 | 48 357 | 111.20 |
| 2013 | 52 657 | 108.90 |

续表

| 年份 | 国有单位（元/年） | 平均货币 工资指数（上年=100） |
|---|---|---|
| 2014 | 57 296 | 108.80 |
| 2015 | 65 296 | 114.00 |
| 2016 | 72 538 | 111.10 |
| 2017 | 81 114 | 111.80 |
| 2018 | 89 474 | 110.30 |
| 2019 | 98 899 | 110.50 |
| 2020 | 108 132 | 109.30 |
| 2021 | 115 583 | 106.90 |
| 2022 | 127 175 | 110.00 |
| 1995~2022年　28年平均 | | 112.96 |
| 2012~2022年　11年平均 | | 110.26 |
| 2017~2022年　6年平均 | | 109.75 |
| 2020~2022年　3年平均 | | 108.89 |

资料来源：根据《中国劳动统计年鉴（2022）》整理得到。

考虑到本书所列精算时间长达70年，中国从1995年至2022年工资快速增长，主要反映了中国改革开放的成果及经济、物价的增长。世界各开发国家过去长达12年和22年期间的国民收入的年增长约维持在2%至6%之间，参考这个数据，又考虑到疫情后中国经济环境的影响，故建议从2022年起，之后的工资增长率将从10%逐渐回归到2%（如表4-3所示）。

表4-3　　　　　　未来各年机关事业单位平均工资增长率假设　　　　单位：%

| 年份 | 工资增长率 |
|---|---|
| 2025 | 6.2 |
| 2026~2030年各年 | 6.0 |
| 2031~2035年各年 | 5.0 |
| 2036~2040年各年 | 4.0 |
| 2041~2045年各年 | 3.0 |
| 2045年以后各年 | 2.0 |

（四）人均年基本养老金增长率（$i_2$）及人均年基本养老金的确定

历年全国机关事业单位城镇职工基本养老保险情况见表4-4。

**表4-4**　　　　**历年全国机关事业单位城镇职工基本养老保险情况**

| 年份 | 年末离退休人数（万人） | 基金支出（亿元） | 人均年退休金（元） | 退休金年增长率（%） |
|---|---|---|---|---|
| 2001 | 209.30 | 204.40 | 9 765.89 | |
| 2002 | 258.60 | 340.10 | 13 151.59 | 34.67 |
| 2003 | 303.30 | 405.90 | 13 382.79 | 1.76 |
| 2004 | 327.60 | 470.90 | 14 374.24 | 7.41 |
| 2005 | 362.30 | 545.00 | 15 042.78 | 4.65 |
| 2006 | 396.80 | 609.40 | 15 357.86 | 2.09 |
| 2007 | 409.70 | 811.30 | 19 802.29 | 28.94 |
| 2008 | 435.60 | 882.00 | 20 247.93 | 2.25 |
| 2009 | 459.00 | 1 007.80 | 21 956.43 | 8.44 |
| 2010 | 493.30 | 1 145.00 | 23 211.03 | 5.71 |
| 2011 | 513.00 | 1 339.30 | 26 107.21 | 12.48 |
| 2012 | 534.70 | 1 553.30 | 29 049.93 | 11.27 |
| 2013 | 556.20 | 1 729.00 | 31 085.94 | 7.01 |
| 2014 | 579.80 | 1 907.40 | 32 897.55 | 5.83 |
| 2015 | 605.50 | 2 671.80 | 44 125.52 | 34.13 |
| 2016 | 1 079.50 | 5 988.70 | 55 476.61 | 25.73 |
| 2017 | 1 565.30 | 9 510.40 | 60 757.68 | 9.52 |
| 2018 | 1 817.20 | 13 144.30 | 72 332.71 | 19.05 |
| 2019 | 1 914.20 | 14 572.80 | 76 129.98 | 5.25 |
| 2020 | 1 978.10 | 13 689.10 | 69 203.28 | -9.10 |
| 2021 | 2 030.50 | 15 798.20 | 77 804.48 | 12.43 |
| 2022 | 2 113.10 | 15 467.50 | 73 198.14 | -5.92 |

资料来源：根据《中国劳动统计年鉴（2022）》整理得到。

根据《中国劳动统计年鉴（2023）》表 9 - 6 中历年全国机关事业单位城镇职工基本养老保险情况，由每一年度的基金支出除以该年度的离退休人员数，推估人均养老金支出，进而推估出各年退休金增长率，最后得到 20 年年均增长率为 10.93%，近 10 年的复合增长率为 11.54%。

近 10 年的人均养老金年复合增长率为 11.54%，相较于同期间城镇单位在岗职工平均工资之年复合增长率 10.26%，可以看出养老金增长率与工资增长率是同向且基本同步调整的。

当前中国社会养老保险的统筹账户综合目标替代率在 40% 左右，如果养老金增长率小于工资增长率调整的，就会导致退休职工的养老保险待遇随着时间的增长反而降低。为了保证机关事业单位退休职工的生活水平不降低，我们可以假定其退休以后的统筹账户退休金替代率始终保持目标替代率 40%，这时退休金增长率与职工工资增长率的调整是同向且同向步的。若已知 $t$ 年人均工资，通过下式求得 $t$ 年人均退休金。

$$t \text{ 年人均退休金} = t \text{ 年人均工资} \times \text{目标替代率} \qquad (4-10)$$

（五）替代率假设

统筹账户养老金待遇取决于当地平均工资、参保人缴费年限以及个人缴费基数，统筹账户养老金的平均水平可以用目标替代率表示。机关事业单位平均参保年龄在 20 岁，平均退休年龄为 60 岁，平均缴费时间大约为 40 年，因此我们假设目标替代率为 40% 左右。

（六）折现率及资产预期报酬率（$i$）

根据国际会计准则公报（IAS）第 19 号[①]的规定，折现率应以高质量的公司债市场利率为依据，但在无活跃的债券次级市场的情况下，应参照政府公债之利率。又根据美国财务会计准则公报第 106 号[②]对计算退休金折现率的规定，折现率的设定是使计算的精算应计负债数额投资于高质量固定收益公司债时，将足够支付未来给付现金流量。因社保基金精算应计负债的存续期间较长，且由于国内目前并无评价为高质量且长期活络的公司债券市场，依国际会计准则公报第 19 号规范，宜参考使用衡量日时 10~20 年期中国固定利率国债

---

① The International Financial Reporting Standards (IFRS) Foundation：http://www.ifrs.org/IFRSs/IFRS-technical-summaries/Documents/English%20Web%20Summaries%202013/IAS%2019.pdf, p2.

② The Financial Accounting Standards Board (FASB) Statement：http://www.ehow.com/info_8405290_fasb-106-definition.html.

平均收益率作为折现率。

根据美国财务会计准则公报第 25 号①的规定，以资产预期报酬率为折现率，并依据美国精算协会所颁行之精算实务准则第 4 号②的规定，精算假设推估，必须根据过去可信赖之实际经验值，同时考虑可预期的未来长期趋势，即使用资产配置下组合报酬率作为折现率之假设，可得到较合理的推估。因此我们采用中国 10 年期以上国债的预期收益率作为折现率。由于当前我国 10 年期以上国债的预期收益率在 3.98% 至 4.95% 之间③，根据发达国家长期国债预期收益率以及国家经济发展情况，我们确定精算折现率为 4%。

（七）遵缴率、缴费率和投资收益率

（1）由于财政全额拨款的机关事业单位的缴费主要来源于财政拨款，因此，假设其缴费率保持为 100%。

（2）根据《国务院关于机关事业单位工作人员养老保险制度改革的决定》，机关事业单位基本养老保险统筹账户缴费率为 20%，个人账户缴费率为 8%。

（3）由于体制机制障碍和缺乏合适投资渠道，我国基本养老保险基金投资收益率较低，年均收益率不足 2%。建议国家将该基金结余完全交给全国社会保障基金会进行管理和投资，由此，假设基金投资收益率与一年定期银行存款利率相同，取值 3% ~ 5%，为此，需要假设投资收益率分别为 3%、4%、5% 三种情况下进行测算。

（八）缴费基数、平均工资及其增长率

《国务院关于机关事业单位工作人员养老保险制度改革的决定》规定养老保险缴费基数为本年度本单位在岗职工平均工资。本书以 2021 年机关事业单位在职职工年人均工资 115 583 元为基数。

（九）基年（2021 年）基础养老金

我们利用《中国劳动统计年鉴（2022）》公布的 2021 年机关事业单位基

---

① Statements of Governmental Accounting Standards Board（GASB）：http：//www.gasb.org/st/summary/gstsm25.html.

② Actuarial Standard of Practice No.4 Revised Edition. Measuring Pension Obligations and Determining Pension Plan Costs or Contributions. Developed by the Pension Committee of the Actuarial Standards Board, Adopted by Actuarial Standards Board, December 2013, No.173.

③ 中债金融估值中心有限公司质量控制部：《中债收益率曲线及估值质量检验报告（2017.1.30 ~ 2017.12.31）》，中国债券信息网，2018 年 3 月，http：//www.chinabond.com.cn/cb/cn/zzsj/zlbg/20180402/149076567.shtml。

本养老保险基金支出除以 2021 年基本养老保险参保离退休人员数，得到 2021 年基本养老保险人均支出额为 77 804.48 元。

（十）失业率

根据机关事业单位就业情况，我们假定中国机关事业单位职工失业率为 0。

## 三、测算

（一）未来各年机关事业单位就业人员与退休人员人数测算

（1）目前，财政供养人员占总人口的比例约为 3.94%，而美国考虑教育、医疗卫生的财政供养人员占比约为 7%，英国为 8%~9%，法国、德国为 5% 左右，日本比例与我国基本一致；再从财政供养人员占全国适龄劳动力人口比例为 4.8% 的角度看，这个比例也是合适的。总体来说，我国财政供养人员比例低于西方发达国家，与日本比例基本一致，因此假设未来各年中国财政供养比保持不变。

（2）由表 4-5 可以看出，2010~2021 年三大社会养老保险制度参保人员的比例基本趋于稳定；由表 4-6 可以看出，2010~2021 年三大社会养老保险制度参保人员总数增长率也趋于稳定。由于当前中国机关事业单位养老保险制度对机关事业单位工作人员的覆盖率接近 100%，因此我们假定未来中国机关事业单位养老保险参保人数比例保持在 5%。

表 4-5　　　　　历年中国三大社会养老保险制度参保总人数比例　　　　单位：%

| 年份 | 机关事业单位职工基本养老保险参保人数 | 城镇企业职工基本养老保险参保人数 | 城乡居民基本养老保险参保人数 |
|---|---|---|---|
| 2010 | 5.76 | 65.68 | 28.56 |
| 2011 | 3.42 | 42.69 | 53.89 |
| 2012 | 2.73 | 35.88 | 61.39 |
| 2013 | 2.65 | 36.66 | 60.69 |
| 2014 | 2.59 | 37.93 | 59.49 |
| 2015 | 2.61 | 38.59 | 58.80 |
| 2016 | 4.13 | 38.60 | 57.28 |
| 2017 | 5.44 | 38.58 | 55.99 |

续表

| 年份 | 机关事业单位职工基本养老保险参保人数 | 城镇企业职工基本养老保险参保人数 | 城乡居民基本养老保险参保人数 |
|---|---|---|---|
| 2018 | 5.75 | 38.69 | 55.56 |
| 2019 | 5.77 | 39.18 | 55.05 |
| 2020 | 5.72 | 39.96 | 54.32 |
| 2021 | 5.68 | 41.05 | 53.27 |

资料来源：根据《中国劳动统计年鉴（2022）》整理得到。

表4-6　　　　历年中国三大社会养老保险制度参保人数增长率　　单位：%

| 年份 | 机关事业单位职工基本养老保险参保人数（增长率） | 城镇企业职工基本养老保险参保人数（增长率） | 城乡居民基本养老保险参保人数（增长率） |
|---|---|---|---|
| 2010 | 1.00 | 1.00 | 1.00 |
| 2011 | 1.69 | 11.21 | 222.88 |
| 2012 | 2.22 | 7.56 | 45.77 |
| 2013 | 0.65 | 6.29 | 2.85 |
| 2014 | 0.44 | 6.31 | 0.72 |
| 2015 | 2.73 | 3.69 | 0.73 |
| 2016 | 63.82 | 3.44 | 0.74 |
| 2017 | 35.74 | 3.07 | 0.80 |
| 2018 | 8.88 | 3.30 | 2.22 |
| 2019 | 3.03 | 3.90 | 1.69 |
| 2020 | 2.33 | 5.28 | 1.84 |
| 2021 | 2.32 | 5.81 | 1.02 |

资料来源：《中国劳动统计年鉴（2022）》。

根据本书表2-10和表4-1，先计算出未来各年适龄劳动力人口数以及退休人员数，再根据未来中国机关事业单位养老保险参保人数比例保持在5.5%的假设，得到未来各年全国机关事业单位养老保险参保人员和退休人员预测数（见表4-7和表4-8）。

表 4 – 7　　　　　　未来各年机关事业单位养老保险参保人员总数　　　单位：千人

| 年份 | 在职职工人数 | 年份 | 在职职工人数 | 年份 | 在职职工人数 |
|------|------|------|------|------|------|
| 2025 | 39 077.08 | 2050 | 37 271.03 | 2075 | 29 665.30 |
| 2026 | 38 508.91 | 2051 | 36 593.80 | 2076 | 29 265.93 |
| 2027 | 38 160.08 | 2052 | 35 760.47 | 2077 | 28 774.67 |
| 2028 | 38 344.48 | 2053 | 35 046.74 | 2078 | 28 333.83 |
| 2029 | 37 970.40 | 2054 | 34 276.10 | 2079 | 27 851.91 |
| 2030 | 37 580.33 | 2055 | 33 490.41 | 2080 | 27 474.32 |
| 2031 | 37 244.97 | 2056 | 32 980.85 | 2081 | 27 044.03 |
| 2032 | 37 618.07 | 2057 | 32 526.46 | 2082 | 26 561.89 |
| 2033 | 37 439.37 | 2058 | 32 310.79 | 2083 | 26 263.18 |
| 2034 | 37 822.32 | 2059 | 32 179.49 | 2084 | 26 026.64 |
| 2035 | 37 653.85 | 2060 | 32 055.41 | 2085 | 25 945.22 |
| 2036 | 38 042.01 | 2061 | 31 986.45 | 2086 | 25 962.37 |
| 2037 | 38 539.18 | 2062 | 32 040.63 | 2087 | 25 869.97 |
| 2038 | 38 818.39 | 2063 | 32 063.99 | 2088 | 25 810.67 |
| 2039 | 39 059.51 | 2064 | 32 093.48 | 2089 | 25 782.13 |
| 2040 | 39 122.11 | 2065 | 31 977.72 | 2090 | 25 779.08 |
| 2041 | 39 561.29 | 2066 | 31 809.05 | 2091 | 25 795.79 |
| 2042 | 39 153.44 | 2067 | 31 722.76 | 2092 | 25 827.30 |
| 2043 | 39 695.97 | 2068 | 31 704.86 | 2093 | 25 869.92 |
| 2044 | 39 344.46 | 2069 | 31 497.32 | 2094 | 25 919.20 |
| 2045 | 39 843.11 | 2070 | 31 252.80 | 2095 | 25 970.60 |
| 2046 | 39 384.59 | 2071 | 31 061.77 | 2096 | 26 019.75 |
| 2047 | 38 763.63 | 2072 | 30 755.49 | 2097 | 26 064.10 |
| 2048 | 38 284.50 | 2073 | 30 422.24 | 2098 | 26 099.50 |
| 2049 | 37 783.26 | 2074 | 30 044.60 | 2099 | 26 124.20 |

表 4 – 8　　　　　　未来各年机关事业单位养老保险退休人员总数　　　单位：千人

| 年份 | 退休人数 | 年份 | 退休人数 | 年份 | 退休人数 |
|------|------|------|------|------|------|
| 2025 | 19 368.83 | 2027 | 20 668.25 | 2029 | 21 315.94 |
| 2026 | 20 086.46 | 2028 | 20 707.48 | 2030 | 21 907.34 |

续表

| 年份 | 退休人数 | 年份 | 退休人数 | 年份 | 退休人数 |
|------|----------|------|----------|------|----------|
| 2031 | 22 431.24 | 2054 | 22 866.06 | 2077 | 20 057.36 |
| 2032 | 22 559.88 | 2055 | 23 291.14 | 2078 | 20 003.28 |
| 2033 | 23 150.21 | 2056 | 23 419.41 | 2079 | 19 991.93 |
| 2034 | 23 187.59 | 2057 | 23 475.18 | 2080 | 19 881.42 |
| 2035 | 23 632.89 | 2058 | 23 481.89 | 2081 | 19 832.47 |
| 2036 | 23 547.00 | 2059 | 23 393.63 | 2082 | 19 846.34 |
| 2037 | 23 650.10 | 2060 | 23 286.64 | 2083 | 19 694.18 |
| 2038 | 23 753.25 | 2061 | 23 113.66 | 2084 | 19 500.30 |
| 2039 | 23 002.85 | 2062 | 22 807.42 | 2085 | 19 175.00 |
| 2040 | 23 106.10 | 2063 | 22 519.04 | 2086 | 18 777.96 |
| 2041 | 22 082.38 | 2064 | 22 208.81 | 2087 | 18 514.70 |
| 2042 | 22 323.44 | 2065 | 22 024.38 | 2088 | 18 240.35 |
| 2043 | 21 564.34 | 2066 | 21 867.19 | 2089 | 17 959.15 |
| 2044 | 21 650.67 | 2067 | 21 603.90 | 2090 | 17 670.91 |
| 2045 | 20 842.20 | 2068 | 21 244.67 | 2091 | 17 377.67 |
| 2046 | 20 950.08 | 2069 | 21 051.73 | 2092 | 17 078.73 |
| 2047 | 21 182.47 | 2070 | 20 879.03 | 2093 | 16 774.74 |
| 2048 | 21 237.39 | 2071 | 20 634.80 | 2094 | 16 470.10 |
| 2049 | 21 281.72 | 2072 | 20 489.66 | 2095 | 16 164.45 |
| 2050 | 21 308.48 | 2073 | 20 359.07 | 2096 | 15 859.40 |
| 2051 | 21 475.64 | 2074 | 20 258.72 | 2097 | 15 559.70 |
| 2052 | 22 028.54 | 2075 | 20 153.07 | 2098 | 15 264.70 |
| 2053 | 22 432.16 | 2076 | 20 060.52 | 2099 | 14 975.45 |

（二）未来各年机关事业单位就业人员平均工资测算

根据前面对基年机关事业单位在职职工缴费工资以及未来各年工资年增长率的假设，得到未来各年机关事业单位在职职工缴费工资的测算值（见表4-9）；又根据前面对基年机关事业单位退休人员退休金以及未来各年退休金与工资关系的假设，得到未来各年机关事业单位退休人员年平均退休金的测算值（见表4-10）。

**表 4 – 9** 　　　　　　　　　　未来各年机关事业单位职工平均工资 　　　　　　　　单位：元

| 年份 | 平均工资 | 年份 | 平均工资 | 年份 | 平均工资 |
|---|---|---|---|---|---|
| 2025 | 149 670.3 | 2048 | 378 902.7 | 2071 | 597 491.5 |
| 2026 | 158 650.5 | 2049 | 386 480.8 | 2072 | 609 441.3 |
| 2027 | 168 169.6 | 2050 | 394 210.4 | 2073 | 621 630.1 |
| 2028 | 178 259.7 | 2051 | 402 094.6 | 2074 | 634 062.7 |
| 2029 | 188 955.3 | 2052 | 410 136.5 | 2075 | 646 744.0 |
| 2030 | 200 292.6 | 2053 | 418 339.2 | 2076 | 659 678.8 |
| 2031 | 210 307.3 | 2054 | 426 706.0 | 2077 | 672 872.4 |
| 2032 | 220 822.6 | 2055 | 435 240.1 | 2078 | 686 329.9 |
| 2033 | 231 863.8 | 2056 | 443 945.0 | 2079 | 700 056.5 |
| 2034 | 243 456.9 | 2057 | 452 823.8 | 2080 | 714 057.6 |
| 2035 | 255 629.8 | 2058 | 461 880.3 | 2081 | 728 338.7 |
| 2036 | 265 855.0 | 2059 | 471 117.9 | 2082 | 742 905.5 |
| 2037 | 276 489.2 | 2060 | 480 540.3 | 2083 | 757 763.6 |
| 2038 | 287 548.7 | 2061 | 490 151.1 | 2084 | 772 918.9 |
| 2039 | 299 050.7 | 2062 | 499 954.1 | 2085 | 788 377.3 |
| 2040 | 311 012.7 | 2063 | 509 953.2 | 2086 | 804 144.8 |
| 2041 | 320 343.1 | 2064 | 520 152.3 | 2087 | 820 227.7 |
| 2042 | 329 953.4 | 2065 | 530 555.3 | 2088 | 836 632.3 |
| 2043 | 339 852.0 | 2066 | 541 166.4 | 2089 | 853 364.9 |
| 2044 | 350 047.6 | 2067 | 551 989.7 | 2090 | 870 432.2 |
| 2045 | 357 048.5 | 2068 | 563 029.5 | 2091 | 887 840.9 |
| 2046 | 364 189.5 | 2069 | 574 290.1 | 2092 | 905 597.7 |
| 2047 | 371 473.3 | 2070 | 585 775.9 | 2093 | 923 709.6 |

表 4 – 10　　　　　　　　未来各年机关事业单位退休人员平均退休金　　　　单位：元

| 年份 | 平均退休金 | 年份 | 平均退休金 | 年份 | 平均退休金 |
|------|-----------|------|-----------|------|-----------|
| 2025 | 59 868.12 | 2048 | 151 561.10 | 2071 | 238 996.60 |
| 2026 | 63 460.21 | 2049 | 154 592.30 | 2072 | 243 776.50 |
| 2027 | 67 267.82 | 2050 | 157 684.20 | 2073 | 248 652.00 |
| 2028 | 71 303.89 | 2051 | 160 837.80 | 2074 | 253 625.10 |
| 2029 | 75 582.12 | 2052 | 164 054.60 | 2075 | 258 697.60 |
| 2030 | 80 117.05 | 2053 | 167 335.70 | 2076 | 263 871.50 |
| 2031 | 84 122.90 | 2054 | 170 682.40 | 2077 | 269 149.00 |
| 2032 | 88 329.05 | 2055 | 174 096.10 | 2078 | 274 531.90 |
| 2033 | 92 745.50 | 2056 | 177 578.00 | 2079 | 280 022.60 |
| 2034 | 97 382.78 | 2057 | 181 129.50 | 2080 | 285 623.00 |
| 2035 | 102 251.90 | 2058 | 184 752.10 | 2081 | 291 335.50 |
| 2036 | 106 342.00 | 2059 | 188 447.20 | 2082 | 297 162.20 |
| 2037 | 110 595.70 | 2060 | 192 216.10 | 2083 | 303 105.50 |
| 2038 | 115 019.50 | 2061 | 196 060.40 | 2084 | 309 167.60 |
| 2039 | 119 620.30 | 2062 | 199 981.60 | 2085 | 315 350.90 |
| 2040 | 124 405.10 | 2063 | 203 981.30 | 2086 | 321 657.90 |
| 2041 | 128 137.20 | 2064 | 208 060.90 | 2087 | 328 091.10 |
| 2042 | 131 981.40 | 2065 | 212 222.10 | 2088 | 334 652.90 |
| 2043 | 135 940.80 | 2066 | 216 466.60 | 2089 | 341 346.00 |
| 2044 | 140 019.00 | 2067 | 220 795.90 | 2090 | 348 172.90 |
| 2045 | 142 819.40 | 2068 | 225 211.80 | 2091 | 355 136.30 |
| 2046 | 145 675.80 | 2069 | 229 716.10 | 2092 | 362 239.10 |
| 2047 | 148 589.30 | 2070 | 234 310.40 | 2093 | 369 483.90 |

（三）未来 5 年、10 年、70 年机关事业单位养老保险基金收支的精算现值测算

根据前面对利率的假设以及缴费率20%的情况下，根据表4 – 7、表4 – 8、表4 – 9 和表4 – 10，利用式（4 – 7）、式（4 – 8）和式（4 – 9），分别计算未来 5 年、10 年、70 年在利率为 4%的情况下的总收入和总支出的精算现值（见表4 – 11）。

表 4 – 11　　　　未来短期、中期、长期养老金收入、支出现值和缺口　　　单位：亿元

| 利率 = 4% | 总收入现值 | 总支出现值 | 基金缺口 |
|---|---|---|---|
| 5 年 | 56 600.83 | 58 803.24 | 2 596.19 |
| 10 年 | 116 534.85 | 129 901.55 | – 8 568.10 |
| 70 年 | 577 864.48 | 718 169.62 | – 135 506.54 |

由于 2022 年机关事业单位养老保险基金结余为 3 966.0 亿元，根据近几年中国经济发展情况、机关事业单位养老保险参保率情况以及基金投资收益率情况，我们假设未来几年结余基金增长率为 10%，得到 2024 年基金结余为 4 798.86 亿元，由此得到缺口的精算现值。

## 四、敏感性分析

在以上财务平衡测算时，是按照基准方案即假设利率为 4% 的情况下进行的，当利率下降或上升 1 个百分点时，即在利率为 3% 和 5% 的情况下，得到不同利率下的相应财务平衡值（见表 4 – 12）。

表 4 – 12　　　　不同利率下的未来短期、中期、长期基金结余

| 年限 | 利率 = 3% | 利率 = 4% | 利率 = 5% |
|---|---|---|---|
| | 基金结余 | 基金结余 | 基金结余 |
| 5 年 | 2 523.07 | 2 596.45 | 2 666.79 |
| 10 年 | – 9 457.90 | – 8 567.85 | – 7 745.32 |
| 70 年 | – 194 134.30 | – 135 506.28 | – 97 441.35 |

在表 4 – 12 的基础上，我们得到基金结余对利率的敏感性数据（见表 4 – 13）。

表 4 – 13　　　　短期、中期、长期基金结余对利率的敏感值

| 年限 | 利率 = 3% | 利率 = 4% | 利率 = 5% |
|---|---|---|---|
| | 基金结余 | 基金结余 | 基金结余 |
| 5 年 | – 0.0283 | 1 | 0.0271 |
| 10 年 | 0.1039 | 1 | – 0.0960 |
| 70 年 | 0.4327 | 1 | – 0.2809 |

表 4－13 中，5 年期的基准方案中基金结余为正数，而 10 年期和 70 年期的基金结余是负数。当利率下降 1 个百分点时，5 年期的基金结余减少 2.83%，而 10 年期和 70 年期的基金结余使基金缺口增加 10.39% 和 43.27%；当利率上升 1 个百分点时，5 年期的基金结余增加 2.71%，而 10 年期和 70 年期的基金结余使基金缺口减少 9.60% 和 28.09%。

## 第二节 全国城镇企业职工养老保险财务平衡的测算

### 一、精算模型

（一）统筹账户年收入与年支出的精算模型

因为城镇企业职工养老保险统筹账户制度的设计与机关事业单位养老保险统筹账户制度设计极为相似，因此，我们完全可以采用第一节机关事业单位养老保险统筹账户基金收支的精算模型来计算城镇企业职工养老保险统筹账户基金的收支规模。由于城镇企业职工存在普遍的失业风险，因此假设失业率为 $u$，我们得到精算模型如下：

第 $t$ 年年总收入

$$T - income_t = (1 - u) \sum_{x=a}^{r-1} C_t W_x(t) L_x(t)$$
$$= (1 - u) \sum_{x=a}^{r-1} C_t W_a(t - x + a)(1 + g_1)^{x-a} \left( \frac{l_{x,1}(t) + l_{x+1,1}(t+1)}{2} \right)$$

$$(4 - 11)$$

为了简化计算，我们采用下式：

$$T - income_t \approx (1 - u) C_t W_1(t) L_1(t) \qquad (4 - 12)$$

其中，$W_1(t)$ 为第 $t$ 年的城镇企业职工平均工资；$L_1(t)$ 为第 $t$ 年的城镇企业职工人数；$W_1(t+n) = W_1(t)(1 + g_1)^n$，$n$ 为正整数；$l_{x,1}(t)$ 为第 $t$ 年初的城镇企业年满 $x$ 岁的职工人数；$l_{x+1,1}(t+1)$ 为第 $t+1$ 年初或第 $t$ 年末年满 $x+1$ 岁的城镇企业职工人数。

第 $t$ 年总年支出为：

$$T - expenditure_t = \sum_{x=r}^{\omega-1} TW_{r-1}(t - x + r - 1)(1 + g_2)^{x-r}L_{x,2}(t)$$

$$= \sum_{x=r}^{\omega-1} TW_a(t - x + a)(1 + g_1)^{r-a-1}(1 + g_2)^{x-r}\left(\frac{l_{x,2}(t) + l_{x+1,2}(t+1)}{2}\right)$$

$$\approx W_2(t)L_2(t) \tag{4-13}$$

因为在中国城镇企业职工养老保险制度下，有一个预期固定的 $T$，$W_2(t) = TW_1(t-1)$，因此，

$$T - expenditure_t \approx W_2(t)L_2(t) = TW_1(t-1)L_2(t) \tag{4-14}$$

其中，$W_2(t)$ 为第 $t$ 年的城镇企业养老保险退休人员的平均退休金；$L_2(t)$ 为第 $t$ 年的城镇企业养老保险退休人员人数；$W_2(t+n) = W_2(t)(1 + g_2)^n$，$n$ 为正整数；$l_{x,2}(t)$ 为第 $t$ 年初的城镇企业年满 $x$ 岁的退休人员人数；$l_{x+1,2}(t+1)$ 为第 $t+1$ 年初或第 $t$ 年末年满 $x+1$ 岁的城镇企业退休人员人数。

（二）统筹账户未来各年收入与支出的精算现值模型

假设：$t$ 为年份，$L_t^m$ 为 $t$ 年男性在职职工总人数，$L_t^f$ 为 $t$ 年女性在职职工总人数，$L_t^{r,m}$ 为 $t$ 年男性退休者总人数，$L_t^{r,f}$ 为 $t$ 年女性退休者总人数，$i$ 为年利率，$W_t^m$ 为男性职工平均缴费工资基数，$W_t^f$ 为女性职工平均缴费工资基数，$W_t^{r,m}$ 为 $t$ 年男性人均月退休金，$W_t^{r,f}$ 为 $t$ 年女性人均退休金，$C_t$ 为缴费率，$TP_{t-1}$ 为 $t-1$ 年基金结余，$g_1$ 为在岗职工年平均工资增长率，$g_2$ 为养老金年均调整率。

$PV_t$ 为未来各年统筹账户基金收入在 $t$ 年的现值，$APV_t$ 为未来各年统筹账户基金支出在 $t$ 年的现值，则：

$$PV_{t_0} = \frac{(1-u)(t_0 - t_n)\ 年间}{在职男职工缴费现值} + \frac{(1-u)(t_0 - t_n)\ 年间}{在职女职工缴费现值} + \frac{(t_0 - 1)\ 年底}{基金结余} \times (1 + 利率)$$

$$= (1-u)\sum_{t=t_0}^{t_n} c_t W_t^m L_t^m v^{t-t_0} + (1-u)\sum_{t=t_0}^{t_n} c_t W_t^f L_t^f v^{t-t_0} + TP_{t_0-1}(1+i)$$

$$= (1-u)\sum_{t=t_0}^{t_n} c_t W_{t_0}^m (1+g_1)^{t-t_0} L_t^m v^{t-t_0} + (1-u)\sum_{t=t_0}^{t_n} c_t W_{t_0}^f (1+g_1)^{t-t_0} L_t^f v^{t-t_0}$$

$$+ TP_{t_0-1}(1+i) \tag{4-15}$$

为了便于测算，我们引入式（4-12），得：

$$PV_{t_0} = (1-u)\sum_{t=t_0}^{t_n} \frac{(T - income)_t}{v^{t-t_0}} \approx (1-u)\sum_{t=t_0}^{t_n} \frac{C_t W_1(t) L_1(t)}{v^{t-t_0}}$$

$$\tag{4-16}$$

$$APV_{t_0} = \begin{matrix} t_0 - t_n \text{ 年间男性退休人员} \\ \text{养老金支出现值} \end{matrix} + \begin{matrix} t_0 - t_n \text{ 年间女性退休人员} \\ \text{养老金支出现值} \end{matrix}$$

$$= \sum_{t=t_0}^{t_n} W_t^{r,m} L_t^{r,m} v^{t_n-t_0} + \sum_{t=t_0}^{t_n} W_t^{r,f} L_t^{r,f} v^{t_n-t_n}$$

$$= \sum_{t=t_0}^{t_n} W_{t_0}^{r,m} (1+g_2)^{t-t_0} L_t^{r,m} v^{t-t_0} + \sum_{t=t_0}^{t_n} W_{t_0}^{r,f} (1+g_2)^{t-t_0} L_t^{r,f} v^{t-t_0}$$

$$(4-17)$$

为了简化计算,我们引入式(4-4),得到:

$$APV_{t_0} = \sum_{t=t_0}^{t_n} \frac{(T - expenditure)_t}{(1+i)^{t-t_0}} \approx \sum_{t=t_0}^{t_n} \frac{W_2(t) L_2(t)}{(1+i)^{t-t_0}} = \sum_{t=t_0}^{t_n} \frac{TW_1(t-1) L_2(t)}{(1+i)^{t-t_0}}$$

$$(4-18)$$

(三)统筹账户未来各年收支缺口的精算现值模型

根据式(4-16)、式(4-18)得到统筹账户养老基金收支缺口精算现值模型,即:

$$\sigma_{t_0} = PV_{t_0} - APV_{t_0} + Fund_{t_0} \qquad (4-19)$$

式(4-19)中,$Fund_{t_0}$ 是基年 $t_0$ 的统筹账户养老金结余。当 $\sigma \geq 0$ 时,基金可持续发展;当 $\sigma < 0$ 时,基金收不抵支。

## 二、参数取值及说明

(一)平均参保年龄

我们以机关事业单位职工的参保年龄为参照,将城镇企业职工养老保险参保平均参保年龄确定为 20 岁。

(二)退休年龄

当前我国退休制度规定:退休年龄为男性 60 岁,女性 55 岁。假设我国城镇企业职工未来各年的平均退休年龄设计仍如表 4-1 所示。

(三)平均工资（W）及工资增长率（$i_1$）

根据《中国劳动统计年鉴(2022)》表 9-7《历年全国企业及其他城镇职工基本养老保险情况》整理得到 2021 年城镇企业职工的年平均工资为 71 520 元,假设城镇企业职工年工资增长率与机关事业单位职工工资增长率相同(见表 4-14)。

表 4 – 14    **未来各年城镇企业职工平均工资增长率假设**    单位：%

| 年份 | 工资增长率 |
|---|---|
| 2025 | 6.2 |
| 2026 ~ 2030 年各年 | 6.0 |
| 2031 ~ 2035 年各年 | 5.0 |
| 2036 ~ 2040 年各年 | 4.0 |
| 2041 ~ 2045 年各年 | 3.0 |
| 2045 年以后各年 | 2.0 |

（四）人均年基本养老金增长率（$i_2$）及人均年基本养老金的确定

同样，根据《中国劳动统计年鉴（2022）》表 9 – 7《历年全国企业及其他城镇职工基本养老保险情况》整理得到 2021 年城镇企业职工养老保险的退休人员的年平均退休金为 36 564 元。为了保证城镇企业职工养老保险的退休人员的生活水平不降低，我们同样假定其退休以后的统筹账户退休金增长率与职工工资增长率的调整是同向且同步的。若已知 $t$ 年人均工资，得到 $t$ 年人均退休金公式：

$$t 年人均退休金 = t 年人均工资 × 目标替代率 \qquad (4-20)$$

（五）综合替代率

鉴于城镇企业社会养老保险制度中的"个人账户制"实质上是"名义账户制"，根据《中国劳动统计年鉴（2022）》表 9 – 7《历年全国企业及其他城镇职工基本养老保险情况》整理得到 2021 年城镇企业职工的年平均工资为 71 520 元，而平均年退休金为 36 564 元，得到 2021 年的养老金统筹账户与个人账户的总综合替代率为 0.5112。根据课题组对当前和未来中国经济形势的判断，我们假设未来各年的统筹账户和个人账户的总综合替代率不变，即为 0.5112。

（六）折现率及资产预期报酬率（$i$）

与第一节的原因相同，根据发达国家长期国债预期收益率以及国家经济发展情况，我们确定精算折现率为 4%。

（七）遵缴率、缴费率

（1）由于部分缴费企业的经济效益欠佳，因此，假设遵缴率保持为 95%。

（2）根据《关于深化企业职工养老保险制度改革的通知》，城镇企业职工基本养老保险统筹账户缴费率不高于20%，个人账户缴费率为职工个人工资的8%，因此假设未来各年统筹账户加上个人账户的总缴费率为28%。

（八）失业率

根据《中国劳动和就业统计年鉴（2022）》表4-14，我们假定未来各年城镇企业职工的平均失业率为4%。

（九）退休人员实保率

根据《中国劳动统计年鉴》和《中国统计年鉴》，我们整理得到，当前城镇企业职工养老保险退休人员实保率大约为62.85%。我们假设2024年实保率为63%，以后每年提高1个百分点，直至退休人员实保率为100%。

## 三、测算

（一）未来各年城镇企业就业人员与退休人员人数测算

根据表4-5，可以看出2010~2021年三大社会养老保险制度参保人员的比例基本趋于稳定。在本章第一节我们假定未来中国机关事业单位养老保险参保人数比例保持在5%，此处我们再假定未来城镇企业职工养老保险参保人数与城乡居民基本养老保险参保人数的比例为1:1，即各占总就业人口的47.5%。

根据本书表2-10和表4-1①，先计算出未来各年适龄劳动力人口数以及退休人员数，再根据未来城镇企业养老保险参保人数比例保持在47.5%的假设，得到未来各年全国城镇企业职工养老保险参保人员和退休人员预测数（见表4-15和表4-16）。

表4-15　　　　　未来各年城镇企业职工养老保险参保人员总数　　　　单位：千人

| 年份 | 在职职工人数 | 年份 | 在职职工人数 | 年份 | 在职职工人数 |
|------|--------------|------|--------------|------|--------------|
| 2025 | 371 232.25 | 2029 | 360 718.84 | 2033 | 355 674.06 |
| 2026 | 365 834.69 | 2030 | 357 013.09 | 2034 | 359 312.00 |
| 2027 | 362 520.73 | 2031 | 353 827.23 | 2035 | 357 711.60 |
| 2028 | 364 272.57 | 2032 | 357 371.66 | 2036 | 361 399.08 |

---

①　我们假设未来城镇企业职工退休年龄与机关事业单位职工退休年龄是一致的。

续表

| 年份 | 在职职工人数 | 年份 | 在职职工人数 | 年份 | 在职职工人数 |
|---|---|---|---|---|---|
| 2037 | 366 122.16 | 2056 | 313 318.08 | 2075 | 44 497.95 |
| 2038 | 368 774.69 | 2057 | 309 001.38 | 2076 | 43 898.90 |
| 2039 | 371 065.39 | 2058 | 306 952.54 | 2077 | 43 162.01 |
| 2040 | 371 660.03 | 2059 | 305 705.19 | 2078 | 42 500.75 |
| 2041 | 375 832.27 | 2060 | 304 526.41 | 2079 | 41 777.86 |
| 2042 | 371 957.70 | 2061 | 303 871.25 | 2080 | 41 211.48 |
| 2043 | 377 111.75 | 2062 | 304 386.00 | 2081 | 40 566.05 |
| 2044 | 373 772.38 | 2063 | 304 607.88 | 2082 | 39 842.83 |
| 2045 | 378 509.57 | 2064 | 304 888.11 | 2083 | 39 394.77 |
| 2046 | 374 153.57 | 2065 | 303 788.34 | 2084 | 39 039.96 |
| 2047 | 368 254.47 | 2066 | 302 185.99 | 2085 | 38 917.83 |
| 2048 | 363 702.77 | 2067 | 301 366.18 | 2086 | 38 943.55 |
| 2049 | 358 941.00 | 2068 | 301 196.17 | 2087 | 38 804.95 |
| 2050 | 354 074.79 | 2069 | 299 224.55 | 2088 | 38 716.01 |
| 2051 | 347 641.13 | 2070 | 296 901.62 | 2089 | 38 673.20 |
| 2052 | 339 724.46 | 2071 | 295 086.80 | 2090 | 38 668.62 |
| 2053 | 332 943.99 | 2072 | 46 133.24 | 2091 | 38 693.68 |
| 2054 | 325 622.92 | 2073 | 45 633.36 | 2092 | 38 740.95 |
| 2055 | 318 158.85 | 2074 | 45 066.90 | 2093 | 38 804.88 |

**表 4－16      未来各年城镇企业职工养老保险退休人员总数**      单位：千人

| 年份 | 退休人数 | 年份 | 退休人数 | 年份 | 退休人数 |
|---|---|---|---|---|---|
| 2025 | 117 762.48 | 2032 | 152 166.37 | 2039 | 170 451.11 |
| 2026 | 124 033.87 | 2033 | 158 347.40 | 2040 | 173 411.26 |
| 2027 | 129 589.93 | 2034 | 160 805.97 | 2041 | 167 826.08 |
| 2028 | 131 803.12 | 2035 | 166 139.24 | 2042 | 171 778.90 |
| 2029 | 137 700.99 | 2036 | 167 772.39 | 2043 | 167 986.20 |
| 2030 | 143 602.60 | 2037 | 170 753.74 | 2044 | 170 715.54 |
| 2031 | 149 167.77 | 2038 | 173 755.04 | 2045 | 166 320.76 |

续表

| 年份 | 退休人数 | 年份 | 退休人数 | 年份 | 退休人数 |
|---|---|---|---|---|---|
| 2046 | 169 171.88 | 2062 | 216 670.47 | 2078 | 190 031.19 |
| 2047 | 173 060.76 | 2063 | 213 930.86 | 2079 | 189 923.38 |
| 2048 | 175 527.07 | 2064 | 210 983.67 | 2080 | 188 873.45 |
| 2049 | 177 915.19 | 2065 | 209 231.65 | 2081 | 188 408.48 |
| 2050 | 180 163.16 | 2066 | 207 738.27 | 2082 | 188 540.27 |
| 2051 | 183 616.70 | 2067 | 205 237.02 | 2083 | 187 094.75 |
| 2052 | 190 436.72 | 2068 | 201 824.38 | 2084 | 185 252.80 |
| 2053 | 196 057.11 | 2069 | 199 991.48 | 2085 | 182 162.50 |
| 2054 | 202 021.64 | 2070 | 198 350.75 | 2086 | 178 390.63 |
| 2055 | 207 989.88 | 2071 | 196 030.59 | 2087 | 175 889.64 |
| 2056 | 211 360.21 | 2072 | 194 651.80 | 2088 | 173 283.36 |
| 2057 | 214 093.65 | 2073 | 193 411.19 | 2089 | 170 611.95 |
| 2058 | 216 385.63 | 2074 | 192 457.84 | 2090 | 167 873.66 |
| 2059 | 217 794.65 | 2075 | 191 454.19 | 2091 | 165 087.87 |
| 2060 | 219 010.83 | 2076 | 190 574.98 | 2092 | 162 247.89 |
| 2061 | 219 579.80 | 2077 | 190 544.90 | 2093 | 159 360.05 |

（二）未来各年城镇企业就业人员平均工资测算

根据假设，我们得到未来各年城镇企业就业人员平均工资和退休人员平均退休金情况（见表4－17和表4－18）。

表4－17　　　　　　　未来各年城镇企业职工平均工资　　　　　单位：元

| 年份 | 平均工资 | 年份 | 平均工资 | 年份 | 平均工资 |
|---|---|---|---|---|---|
| 2025 | 92 612 | 2031 | 130 133 | 2037 | 171 085 |
| 2026 | 98 169 | 2032 | 136 640 | 2038 | 177 928 |
| 2027 | 104 059 | 2033 | 143 472 | 2039 | 185 045 |
| 2028 | 110 303 | 2034 | 150 645 | 2040 | 192 447 |
| 2029 | 116 921 | 2035 | 158 178 | 2041 | 198 221 |
| 2030 | 123 936 | 2036 | 164 505 | 2042 | 204 167 |

续表

| 年份 | 平均工资 | 年份 | 平均工资 | 年份 | 平均工资 |
|------|----------|------|----------|------|----------|
| 2043 | 210 292 | 2060 | 300 262 | 2077 | 420 439 |
| 2044 | 216 601 | 2061 | 306 267 | 2078 | 428 848 |
| 2045 | 223 099 | 2062 | 312 393 | 2079 | 437 425 |
| 2046 | 227 561 | 2063 | 318 641 | 2080 | 446 174 |
| 2047 | 232 112 | 2064 | 325 013 | 2081 | 455 097 |
| 2048 | 236 755 | 2065 | 331 514 | 2082 | 464 199 |
| 2049 | 241 490 | 2066 | 338 144 | 2083 | 473 483 |
| 2050 | 246 319 | 2067 | 344 907 | 2084 | 482 953 |
| 2051 | 251 246 | 2068 | 351 805 | 2085 | 492 612 |
| 2052 | 256 271 | 2069 | 358 841 | 2086 | 502 464 |
| 2053 | 261 396 | 2070 | 366 018 | 2087 | 512 513 |
| 2054 | 266 624 | 2071 | 373 338 | 2088 | 522 763 |
| 2055 | 271 957 | 2072 | 380 805 | 2089 | 533 219 |
| 2056 | 277 396 | 2073 | 388 421 | 2090 | 543 883 |
| 2057 | 282 944 | 2074 | 396 189 | 2091 | 554 761 |
| 2058 | 288 603 | 2075 | 404 113 | 2092 | 565 856 |
| 2059 | 294 375 | 2076 | 412 195 | 2093 | 577 173 |

表 4 - 18　　　　　　　　未来各年城镇企业退休人员平均退休金　　　　单位：元

| 年份 | 平均退休金 | 年份 | 平均退休金 | 年份 | 平均退休金 |
|------|------------|------|------------|------|------------|
| 2025 | 47 344 | 2034 | 77 010 | 2043 | 107 501 |
| 2026 | 50 184 | 2035 | 80 860 | 2044 | 110 727 |
| 2027 | 53 195 | 2036 | 84 095 | 2045 | 114 048 |
| 2028 | 56 387 | 2037 | 87 459 | 2046 | 116 329 |
| 2029 | 59 770 | 2038 | 90 957 | 2047 | 118 656 |
| 2030 | 63 356 | 2039 | 94 595 | 2048 | 121 029 |
| 2031 | 66 524 | 2040 | 98 379 | 2049 | 123 450 |
| 2032 | 69 850 | 2041 | 101 330 | 2050 | 125 919 |
| 2033 | 73 343 | 2042 | 104 370 | 2051 | 128 437 |

| 年份 | 平均退休金 | 年份 | 平均退休金 | 年份 | 平均退休金 |
|------|-----------|------|-----------|------|-----------|
| 2052 | 131 006 | 2066 | 172 859 | 2080 | 228 084 |
| 2053 | 133 626 | 2067 | 176 316 | 2081 | 232 646 |
| 2054 | 136 298 | 2068 | 179 843 | 2082 | 237 299 |
| 2055 | 139 024 | 2069 | 183 440 | 2083 | 242 045 |
| 2056 | 141 805 | 2070 | 187 108 | 2084 | 246 885 |
| 2057 | 144 641 | 2071 | 190 850 | 2085 | 251 823 |
| 2058 | 147 534 | 2072 | 194 667 | 2086 | 256 860 |
| 2059 | 150 484 | 2073 | 198 561 | 2087 | 261 997 |
| 2060 | 153 494 | 2074 | 202 532 | 2088 | 267 237 |
| 2061 | 156 564 | 2075 | 206 583 | 2089 | 272 581 |
| 2062 | 159 695 | 2076 | 210 714 | 2090 | 278 033 |
| 2063 | 162 889 | 2077 | 214 929 | 2091 | 283 594 |
| 2064 | 166 147 | 2078 | 219 227 | 2092 | 289 266 |
| 2065 | 169 470 | 2079 | 223 612 | 2093 | 295 051 |

（三）未来5年、10年、70年机关事业单位养老保险基金收支的精算现值测算

根据前面对利率的假设以及缴费率的假设情况下，分别计算未来5年、10年、70年在利率为4%的情况下的总收入和总支出的精算现值（见表4-19）。

表4-19　　　　　利率为4%下未来5年、10年、70年城镇企业
职工养老保险基金收支现值　　　　　　单位：亿元

| 年限 | 5年 | 年限 | 10年 | 年限 | 70年 |
|------|------|------|-------|------|-------|
| 基金收入现值 | 424 818.02 | 基金收入现值 | 874 653.27 | 基金收入现值 | 3 771 645.89 |
| 基金支出现值 | 281 198.60 | 基金支出现值 | 647 219.75 | 基金支出现值 | 4 606 525.94 |
| 基金结余现值 | 212 957.37 | 基金结余现值 | 296 771.47 | 基金结余现值 | -765 542.10 |

2022年城镇企业社会养老保险基金结余为56 889.6亿元，根据近10年城镇企业职工养老保险基金结余年增长率为10.4%，我们假设未来几年结余基

金增长率为 10.4%，得到 2024 年基金结余为 69 337.95 亿元，由此得到缺口的精算现值。

## 四、敏感性分析

在以上财务平衡测算时，是按照基准方案即假设利率为 4% 的情况下进行的，当利率下降或上升 1 个百分点时，即在利率为 3% 和 5% 的情况下，得到不同利率下的相应财务平衡值（见表 4－20）。

表 4－20　　　　　不同利率下的未来 5 年、10 年、70 年基金结余　　　　单位：亿元

| 年限 | 利率＝3% | 利率＝4% | 利率＝5% |
|---|---|---|---|
| | 基金结余 | 基金结余 | 基金结余 |
| 5 年 | 215 587.33 | 212 962.37 | 210 434.95 |
| 10 年 | 305 015.80 | 296 777.47 | 289 050.98 |
| 70 年 | －1 519 785.41 | －765 535.11 | －329 558.29 |

在表 4－20 的基础上，得到基金结余对利率的敏感性数据（见表 4－21）。

表 4－21　　　　　未来 5 年、10 年、70 年基金结余对利率的敏感值

| 年限 | 利率＝3% | 利率＝4% | 利率＝5% |
|---|---|---|---|
| | 基金结余 | 基金结余 | 基金结余 |
| 5 年 | 0.01233 | 1 | －0.01187 |
| 10 年 | 0.02780 | 1 | －0.02607 |
| 70 年 | 0.98530 | 1 | －0.56957 |

在表 4－21 中，5 年期、10 年期的基准方案中基金结余为正数，而 70 年期的基金结余是负数。当利率下降 1 个百分点时，5 年期的基金结余增加 1.23%，10 年基金结余增加 2.78%，70 年期的基金结余使基金缺口增加 98.53%；当利率上升 1 个百分点时，5 年期的基金结余减少 1.18%，10 年期的基金结余减少 2.60%，70 年期的基金缺口减少 56.95%。

# 第三节　城乡居民养老保险财务平衡的测算

## 一、精算模型

（一）统筹账户年收入与年支出的精算模型

根据第一章第三节，相比机关事业单位养老保险和城镇企业职工养老保险，在统筹账户基金财务收支方面，城乡居民养老保险具有以下三个明显不同的特点：（1）统筹账户居民不缴费；（2）统筹账户基础养老金由中央确定基础养老金最低标准，建立基础养老金最低标准正常调整机制，地方人民政府可以根据实际情况适当提高基础养老金标准；（3）参保人在新农保或城居保制度实施时已年满 60 周岁，且之前未领取国家规定的基本养老保障待遇，不用缴费，自制度实施之月起，可以按月领取城乡居民养老保险基础养老金。由于存在以上不同，其财务平衡模型就显得与前两种养老保险制度的模型不同。

尽管制度规定：年满 16 周岁（不含在校学生），非国家机关和事业单位工作人员及不属于职工基本养老保险制度覆盖范围的城乡居民，可以在户籍地参加城乡居民养老保险。但由于年轻人参保意识和积极性不高，城乡居民养老保险存在漏保风险，因此假设保险覆盖率为 $y$，我们得到精算模型如下：

鉴于统筹账户的支出由财政支付，居民不缴费，因此第 $t$ 年年总收入为：

$$(T - income)_t = 0 \qquad\qquad (4-21)$$

而第 $t$ 年总年支出为：

$$
\begin{aligned}
(T - expenditure)_t &= \sum_{x=r}^{\omega-1} Z_{\min}(t)\left[1 + (x-r)\sigma\right]L_{x,2}(t) \\
&= \sum_{x=r}^{\omega-1} Z_{\min}(t)\left[1 + (x-r)\sigma\right]\left(\frac{l_{x,2}(t) + l_{x+1,2}(t+1)}{2}\right) \\
&\approx Z_{average}(t)L_2(t) \qquad\qquad (4-22)
\end{aligned}
$$

其中，$Z_{\min}(t)$ 为第 $t$ 年的城乡居民养老保险基础养老金最低标准；$Z_{average}(t)$ 为第 $t$ 年的城乡居民养老保险基础养老金平均水平；$L_2(t)$ 为第 $t$ 年的城乡居民养老保险领取退休金人数；$l_{x,2}(t)$ 为第 $t$ 年初的城镇居民养老保险年满 $x$ 岁的退休人员人数；$l_{x+1,2}(t+1)$ 为第 $t+1$ 年初年满 $x+1$ 岁的城镇居民养老保险退休人员人数；$\sigma$ 为每增加 1 岁增加的基础养老金金额。

（二）统筹账户未来各年收入与支出的精算现值模型

假设：$t$ 为年份，$L_t^{r,m}$ 为 $t$ 年男性退休者总人数，$L_t^{r,f}$ 为 $t$ 年女性退休者总人数，$i$ 为年利率，$Z_t^{r,m}$ 为 $t$ 年男性人均年退休金，$Z_t^{r,f}$ 为 $t$ 年女性人均年退休金，$TP_{t-1}$ 为 $t-1$ 年基金结余。

$PV_t$ 为未来各年统筹账户基金收入在 $t$ 年的现值，$APV_t$ 为未来各年统筹账户基金支出在 $t$ 年的现值。则：

$$PV_{t_0} = 0 \qquad (4-23)$$

由式（4-22）得到：

$$APV_{t_0} = \frac{t_0 - t_n \text{ 年间男性退休人员}}{\text{养老金支出现值}} + \frac{t_0 - t_n \text{ 年间女性退休人员}}{\text{养老金支出现值}}$$

$$= \sum_{t=t_0}^{t_n} Z_t^{r,m} L_t^{r,m} v^{t_n - t_0} + \sum_{t=t_0}^{t_n} Z_t^{r,f} L_t^{r,f} v^{t_n - t_n} \qquad (4-24)$$

为了简化计算，我们采用式（4-22），得到

$$APV_{t_0} = \sum_{t=t_0}^{t_n} \frac{(T - expenditure)_t}{(1+i)^{t-t_0}} \approx \sum_{t=t_0}^{t_n} \frac{Z_{average}(t) L_2(t)}{(1+i)^{t-t_0}} \qquad (4-25)$$

（三）统筹账户未来各年收支缺口的精算现值模型

根据式（4-23）、式（4-25）得到统筹账户养老基金收支缺口精算现值模型，即

$$\sigma_{t_0} = -APV_{t_0} + Fund_{t_0} \qquad (4-26)$$

式（4-26）中，$Fund_{t_0}$ 是基年 $t_0$ 的统筹账户养老金结余。

当 $\sigma \geq 0$ 时，基金可持续发展；

当 $\sigma < 0$ 时，基金收不抵支。

# 二、参数取值及说明

## （一）平均参保年龄

尽管城乡居民养老保险制度规定年满 16 岁的城乡居民都可以参加，由于年轻人的参保热情不高，我们以机关事业单位和城镇企业职工参保年龄为参照，依然将城乡居民养老保险的平均参保年龄确定为 20 岁。

## （二）退休年龄

当前城乡居民养老保险制度规定年满 60 岁的参保城乡居民可以享受退休待遇，由于城乡居民的生活水平不如前两类制度参保人，其健康状况也不如前

两类制度参保人，因此假设我国城乡居民未来各年的平均享受退休待遇的年龄依然如表4-22的设计。

表4-22　　　　未来各年中国城乡居民社会养老保险平均退休年龄设计　　　　单位：岁

| 实施年份 | 平均退休年龄 | |
|---|---|---|
| | 男 | 女 |
| 2024~2036 | 60 | 60 |
| 2037 | 61 | 60 |
| 2038 | 62 | 60 |
| 2039 | 62 | 61 |
| 2040 | 62 | 62 |
| 2041 | 63 | 63 |
| 2042 | 63 | 63 |
| 2043 | 64 | 64 |
| 2044 | 64 | 64 |
| 2045+ | 65 | 65 |

### （三）平均基础养老金额（$Z$）及调整率（$i_2$）

城乡居民养老保险制度的养老金待遇由基础养老金和个人账户养老金构成，支付终身。根据《国务院关于开展新型农村社会养老保险试点的指导意见》，由中央确定基础养老金的最低标准，各地方人民政府可以根据实际情况提高基础养老金标准，对于长期缴费的城镇居民，可适当加发基础养老金，提高和加发部分的资金由地方人民政府支出。

从城乡居民养老保险制度在2009年开始实施起，中央确定的城乡居民基础养老金最低标准就为55元；2014年迎来了第一次上调，最低标准调整为70元，上涨金额为15元，上调比例为27.27%；接下来在2018年和2020年，城乡居民基础养老金的最低标准再次上调，2018年的时候上涨金额是18元，最低标准达到了88元，上调比例为25.71%；2020年的时候，上涨金额是5元，上调比例为5.68%，城乡居民基础养老金的最低标准是93元。2023年又将城乡居民基础养老金最低标准由每人每月98元提高到113元，由此得出基础养老金最低标准的年调整率为4.47%。表4-23显示了各地2022年的城乡居民养老保险基础养老金的水平。我们可以看出绝大部分省市的基础养老金在 100 元至 150 元之间，我们假定 2024 年全国城乡居民养老保险的基础养老金平均值为 120 元；考虑疫情后的中国经济发展形势的变化以及面临的诸多问题，我们最后假设基础养老金平均水平的年调整率为 2%。

**表 4 - 23　　　2022 年各省市的城乡居民养老保险基础养老金**　　　单位：元/月

| 省份 | 基础养老金 | 省份 | 基础养老金 |
|---|---|---|---|
| 上海 | 1 300 | 江苏 | 187 |
| 北京 | 887 | 浙江 | 180 |
| 天津 | 307 | 山东 | 160 |
| 西藏 | 215 | 新疆 | 150 |
| 宁夏 | 210 | 福建 | 140 |
| 重庆 | 200 | 内蒙古 | 140 |
| 海南 | 199 | 广西 | 131 |
| 广东 | 190 | 陕西 | 130 |
| 青海 | 190 | 江西 | 123 |
| 吉林 | 113 | 安徽 | 110 |
| 甘肃 | 113 | 辽宁 | 108 |
| 河南 | 113 | 黑龙江 | 108 |
| 河北 | 113 | 四川 | 105 |
| 山西 | 113 | 湖南 | 105 |
| 贵州 | 113 | 云南 | 103 |

资料来源：综合各省人力资源和社会保障厅的数据编制。

（四）折现率及资产预期报酬率（$i$）

与第一节的理由一样，根据发达国家长期国债预期收益率以及国家经济发展情况，我们确定精算折现率为 4%。

（五）覆盖率

假设依据有：

（1）2021 年全国三大养老保险体系总参保人总数占 16 岁以上全国总人口数的 84.54%，占 20 岁以上的全国总人口数的 89.20%。

（2）2021 年全国城乡居民养老保险参保人数为 54 797.4 万人，占 16 岁以上全国总人口数的 45.04%，占 20 岁以上的全国总人口数的 47.52%。

（3）由于目前全国城乡居民养老保险已基本实现全覆盖，我们最终确定城乡居民养老保险制度 2024 年以后平均覆盖率为 97%。

（六）统筹账户基金结余假设

由于城乡居民社会养老保险统筹账户基金完全依靠财政拨款，我们假设未来各年结余基金为 0。

## 三、测算

（一）未来各年城乡居民养老保险适龄缴费人员与适龄退休人员人数测算

根据表 4 - 5，可以看出 2010 ~ 2021 年三大社会养老保险制度参保人员的比例基本趋于稳定。在本章第一节我们假定未来城乡居民养老保险参保人数比例保持在 47.5%。

按本书表 2 - 10 和表 4 - 22，先计算出未来各年适龄劳动力人口数以及适龄退休人员数，再根据未来城镇企业养老保险参保人数比例保持在 47.5% 的假设，得到未来各年城乡居民养老保险适龄劳动力总数和适龄退休人员预测数（见表 4 - 24 和表 4 - 25）。

表 4 - 24　　　　　　未来各年城乡居民养老保险适龄劳动力总数　　　　单位：千人

| 年份 | 在职职工人数 | 年份 | 在职职工人数 | 年份 | 在职职工人数 |
|---|---|---|---|---|---|
| 2025 | 394 736.63 | 2036 | 361 399.08 | 2047 | 368 254.47 |
| 2026 | 389 797.35 | 2037 | 366 122.16 | 2048 | 363 702.77 |
| 2027 | 387 314.86 | 2038 | 368 774.69 | 2049 | 358 941.00 |
| 2028 | 382 588.97 | 2039 | 371 065.39 | 2050 | 354 074.79 |
| 2029 | 378 801.74 | 2040 | 371 660.03 | 2051 | 347 641.13 |
| 2030 | 374 341.71 | 2041 | 375 832.27 | 2052 | 339 724.46 |
| 2031 | 370 422.70 | 2042 | 371 957.70 | 2053 | 332 943.99 |
| 2032 | 368 232.37 | 2043 | 377 111.75 | 2054 | 325 622.92 |
| 2033 | 365 724.85 | 2044 | 373 772.38 | 2055 | 318 158.85 |
| 2034 | 364 063.20 | 2045 | 378 509.57 | 2056 | 313 318.08 |
| 2035 | 362 410.04 | 2046 | 374 153.57 | 2057 | 309 001.38 |

| 年份 | 在职职工人数 | 年份 | 在职职工人数 | 年份 | 在职职工人数 |
|---|---|---|---|---|---|
| 2058 | 306 952.54 | 2070 | 296 901.62 | 2082 | 252 337.94 |
| 2059 | 305 705.19 | 2071 | 295 086.80 | 2083 | 249 500.22 |
| 2060 | 304 526.41 | 2072 | 292 177.17 | 2084 | 247 253.10 |
| 2061 | 303 871.25 | 2073 | 289 011.30 | 2085 | 246 479.56 |
| 2062 | 304 386.00 | 2074 | 285 423.68 | 2086 | 246 642.50 |
| 2063 | 304 607.88 | 2075 | 281 820.35 | 2087 | 245 764.70 |
| 2064 | 304 888.11 | 2076 | 278 026.35 | 2088 | 245 201.41 |
| 2065 | 303 788.34 | 2077 | 273 359.38 | 2089 | 244 930.25 |
| 2066 | 302 185.99 | 2078 | 269 171.43 | 2090 | 244 901.27 |
| 2067 | 301 366.18 | 2079 | 264 593.14 | 2091 | 245 059.97 |
| 2068 | 301 196.17 | 2080 | 261 006.03 | 2092 | 245 359.37 |
| 2069 | 299 224.55 | 2081 | 256 918.33 | 2093 | 245 764.26 |

**表 4 – 25    未来各年城乡居民养老保险适龄退休人员预测数**    单位：千人

| 年份 | 退休人数 | 年份 | 退休人数 | 年份 | 退休人数 |
|---|---|---|---|---|---|
| 2025 | 160 499.50 | 2039 | 218 527.06 | 2053 | 213 105.55 |
| 2026 | 166 858.68 | 2040 | 216 507.68 | 2054 | 217 227.57 |
| 2027 | 171 554.25 | 2041 | 209 782.60 | 2055 | 221 265.83 |
| 2028 | 178 404.69 | 2042 | 212 072.71 | 2056 | 222 484.43 |
| 2029 | 184 418.56 | 2043 | 204 861.22 | 2057 | 223 014.22 |
| 2030 | 190 791.10 | 2044 | 205 681.37 | 2058 | 223 077.97 |
| 2031 | 196 501.34 | 2045 | 198 000.91 | 2059 | 222 239.44 |
| 2032 | 203 458.12 | 2046 | 199 025.74 | 2060 | 221 223.06 |
| 2033 | 209 876.16 | 2047 | 201 233.44 | 2061 | 219 579.80 |
| 2034 | 215 530.95 | 2048 | 201 755.25 | 2062 | 216 670.47 |
| 2035 | 219 814.05 | 2049 | 202 176.35 | 2063 | 213 930.86 |
| 2036 | 223 696.52 | 2050 | 202 430.52 | 2064 | 210 983.67 |
| 2037 | 222 110.28 | 2051 | 204 018.56 | 2065 | 209 231.65 |
| 2038 | 220 534.11 | 2052 | 209 271.12 | 2066 | 207 738.27 |

| 年份 | 退休人数 | 年份 | 退休人数 | 年份 | 退休人数 |
|------|----------|------|----------|------|----------|
| 2067 | 205 237.02 | 2076 | 190 574.98 | 2085 | 182 162.50 |
| 2068 | 201 824.38 | 2077 | 190 544.90 | 2086 | 178 390.63 |
| 2069 | 199 991.48 | 2078 | 190 031.19 | 2087 | 175 889.64 |
| 2070 | 198 350.75 | 2079 | 189 923.38 | 2088 | 173 283.36 |
| 2071 | 196 030.59 | 2080 | 188 873.45 | 2089 | 170 611.95 |
| 2072 | 194 651.80 | 2081 | 188 408.48 | 2090 | 167 873.66 |
| 2073 | 193 411.19 | 2082 | 188 540.27 | 2091 | 165 087.87 |
| 2074 | 192 457.84 | 2083 | 187 094.75 | 2092 | 162 247.89 |
| 2075 | 191 454.19 | 2084 | 185 252.80 | 2093 | 159 360.05 |

（二）未来 5 年、10 年、70 年城乡居民养老保险基金收支的精算现值测算

假设利率为 4%，2024 年全国城乡居民养老保险平均基础养老金为每月 120 元，以后每年调整率为 2% 的情况下，分别计算未来 5 年、10 年、70 年总支出的精算现值（见表 4 – 26）。

表 4 – 26　利率为 4%、基础养老金为每月 120 元的情况下，未来 5 年、
10 年、70 年机关事业单位养老保险基金收支的精算现值　　单位：亿元

| 年限 | 基金收入 | 基金支出 | 基金结余 |
|------|----------|----------|----------|
| 5 年 | 0 | 11 505.98 | 4 177.02 |
| 10 年 | 0 | 23 877.01 | – 8 194.01 |
| 70 年 | 0 | 110 829.00 | – 95 146.00 |

现我们根据《中国劳动统计年鉴（2023）》的数据估算 2024 年底的基金结余。城乡居民社会养老保险统筹账户参保者不缴费，完全依靠财政拨款，2022 年结余基金为 12 961.7 亿元。过去 8 年年底结余基金的平均增长率为 16%，2022 年的增长率为 13%，故假设未来两年的增长率为 10%，得到 2024 年的结余基金为 15 683 亿元，由此得到缺口的精算现值。

## 四、敏感性分析

在以上财务平衡测算时，是按照基准方案即假设利率为4%的情况下进行的，当利率下降或上升1个百分点时，即在利率为3%～5%的情况下，得到不同利率下的相应财务平衡值（见表4-27）。

表4-27　　　　不同利率下的未来5年、10年、70年基金结余　　　　单位：亿元

| 年限 | 利率=3% | 利率=4% | 利率=5% |
| --- | --- | --- | --- |
| | 基金结余 | 基金结余 | 基金结余 |
| 5年 | 3 947.71 | 4 177.02 | 4 397.65 |
| 10年 | -9 293.48 | -8 194.01 | -7 170.05 |
| 70年 | -130 237.00 | -95 146.00 | -71 433.80 |

在表4-27的基础上，得到基金结余对利率的敏感性数据（见表4-28）。

表4-28　　　　未来5年、10年、70年基金结余对利率的敏感值

| 年限 | 利率=3% | 利率=4% | 利率=5% |
| --- | --- | --- | --- |
| | 基金结余 | 基金结余 | 基金结余 |
| 5年 | -0.05490 | 1 | 0.0528 |
| 10年 | 0.13418 | 1 | -0.1250 |
| 70年 | 0.36880 | 1 | -0.2492 |

表4-28中，5年期的三种方案中基金结余为正数，而10年期、70年期的基金结余是负数。当利率下降1个百分点时，5年期的基金结余增加0.549%，10年期的基金缺口现值扩大13.42%，70年期的基金缺口现值增加36.88%；当利率上升1个百分点时，5年期的基金结余增加5.28%，10年期的基金缺口现值减少12.50%，70年期的基金缺口减少24.92%。

# 第五章　社会养老保险
# 转制成本测算

## 第一节　社会养老保险转制成本及其模型推导

社会养老保险转制相关概念及区别如下。

1. 隐性债务

社会养老保险隐性债务是指一个养老金计划向职工和退休人员提供养老保险金的承诺，等于如果该计划在今天即终止的情况下，所有必须付给当前退休人员的养老金的现值加上在职职工已积累并必须予以偿付的养老金权利的现值。

2. 转制成本

转制成本可以被界定为显性化的养老金隐性债务。当前中国社会养老保险制度改革主要是指由现收现付制向部分累积制转变。当从现收现付制转向部分积累制时，由于部分积累制下有部分资金必须进入个人账户，因而支付原制度下积累的养老金权益就必然存在资金缺口，这部分资金缺口也必须由政府通过其他的资金渠道来保证，这部分资金就成为政府应承担的转制成本，而部分积累制中的社会统筹部分，实质上是原现收现付制度的延续，政府无须额外筹款，因而不构成政府的转制成本。

3. 转制成本与隐性债务的区别

转制成本来源于隐性债务，但隐性债务要比转制成本大一些。当我们的制度改革从现收现付制向部分积累制转变，这时债务并没有完全转变为转制成本。隐性债务是包括转制成本在内的一些债务总和。

## 第二节　社会养老保险转制成本计算公式的理论推导

### 一、精算成本法与养老保险转制成本的计算

精算成本法是将计划福利的精算现值依程序分摊到一定期间，并以精算应计负债的形式表达。精算应计负债是计算转制成本的基础，参保人于过去服务年资所积累的应计退休金给付现值。

精算成本法包括预计单位成本法（Projected Unit Cost Method，PUC）、加入年龄成本法（Entry Age Normal Cost Method，EAN）和综合成本法（Aggregate Cost Method）。

1. 预计单位成本法

预计单位成本法是指参保人因当年度服务年资所产生的养老金给付现值。制度设计时事先明确每一服务年资给予一定单位的养老金给付，并逐期提取退休基金作为责任准备金，以支付参保人退休后的养老金给付。

2. 加入年龄成本法

加入年龄成本法是以加入计划时的年龄作为评价基准，将未来预计给付的现值，依照平准的原则分摊至参保人的未来服务期间，作为计算正常成本及储备基金的基础。将未来养老金给付的现值扣除未来正常成本的现值，或将未来所有可以领取养老金的现值，减去未来预期依缴费比率所缴纳基金的现值，其余额就是所谓的精算应计负债。

3. 综合成本法

综合成本法主要针对全体加入计划者，将未来养老给付现值超出基金资产公平价值的部分，依照平准的原则分摊至所有参保人的剩余服务期间，而分摊到各评价年度的部分即为该年度的正常成本，并计算出最佳缴费率。

$$保险费率\ NC_{AGC} = \frac{衡量日时未来预计给付现值超出基金资产精算价值的部分}{} \div \frac{参保职工未来工资收入的精算现值}{}$$

$$(5-1)$$

## 二、理论公式

预计单位成本法和加入年龄成本法一般用于计算精算应计负债。而综合成本法大多用于社会保险的费率精算与财务评估。

（一）精算应计负债模型

中国社会养老保险制度由过去的现收现付制，改革转轨至统账结合制度，其中社会统筹部分的精算应计负债包含两个部分，第一部分是"老人"及"中人"在转轨时所产生的精算应计负债，第二部分是"新人"基础养老金给付所产生的精算应计负债。

1. 预计单位成本法 PUC

预计单位成本法将开办当时已经退休的"老人"和已有一定工作年资尚未退休的"中人"过去在旧制度下得到领取养老金的权利。加计"新人"也会产生过去积累的参加年资，隐含在未来可获取一定养老金的给付权益。所有参保人因过去服务年资所积累的应计养老金给付现值，称为精算应计负债。精算应计负债模型如下：

$$精算应计负债\ AL_{PUC} = \sum PVFB_{PUC} = \sum PVFB^P$$
$$= 预期因过去既得的年资基数可以领取养老金额的现值$$

$$(5-2)$$

2. 加入年龄成本法 EAN

加入年龄成本法是以加入基金时的年龄作为评价基准，将未来预计给付现值，依照平准原则分摊至被保险人的未来服务期间，作为计算正常成本及储备基金的基础。在加入年龄成本法之下，精算应计负债表示精算评估日时，因过去服务年资所产生的退休金给付现值，等于全体被保险人之未来退休金给付现值（简称 PVFB）减去未来正常成本之现值（简称 PVFNC）。其精算应计负债模型如下：

$$精算应计负债\ AL_{EAN} = \sum PVFB_{EAN} - \sum NC_e \times PVFS_{EAN} \qquad (5-3)$$

$$\sum PVFB_{EAN} = \sum PVFB^P + \sum PVFB^F$$
$$= \frac{预期因过去既得的年资基数}{可以领取养老金额的现值} + \frac{预期因未来的年资基数可以}{领取养老金额的现值}$$

$$PVFS_{EAN} = 衡量日时参保职工未来工资收入的精算现值$$

$$NC_e = \frac{PVFB_e}{PVFS_e}$$，即依个人计算之加入基金当时年龄（$e$）之提拨率

## （二）隐性债务模型

社会统筹的隐性债务包含两个部分，第一部分是"老人"及"中人"在转轨时所产生的隐性债务，第二部分是"新人"基础养老金给付所产生的隐性债务。

$$\text{隐性债务} \, IPD = \text{精算应计负债} - \text{社会统筹账户基金余额}$$
$$= AL - Fund \tag{5-4}$$
$$Fund = \text{社会统筹账户基金余额}$$

## （三）转制成本精算模型

转制成本是显性化的隐性债务，在式（5-4）中"老人"及"中人"在转轨时所产生的隐性债务是显性的，所以只要将"新人"基础养老金支付所产生的隐性债务除去，就得到转制成本精算模型。

在个人账户实账情况下：

转制成本 = "老人"及"中人"在转轨时所产生的统筹账户隐性债务[1]

$$\tag{5-5}$$

在个人账户虚账情况下：

$$\text{转制成本} = \begin{array}{c}\text{全体参保者在转轨时所产生的}\\\text{统筹账户和个人账户隐性债务}\end{array} - \begin{array}{c}\text{"新人"基础养老金支付}\\\text{所产生的隐性债务}\end{array}$$

$$\tag{5-6}$$

# 第三节　机关事业单位养老保险
# 统筹账户转制成本测算

## 一、前提假设

根据机关事业单位养老保险制度的特点，在建立转制成本测算模型前，我们提出四个假设。其一，假设现今机关事业单位养老保险是一个封闭的系统。基于静止的人口测算理论，在封闭的人口状态假设条件下，不存在除了死亡以

---

[1] 按照制度，"中人"的过渡养老金支出属于统筹账户支出。

外的退出系统或者提前退休的情况，忽略各种人口迁移的影响。其二，假设保险计划的参加者退出计划只有死亡和退休两个因素，且死亡率是符合某一生命表，我们以商业保险的生存年金理论为基础，假定所有保险人都符合生存年金，若保险人死亡，则保险合同结束同时停止对其年金的支付。其三，假设相同年龄并且相同条件下的老年人退休时所获得的养老金水平相当，那么我们可以利用分年龄退休者的年平均养老金水平来计算社会养老保险的年总支付额。其四，假设相同年龄的在职参保者的收入水平相当，那么我们可以利用分年龄在职者的年平均收入水平来计算社会养老保险的年总缴费额。

## 二、转制成本测算方法的选择

在进行精算应计负债测算时，我们比较采用预计单位成本法和加入年龄成本法，发现尽管这两种不同的精算方法的观念精神是一致的，但相比加入年龄成本法 EAN 来说，预计单位成本法 PUC 公式处理起来简单得多。

我国机关事业单位养老保险改革方向是从现收现付制转向部分累积制，实行的是个人账户实账制度，由此我们得到：

$$\text{转制成本}_{PUB} = \begin{array}{c} \text{预期"老人"因过去既得年资基数应在} \\ \text{个人账户中获得的养老金权益现值} \end{array} + \begin{array}{c} \text{"中人"未来发放的} \\ \text{过渡性养老金现值} \end{array}$$
$$- \text{统筹账户基金余额} \tag{5-7}$$

## 三、转制成本精算模型

（一）基于预计单位成本法 PUC 的测算模型

根据式（5-7）得到：

$$\text{转制成本}_{PUB} = b \sum_{t=z}^{\infty} P''(z) v^{m-z} \sum_{x=r}^{\omega} L_{2,x}(t) + \sum_{x=e+1}^{r-1} N_{x,同} \times 1\%$$
$$\times \sum_{t=z+r-x}^{\infty} L_{1,x}(z)\, {}_{t-z}p_x P'(z) \times v'^{t-z} - F_{z-1} \tag{5-8}$$

式中，$v' = \dfrac{1+i_1}{1+i}$，$v'' = \dfrac{1+i_2}{1+i}$；$b$ 表示新制度下"老人"总养老金权益本来应由个人账户支付的比例；$P''(z)$ 表示第 $z$ 年退休职工当年的平均退休金；$P'(z)$ 表示第 $z$ 年的职工当年的平均工资；$\omega$ 表示职工生存极限年龄；$r$ 表示退休年龄；$t$ 表示未来的年份；$z$ 表示转轨成本测算的年份，即基年；$e$ 表示职工加入保险计划时的平均年龄；$f$ 表示养老保险统筹账户缴费率；$L_{2,x}(t)$ 表示在 $t$ 年 $x$ 岁的"老人"人数；$L_{1,x}(t)$ 表示在 $t$ 年 $x$ 岁的参加保险计划的"中人"中在职职工人数；$F_{z-1}$ 表示 $z-1$ 年末基金余额；$np_x$ 表示 $x$ 岁的人再活过 $n$ 年的概率；$i$ 表示无风险利率；$i_1$ 表示年平均工资调整率；$i_2$ 表示年退休金平均调整率；$N_{x实}$ 表示实际缴费年数；$N_{x同}$ 表示视同缴费年数。

（二）$L_{1,x}(t)$ 及 $L_{2,x}(t)$ 的测算

我们采用生命表理论的分要素分析法进行测算。

对于基年的 $e-\omega$ 岁人口，我们利用人口动态平衡方程，即某年 $x$ 岁的人数等于前一年 $x-1$ 岁活到 $x$ 岁的人数，用公式表示为：

$$L_{e+1}(t+1) = S_e(t)L_e(t)$$
$$L_{e+2}(t+1) = S_{e+1}(t)L_{e+1}(t) \qquad (5-9)$$
$$\cdots\cdots$$
$$L_{e+x}(t+1) = S_{e+x-1}(t)L_{e+x-1}(t) \quad (x=1,\ 2,\ \cdots,\ \omega-e)$$

式中，$L_{x+e}(t+1)$ 表示 $t+1$ 年 $x+e$ 岁的人数，$S_x(t)$ 表示 $t$ 年 $x$ 岁人口的存活概率，$\omega$ 表示最高年龄组。

## 四、机关事业单位养老保险统筹账户转制成本的测算

（一）基础数据与假设

1. 2024 年机关事业单位尚存"老人"和"中人"的分性别分年龄人口结构数

（1）2024 年行政事业单位尚存"中人"和"老人"的年龄区间。我们假设机关事业单位养老保险制度的参保人最低年龄为男 20 岁，女 20 岁。由于机关事业单位养老保险制度自 2014 年 10 月 1 日开始实施，因此到 2024 年，"中人"的最低年龄为男 30 岁，女 30 岁；鉴于我国当时的退休年龄安排，男职工为 60 岁，女职工为 55 岁，因此到 2024 年，"老人"的最低年龄应为男 70 岁、女 65 岁。此时，男"中人"的年龄在 30 岁至 69 岁之间，女"中人"的年龄在 30 岁至 64 岁之间；男"老人"的年龄为 $70-\omega$，女"老人"的年龄为 $65-\omega$。

（2）人口结构数。我们以表 2-10 为基础数据，根据第三章第一节的假

设，可以估算出 2024 年"老人"和"中人"分年龄分性别人口结构数（见表 5－1 和表 5－2）。

表 5－1　　2024 年机关事业单位养老保险"老人"分年龄分性别人口数　　单位：人

| 年龄（岁） | 男性 | 女性 | 年龄 | 男性 | 女性 |
|---|---|---|---|---|---|
| 65 | 0 | 300 071 | 86 | 61 900 | 87 291 |
| 66 | 0 | 393 863 | 87 | 48 662 | 73 518 |
| 67 | 0 | 431 888 | 88 | 44 113 | 70 277 |
| 68 | 0 | 404 205 | 89 | 34 235 | 55 524 |
| 69 | 0 | 422 665 | 90 | 28 261 | 45 316 |
| 70 | 396 678 | 421 610 | 91 | 24 210 | 41 009 |
| 71 | 346 028 | 374 699 | 92 | 15 388 | 27 562 |
| 72 | 343 529 | 371 829 | 93 | 12 619 | 23 182 |
| 73 | 282 966 | 324 489 | 94 | 10 382 | 19 157 |
| 74 | 270 915 | 297 533 | 95 | 5 379 | 11 631 |
| 75 | 248 971 | 273 820 | 96 | 3 751 | 8 074 |
| 76 | 212 654 | 236 297 | 97 | 2 531 | 6 320 |
| 77 | 194 070 | 217 574 | 98 | 3 862 | 12 649 |
| 78 | 171 613 | 204 193 | 99 | 0 | 0 |
| 79 | 147 021 | 176 885 | 100 | 0 | 0 |
| 80 | 133 748 | 156 866 | 101 | 0 | 0 |
| 81 | 115 573 | 141 423 | 102 | 0 | 0 |
| 82 | 101 538 | 127 513 | 103 | 0 | 0 |
| 83 | 98 219 | 123 504 | 104 | 0 | 0 |
| 84 | 86 747 | 110 336 | 105 | 0 | 0 |
| 85 | 65 905 | 90 770 | | | |

表 5 - 2　　　　2024 年机关事业单位养老保险"中人"分年龄分性别人口数　　　单位：人

| 年龄（岁） | 男性 | 女性 | 年龄 | 男性 | 女性 |
|---|---|---|---|---|---|
| 30 | 468 797 | 420 500 | 50 | 591 514 | 569 012 |
| 31 | 513 389 | 459 198 | 51 | 614 670 | 597 798 |
| 32 | 525 938 | 477 211 | 52 | 627 076 | 613 061 |
| 33 | 552 590 | 504 210 | 53 | 666 983 | 643 842 |
| 34 | 698 749 | 649 368 | 54 | 679 429 | 674 221 |
| 35 | 682 863 | 644 879 | 55 | 653 451 | 633 166 |
| 36 | 648 428 | 615 865 | 56 | 665 881 | 682 224 |
| 37 | 712 763 | 679 671 | 57 | 542 261 | 548 422 |
| 38 | 614 435 | 590 030 | 58 | 623 240 | 618 326 |
| 39 | 526 203 | 504 045 | 59 | 609 356 | 599 624 |
| 40 | 533 055 | 491 994 | 60 | 586 216 | 590 623 |
| 41 | 517 582 | 492 214 | 61 | 670 570 | 683 206 |
| 42 | 602 545 | 569 910 | 62 | 500 950 | 512 213 |
| 43 | 516 782 | 492 618 | 63 | 262 517 | 275 513 |
| 44 | 467 555 | 459 983 | 64 | 313 346 | 333 912 |
| 45 | 527 980 | 504 436 | 65 | 299 748 | 0 |
| 46 | 504 498 | 477 071 | 66 | 385 398 | 0 |
| 47 | 476 941 | 450 055 | 67 | 439 048 | 0 |
| 48 | 521 651 | 506 427 | 68 | 390 274 | 0 |
| 49 | 529 648 | 511 751 | 69 | 392 251 | 0 |

2. 死亡率假设

根据第二章第四节的假设，死亡率假设为：第一个 10 年采用《中国人身保险业经验生命表（2010—2013）》中的 CL1 ~ CL2 表，第二、第三个 10 年采用《中国人身保险业经验生命表（2010—2013）》中的 CL3 ~ CL4 表，以后各年采用《中国人身保险业经验生命表（2010—2013）》中的 CL5 ~ CL6 表。

3. "中人"过渡养老金及其测算公式

过渡性养老金是统一制度后"中人"基本养老金的一个组成部分。对新制度（或"统账结合"）之前参加工作、之后退休的人员来说，由于其在此之前的工作年限没有实行个人账户，则退休时的个人账户储存额中没能体现这段年限的劳动贡献情况，因而其退休时的基本养老金不能简单用基础养老金加个人账户养老金计算，而应再加上没有个人账户年限的养老金。过渡性养老金就解决了这一没有个人账户年限的养老金问题。

所谓过渡养老金实质是弥补因为制度原因导致个人账户缴纳不足的金额。一般的过渡养老金概念是按照以下定义和计算的：

$$G = G_{同} + G_{实} \tag{5-10}$$

其中，$G_{同} = C_{平} \times Z_{同指数} \times N_{同} \times 1\%$；$G_{实} = C_{平} \times Z_{实指数} \times N_{实} \times 1\%$。

（1）$C_{平}$ 为被保险员工退休上一年本市员工月平均工资报酬；

（2）$Z_{实指数}$ 为实际缴费工资报酬指数；

（3）$G$ 为"过渡性养老待遇"；

（4）$G_{同}$ 为按视同缴费年限计算的过渡性养老待遇；

（5）$Z_{同指数}$ 为视同缴费年限的缴费工资报酬指数，取值为1；

（6）$N_{同}$ 为视同缴费年限，为实行个人缴费前按国家规定计算的连续工龄；

（7）$G_{实}$ 为按实际缴费年限计算的过渡性养老待遇；

（8）$N_{实}$ 为实际缴费年限。

这里需要解释的是，式（5-10）所定义的过渡性养老金月标准水平计算既考虑了视同缴费年限也考虑了实际缴费年限，该定义完全符合国务院印发《关于机关事业单位工作人员养老保险制度改革的决定》对"中人"过渡性养老金的定义。

4. 测算时间长度的确定

由于本书的测算时点从2024年开始实施，"中人"最低年龄为30岁，本书假设的终极年龄为105岁，所以本书选择的测算时间长度为2024~2099年。

5. 其他参数假设

转制成本精算模型式（5-8）和式（5-9）中的其他参数假设如第四章第一节所示。

（1）未来退休年龄设计如表4-1所示。

（2）平均工资（$W$）及工资增长率（$i_1$）。2021年全国机关事业单位缴费工资基数为年115 583元。未来工资增长率如表4-3所示。

（3）人均年基本养老金增长率（$i_2$）及人均年基本养老金的确定。假设未来各年养老金增长率与工资增长率是同向且基本同步调整的，则：

$$t \text{ 年人均退休金} = t \text{ 年人均工资} \times \text{目标替代率} \qquad (5-11)$$

（4）目标替代率为 40%。

（5）利率为 4%。

（二）测算过程与结果

利用模型（5-8），在以上基础数据和模型假设条件下，我们利用 EXCEL 软件，计算依次得到：

1. 计算"老人"的未来养老金权益

（1）全国机关事业单位养老保险"老人"历年分年龄、分性别人口结构数。

以表 5-1 为基年人口数据，2024～2099 年：第一个 10 年采用《中国人身保险业经验生命表（2010—2013）》中的 CL1～CL2 表，第二、第三个 10 年采用《中国人身保险业经验生命表（2010—2013）》中的 CL3～CL4 表，以后各年采用《中国人身保险业经验生命表（2010—2013）》中的 CL5～CL6 表。根据式（5-8），得到未来各年全国行政事业单位养老保险"老人"分年龄、分性别存活人口结构数（见表 5-3 各表）。

**表 5-3（a）　　未来各年全国行政事业单位养老保险"老人"**

**分年龄、分性别存活人口结构数**　　　　单位：人

| 年龄（岁） | 2024 年 | | 2025 年 | | 2026 年 | | 2027 年 | | 2028 年 | |
|---|---|---|---|---|---|---|---|---|---|---|
| | 男 | 女 | 男 | 女 | 男 | 女 | 男 | 女 | 男 | 女 |
| 65 | 0 | 300 071 | | | | | | | | |
| 66 | 0 | 393 863 | 0 | 297 657 | | | | | | |
| 67 | 0 | 431 888 | 0 | 390 253 | 0 | 294 929 | | | | |
| 68 | 0 | 404 205 | 0 | 427 370 | 0 | 386 171 | 0 | 291 844 | | |
| 69 | 0 | 422 665 | 0 | 399 373 | 0 | 422 261 | 0 | 381 555 | 0 | 288 355 |
| 70 | 396 678 | 421 610 | 0 | 416 885 | 0 | 393 912 | 0 | 416 487 | 0 | 376 337 |
| 71 | 346 028 | 374 699 | 385 771 | 415 015 | 0 | 410 364 | 0 | 387 750 | 0 | 409 972 |
| 72 | 343 529 | 371 829 | 335 313 | 367 997 | 373 826 | 407 591 | 0 | 403 024 | 0 | 380 814 |
| 73 | 282 966 | 324 489 | 331 563 | 364 232 | 323 634 | 360 478 | 360 805 | 399 263 | 0 | 394 789 |
| 74 | 270 915 | 297 533 | 271 901 | 316 927 | 318 597 | 355 744 | 310 978 | 352 078 | 346 696 | 389 959 |
| 75 | 248 971 | 273 820 | 259 050 | 289 640 | 259 992 | 308 520 | 304 644 | 346 307 | 297 358 | 342 738 |

续表

| 年龄（岁） | 2024 年 | | 2025 年 | | 2026 年 | | 2027 年 | | 2028 年 | |
|---|---|---|---|---|---|---|---|---|---|---|
| | 男 | 女 | 男 | 女 | 男 | 女 | 男 | 女 | 男 | 女 |
| 76 | 212 654 | 236 297 | 236 791 | 265 568 | 246 377 | 280 911 | 247 273 | 299 222 | 289 741 | 335 870 |
| 77 | 194 070 | 217 574 | 201 063 | 228 224 | 223 885 | 256 495 | 232 948 | 271 314 | 233 795 | 288 999 |
| 78 | 171 613 | 204 193 | 182 312 | 209 164 | 188 881 | 219 402 | 210 320 | 246 580 | 218 835 | 260 827 |
| 79 | 147 021 | 176 885 | 160 080 | 195 280 | 170 060 | 200 035 | 176 188 | 209 826 | 196 186 | 235 818 |
| 80 | 133 748 | 156 866 | 136 083 | 168 181 | 148 170 | 185 672 | 157 408 | 190 192 | 163 080 | 199 501 |
| 81 | 115 573 | 141 423 | 122 751 | 148 178 | 124 894 | 158 867 | 135 988 | 175 388 | 144 466 | 179 658 |
| 82 | 101 538 | 127 513 | 105 091 | 132 619 | 111 618 | 138 953 | 113 566 | 148 977 | 123 654 | 164 470 |
| 83 | 98 219 | 123 504 | 91 398 | 118 602 | 94 595 | 123 351 | 100 471 | 129 243 | 102 224 | 138 566 |
| 84 | 86 747 | 110 336 | 87 439 | 113 831 | 81 366 | 109 313 | 84 213 | 113 691 | 89 444 | 119 121 |
| 85 | 65 905 | 90 770 | 76 304 | 100 669 | 76 912 | 103 858 | 71 571 | 99 736 | 74 075 | 103 730 |
| 86 | 61 900 | 87 291 | 57 218 | 81 897 | 66 246 | 90 829 | 66 774 | 93 706 | 62 137 | 89 987 |
| 87 | 48 662 | 73 518 | 52 980 | 77 802 | 48 972 | 72 994 | 56 699 | 80 955 | 57 152 | 83 520 |
| 88 | 44 113 | 70 277 | 41 006 | 64 669 | 44 644 | 68 437 | 41 267 | 64 208 | 47 779 | 71 210 |
| 89 | 34 235 | 55 524 | 36 543 | 60 956 | 33 969 | 56 091 | 36 983 | 59 360 | 34 185 | 55 692 |
| 90 | 28 261 | 45 316 | 27 831 | 47 451 | 29 708 | 52 093 | 27 615 | 47 936 | 30 065 | 50 729 |
| 91 | 24 210 | 41 009 | 22 502 | 38 130 | 22 160 | 39 927 | 23 654 | 43 832 | 21 988 | 40 334 |
| 92 | 15 388 | 27 562 | 18 838 | 33 948 | 17 510 | 31 565 | 17 244 | 33 052 | 18 406 | 36 286 |
| 93 | 12 619 | 23 182 | 11 673 | 22 427 | 14 290 | 27 624 | 13 282 | 25 685 | 13 080 | 26 895 |
| 94 | 10 382 | 19 157 | 9 306 | 18 519 | 8 608 | 17 917 | 10 538 | 22 068 | 9 795 | 20 519 |
| 95 | 5 379 | 11 631 | 7 422 | 15 001 | 6 653 | 14 502 | 6 154 | 14 030 | 7 533 | 17 281 |
| 96 | 3 751 | 8 074 | 3 716 | 8 909 | 5 127 | 11 490 | 4 596 | 11 108 | 4 251 | 10 746 |
| 97 | 2 531 | 6 320 | 2 496 | 6 034 | 2 473 | 6 658 | 3 412 | 8 587 | 3 058 | 8 301 |
| 98 | 3 862 | 12 649 | 1 617 | 4 594 | 1 595 | 4 386 | 1 580 | 4 840 | 2 180 | 6 242 |
| 99 | 0 | 0 | 2 361 | 8 911 | 988 | 3 237 | 975 | 3 090 | 966 | 3 410 |
| 100 | 0 | 0 | 0 | 0 | 1 376 | 6 062 | 576 | 2 202 | 568 | 2 102 |
| 101 | 0 | 0 | 0 | 0 | 0 | 0 | 761 | 3 964 | 319 | 1 440 |
| 102 | 0 | 0 | 0 | 0 | 0 | 0 | 0 | 0 | 399 | 2 482 |

表 5－3（b） 未来各年全国行政事业单位养老保险"老人"
分年龄、分性别存活人口结构数 单位：人

| 年龄（岁） | 2029 年 | | 2030 年 | | 2031 年 | | 2032 年 | | 2033 年 | |
|---|---|---|---|---|---|---|---|---|---|---|
| | 男 | 女 | 男 | 女 | 男 | 女 | 男 | 女 | 男 | 女 |
| 70 | 0 | 284 412 | | | | | | | | |
| 71 | 0 | 370 450 | 0 | 279 963 | | | | | | |
| 72 | 0 | 402 639 | 0 | 363 824 | 0 | 274 955 | | | | |
| 73 | 0 | 373 033 | 0 | 394 412 | 0 | 356 390 | 0 | 269 337 | | |
| 74 | 0 | 385 590 | 0 | 364 340 | 0 | 385 221 | 0 | 348 085 | 0 | 263 061 |
| 75 | 331 512 | 379 615 | 0 | 375 361 | 0 | 354 675 | 0 | 375 002 | 0 | 338 851 |
| 76 | 282 811 | 332 409 | 315 294 | 368 174 | 0 | 364 048 | 0 | 343 986 | 0 | 363 701 |
| 77 | 273 948 | 324 395 | 267 396 | 321 052 | 298 108 | 355 595 | 0 | 351 611 | 0 | 332 234 |
| 78 | 219 631 | 277 829 | 257 351 | 311 856 | 251 196 | 308 642 | 280 047 | 341 851 | 0 | 338 020 |
| 79 | 204 128 | 249 442 | 204 871 | 265 702 | 240 056 | 298 244 | 234 315 | 295 171 | 261 227 | 326 930 |
| 80 | 181 590 | 224 214 | 188 941 | 237 168 | 189 629 | 252 628 | 222 196 | 283 569 | 216 882 | 280 647 |
| 81 | 149 671 | 188 452 | 166 660 | 211 796 | 173 407 | 224 033 | 174 037 | 238 636 | 203 927 | 267 864 |
| 82 | 131 363 | 168 474 | 136 096 | 176 720 | 151 544 | 198 611 | 157 679 | 210 086 | 158 252 | 223 780 |
| 83 | 111 305 | 152 976 | 118 244 | 156 701 | 122 505 | 164 371 | 136 409 | 184 732 | 141 932 | 195 405 |
| 84 | 91 005 | 127 714 | 99 088 | 140 995 | 105 266 | 144 428 | 109 059 | 151 497 | 121 438 | 170 264 |
| 85 | 78 676 | 108 685 | 80 049 | 116 524 | 87 159 | 128 643 | 92 593 | 131 774 | 95 930 | 138 225 |
| 86 | 64 311 | 93 590 | 68 305 | 98 060 | 69 497 | 105 134 | 75 670 | 116 067 | 80 388 | 118 893 |
| 87 | 53 182 | 80 205 | 55 043 | 83 416 | 58 462 | 87 401 | 59 482 | 93 705 | 64 766 | 103 450 |
| 88 | 48 160 | 73 466 | 44 815 | 70 551 | 46 383 | 73 375 | 49 264 | 76 880 | 50 124 | 82 426 |
| 89 | 39 579 | 61 765 | 39 895 | 63 722 | 37 124 | 61 193 | 38 423 | 63 643 | 40 810 | 66 683 |
| 90 | 27 791 | 47 594 | 32 176 | 52 785 | 32 433 | 54 457 | 30 180 | 52 296 | 31 236 | 54 390 |
| 91 | 23 939 | 42 685 | 22 128 | 40 047 | 25 620 | 44 415 | 25 824 | 45 822 | 24 031 | 44 003 |
| 92 | 17 110 | 33 390 | 18 628 | 35 336 | 17 219 | 33 152 | 19 935 | 36 768 | 20 094 | 37 932 |
| 93 | 13 962 | 29 526 | 12 978 | 27 170 | 14 130 | 28 753 | 13 061 | 26 976 | 15 122 | 29 918 |
| 94 | 9 646 | 21 486 | 10 296 | 23 587 | 9 571 | 21 705 | 10 420 | 22 970 | 9 632 | 21 550 |
| 95 | 7 002 | 16 067 | 6 896 | 16 825 | 7 361 | 18 470 | 6 842 | 16 996 | 7 449 | 17 987 |
| 96 | 5 204 | 13 236 | 4 837 | 12 307 | 4 764 | 12 887 | 5 085 | 14 148 | 4 727 | 13 019 |

续表

| 年龄（岁） | 2029年 | | 2030年 | | 2031年 | | 2032年 | | 2033年 | |
|---|---|---|---|---|---|---|---|---|---|---|
| | 男 | 女 | 男 | 女 | 男 | 女 | 男 | 女 | 男 | 女 |
| 97 | 2 829 | 8 031 | 3 463 | 9 892 | 3 219 | 9 198 | 3 170 | 9 631 | 3 384 | 10 573 |
| 98 | 1 954 | 6 034 | 1 807 | 5 838 | 2 213 | 7 190 | 2 057 | 6 686 | 2 025 | 7 001 |
| 99 | 1 333 | 4 398 | 1 194 | 4 251 | 1 105 | 4 113 | 1 353 | 5 066 | 1 257 | 4 710 |
| 100 | 563 | 2 319 | 777 | 2 991 | 696 | 2 892 | 644 | 2 798 | 788 | 3 446 |
| 101 | 314 | 1 375 | 311 | 1 517 | 430 | 1 956 | 385 | 1 891 | 356 | 1 830 |
| 102 | 167 | 902 | 165 | 861 | 163 | 950 | 225 | 1 225 | 202 | 1 184 |
| 103 | 197 | 1 481 | 82 | 538 | 81 | 514 | 80 | 567 | 111 | 731 |
| 104 | 0 | 0 | 91 | 839 | 38 | 305 | 38 | 291 | 37 | 321 |
| 105 | 0 | 0 | 0 | 0 | 39 | 448 | 16 | 163 | 16 | 155 |

表5－3（c） 未来各年全国行政事业单位养老保险"老人"分年龄、分性别存活人口结构数 单位：人

| 年龄（岁） | 2034年 | | 2035年 | | 2036年 | | 2037年 | | 2038年 | |
|---|---|---|---|---|---|---|---|---|---|---|
| | 男 | 女 | 男 | 女 | 男 | 女 | 男 | 女 | 男 | 女 |
| 75 | 0 | 256 082 | | | | | | | | |
| 76 | 0 | 328 639 | 0 | 251 439 | | | | | | |
| 77 | 0 | 351 275 | 0 | 321 650 | 0 | 246 091 | | | | |
| 78 | 0 | 319 392 | 0 | 342 522 | 0 | 313 636 | 0 | 239 959 | | |
| 79 | 0 | 323 266 | 0 | 310 110 | 0 | 332 568 | 0 | 304 521 | 0 | 232 986 |
| 80 | 241 792 | 310 843 | 0 | 312 380 | 0 | 299 667 | 0 | 321 369 | 0 | 294 266 |
| 81 | 199 050 | 265 103 | 226 945 | 298 808 | 0 | 300 286 | 0 | 288 065 | 0 | 308 926 |
| 82 | 185 431 | 251 188 | 185 219 | 253 396 | 211 176 | 285 612 | 0 | 287 025 | 0 | 275 344 |
| 83 | 142 448 | 208 142 | 170 970 | 238 635 | 170 774 | 240 732 | 194 707 | 271 338 | 0 | 272 680 |
| 84 | 126 354 | 180 101 | 130 073 | 196 454 | 156 117 | 225 234 | 155 939 | 227 213 | 177 792 | 256 101 |
| 85 | 106 818 | 155 347 | 114 208 | 168 810 | 117 569 | 184 137 | 141 110 | 211 113 | 140 948 | 212 968 |
| 86 | 83 285 | 124 713 | 95 518 | 144 535 | 102 126 | 157 061 | 105 132 | 171 322 | 126 182 | 196 420 |
| 87 | 68 804 | 105 969 | 73 632 | 115 127 | 84 448 | 133 426 | 90 290 | 144 989 | 92 947 | 158 154 |
| 88 | 54 576 | 90 998 | 60 095 | 97 014 | 64 312 | 105 398 | 73 759 | 122 151 | 78 862 | 132 737 |

| 年龄<br>（岁） | 2034 年 | | 2035 年 | | 2036 年 | | 2037 年 | | 2038 年 | |
|---|---|---|---|---|---|---|---|---|---|---|
| | 男 | 女 | 男 | 女 | 男 | 女 | 男 | 女 | 男 | 女 |
| 89 | 41 522 | 71 493 | 47 049 | 82 580 | 51 807 | 88 040 | 55 443 | 95 649 | 63 587 | 110 852 |
| 90 | 33 176 | 56 988 | 35 290 | 64 282 | 39 987 | 74 251 | 44 031 | 79 160 | 47 121 | 86 001 |
| 91 | 24 871 | 45 765 | 27 761 | 50 744 | 29 529 | 57 239 | 33 460 | 66 115 | 36 844 | 70 487 |
| 92 | 18 699 | 36 427 | 20 456 | 40 337 | 22 833 | 44 725 | 24 287 | 50 450 | 27 520 | 58 274 |
| 93 | 15 243 | 30 866 | 15 089 | 31 765 | 16 507 | 35 175 | 18 424 | 39 001 | 19 598 | 43 993 |
| 94 | 11 152 | 23 901 | 12 042 | 26 614 | 11 920 | 27 389 | 13 040 | 30 329 | 14 555 | 33 629 |
| 95 | 6 886 | 16 875 | 8 605 | 20 364 | 9 291 | 22 676 | 9 198 | 23 337 | 10 062 | 25 842 |
| 96 | 5 146 | 13 777 | 5 176 | 14 196 | 6 468 | 17 131 | 6 984 | 19 076 | 6 914 | 19 632 |
| 97 | 3 146 | 9 729 | 3 758 | 11 430 | 3 780 | 11 777 | 4 724 | 14 212 | 5 101 | 15 826 |
| 98 | 2 162 | 7 685 | 2 225 | 7 949 | 2 658 | 9 338 | 2 674 | 9 622 | 3 341 | 11 611 |
| 99 | 1 238 | 4 932 | 1 477 | 6 171 | 1 520 | 6 383 | 1 816 | 7 499 | 1 826 | 7 726 |
| 100 | 733 | 3 204 | 814 | 3 883 | 971 | 4 859 | 999 | 5 026 | 1 194 | 5 904 |
| 101 | 436 | 2 254 | 462 | 2 466 | 513 | 2 989 | 612 | 3 741 | 630 | 3 869 |
| 102 | 187 | 1 146 | 263 | 1 690 | 278 | 1 849 | 309 | 2 242 | 369 | 2 805 |
| 103 | 99 | 707 | 107 | 833 | 151 | 1 229 | 159 | 1 345 | 177 | 1 630 |
| 104 | 51 | 414 | 54 | 496 | 58 | 584 | 82 | 862 | 87 | 943 |
| 105 | 16 | 172 | 26 | 278 | 28 | 333 | 30 | 393 | 42 | 579 |

表 5 - 3 （d）　　　未来各年全国行政事业单位养老保险"老人"

分年龄、分性别存活人口结构数　　　　　单位：人

| 年龄<br>（岁） | 2039 年 | | 2040 年 | | 2041 年 | | 2042 年 | | 2043 年 | |
|---|---|---|---|---|---|---|---|---|---|---|
| | 男 | 女 | 男 | 女 | 男 | 女 | 男 | 女 | 男 | 女 |
| 80 | 0 | 225 140 | | | | | | | | |
| 81 | 0 | 282 873 | 0 | 216 423 | | | | | | |
| 82 | 0 | 295 284 | 0 | 270 381 | 0 | 206 866 | | | | |
| 83 | 0 | 261 583 | 0 | 280 527 | 0 | 256 868 | 0 | 196 527 | | |
| 84 | 0 | 257 367 | 0 | 246 893 | 0 | 264 773 | 0 | 242 443 | 0 | 185 491 |
| 85 | 160 701 | 240 045 | 0 | 241 232 | 0 | 231 414 | 0 | 248 173 | 0 | 227 243 |

续表

| 年龄（岁） | 2039 年 男 | 女 | 2040 年 男 | 女 | 2041 年 男 | 女 | 2042 年 男 | 女 | 2043 年 男 | 女 |
|---|---|---|---|---|---|---|---|---|---|---|
| 86 | 126 038 | 198 147 | 143 701 | 223 338 | 0 | 224 443 | 0 | 215 309 | 0 | 230 901 |
| 87 | 111 558 | 181 323 | 111 430 | 182 916 | 127 046 | 206 172 | 0 | 207 192 | 0 | 198 760 |
| 88 | 81 183 | 144 789 | 97 438 | 166 001 | 97 327 | 167 460 | 110 966 | 188 750 | 0 | 189 684 |
| 89 | 67 985 | 120 458 | 69 986 | 131 396 | 84 000 | 150 645 | 83 904 | 151 969 | 95 662 | 171 290 |
| 90 | 54 043 | 99 671 | 57 782 | 108 309 | 59 482 | 118 143 | 71 392 | 135 450 | 71 311 | 136 641 |
| 91 | 39 429 | 76 578 | 45 221 | 88 750 | 48 349 | 96 441 | 49 772 | 105 198 | 59 738 | 120 609 |
| 92 | 30 303 | 62 127 | 32 430 | 67 496 | 37 193 | 78 224 | 39 766 | 85 003 | 40 937 | 92 721 |
| 93 | 22 207 | 50 816 | 24 453 | 54 175 | 26 169 | 58 857 | 30 013 | 68 213 | 32 089 | 74 124 |
| 94 | 15 483 | 37 933 | 17 544 | 43 816 | 19 318 | 46 713 | 20 673 | 50 750 | 23 710 | 58 817 |
| 95 | 11 231 | 28 653 | 11 946 | 32 321 | 13 537 | 37 333 | 14 906 | 39 801 | 15 952 | 43 241 |
| 96 | 7 564 | 21 739 | 8 442 | 24 104 | 8 980 | 27 189 | 10 176 | 31 405 | 11 205 | 33 482 |
| 97 | 5 049 | 16 287 | 5 524 | 18 035 | 6 165 | 19 997 | 6 558 | 22 556 | 7 431 | 26 055 |
| 98 | 3 608 | 12 929 | 3 572 | 13 306 | 3 907 | 14 734 | 4 361 | 16 337 | 4 639 | 18 428 |
| 99 | 2 282 | 9 324 | 2 464 | 10 382 | 2 440 | 10 685 | 2 669 | 11 832 | 2 979 | 13 119 |
| 100 | 1 201 | 6 084 | 1 500 | 7 342 | 1 620 | 8 175 | 1 604 | 8 413 | 1 754 | 9 316 |
| 101 | 753 | 4 545 | 757 | 4 683 | 946 | 5 651 | 1 021 | 6 293 | 1 011 | 6 476 |
| 102 | 379 | 2 901 | 453 | 3 408 | 456 | 3 512 | 570 | 4 238 | 615 | 4 719 |
| 103 | 211 | 2 040 | 217 | 2 109 | 260 | 2 478 | 261 | 2 553 | 327 | 3 081 |
| 104 | 96 | 1 143 | 115 | 1 431 | 118 | 1 480 | 141 | 1 738 | 142 | 1 791 |
| 105 | 44 | 634 | 49 | 769 | 59 | 962 | 60 | 995 | 72 | 1 169 |

表 5－3（e）　　　　未来各年全国行政事业单位养老保险"老人"
分年龄、分性别存活人口结构数　　　　单位：人

| 年龄（岁） | 2044 年 男 | 女 | 2045 年 男 | 女 | 2046 年 男 | 女 | 2047 年 男 | 女 | 2048 年 男 | 女 |
|---|---|---|---|---|---|---|---|---|---|---|
| 85 | 0 | 173 862 | | | | | | | | |
| 86 | 0 | 211 428 | 0 | 161 762 | | | | | | |
| 87 | 0 | 213 154 | 0 | 195 177 | 0 | 149 328 | | | | |

续表

| 年龄 | 2044 年 | | 2045 年 | | 2046 年 | | 2047 年 | | 2048 年 | |
|------|------|------|------|------|------|------|------|------|------|------|
| （岁） | 男 | 女 | 男 | 女 | 男 | 女 | 男 | 女 | 男 | 女 |
| 88 | 0 | 181 964 | 0 | 195 142 | 0 | 178 685 | 0 | 136 710 | | |
| 89 | 0 | 172 137 | 0 | 165 132 | 0 | 177 091 | 0 | 162 155 | 0 | 124 064 |
| 90 | 81 304 | 154 013 | 0 | 154 775 | 0 | 148 476 | 0 | 159 228 | 0 | 145 800 |
| 91 | 59 670 | 121 670 | 68 032 | 137 138 | 0 | 137 817 | 0 | 132 208 | 0 | 141 782 |
| 92 | 49 134 | 106 305 | 49 077 | 107 239 | 55 955 | 120 873 | 0 | 121 471 | 0 | 116 527 |
| 93 | 33 033 | 80 854 | 39 647 | 92 699 | 39 602 | 93 514 | 45 152 | 105 403 | 0 | 105 924 |
| 94 | 25 350 | 63 914 | 26 096 | 69 717 | 31 322 | 79 930 | 31 286 | 80 633 | 35 670 | 90 885 |
| 95 | 18 295 | 50 114 | 19 560 | 54 457 | 20 136 | 59 402 | 24 168 | 68 104 | 24 140 | 68 702 |
| 96 | 11 991 | 36 375 | 13 752 | 42 157 | 14 704 | 45 811 | 15 136 | 49 970 | 18 167 | 57 290 |
| 97 | 8 183 | 27 777 | 8 757 | 30 178 | 10 043 | 34 974 | 10 738 | 38 005 | 11 054 | 41 456 |
| 98 | 5 257 | 21 286 | 5 788 | 22 693 | 6 194 | 24 655 | 7 104 | 28 573 | 7 596 | 31 050 |
| 99 | 3 169 | 14 798 | 3 590 | 17 093 | 3 954 | 18 223 | 4 231 | 19 798 | 4 853 | 22 945 |
| 100 | 1 958 | 10 330 | 2 083 | 11 652 | 2 360 | 13 459 | 2 599 | 14 349 | 2 781 | 15 589 |
| 101 | 1 106 | 7 172 | 1 235 | 7 952 | 1 313 | 8 970 | 1 488 | 10 360 | 1 638 | 11 045 |
| 102 | 609 | 4 856 | 666 | 5 377 | 744 | 5 962 | 791 | 6 726 | 896 | 7 769 |
| 103 | 353 | 3 431 | 349 | 3 531 | 382 | 3 910 | 426 | 4 336 | 453 | 4 891 |
| 104 | 177 | 2 161 | 192 | 2 407 | 190 | 2 477 | 207 | 2 743 | 231 | 3 041 |
| 105 | 73 | 1 204 | 91 | 1 453 | 98 | 1 618 | 97 | 1 665 | 106 | 1 844 |

**表 5 - 3（f）　　　未来各年全国行政事业单位养老保险"老人"**

**分年龄、分性别存活人口结构数**　　　　单位：人

| 年龄 | 2049 年 | | 2050 年 | | 2051 年 | | 2052 年 | | 2053 年 | |
|------|------|------|------|------|------|------|------|------|------|------|
| （岁） | 男 | 女 | 男 | 女 | 男 | 女 | 男 | 女 | 男 | 女 |
| 90 | 0 | 111 550 | | | | | | | | |
| 91 | 0 | 129 825 | 0 | 99 328 | | | | | | |
| 92 | 0 | 124 966 | 0 | 114 427 | 0 | 87 547 | | | | |
| 93 | 0 | 101 614 | 0 | 108 972 | 0 | 99 782 | 0 | 76 342 | | |
| 94 | 0 | 91 334 | 0 | 87 617 | 0 | 93 962 | 0 | 86 038 | 0 | 65 827 |

续表

| 年龄<br>(岁) | 2049 年 | | 2050 年 | | 2051 年 | | 2052 年 | | 2053 年 | |
|---|---|---|---|---|---|---|---|---|---|---|
| | 男 | 女 | 男 | 女 | 男 | 女 | 男 | 女 | 男 | 女 |
| 95 | 27 523 | 77 437 | 0 | 77 820 | 0 | 74 653 | 0 | 80 059 | 0 | 73 308 |
| 96 | 18 146 | 57 794 | 20 689 | 65 142 | 0 | 65 464 | 0 | 62 800 | 0 | 67 348 |
| 97 | 13 267 | 47 529 | 13 252 | 47 947 | 15 109 | 54 043 | 0 | 54 310 | 0 | 52 100 |
| 98 | 7 819 | 33 869 | 9 385 | 38 831 | 9 374 | 39 172 | 10 688 | 44 152 | 0 | 44 370 |
| 99 | 5 188 | 24 933 | 5 341 | 27 197 | 6 410 | 31 181 | 6 403 | 31 456 | 7 300 | 35 455 |
| 100 | 3 190 | 18 067 | 3 411 | 19 632 | 3 511 | 21 415 | 4 214 | 24 552 | 4 209 | 24 768 |
| 101 | 1 753 | 12 000 | 2 011 | 13 907 | 2 150 | 15 113 | 2 213 | 16 485 | 2 657 | 18 900 |
| 102 | 987 | 8 282 | 1 056 | 8 998 | 1 211 | 10 428 | 1 295 | 11 332 | 1 333 | 12 361 |
| 103 | 514 | 5 649 | 566 | 6 023 | 605 | 6 543 | 694 | 7 583 | 742 | 8 240 |
| 104 | 246 | 3 431 | 279 | 3 963 | 307 | 4 225 | 329 | 4 590 | 377 | 5 319 |
| 105 | 119 | 2 045 | 126 | 2 306 | 143 | 2 664 | 157 | 2 840 | 168 | 3 086 |

表 5 - 3（g）　　　　未来各年全国行政事业单位养老保险"老人"

分年龄、分性别存活人口结构数　　　　单位：人

| 年龄<br>(岁) | 2054 年 | | 2055 年 | | 2056 年 | | 2057 年 | | 2058 年 | |
|---|---|---|---|---|---|---|---|---|---|---|
| | 男 | 女 | 男 | 女 | 男 | 女 | 男 | 女 | 男 | 女 |
| 95 | 0 | 56 087 | | | | | | | | |
| 96 | 0 | 61 668 | 0 | 48 653 | | | | | | |
| 97 | 0 | 55 873 | 0 | 52 803 | 0 | 41 659 | | | | |
| 98 | 0 | 42 565 | 0 | 47 158 | 0 | 44 567 | 0 | 35 161 | | |
| 99 | 0 | 35 630 | 0 | 35 353 | 0 | 39 168 | 0 | 37 016 | 0 | 29 204 |
| 100 | 4 799 | 27 917 | 0 | 29 063 | 0 | 28 838 | 0 | 31 950 | 0 | 30 194 |
| 101 | 2 654 | 19 066 | 3 223 | 22 310 | 0 | 23 226 | 0 | 23 046 | 0 | 25 533 |
| 102 | 1 600 | 14 172 | 1 712 | 14 886 | 2 079 | 17 419 | 0 | 18 134 | 0 | 17 993 |
| 103 | 764 | 8 988 | 989 | 10 774 | 1 058 | 11 317 | 1 285 | 13 243 | 0 | 13 787 |
| 104 | 403 | 5 780 | 450 | 6 629 | 583 | 7 946 | 623 | 8 346 | 757 | 9 766 |
| 105 | 193 | 3 576 | 226 | 4 116 | 252 | 4 721 | 326 | 5 658 | 349 | 5 944 |

表 5 – 3（h）　　　　　未来各年全国行政事业单位养老保险"老人"
分年龄、分性别存活人口结构数　　　　单位：人

| 年龄（岁） | 2059 年 | | 2060 年 | | 2061 年 | | 2062 年 | | 2063 年 | | 2064 年 | |
|---|---|---|---|---|---|---|---|---|---|---|---|---|
| | 男 | 女 | 男 | 女 | 男 | 女 | 男 | 女 | 男 | 女 | 男 | 女 |
| 100 | 0 | 23 822 | | | | | | | | | | |
| 101 | 0 | 24 130 | 0 | 19 037 | | | | | | | | |
| 102 | 0 | 19 935 | 0 | 18 840 | 0 | 14 864 | | | | | | |
| 103 | 0 | 13 680 | 0 | 15 156 | 0 | 14 323 | 0 | 11 300 | | | | |
| 104 | 0 | 10 167 | 0 | 10 088 | 0 | 11 177 | 0 | 10 563 | 0 | 8 334 | | |
| 105 | 424 | 6 955 | 0 | 7 241 | 0 | 7 184 | 0 | 7 960 | 0 | 7 522 | 0 | 5 935 |

（2）全国机关事业单位养老保险历年"老人"总人口数。依据表 5 – 3 和表 4 – 1，我们将各年各年龄段"老人"加总，得到各年"老人"总人口数（见表 5 – 4）。

表 5 – 4　　　　　　　　未来各年"老人"总人数　　　　　单位：人

| 年份 | 人数 | 年份 | 人数 | 年份 | 人数 |
|---|---|---|---|---|---|
| 2025 | 9 133 335 | 2039 | 3 381 762 | 2053 | 427 868 |
| 2026 | 8 667 766 | 2040 | 3 074 568 | 2054 | 341 735 |
| 2027 | 8 199 582 | 2041 | 2 776 587 | 2055 | 278 346 |
| 2028 | 7 730 114 | 2042 | 2 489 954 | 2056 | 222 832 |
| 2029 | 7 260 760 | 2043 | 2 216 732 | 2057 | 174 788 |
| 2030 | 6 793 001 | 2044 | 1 958 466 | 2058 | 133 527 |
| 2031 | 6 328 409 | 2045 | 1 716 648 | 2059 | 99 112 |
| 2032 | 5 868 418 | 2046 | 1 492 170 | 2060 | 70 362 |
| 2033 | 5 415 327 | 2047 | 1 285 862 | 2061 | 47 548 |
| 2034 | 4 970 713 | 2048 | 1 098 191 | 2062 | 29 823 |
| 2035 | 4 654 272 | 2049 | 929 078 | 2063 | 15 856 |
| 2036 | 4 334 640 | 2050 | 778 226 | 2064 | 5 935 |
| 2037 | 4 014 332 | 2051 | 645 014 | | |
| 2038 | 3 695 885 | 2052 | 528 533 | | |

（3）历年全国机关事业单位退休人员人均年养老金额。历年全国机关事业单位退休人员人均年养老金额，依据第四章表4-10的数据来确定。

（4）未来各年"老人"养老金总额。在表5-4和表4-10的基础上，依据式（5-12），计算得到未来各年"老人"的养老金总额（见表5-5）。

未来各年"老人"养老金总额＝该年"老人"人数×该年人均年养老金

$$(5-12)$$

表5-5　　　　　　　　未来各年"老人"养老金总额　　　　　　单位：亿元

| 年份 | 各年养老金总额 | 年份 | 各年养老金总额 | 年份 | 各年养老金总额 |
|------|------|------|------|------|------|
| 2025 | 5 796 | 2039 | 4 207 | 2053 | 730 |
| 2026 | 5 831 | 2040 | 3 940 | 2054 | 595 |
| 2027 | 5 847 | 2041 | 3 665 | 2055 | 494 |
| 2028 | 5 843 | 2042 | 3 385 | 2056 | 404 |
| 2029 | 5 817 | 2043 | 3 104 | 2057 | 323 |
| 2030 | 5 714 | 2044 | 2 797 | 2058 | 252 |
| 2031 | 5 590 | 2045 | 2 501 | 2059 | 191 |
| 2032 | 5 443 | 2046 | 2 217 | 2060 | 138 |
| 2033 | 5 274 | 2047 | 1 949 | 2061 | 95 |
| 2034 | 5 083 | 2048 | 1 698 | 2062 | 61 |
| 2035 | 4 949 | 2049 | 1 465 | 2063 | 33 |
| 2036 | 4 794 | 2050 | 1 252 | 2064 | 0 |
| 2037 | 4 617 | 2051 | 1 058 | | |
| 2038 | 4 421 | 2052 | 884 | | |

（5）"老人"未来退休金现值。依据表5-5，在利率4%的假设下，利用式（5-13）得到"老人"未来退休金现值。

$$2024年底"老人"未来退休金现值 = \sum_{n=2024}^{2064} 第n年"老人"退休金总额 \times 1.04^{-(n-2024)}$$
$$= 79\ 945.85\ 亿元 \qquad (5-13)$$

（6）2024年"老人"的未来各年养老金权益中应由个人账户承担的部分现值。由于"老人"的法定退休年龄为男60岁、女55岁，其平均退休年龄为57.5岁，又由于"老人"的参加工作的年龄较早，设定为20岁，机关事业单位养老保险目标替代率为 60%，故其统筹账户应承担的养老金替代率平均为 37.5%，而剩余的 22.5% 替代率本应由个人账户承担，但由于"老人"没有个人账户，所以这部分资金由财政托底，这部分资金相当于整个养老金权益的 22.5/60，即 37.5%，结合前面计算得到的 $PVFB_{2024}$，有：

"老人"的未来各年养老金权益中应由个人账户承担的部分现值

= "老人"全部未来养老金现值 × 37.5%

= 29 979.69 亿元

2. "中人"未来养老金权益

（1）参加养老保险的不同年龄的"中人"在未来各年龄段存活人口数。

根据前面对死亡率的假设，把表 5-2 的数据作为基数，根据式（5-8），在对死亡率已有假设下，并运用 EXCEL 计算，得到未来各年全国行政事业单位养老保险"中人"分年龄、分性别存活人口结构数（见表 5-6 各表）。

**表 5-6（a）** 　未来各年全国行政事业单位养老保险"中人"

分年龄、分性别存活人口结构数 　　　　　单位：人

| 年龄（岁） | 2024 年 | | 2025 年 | | 2026 年 | | 2027 年 | | 2028 年 | | 2029 年 | |
|---|---|---|---|---|---|---|---|---|---|---|---|---|
| | 男 | 女 | 男 | 女 | 男 | 女 | 男 | 女 | 男 | 女 | 男 | 女 |
| 30 | 468 797 | 420 500 | | | | | | | | | | |
| 31 | 513 389 | 459 198 | 468 423 | 420 357 | | | | | | | | |
| 32 | 525 938 | 477 211 | 512 954 | 459 035 | 468 027 | 420 207 | | | | | | |
| 33 | 552 590 | 504 210 | 525 463 | 477 033 | 512 491 | 458 863 | 467 604 | 420 050 | | | | |
| 34 | 698 749 | 649 368 | 552 056 | 504 010 | 524 955 | 476 843 | 511 996 | 458 681 | 467 152 | 419 883 | | |
| 35 | 682 863 | 644 879 | 698 026 | 649 093 | 551 485 | 503 797 | 524 412 | 476 641 | 511 466 | 458 487 | 466 669 | 419 706 |
| 36 | 648 428 | 615 865 | 682 104 | 644 586 | 697 250 | 648 799 | 550 872 | 503 568 | 523 830 | 476 425 | 510 898 | 458 279 |
| 37 | 712 763 | 679 671 | 647 652 | 615 564 | 681 289 | 644 271 | 696 416 | 648 481 | 550 213 | 503 322 | 523 203 | 476 192 |
| 38 | 614 435 | 590 030 | 711 844 | 679 311 | 646 817 | 615 238 | 680 410 | 643 930 | 695 518 | 648 138 | 549 504 | 503 055 |
| 39 | 526 203 | 504 045 | 613 578 | 589 690 | 710 851 | 678 919 | 645 915 | 614 883 | 679 461 | 643 558 | 694 548 | 647 764 |
| 40 | 533 055 | 491 994 | 525 406 | 503 727 | 612 648 | 589 317 | 709 774 | 678 490 | 644 936 | 614 495 | 678 431 | 643 152 |
| 41 | 517 582 | 492 214 | 532 175 | 491 654 | 524 538 | 503 378 | 611 637 | 588 910 | 708 602 | 678 021 | 643 871 | 614 069 |
| 42 | 602 545 | 569 910 | 516 648 | 491 839 | 531 215 | 491 279 | 523 592 | 502 995 | 610 533 | 588 461 | 707 323 | 677 504 |
| 43 | 516 782 | 492 618 | 601 353 | 569 431 | 515 626 | 491 425 | 530 164 | 490 866 | 522 556 | 502 572 | 609 326 | 587 966 |

续表

| 年龄（岁） | 2024 年 | | 2025 年 | | 2026 年 | | 2027 年 | | 2028 年 | | 2029 年 | |
|---|---|---|---|---|---|---|---|---|---|---|---|---|
| | 男 | 女 | 男 | 女 | 男 | 女 | 男 | 女 | 男 | 女 | 男 | 女 |
| 44 | 467 555 | 459 983 | 515 659 | 492 160 | 600 046 | 568 902 | 514 506 | 490 969 | 529 012 | 490 410 | 521 421 | 502 105 |
| 45 | 527 980 | 504 436 | 466 436 | 459 510 | 514 425 | 491 654 | 598 611 | 568 317 | 513 275 | 490 464 | 527 746 | 489 906 |
| 46 | 504 498 | 477 071 | 526 587 | 503 862 | 465 205 | 458 988 | 513 067 | 491 095 | 597 031 | 567 671 | 511 920 | 489 906 |
| 47 | 476 941 | 450 055 | 503 028 | 476 470 | 525 053 | 503 228 | 463 850 | 458 410 | 511 573 | 490 477 | 595 292 | 566 956 |
| 48 | 521 651 | 506 427 | 475 409 | 449 429 | 501 412 | 475 807 | 523 366 | 502 528 | 462 360 | 457 772 | 509 929 | 489 794 |
| 49 | 529 648 | 511 751 | 519 805 | 505 649 | 473 727 | 448 738 | 499 638 | 475 076 | 521 514 | 501 755 | 460 724 | 457 068 |
| 50 | 591 514 | 569 012 | 527 591 | 510 885 | 517 786 | 504 793 | 471 887 | 447 978 | 497 698 | 474 272 | 519 488 | 500 906 |
| 51 | 614 670 | 597 798 | 589 001 | 567 954 | 525 349 | 509 935 | 515 586 | 503 855 | 469 882 | 447 146 | 495 583 | 473 390 |
| 52 | 627 076 | 613 061 | 611 822 | 596 580 | 586 272 | 566 797 | 522 915 | 508 897 | 513 198 | 502 828 | 467 705 | 446 235 |
| 53 | 666 983 | 643 842 | 623 921 | 611 696 | 608 744 | 595 252 | 583 322 | 565 536 | 520 284 | 507 764 | 510 615 | 501 709 |
| 54 | 679 429 | 674 221 | 663 351 | 642 281 | 620 523 | 610 214 | 605 429 | 593 809 | 580 146 | 564 165 | 517 451 | 506 533 |
| 55 | 653 451 | 633 166 | 675 441 | 672 445 | 659 458 | 640 590 | 616 881 | 608 606 | 601 876 | 592 245 | 576 741 | 562 679 |
| 56 | 665 881 | 682 224 | 649 333 | 631 360 | 671 185 | 670 527 | 655 302 | 638 762 | 612 994 | 606 870 | 598 083 | 590 556 |
| 57 | 542 261 | 548 422 | 661 388 | 680 119 | 644 952 | 629 412 | 666 656 | 668 458 | 650 881 | 636 791 | 608 858 | 604 998 |
| 58 | 623 240 | 618 326 | 538 342 | 546 589 | 656 608 | 677 846 | 640 291 | 627 308 | 661 838 | 666 224 | 646 177 | 634 663 |
| 59 | 609 356 | 599 624 | 618 397 | 616 077 | 534 159 | 544 601 | 651 507 | 675 380 | 635 316 | 625 026 | 656 696 | 663 800 |
| 60 | 586 216 | 590 623 | 604 236 | 597 232 | 613 201 | 613 618 | 529 671 | 542 428 | 646 032 | 672 686 | 629 977 | 622 532 |
| 61 | 670 570 | 683 206 | 580 846 | 588 016 | 598 700 | 594 595 | 607 583 | 610 910 | 524 818 | 540 033 | 640 114 | 669 716 |
| 62 | 500 950 | 512 213 | 663 821 | 679 843 | 574 999 | 585 121 | 592 674 | 591 668 | 601 468 | 607 902 | 519 536 | 537 375 |
| 63 | 262 517 | 275 513 | 495 375 | 509 381 | 656 433 | 676 084 | 568 600 | 581 886 | 586 078 | 588 397 | 594 774 | 604 541 |
| 64 | 313 346 | 333 912 | 259 272 | 273 793 | 489 252 | 506 200 | 648 320 | 671 862 | 561 572 | 578 253 | 578 834 | 584 723 |
| 65 | 299 748 | 0 | 309 031 | 331 549 | 255 702 | 271 855 | 482 515 | 502 618 | 639 392 | 667 107 | 553 839 | 574 160 |
| 66 | 385 398 | 0 | 295 138 | 0 | 304 278 | 328 881 | 251 769 | 269 668 | 475 094 | 498 574 | 629 558 | 661 740 |
| 67 | 439 048 | 0 | 378 765 | 0 | 290 058 | 0 | 299 041 | 325 867 | 247 436 | 267 196 | 466 917 | 494 005 |
| 68 | 390 274 | 0 | 430 573 | 0 | 371 453 | 0 | 284 459 | 0 | 293 268 | 322 458 | 242 659 | 264 401 |
| 69 | 392 251 | 0 | 381 809 | 0 | 421 233 | 0 | 363 396 | 0 | 278 289 | 0 | 286 907 | 318 604 |
| 70 | | | 382 676 | 0 | 372 488 | 0 | 410 950 | 0 | 354 525 | 0 | 271 495 | 0 |
| 71 | | | | 0 | 372 154 | 0 | 362 247 | 0 | 399 651 | 0 | 344 777 | 0 |

续表

| 年龄（岁） | 2024 年 | | 2025 年 | | 2026 年 | | 2027 年 | | 2028 年 | | 2029 年 | |
|---|---|---|---|---|---|---|---|---|---|---|---|---|
| | 男 | 女 | 男 | 女 | 男 | 女 | 男 | 女 | 男 | 女 | 男 | 女 |
| 72 | | | 0 | 0 | 0 | 0 | 360 630 | 0 | 351 030 | 0 | 387 276 | 0 |
| 73 | | | 0 | 0 | 0 | 0 | 0 | 0 | 348 069 | 0 | 338 803 | 0 |
| 74 | | | 0 | 0 | 0 | 0 | 0 | 0 | 0 | 0 | 334 458 | 0 |

**表 5 - 6（b）　　　　未来各年全国行政事业单位养老保险"中人"**

**分年龄、分性别存活人口结构数**　　　　单位：人

| 年龄（岁） | 2030 年 | | 2031 年 | | 2032 年 | | 2033 年 | | 2034 年 | | 2035 年 | |
|---|---|---|---|---|---|---|---|---|---|---|---|---|
| | 男 | 女 | 男 | 女 | 男 | 女 | 男 | 女 | 男 | 女 | 男 | 女 |
| 36 | 466 150 | 419 515 | | | | | | | | | | |
| 37 | 510 287 | 458 054 | 465 593 | 419 310 | | | | | | | | |
| 38 | 522 528 | 475 940 | 509 628 | 457 812 | 464 992 | 419 088 | | | | | | |
| 39 | 548 737 | 502 765 | 521 799 | 475 665 | 508 918 | 457 547 | 464 344 | 418 846 | | | | |
| 40 | 693 496 | 647 355 | 547 906 | 502 447 | 521 009 | 475 365 | 508 146 | 457 259 | 463 640 | 418 582 | | |
| 41 | 677 311 | 642 707 | 692 351 | 646 907 | 547 001 | 502 100 | 520 148 | 475 036 | 507 308 | 456 942 | 463 051 | 418 355 |
| 42 | 642 710 | 613 601 | 676 089 | 642 217 | 691 102 | 646 414 | 546 014 | 501 717 | 519 210 | 474 674 | 506 607 | 456 670 |
| 43 | 705 924 | 676 934 | 641 439 | 613 085 | 674 752 | 641 677 | 689 735 | 645 870 | 544 934 | 501 295 | 518 431 | 474 364 |
| 44 | 608 002 | 587 420 | 704 390 | 676 306 | 640 045 | 612 516 | 673 286 | 641 081 | 688 236 | 645 270 | 544 045 | 500 937 |
| 45 | 520 173 | 501 589 | 606 547 | 586 816 | 702 705 | 675 610 | 638 513 | 611 886 | 671 674 | 640 422 | 687 015 | 644 765 |
| 46 | 526 353 | 489 349 | 518 800 | 501 018 | 604 946 | 586 149 | 700 850 | 674 842 | 636 828 | 611 190 | 670 379 | 639 873 |
| 47 | 510 429 | 489 290 | 524 820 | 488 732 | 517 289 | 500 388 | 603 184 | 585 411 | 698 809 | 673 993 | 635 493 | 610 619 |
| 48 | 593 379 | 566 167 | 508 789 | 488 609 | 523 134 | 488 052 | 515 627 | 499 691 | 601 246 | 584 596 | 697 218 | 673 305 |
| 49 | 508 125 | 489 042 | 591 280 | 565 297 | 506 989 | 487 858 | 521 283 | 487 302 | 513 803 | 498 923 | 599 760 | 583 946 |
| 50 | 458 934 | 456 295 | 506 152 | 488 214 | 588 983 | 564 340 | 505 020 | 487 032 | 519 258 | 486 477 | 512 425 | 498 318 |
| 51 | 517 281 | 499 975 | 456 984 | 455 446 | 504 001 | 487 307 | 586 480 | 563 291 | 502 874 | 486 127 | 517 748 | 485 835 |
| 52 | 493 287 | 472 426 | 514 885 | 498 957 | 454 867 | 454 519 | 501 666 | 486 314 | 583 763 | 562 144 | 501 290 | 485 427 |
| 53 | 465 351 | 445 242 | 490 805 | 471 374 | 512 294 | 497 846 | 452 578 | 453 507 | 499 141 | 485 231 | 581 773 | 561 262 |
| 54 | 507 835 | 500 493 | 462 817 | 444 162 | 488 132 | 470 232 | 509 504 | 496 639 | 450 114 | 452 408 | 497 302 | 484 402 |

续表

| 年龄（岁） | 2030 年 | | 2031 年 | | 2032 年 | | 2033 年 | | 2034 年 | | 2035 年 | |
|---|---|---|---|---|---|---|---|---|---|---|---|---|
| | 男 | 女 | 男 | 女 | 男 | 女 | 男 | 女 | 男 | 女 | 男 | 女 |
| 55 | 514 414 | 505 199 | 504 854 | 499 175 | 460 101 | 442 992 | 485 267 | 468 993 | 506 514 | 495 331 | 448 322 | 451 566 |
| 56 | 573 106 | 561 073 | 511 172 | 503 757 | 501 673 | 497 750 | 457 201 | 441 728 | 482 209 | 467 655 | 504 338 | 494 327 |
| 57 | 594 047 | 588 734 | 569 239 | 559 342 | 507 723 | 502 203 | 498 288 | 496 215 | 454 117 | 440 366 | 479 974 | 466 623 |
| 58 | 604 458 | 602 976 | 589 754 | 586 766 | 565 125 | 557 473 | 504 054 | 500 525 | 494 687 | 494 557 | 451 847 | 439 308 |
| 59 | 641 156 | 632 354 | 599 761 | 600 782 | 585 172 | 584 632 | 560 734 | 555 445 | 500 137 | 498 704 | 492 021 | 493 264 |
| 60 | 651 178 | 661 152 | 635 768 | 629 831 | 594 721 | 598 385 | 580 255 | 582 299 | 556 023 | 553 229 | 497 233 | 497 288 |
| 61 | 624 206 | 619 784 | 645 212 | 658 233 | 629 944 | 627 051 | 589 273 | 595 744 | 574 939 | 579 729 | 552 543 | 551 520 |
| 62 | 633 671 | 666 419 | 617 923 | 616 733 | 638 718 | 654 993 | 623 604 | 623 964 | 583 342 | 592 811 | 571 063 | 577 777 |
| 63 | 513 754 | 534 404 | 626 619 | 662 735 | 611 046 | 613 323 | 631 610 | 651 372 | 616 664 | 620 514 | 579 106 | 590 627 |
| 64 | 587 423 | 600 767 | 507 404 | 531 067 | 618 874 | 658 597 | 603 494 | 609 494 | 623 803 | 647 304 | 611 845 | 617 998 |
| 65 | 570 863 | 580 584 | 579 334 | 596 514 | 500 417 | 527 308 | 610 351 | 653 935 | 595 183 | 605 180 | 618 560 | 644 395 |
| 66 | 545 321 | 569 541 | 562 084 | 575 913 | 570 424 | 591 715 | 492 721 | 523 066 | 600 965 | 648 674 | 589 803 | 602 144 |
| 67 | 618 722 | 655 675 | 535 935 | 564 321 | 552 409 | 570 635 | 560 606 | 586 292 | 484 240 | 518 272 | 595 113 | 645 025 |
| 68 | 457 903 | 488 837 | 606 779 | 648 817 | 525 590 | 558 418 | 541 746 | 564 666 | 549 784 | 580 160 | 479 137 | 514 993 |
| 69 | 237 396 | 261 240 | 447 971 | 482 993 | 593 617 | 641 060 | 514 189 | 551 742 | 529 995 | 557 916 | 543 464 | 576 032 |
| 70 | 279 903 | 314 247 | 231 601 | 257 668 | 437 036 | 476 389 | 579 126 | 632 294 | 501 637 | 544 198 | 523 271 | 553 452 |
| 71 | 264 031 | 0 | 272 207 | 309 331 | 225 233 | 253 638 | 425 019 | 468 937 | 563 203 | 622 403 | 494 518 | 539 296 |
| 72 | 334 101 | 0 | 255 855 | 0 | 263 779 | 303 798 | 218 259 | 249 101 | 411 859 | 460 549 | 554 132 | 616 064 |
| 73 | 373 786 | 0 | 322 464 | 0 | 246 943 | 0 | 254 591 | 297 591 | 210 656 | 244 011 | 404 232 | 455 204 |
| 74 | 325 554 | 0 | 359 170 | 0 | 309 854 | 0 | 237 286 | 0 | 244 635 | 290 656 | 206 125 | 240 753 |
| 75 | 319 810 | 0 | 311 296 | 0 | 343 439 | 0 | 296 283 | 0 | 226 894 | 0 | 238 482 | 286 149 |
| 76 | 0 | 0 | 304 164 | 0 | 296 067 | 0 | 326 638 | 0 | 281 789 | 0 | 220 203 | 0 |
| 77 | 0 | 0 | 0 | 0 | 287 586 | 0 | 279 929 | 0 | 308 834 | 0 | 272 055 | 0 |
| 78 | 0 | 0 | 0 | 0 | 0 | 0 | 270 162 | 0 | 262 970 | 0 | 296 385 | 0 |
| 79 | 0 | 0 | 0 | 0 | 0 | 0 | 0 | 0 | 252 006 | 0 | 250 677 | 0 |
| 80 | 0 | 0 | 0 | 0 | 0 | 0 | 0 | 0 | 0 | 0 | 238 448 | 0 |

表 5-6（c）　　未来各年全国行政事业单位养老保险"中人"分年龄、分性别存活人口结构数　　单位：人

| 年龄（岁） | 2036 年 | | 2037 年 | | 2038 年 | | 2039 年 | | 2040 年 | | 2041 年 | |
|---|---|---|---|---|---|---|---|---|---|---|---|---|
| | 男 | 女 | 男 | 女 | 男 | 女 | 男 | 女 | 男 | 女 | 男 | 女 |
| 42 | 462 412 | 418 106 | | | | | | | | | | |
| 43 | 505 848 | 456 372 | 461 719 | 417 833 | | | | | | | | |
| 44 | 517 586 | 474 025 | 505 023 | 456 046 | 460 966 | 417 534 | | | | | | |
| 45 | 543 080 | 500 544 | 516 668 | 473 654 | 504 127 | 455 689 | 460 148 | 417 207 | | | | |
| 46 | 685 690 | 644 213 | 542 033 | 500 116 | 515 671 | 473 248 | 503 154 | 455 298 | 459 260 | 416 850 | | |
| 47 | 668 974 | 639 275 | 684 252 | 643 610 | 540 897 | 499 648 | 514 590 | 472 805 | 502 100 | 454 873 | 458 298 | 416 460 |
| 48 | 634 046 | 609 996 | 667 450 | 638 623 | 682 694 | 642 954 | 539 665 | 499 138 | 513 418 | 472 323 | 500 956 | 454 409 |
| 49 | 695 494 | 672 556 | 632 479 | 609 318 | 665 800 | 637 913 | 681 007 | 642 239 | 538 331 | 498 583 | 512 149 | 471 798 |
| 50 | 598 151 | 583 238 | 693 629 | 671 741 | 630 783 | 608 579 | 664 015 | 637 139 | 679 180 | 641 460 | 536 887 | 497 979 |
| 51 | 510935 | 497 660 | 596 412 | 582 468 | 691 612 | 670 854 | 628 948 | 607 775 | 662 084 | 636 298 | 677 205 | 640 613 |
| 52 | 516 118 | 485 136 | 509 325 | 496 944 | 594 533 | 581 629 | 689 433 | 669 889 | 626 967 | 606 901 | 659 998 | 635 382 |
| 53 | 499 581 | 484 666 | 514 358 | 484 375 | 507 589 | 496 165 | 592 506 | 580 717 | 687 083 | 668 838 | 624 830 | 605 949 |
| 54 | 579 629 | 560 303 | 497 739 | 483 838 | 512 462 | 483 547 | 505 718 | 495 317 | 590 322 | 579 725 | 684 550 | 667 695 |
| 55 | 495 321 | 483 501 | 577 321 | 559 260 | 495 757 | 482 937 | 510 422 | 482 647 | 503 704 | 494 395 | 587 971 | 578 646 |
| 56 | 446 395 | 450 650 | 493 193 | 482 521 | 574 840 | 558 127 | 493 627 | 481 958 | 508 228 | 481 669 | 501 540 | 493 393 |
| 57 | 501 999 | 493 235 | 444 326 | 449 655 | 490 907 | 481 455 | 572 175 | 556 894 | 491 339 | 480 894 | 505 872 | 480 606 |
| 58 | 477 574 | 465 501 | 499 490 | 492 050 | 442 105 | 448 575 | 488 453 | 480 298 | 569 315 | 555 556 | 488 883 | 479 739 |
| 59 | 449 412 | 438 160 | 475 001 | 464 285 | 496 798 | 490 765 | 439 722 | 447 403 | 485 820 | 479 043 | 566 247 | 554 104 |
| 60 | 489 164 | 491 863 | 446 802 | 436 915 | 472 242 | 462 966 | 493 913 | 489 371 | 437 169 | 446 132 | 482 999 | 477 683 |
| 61 | 494 121 | 495 752 | 486 103 | 490 344 | 444 006 | 435 566 | 469 287 | 461 537 | 490 822 | 487 860 | 434 433 | 444 754 |
| 62 | 548 818 | 549 664 | 490 790 | 494 083 | 482 825 | 488 694 | 441 012 | 434 100 | 466 123 | 459 983 | 487 513 | 486 217 |
| 63 | 566 916 | 575 649 | 544 833 | 547 639 | 487 226 | 492 263 | 479 320 | 486 894 | 437 810 | 432 501 | 462 739 | 458 289 |
| 64 | 574 581 | 588 232 | 562 486 | 573 314 | 540 575 | 545 418 | 483 419 | 490 267 | 475 574 | 484 919 | 434 389 | 430 747 |
| 65 | 606 702 | 615 220 | 569 751 | 585 588 | 557 758 | 570 737 | 536 031 | 542 967 | 479 356 | 488 063 | 471 577 | 482 740 |
| 66 | 612 969 | 641 162 | 601 218 | 612 134 | 564 601 | 582 651 | 552 716 | 567 875 | 531 186 | 540 243 | 475 023 | 485 615 |
| 67 | 584 060 | 598 757 | 607 000 | 637 555 | 595 363 | 608 690 | 559 103 | 579 373 | 547 334 | 564 680 | 526 013 | 537 204 |
| 68 | 588 841 | 640 944 | 577 905 | 594 969 | 600 603 | 633 522 | 589 089 | 604 840 | 553 211 | 575 708 | 541 566 | 561 108 |

续表

| 年龄（岁） | 2036年 | | 2037年 | | 2038年 | | 2039年 | | 2040年 | | 2041年 | |
|---|---|---|---|---|---|---|---|---|---|---|---|---|
| | 男 | 女 | 男 | 女 | 男 | 女 | 男 | 女 | 男 | 女 | 男 | 女 |
| 69 | 473 629 | 511 329 | 582 072 | 636 384 | 571 261 | 590 736 | 593 699 | 629 015 | 582 317 | 600 536 | 546 852 | 571 611 |
| 70 | 536 569 | 571 424 | 467 620 | 507 239 | 574 688 | 631 293 | 564 014 | 586 010 | 586 167 | 623 982 | 574 930 | 595 732 |
| 71 | 515 845 | 548 467 | 528 954 | 566 277 | 460 984 | 502 670 | 566 532 | 625 607 | 556 010 | 580 732 | 577 848 | 618 362 |
| 72 | 486 553 | 533 803 | 507 537 | 542 881 | 520 435 | 560 509 | 453 559 | 497 550 | 557 407 | 619 235 | 547 055 | 574 817 |
| 73 | 543 871 | 608 914 | 477 544 | 527 608 | 498 139 | 536 581 | 510 798 | 554 004 | 445 161 | 491 776 | 547 086 | 612 048 |
| 74 | 395 537 | 449 125 | 532 173 | 600 783 | 467 272 | 520 563 | 487 424 | 529 416 | 499 811 | 546 606 | 435 585 | 485 209 |
| 75 | 200 941 | 237 019 | 385 589 | 442 160 | 518 788 | 591 466 | 455 520 | 512 490 | 475 165 | 521 205 | 487 240 | 538 130 |
| 76 | 231 449 | 280 960 | 195 015 | 232 721 | 374 218 | 434 142 | 503 489 | 580 741 | 442 086 | 503 197 | 461 152 | 511 754 |
| 77 | 212 596 | 0 | 223 454 | 274 984 | 188 278 | 227 772 | 361 291 | 424 909 | 486 096 | 568 389 | 426 814 | 492 495 |
| 78 | 261 088 | 0 | 204 026 | 0 | 214 446 | 268 133 | 180 689 | 222 096 | 346 727 | 414 322 | 466 501 | 554 227 |
| 79 | 282 530 | 0 | 248 883 | 0 | 194 489 | 0 | 204 422 | 260 340 | 172 242 | 215 642 | 330 519 | 402 281 |
| 80 | 237 190 | 0 | 267 330 | 0 | 235 493 | 0 | 184 025 | 0 | 193 424 | 251 574 | 162 975 | 208 380 |
| 81 | 223 807 | 0 | 222 626 | 0 | 250 915 | 0 | 221 033 | 0 | 172 725 | 0 | 181 547 | 241 833 |
| 82 | 0 | 0 | 208 256 | 0 | 207 157 | 0 | 233 480 | 0 | 205 674 | 0 | 160 724 | 0 |
| 83 | 0 | 0 | 0 | 0 | 192 014 | 0 | 191 001 | 0 | 215 272 | 0 | 189 634 | 0 |
| 84 | 0 | 0 | 0 | 0 | 0 | 0 | 175 334 | 0 | 174 408 | 0 | 196 570 | 0 |
| 85 | 0 | 0 | 0 | 0 | 0 | 0 | 0 | 0 | 158 479 | 0 | 157 643 | 0 |
| 86 | 0 | 0 | 0 | 0 | 0 | 0 | 0 | 0 | 0 | 0 | 141 714 | 0 |

表5－6（d）　　　　未来各年全国行政事业单位养老保险"中人"

分年龄、分性别存活人口结构数　　单位：人

| 年龄（岁） | 2042年 | | 2043年 | | 2044年 | | 2045年 | | 2046年 | | 2047年 | |
|---|---|---|---|---|---|---|---|---|---|---|---|---|
| | 男 | 女 | 男 | 女 | 男 | 女 | 男 | 女 | 男 | 女 | 男 | 女 |
| 48 | 457 254 | 416 035 | | | | | | | | | | |
| 49 | 499 718 | 453 903 | 456 124 | 415 573 | | | | | | | | |
| 50 | 510 776 | 471 226 | 498 378 | 453 353 | 454 900 | 415 069 | | | | | | |
| 51 | 535 326 | 497 321 | 509 290 | 470 604 | 496 928 | 452 754 | 453 577 | 414 521 | | | | |
| 52 | 675 072 | 639 691 | 533 640 | 496 605 | 507 686 | 469 926 | 495 363 | 452 103 | 452 149 | 413 924 | | |

续表

| 年龄(岁) | 2042 年 | | 2043 年 | | 2044 年 | | 2045 年 | | 2046 年 | | 2047 年 | |
|---|---|---|---|---|---|---|---|---|---|---|---|---|
| | 男 | 女 | 男 | 女 | 男 | 女 | 男 | 女 | 男 | 女 | 男 | 女 |
| 53 | 657 748 | 634 386 | 672 771 | 638 688 | 531 820 | 495 827 | 505 955 | 469 189 | 493 674 | 451 394 | 450 607 | 413 275 |
| 54 | 622 527 | 604 914 | 655 324 | 633 302 | 670 291 | 637 597 | 529 860 | 494 979 | 504 090 | 468 388 | 491 855 | 450 623 |
| 55 | 681 824 | 666 452 | 620 048 | 603 788 | 652 714 | 632 123 | 667 622 | 636 410 | 527 750 | 494 058 | 502 083 | 467 516 |
| 56 | 585 445 | 577 473 | 678 895 | 665 102 | 617 383 | 602 564 | 649 910 | 630 842 | 664 753 | 635 120 | 525 482 | 493 057 |
| 57 | 499 215 | 492 303 | 582 731 | 576 198 | 675 747 | 663 633 | 614 521 | 601 234 | 646 897 | 629 449 | 661 671 | 633 718 |
| 58 | 503 343 | 479 451 | 496 719 | 491 120 | 579 818 | 574 814 | 672 369 | 662 038 | 611 449 | 599 789 | 643 663 | 627 936 |
| 59 | 486 248 | 478 485 | 500 631 | 478 198 | 494 042 | 489 837 | 576 693 | 573 312 | 668 746 | 660 308 | 608 154 | 598 222 |
| 60 | 562 959 | 552 531 | 483 424 | 477 126 | 497 724 | 476 840 | 491 173 | 488 446 | 573 344 | 571 683 | 664 862 | 658 433 |
| 61 | 479 976 | 476 208 | 559 436 | 550 825 | 480 399 | 475 653 | 494 609 | 475 367 | 488 100 | 486 938 | 569 756 | 569 918 |
| 62 | 431 504 | 443 257 | 476 740 | 474 605 | 555 664 | 548 970 | 477 160 | 474 052 | 491 274 | 473 767 | 484 809 | 485 299 |
| 63 | 483 973 | 484 426 | 428 371 | 441 624 | 473 279 | 472 856 | 551 629 | 546 948 | 473 696 | 472 305 | 487 707 | 472 022 |
| 64 | 459 122 | 456 430 | 480 191 | 482 462 | 425 023 | 439 834 | 469 580 | 470 939 | 547 318 | 544 730 | 469 994 | 470 390 |
| 65 | 430 738 | 428 811 | 455 263 | 454 379 | 476 155 | 480 293 | 421 451 | 437 857 | 465 633 | 468 822 | 542 718 | 542 282 |
| 66 | 467 314 | 480 318 | 426 844 | 426 660 | 451 148 | 452 099 | 471 851 | 477 884 | 417 641 | 435 660 | 461 425 | 466 470 |
| 67 | 470 397 | 482 883 | 462 763 | 477 616 | 422 688 | 424 259 | 446 755 | 449 556 | 467 256 | 475 195 | 413 574 | 433 209 |
| 68 | 520 470 | 533 805 | 465 440 | 479 828 | 457 887 | 474 594 | 418 233 | 421 576 | 442 047 | 446 712 | 462 332 | 472 189 |
| 69 | 535 340 | 557 115 | 514 487 | 530 007 | 460 089 | 476 414 | 452 623 | 471 218 | 413 425 | 418 576 | 436 965 | 443 534 |
| 70 | 539 914 | 567 038 | 528 549 | 552 658 | 507 960 | 525 767 | 454 253 | 472 603 | 446 881 | 467 448 | 408 181 | 415 227 |
| 71 | 566 771 | 590 366 | 532 252 | 561 931 | 521 048 | 547 681 | 500 751 | 521 032 | 447 806 | 468 346 | 440 539 | 463 238 |
| 72 | 568 541 | 612 064 | 557 642 | 584 353 | 523 679 | 556 208 | 512 656 | 542 102 | 492 686 | 515 725 | 440 593 | 463 576 |
| 73 | 536 925 | 568 145 | 558 014 | 604 961 | 547 316 | 577 571 | 513 982 | 549 753 | 503 163 | 535 811 | 483 563 | 509 740 |
| 74 | 535 318 | 603 876 | 525 376 | 560 559 | 546 011 | 596 883 | 535 543 | 569 859 | 502 927 | 542 412 | 492 340 | 528 656 |
| 75 | 424 630 | 477 684 | 521 854 | 594 511 | 512 162 | 551 866 | 532 278 | 587 626 | 522 074 | 561 022 | 490 278 | 534 000 |
| 76 | 472 871 | 528 371 | 412 108 | 469 022 | 506 465 | 583 730 | 497 058 | 541 858 | 516 581 | 576 970 | 506 678 | 550 848 |
| 77 | 445 221 | 500 870 | 456 536 | 517 134 | 397 871 | 459 047 | 488 969 | 571 315 | 479 888 | 530 334 | 498 736 | 564 699 |
| 78 | 409 609 | 480 224 | 427 275 | 488 390 | 438 133 | 504 249 | 381 833 | 447 609 | 469 258 | 557 080 | 460 543 | 517 120 |
| 79 | 444 694 | 538 121 | 390 461 | 466 267 | 407 301 | 474 197 | 417 652 | 489 594 | 363 984 | 434 601 | 447 322 | 540 890 |
| 80 | 312 736 | 388 734 | 420 769 | 520 000 | 369 454 | 450 566 | 385 388 | 458 229 | 395 182 | 473 108 | 344 401 | 419 966 |

续表

| 年龄(岁) | 2042年 男 | 女 | 2043年 男 | 女 | 2044年 男 | 女 | 2045年 男 | 女 | 2046年 男 | 女 | 2047年 男 | 女 |
|---|---|---|---|---|---|---|---|---|---|---|---|---|
| 81 | 152 968 | 200 312 | 293 533 | 373 683 | 394 932 | 499 866 | 346 769 | 433 121 | 361 724 | 440 487 | 370 916 | 454 790 |
| 82 | 168 932 | 231 154 | 142 339 | 191 466 | 273 137 | 357 181 | 367 490 | 477 792 | 322 673 | 413 995 | 336 589 | 421 035 |
| 83 | 148 189 | 0 | 155 758 | 219 601 | 131 239 | 181 898 | 251 836 | 339 331 | 338 831 | 453 914 | 297 509 | 393 304 |
| 84 | 173 161 | 0 | 135 316 | 0 | 142 227 | 207 269 | 119 838 | 171 683 | 229 959 | 320 275 | 309 396 | 428 423 |
| 85 | 177 674 | 0 | 156 515 | 0 | 122 308 | 0 | 128 554 | 194 274 | 108 318 | 160 919 | 207 853 | 300 195 |
| 86 | 140 966 | 0 | 158 879 | 0 | 139 958 | 0 | 109 369 | 0 | 114 955 | 180 754 | 96 859 | 149 720 |
| 87 | 125 289 | 0 | 124 628 | 0 | 140 465 | 0 | 123 736 | 0 | 96 693 | 0 | 101 632 | 166 860 |
| 88 | 0 | 0 | 109 432 | 0 | 108 854 | 0 | 122 686 | 0 | 108 075 | 0 | 84 455 | 0 |
| 89 | 0 | 0 | 0 | 0 | 94 339 | 0 | 93 841 | 0 | 105 766 | 0 | 93 170 | 0 |
| 90 | 0 | 0 | 0 | 0 | 0 | 0 | 80 180 | 0 | 79 757 | 0 | 89 891 | 0 |
| 91 | 0 | 0 | 0 | 0 | 0 | 0 | 0 | 0 | 67 091 | 0 | 66 737 | 0 |
| 92 | 0 | 0 | 0 | 0 | 0 | 0 | 0 | 0 | 0 | 0 | 55 181 | 0 |

表5-6（e）　　　　未来各年全国行政事业单位养老保险"中人"
分年龄、分性别存活人口结构数

单位：人

| 年龄(岁) | 2048年 男 | 女 | 2049年 男 | 女 | 2050年 男 | 女 | 2051年 男 | 女 | 2052年 男 | 女 | 2053年 男 | 女 |
|---|---|---|---|---|---|---|---|---|---|---|---|---|
| 54 | 448 946 | 412 569 | | | | | | | | | | |
| 55 | 489 896 | 449 784 | 447 159 | 411 801 | | | | | | | | |
| 56 | 499 926 | 466 568 | 487 791 | 448 872 | 445 237 | 410 966 | | | | | | |
| 57 | 523 046 | 491 968 | 497 608 | 465 538 | 485 530 | 447 881 | 443 173 | 410 059 | | | | |
| 58 | 658 363 | 632 195 | 520 432 | 490 786 | 495 120 | 464 419 | 483 102 | 446 805 | 440 958 | 409 074 | | |
| 59 | 640 194 | 626 295 | 654 816 | 630 543 | 517 627 | 489 504 | 492 452 | 463 206 | 480 499 | 445 637 | 438 581 | 408 005 |
| 60 | 604 623 | 596 523 | 636 477 | 624 517 | 651 013 | 628 752 | 514 621 | 488 113 | 489 593 | 461 890 | 477 709 | 444 372 |
| 61 | 660 702 | 656 400 | 600 839 | 594 681 | 632 493 | 622 588 | 646 939 | 626 811 | 511 401 | 486 606 | 486 529 | 460 464 |
| 62 | 565 915 | 568 000 | 656 247 | 654 190 | 596 788 | 592 679 | 628 229 | 620 493 | 642 577 | 624 701 | 507 953 | 484 968 |
| 63 | 481 289 | 483 511 | 561 806 | 565 907 | 651 482 | 651 780 | 592 455 | 590 495 | 623 668 | 618 207 | 637 912 | 622 399 |
| 64 | 483 896 | 470 108 | 477 527 | 481 550 | 557 415 | 563 612 | 646 391 | 649 137 | 587 825 | 588 101 | 618 794 | 615 700 |

续表

| 年龄（岁） | 2048 年 | | 2049 年 | | 2050 年 | | 2051 年 | | 2052 年 | | 2053 年 | |
|---|---|---|---|---|---|---|---|---|---|---|---|---|
| | 男 | 女 | 男 | 女 | 男 | 女 | 男 | 女 | 男 | 女 | 男 | 女 |
| 65 | 466 043 | 468 276 | 479 828 | 467 995 | 473 514 | 479 386 | 552 730 | 561 079 | 640 958 | 646 220 | 582 884 | 585 457 |
| 66 | 537 812 | 539 561 | 461 831 | 465 927 | 475 491 | 465 647 | 469 234 | 476 981 | 547 734 | 558 265 | 635 164 | 642 978 |
| 67 | 456 931 | 463 846 | 532 575 | 536 526 | 457 333 | 463 306 | 470 861 | 463 027 | 464 664 | 474 298 | 542 400 | 555 124 |
| 68 | 409 216 | 430 469 | 452 116 | 460 912 | 526 963 | 533 132 | 452 514 | 460 375 | 465 899 | 460 098 | 459 768 | 471 297 |
| 69 | 457 017 | 468 830 | 404 512 | 427 406 | 446 919 | 457 632 | 520 905 | 529 339 | 447 312 | 457 099 | 460 543 | 456 825 |
| 70 | 431 422 | 439 985 | 451 220 | 465 079 | 399 380 | 423 987 | 441 249 | 453 971 | 514 297 | 525 104 | 441 637 | 453 442 |
| 71 | 402 388 | 411 488 | 425 299 | 436 022 | 444 816 | 460 890 | 393 712 | 420 168 | 434 987 | 449 882 | 506 998 | 520 374 |
| 72 | 433 443 | 458 520 | 395 907 | 407 297 | 418 449 | 431 582 | 437 652 | 456 196 | 387 371 | 415 889 | 427 981 | 445 300 |
| 73 | 432 435 | 458 196 | 425 417 | 453 198 | 388 576 | 402 569 | 410 701 | 426 573 | 429 548 | 450 901 | 380 198 | 411 062 |
| 74 | 473 162 | 502 933 | 423 133 | 452 078 | 416 267 | 447 146 | 380 218 | 397 194 | 401 867 | 420 877 | 420 308 | 444 880 |
| 75 | 479 957 | 520 458 | 461 261 | 495 134 | 412 491 | 445 067 | 405 797 | 440 212 | 370 655 | 391 034 | 391 759 | 414 350 |
| 76 | 475 819 | 524 316 | 465 803 | 511 020 | 447 659 | 486 155 | 400 327 | 436 996 | 393 830 | 432 229 | 359 724 | 383 943 |
| 77 | 489 175 | 539 133 | 459 382 | 513 165 | 449 712 | 500 151 | 432 194 | 475 815 | 386 497 | 427 702 | 380 225 | 423 037 |
| 78 | 478 632 | 550 629 | 469 456 | 525 700 | 440 864 | 500 379 | 431 584 | 487 690 | 414 772 | 463 960 | 370 918 | 417 045 |
| 79 | 439 014 | 502 092 | 456 257 | 534 627 | 447 511 | 510 422 | 420 255 | 485 837 | 411 409 | 473 516 | 395 383 | 450 476 |
| 80 | 423 256 | 522 676 | 415 395 | 485 184 | 431 710 | 516 624 | 423 434 | 493 234 | 397 645 | 469 477 | 389 275 | 457 571 |
| 81 | 323 254 | 403 706 | 397 267 | 502 439 | 389 888 | 466 399 | 405 202 | 496 621 | 397 434 | 474 137 | 373 229 | 451 300 |
| 82 | 345 143 | 434 706 | 300 792 | 385 878 | 369 662 | 480 252 | 362 797 | 445 803 | 377 046 | 474 690 | 369 818 | 453 199 |
| 83 | 310 340 | 399 993 | 318 226 | 412 981 | 277 335 | 366 593 | 340 834 | 456 250 | 334 503 | 423 523 | 347 642 | 450 967 |
| 84 | 271 664 | 371 218 | 283 380 | 377 531 | 290 581 | 389 789 | 253 242 | 346 006 | 311 225 | 430 628 | 305 445 | 399 739 |
| 85 | 279 654 | 401 563 | 245 549 | 347 944 | 256 139 | 353 861 | 262 648 | 365 351 | 228 898 | 324 313 | 281 307 | 403 630 |
| 86 | 185 865 | 279 303 | 250 070 | 373 616 | 219 573 | 323 729 | 229 043 | 329 234 | 234 863 | 339 924 | 204 684 | 301 743 |
| 87 | 85 633 | 138 212 | 164 323 | 257 835 | 221 087 | 344 899 | 194 125 | 298 846 | 202 497 | 303 928 | 207 643 | 313 797 |
| 88 | 88 768 | 152 761 | 74 795 | 126 533 | 143 525 | 236 047 | 193 104 | 315 755 | 169 555 | 273 593 | 176 867 | 278 246 |
| 89 | 72 807 | 0 | 76 526 | 138 630 | 64 479 | 114 828 | 123 730 | 214 212 | 166 472 | 286 546 | 146 170 | 248 285 |
| 90 | 79 186 | 0 | 61 880 | 0 | 65 040 | 124 647 | 54 802 | 103 246 | 105 160 | 192 606 | 141 486 | 257 644 |
| 91 | 75 218 | 0 | 66 260 | 0 | 51 779 | 0 | 54 423 | 110 990 | 45 856 | 91 934 | 87 994 | 171 503 |
| 92 | 54 890 | 0 | 61 865 | 0 | 54 497 | 0 | 42 587 | 0 | 44 762 | 97 826 | 37 716 | 81 030 |

续表

| 年龄（岁） | 2048 年 | | 2049 年 | | 2050 年 | | 2051 年 | | 2052 年 | | 2053 年 | |
|---|---|---|---|---|---|---|---|---|---|---|---|---|
| | 男 | 女 | 男 | 女 | 男 | 女 | 男 | 女 | 男 | 女 | 男 | 女 |
| 93 | 44 528 | 0 | 44 293 | 0 | 49 921 | 0 | 43 976 | 0 | 34 365 | 0 | 36 120 | 85 306 |
| 94 | 0 | 0 | 35 177 | 0 | 34 991 | 0 | 39 438 | 0 | 34 741 | 0 | 27 148 | 0 |
| 95 | 0 | 0 | 0 | 0 | 27 143 | 0 | 26 999 | 0 | 30 430 | 0 | 26 806 | 0 |
| 96 | 0 | 0 | 0 | 0 | 0 | 0 | 20 403 | 0 | 20 296 | 0 | 22 874 | 0 |
| 97 | 0 | 0 | 0 | 0 | 0 | 0 | 0 | 0 | 14 900 | 0 | 14 821 | 0 |
| 98 | 0 | 0 | 0 | 0 | 0 | 0 | 0 | 0 | 0 | 0 | 10 540 | 0 |

表 5 - 6 （f） 未来各年全国行政事业单位养老保险"中人"

分年龄、分性别存活人口结构数

单位：人

| 年龄（岁） | 2054 年 | | 2055 年 | | 2056 年 | | 2057 年 | | 2058 年 | | 2059 年 | |
|---|---|---|---|---|---|---|---|---|---|---|---|---|
| | 男 | 女 | 男 | 女 | 男 | 女 | 男 | 女 | 男 | 女 | 男 | 女 |
| 60 | 436 035 | 406 846 | | | | | | | | | | |
| 61 | 474 719 | 442 999 | 434 003 | 405 904 | | | | | | | | |
| 62 | 483 248 | 458 914 | 472 330 | 441 865 | 431 818 | 404 865 | | | | | | |
| 63 | 504 265 | 483 182 | 480 616 | 457 613 | 469 756 | 440 612 | 429 465 | 403 716 | | | | |
| 64 | 632 926 | 619 876 | 501 285 | 481 666 | 477 776 | 456 177 | 466 980 | 439 230 | 426 928 | 402 450 | | |
| 65 | 613 593 | 612 932 | 628 862 | 617 726 | 498 066 | 479 995 | 474 707 | 454 595 | 463 982 | 437 706 | 424 186 | 401 054 |
| 66 | 577 615 | 582 521 | 609 305 | 610 582 | 624 467 | 615 357 | 494 585 | 478 155 | 471 390 | 452 852 | 460 739 | 436 028 |
| 67 | 628 979 | 639 361 | 573 220 | 580 043 | 604 668 | 607 984 | 619 715 | 612 739 | 490 821 | 476 121 | 467 803 | 450 925 |
| 68 | 536 685 | 551 612 | 623 764 | 636 330 | 568 466 | 577 293 | 599 654 | 605 103 | 614 576 | 609 835 | 486 751 | 473 864 |
| 69 | 454 482 | 467 944 | 531 830 | 548 687 | 618 121 | 632 956 | 563 324 | 574 233 | 594 230 | 601 894 | 609 017 | 606 601 |
| 70 | 454 701 | 453 170 | 449 984 | 465 163 | 526 566 | 545 427 | 612 003 | 629 195 | 557 749 | 570 820 | 588 349 | 598 317 |
| 71 | 435 370 | 449 358 | 449 750 | 450 152 | 445 085 | 462 065 | 520 833 | 541 794 | 605 340 | 625 004 | 551 676 | 567 018 |
| 72 | 498 832 | 515 074 | 430 110 | 446 006 | 444 317 | 446 794 | 439 708 | 458 618 | 514 541 | 537 752 | 598 027 | 620 342 |
| 73 | 420 056 | 440 132 | 492 073 | 510 764 | 424 282 | 442 273 | 438 296 | 443 055 | 433 750 | 454 780 | 507 569 | 533 252 |
| 74 | 372 020 | 405 573 | 413 592 | 435 979 | 484 501 | 505 944 | 417 754 | 438 100 | 431 552 | 438 874 | 427 076 | 450 488 |
| 75 | 409 737 | 437 981 | 365 440 | 401 221 | 406 278 | 431 301 | 475 932 | 500 515 | 410 366 | 433 399 | 423 920 | 434 165 |
| 76 | 380 206 | 406 836 | 401 321 | 432 580 | 357 935 | 396 273 | 397 933 | 425 982 | 466 157 | 494 343 | 401 937 | 428 055 |

续表

| 年龄（岁） | 2054 年 | | 2055 年 | | 2056 年 | | 2057 年 | | 2058 年 | | 2059 年 | |
|---|---|---|---|---|---|---|---|---|---|---|---|---|
| | 男 | 女 | 男 | 女 | 男 | 女 | 男 | 女 | 男 | 女 | 男 | 女 |
| 77 | 347 297 | 375 778 | 371 075 | 401 012 | 391 683 | 426 388 | 349 338 | 390 601 | 388 376 | 419 884 | 454 962 | 487 266 |
| 78 | 364 898 | 412 496 | 337 517 | 369 489 | 360 625 | 394 301 | 380 652 | 419 253 | 339 500 | 384 064 | 377 439 | 412 858 |
| 79 | 353 578 | 404 925 | 352 865 | 404 404 | 326 386 | 362 240 | 348 732 | 386 566 | 368 099 | 411 027 | 328 304 | 376 529 |
| 80 | 374 111 | 435 307 | 339 988 | 395 624 | 339 302 | 395 114 | 313 841 | 353 919 | 335 328 | 377 686 | 353 951 | 401 586 |
| 81 | 365 372 | 439 855 | 357 466 | 423 654 | 324 861 | 385 033 | 324 205 | 384 537 | 299 877 | 344 445 | 320 408 | 367 575 |
| 82 | 347 295 | 431 371 | 346 707 | 426 224 | 339 205 | 410 525 | 308 265 | 373 101 | 307 643 | 372 620 | 284 558 | 333 771 |
| 83 | 340 977 | 430 549 | 327 092 | 416 015 | 326 538 | 411 052 | 319 472 | 395 911 | 290 333 | 359 819 | 289 747 | 359 356 |
| 84 | 317 441 | 425 642 | 318 568 | 413 079 | 305 595 | 399 134 | 305 077 | 394 373 | 298 476 | 379 847 | 271 251 | 345 219 |
| 85 | 276 082 | 374 677 | 294 037 | 406 098 | 295 080 | 394 113 | 283 063 | 380 808 | 282 584 | 376 265 | 276 469 | 362 406 |
| 86 | 251 548 | 375 539 | 253 382 | 355 338 | 269 860 | 385 137 | 270 818 | 373 770 | 259 789 | 361 152 | 259 349 | 356 844 |
| 87 | 180 961 | 278 550 | 228 597 | 353 891 | 230 264 | 334 854 | 245 238 | 362 936 | 246 108 | 352 224 | 236 086 | 340 333 |
| 88 | 181 362 | 287 281 | 162 702 | 260 699 | 205 532 | 331 212 | 207 030 | 313 395 | 220 494 | 339 677 | 221 276 | 329 652 |
| 89 | 152 474 | 252 507 | 161 172 | 266 900 | 144 590 | 242 205 | 182 652 | 307 715 | 183 983 | 291 163 | 195 948 | 315 580 |
| 90 | 124 232 | 223 242 | 133 779 | 232 751 | 141 411 | 246 018 | 126 862 | 223 254 | 160 257 | 283 639 | 161 425 | 268 382 |
| 91 | 118 390 | 229 415 | 107 476 | 204 042 | 115 737 | 212 733 | 122 339 | 224 860 | 109 752 | 204 054 | 138 643 | 259 245 |
| 92 | 72 373 | 151 162 | 100 843 | 207 792 | 91 547 | 184 811 | 98 583 | 192 683 | 104 207 | 203 667 | 93 485 | 184 822 |
| 93 | 30 434 | 70 659 | 60 595 | 135 592 | 84 432 | 186 389 | 76 649 | 165 775 | 82 539 | 172 837 | 87 248 | 182 689 |
| 94 | 28 535 | 73 555 | 24 999 | 62 726 | 49 775 | 120 367 | 69 355 | 165 461 | 62 962 | 147 162 | 67 801 | 153 430 |
| 95 | 20 948 | 0 | 22 948 | 64 574 | 20 105 | 55 066 | 40 029 | 105 669 | 55 776 | 145 257 | 50 634 | 129 192 |
| 96 | 20 150 | 0 | 16 454 | 0 | 18 026 | 56 015 | 15 792 | 47 768 | 31 443 | 91 664 | 43 812 | 126 005 |
| 97 | 16 705 | 0 | 15 422 | 0 | 12 593 | 0 | 13 796 | 47 962 | 12 087 | 40 901 | 24 065 | 78 487 |
| 98 | 10 484 | 0 | 12 425 | 0 | 11 471 | 0 | 9 367 | 0 | 10 262 | 40 481 | 8 990 | 34 521 |
| 99 | 71 99 | 0 | 7 559 | 0 | 8 958 | 0 | 8 270 | 0 | 6 754 | 0 | 7 398 | 33 623 |
| 100 | 0 | 0 | 5 017 | 0 | 5 268 | 0 | 6 243 | 0 | 5 764 | 0 | 4 706 | 0 |
| 101 | 0 | 0 | 0 | 0 | 3 369 | 0 | 3 538 | 0 | 4 193 | 0 | 3 871 | 0 |
| 102 | 0 | 0 | 0 | 0 | 0 | 0 | 2 174 | 0 | 2 283 | 0 | 2 705 | 0 |
| 103 | 0 | 0 | 0 | 0 | 0 | 0 | 0 | 0 | 1 343 | 0 | 1 410 | 0 |
| 104 | 0 | 0 | 0 | 0 | 0 | 0 | 0 | 0 | 0 | 0 | 791 | 0 |

表 5－6（g） 未来各年全国行政事业单位养老保险"中人"
分年龄、分性别存活人口结构数 单位：人

| 年龄（岁） | 2060 年 | | 2061 年 | | 2062 年 | | 2063 年 | | 2064 年 | | 2065 年 | |
|---|---|---|---|---|---|---|---|---|---|---|---|---|
| | 男 | 女 | 男 | 女 | 男 | 女 | 男 | 女 | 男 | 女 | 男 | 女 |
| 66 | 421 222 | 399 516 | | | | | | | | | | |
| 67 | 457 233 | 434 173 | 418 016 | 397 817 | | | | | | | | |
| 68 | 463 924 | 448 788 | 453 442 | 432 115 | 414 550 | 395 931 | | | | | | |
| 69 | 482 348 | 471 351 | 459 727 | 446 408 | 449 340 | 429 824 | 410 800 | 393 832 | | | | |
| 70 | 602 989 | 602 996 | 477 574 | 468 550 | 455 177 | 443 755 | 444 893 | 427 269 | 406 734 | 391 491 | | |
| 71 | 581 943 | 594 332 | 596 424 | 598 980 | 472 375 | 465 429 | 450 221 | 440 800 | 440 049 | 424 424 | 402 306 | 388 884 |
| 72 | 545 012 | 562 788 | 574 913 | 589 899 | 589 219 | 594 512 | 466 668 | 461 957 | 444 783 | 437 512 | 434 733 | 421 258 |
| 73 | 589 924 | 615 150 | 537 627 | 558 078 | 567 123 | 584 962 | 581 235 | 589 537 | 460 345 | 458 091 | 438 756 | 433 850 |
| 74 | 499 759 | 528 220 | 580 847 | 609 346 | 529 355 | 552 812 | 558 396 | 579 442 | 572 292 | 583 974 | 453 262 | 453 769 |
| 75 | 419 523 | 445 655 | 490 921 | 522 552 | 570 574 | 602 807 | 519 992 | 546 881 | 548 521 | 573 225 | 562 170 | 577 708 |
| 76 | 415 213 | 428 811 | 410 906 | 440 159 | 480 837 | 516 108 | 558 855 | 595 373 | 509 312 | 540 136 | 537 255 | 566 156 |
| 77 | 392 284 | 421 927 | 405 241 | 422 672 | 401 037 | 433 858 | 469 289 | 508 720 | 545 433 | 586 851 | 497 080 | 532 404 |
| 78 | 442 149 | 479 113 | 381 236 | 414 866 | 393 828 | 415 599 | 389 743 | 426 598 | 456 073 | 500 207 | 530 073 | 577 030 |
| 79 | 364 991 | 404 758 | 427 568 | 469 713 | 368 664 | 406 727 | 380 841 | 407 446 | 376 890 | 418 228 | 441 033 | 490 394 |
| 80 | 315 685 | 367 880 | 350 962 | 395 460 | 411 133 | 458 923 | 354 493 | 397 384 | 366 202 | 398 086 | 362 404 | 408 621 |
| 81 | 338 203 | 390 835 | 301 639 | 358 032 | 335 347 | 384 874 | 392 841 | 446 638 | 338 721 | 386 746 | 349 909 | 387 429 |
| 82 | 304 040 | 356 184 | 320 925 | 378 723 | 286 230 | 346 937 | 318 216 | 372 947 | 372 773 | 432 797 | 321 417 | 374 761 |
| 83 | 268 004 | 321 889 | 286 353 | 343 505 | 302 256 | 365 242 | 269 579 | 334 587 | 299 704 | 359 671 | 351 087 | 417 390 |
| 84 | 270 704 | 344 775 | 250 391 | 308 828 | 267 533 | 329 567 | 282 391 | 350 422 | 251 862 | 321 010 | 280 007 | 345 077 |
| 85 | 251 252 | 329 369 | 250 745 | 328 944 | 231 930 | 294 648 | 247 808 | 314 435 | 261 571 | 334 332 | 233 292 | 306 271 |
| 86 | 253 737 | 343 700 | 230 594 | 312 368 | 230 128 | 311 965 | 212 860 | 279 440 | 227 433 | 298 205 | 240 064 | 317 075 |
| 87 | 235 686 | 336 273 | 230 587 | 323 887 | 209 554 | 294 361 | 209 131 | 293 982 | 193 438 | 263 331 | 206 682 | 281 015 |
| 88 | 212 265 | 318 523 | 211 906 | 314 723 | 207 320 | 303 131 | 188 410 | 275 497 | 188 030 | 275 142 | 173 921 | 246 456 |
| 89 | 196 643 | 306 266 | 188 635 | 295 927 | 188 316 | 292 396 | 184 241 | 281 626 | 167 436 | 255 953 | 167 098 | 255 623 |
| 90 | 171 923 | 290 889 | 172 533 | 282 303 | 165 507 | 272 773 | 165 227 | 269 519 | 161 652 | 259 592 | 146 907 | 235 927 |
| 91 | 139 654 | 245 300 | 148 736 | 265 871 | 149 264 | 258 024 | 143 185 | 249 314 | 142 943 | 246 340 | 139 850 | 237 266 |
| 92 | 118 095 | 234 812 | 118 956 | 222 181 | 126 692 | 240 813 | 127 141 | 233 706 | 121 964 | 225 816 | 121 757 | 223 122 |

续表

| 年龄（岁） | 2060 年 | | 2061 年 | | 2062 年 | | 2063 年 | | 2064 年 | | 2065 年 | |
|---|---|---|---|---|---|---|---|---|---|---|---|---|
| | 男 | 女 | 男 | 女 | 男 | 女 | 男 | 女 | 男 | 女 | 男 | 女 |
| 93 | 78 271 | 165 785 | 98 876 | 210 626 | 99 596 | 199 296 | 106 074 | 216 009 | 106 450 | 209 634 | 102 115 | 202 557 |
| 94 | 71 669 | 162 176 | 64 295 | 147 170 | 81 220 | 186 976 | 81 812 | 176 919 | 87 132 | 191 755 | 87 442 | 186 096 |
| 95 | 54 526 | 134 695 | 57 636 | 142 373 | 51 706 | 129 200 | 65 318 | 164 145 | 65 794 | 155 315 | 70 073 | 168 340 |
| 96 | 39 773 | 112 069 | 42 830 | 116 843 | 45 273 | 123 503 | 40 615 | 112 075 | 51 307 | 142 389 | 51 681 | 134 730 |
| 97 | 33 532 | 107 891 | 30 440 | 95 958 | 32 780 | 100 046 | 34 650 | 105 749 | 31 085 | 95 964 | 39 268 | 121 920 |
| 98 | 17 900 | 66 244 | 24 941 | 91 062 | 22 642 | 80 991 | 24 382 | 84 441 | 25 773 | 89 254 | 23 122 | 80 995 |
| 99 | 6 482 | 28 673 | 12 905 | 55 021 | 17 982 | 75 634 | 16 324 | 67 269 | 17 579 | 70 135 | 18 582 | 74 132 |
| 100 | 5 156 | 27 426 | 4 517 | 23 388 | 8 994 | 44 881 | 12 531 | 61 695 | 11 376 | 54 872 | 12 251 | 57 209 |
| 101 | 3 161 | 0 | 3 463 | 21 918 | 3 034 | 18 691 | 6 040 | 35 867 | 8 416 | 49 304 | 7 640 | 43 851 |
| 102 | 2 497 | 0 | 2 039 | 0 | 2 234 | 17 113 | 1 957 | 14 593 | 3 897 | 28 003 | 5 430 | 38 495 |
| 103 | 1 671 | 0 | 1 543 | 0 | 1 260 | 0 | 1 380 | 13 010 | 1 209 | 11 095 | 2 407 | 21 290 |
| 104 | 831 | 0 | 985 | 0 | 909 | 0 | 742 | 0 | 813 | 9 594 | 713 | 8 182 |
| 105 | 443 | 0 | 465 | 0 | 551 | 0 | 509 | 0 | 416 | 0 | 455 | 6 833 |

表 5-6（h）　　　　未来各年全国行政事业单位养老保险"中人"
分年龄、分性别存活人口结构数

单位：人

| 年龄（岁） | 2066 年 | | 2067 年 | | 2068 年 | | 2069 年 | | 2070 年 | | 2071 年 | |
|---|---|---|---|---|---|---|---|---|---|---|---|---|
| | 男 | 女 | 男 | 女 | 男 | 女 | 男 | 女 | 男 | 女 | 男 | 女 |
| 72 | 397 446 | 385 983 | | | | | | | | | | |
| 73 | 428 842 | 417 732 | 392 061 | 382 752 | | | | | | | | |
| 74 | 432 005 | 429 756 | 422 244 | 413 790 | 386 028 | 379 141 | | | | | | |
| 75 | 445 245 | 448 900 | 424 364 | 425 145 | 414 776 | 409 350 | 379 201 | 375 073 | | | | |
| 76 | 550 624 | 570 583 | 436 100 | 443 364 | 415 648 | 419 902 | 406 257 | 404 302 | 371 412 | 370 447 | | |
| 77 | 524 351 | 558 051 | 537 400 | 562 415 | 425 627 | 437 017 | 405 666 | 413 891 | 396 500 | 398 515 | 362 492 | 365 144 |
| 78 | 483 081 | 523 495 | 509 585 | 548 713 | 522 265 | 553 004 | 413 640 | 429 704 | 394 241 | 406 965 | 385 333 | 391 846 |
| 79 | 512 592 | 565 710 | 467 150 | 513 225 | 492 779 | 537 948 | 505 042 | 542 155 | 399 999 | 421 274 | 381 240 | 398 981 |

续表

| 年龄（岁） | 2066 年 | | 2067 年 | | 2068 年 | | 2069 年 | | 2070 年 | | 2071 年 | |
|---|---|---|---|---|---|---|---|---|---|---|---|---|
| | 男 | 女 | 男 | 女 | 男 | 女 | 男 | 女 | 男 | 女 | 男 | 女 |
| 80 | 424 081 | 479 129 | 492 889 | 552 715 | 449 194 | 501 435 | 473 839 | 525 590 | 485 630 | 529 701 | 384 624 | 411 597 |
| 81 | 346 280 | 397 682 | 405 213 | 466 302 | 470 960 | 537 918 | 429 209 | 488 012 | 452 756 | 511 520 | 464 023 | 515 521 |
| 82 | 332 034 | 375 423 | 328 590 | 385 359 | 384 512 | 451 852 | 446 900 | 521 249 | 407 282 | 472 889 | 429 627 | 495 669 |
| 83 | 302 720 | 361 421 | 312 718 | 362 059 | 309 475 | 371 641 | 362 144 | 435 767 | 420 903 | 502 693 | 383 589 | 456 055 |
| 84 | 328 013 | 400 454 | 282 824 | 346 756 | 292 166 | 347 368 | 289 135 | 356 561 | 338 343 | 418 085 | 393 240 | 482 296 |
| 85 | 259 362 | 329 233 | 303 829 | 382 067 | 261 972 | 330 834 | 270 625 | 331 419 | 267 818 | 340 189 | 313 397 | 398 889 |
| 86 | 214 110 | 290 463 | 238 037 | 312 239 | 278 847 | 362 346 | 240 432 | 313 758 | 248 373 | 314 312 | 245 797 | 322 630 |
| 87 | 218 160 | 298 797 | 194 575 | 273 719 | 216 319 | 294 240 | 253 406 | 341 459 | 218 495 | 295 671 | 225 712 | 296 193 |
| 88 | 185 828 | 263 006 | 196 148 | 279 649 | 174 942 | 256 178 | 194 492 | 275 384 | 227 837 | 319 577 | 196 449 | 276 723 |
| 89 | 154 560 | 228 972 | 165 141 | 244 348 | 174 313 | 259 810 | 155 468 | 238 004 | 172 841 | 255 847 | 202 474 | 296 905 |
| 90 | 146 611 | 235 623 | 135 609 | 211 057 | 144 894 | 225 230 | 152 940 | 239 482 | 136 406 | 219 382 | 151 649 | 235 830 |
| 91 | 127 094 | 215 637 | 126 837 | 215 359 | 117 320 | 192 905 | 125 352 | 205 859 | 132 313 | 218 886 | 118 009 | 200 515 |
| 92 | 119 122 | 214 904 | 108 257 | 195 313 | 108 039 | 195 061 | 99 931 | 174 724 | 106 773 | 186 457 | 112 703 | 198 256 |
| 93 | 101 942 | 200 140 | 99 736 | 192 768 | 90 639 | 175 195 | 90 456 | 174 970 | 83 668 | 156 727 | 89 397 | 167 252 |
| 94 | 83 881 | 179 813 | 83 739 | 177 668 | 81 927 | 171 124 | 74 454 | 155 524 | 74 304 | 155 324 | 68 728 | 139 130 |
| 95 | 70 321 | 163 372 | 67 457 | 157 857 | 67 343 | 155 973 | 65 886 | 150 228 | 59 876 | 136 533 | 59 756 | 136 357 |
| 96 | 55 042 | 146 028 | 55 237 | 141 719 | 52 988 | 136 934 | 52 898 | 135 301 | 51 754 | 130 317 | 47 033 | 118 437 |
| 97 | 39 554 | 115 361 | 42 126 | 125 036 | 42 276 | 121 346 | 40 554 | 117 249 | 40 486 | 115 850 | 39 610 | 111 583 |
| 98 | 29 208 | 102 903 | 29 421 | 97 367 | 31 334 | 105 533 | 31 446 | 102 418 | 30 165 | 98 961 | 30 114 | 97 780 |
| 99 | 16 670 | 67 273 | 21 058 | 85 469 | 21 212 | 80 871 | 22 591 | 87 653 | 22 672 | 85 066 | 21 748 | 82 195 |
| 100 | 12 949 | 60 470 | 11 617 | 54 875 | 14 675 | 69 717 | 14 782 | 65 967 | 15 743 | 71 499 | 15 799 | 69 389 |
| 101 | 8 227 | 45 719 | 8 697 | 48 325 | 7 802 | 43 854 | 9 856 | 55 715 | 9 928 | 52 718 | 10 573 | 57 139 |
| 102 | 4 929 | 34 237 | 5 308 | 35 696 | 5 611 | 37 730 | 5 034 | 34 239 | 6 359 | 43 500 | 6 405 | 41 160 |
| 103 | 3 354 | 29 266 | 3 045 | 26 029 | 3 279 | 27 138 | 3 466 | 28 685 | 3 110 | 26 031 | 3 928 | 33 072 |
| 104 | 1 419 | 15 701 | 1 977 | 21 583 | 1 794 | 19 196 | 1 932 | 20 013 | 2 043 | 21 154 | 1 832 | 19 197 |
| 105 | 399 | 5 827 | 794 | 11 181 | 1 107 | 15 370 | 1 005 | 13 670 | 1 082 | 14 252 | 1 144 | 15 065 |

表 5-6（i）　　　　未来各年全国行政事业单位养老保险"中人"
分年龄、分性别存活人口结构数　　　单位：人

| 年龄（岁） | 2072 年 | | 2073 年 | | 2074 年 | | 2075 年 | | 2076 年 | | 2077 年 | |
|---|---|---|---|---|---|---|---|---|---|---|---|---|
| | 男 | 女 | 男 | 女 | 男 | 女 | 男 | 女 | 男 | 女 | 男 | 女 |
| 78 | 352 283 | 359 034 | | | | | | | | | | |
| 79 | 372 626 | 384 158 | 340 666 | 351 990 | | | | | | | | |
| 80 | 366 586 | 389 816 | 358 303 | 375 334 | 327 572 | 343 905 | | | | | | |
| 81 | 367 512 | 400 578 | 350 276 | 379 381 | 342 362 | 365 286 | 312 997 | 334 698 | | | | |
| 82 | 440 318 | 499 545 | 348 737 | 388 165 | 332 382 | 367 624 | 324 872 | 353 966 | 297 008 | 324 326 | | |
| 83 | 404 634 | 478 024 | 414 703 | 481 762 | 328 450 | 374 347 | 313 046 | 354 537 | 305 973 | 341 366 | 279 730 | 312 781 |
| 84 | 358 379 | 437 550 | 378 041 | 458 628 | 387 448 | 462 214 | 306 863 | 359 157 | 292 472 | 340 152 | 285 864 | 327 515 |
| 85 | 364 247 | 460 152 | 331 956 | 417 460 | 350 168 | 437 570 | 358 882 | 440 992 | 284 239 | 342 667 | 270 909 | 324 534 |
| 86 | 287 629 | 378 300 | 334 298 | 436 400 | 304 662 | 395 912 | 321 376 | 414 984 | 329 374 | 418 230 | 260 868 | 324 980 |
| 87 | 223 371 | 304 032 | 261 386 | 356 493 | 303 797 | 411 244 | 276 865 | 373 090 | 292 054 | 391 062 | 299 322 | 394 120 |
| 88 | 202 938 | 277 212 | 200 833 | 284 548 | 235 012 | 333 647 | 273 143 | 384 890 | 248 929 | 349 181 | 262 586 | 366 001 |
| 89 | 174 580 | 257 092 | 180 346 | 257 546 | 178 476 | 264 362 | 208 850 | 309 977 | 242 737 | 357 585 | 221 218 | 324 409 |
| 90 | 177 649 | 273 675 | 153 175 | 236 977 | 158 234 | 237 396 | 156 593 | 243 678 | 183 243 | 285 725 | 212 975 | 329 607 |
| 91 | 131 196 | 215 548 | 153 689 | 250 138 | 132 516 | 216 596 | 136 893 | 216 979 | 135 473 | 222 721 | 158 529 | 261 151 |
| 92 | 100 519 | 181 616 | 111 751 | 195 232 | 130 911 | 226 563 | 112 876 | 196 182 | 116 604 | 196 529 | 115 395 | 201 730 |
| 93 | 94 361 | 177 835 | 84 160 | 162 910 | 93 565 | 175 123 | 109 606 | 203 226 | 94 506 | 175 975 | 97 628 | 176 286 |
| 94 | 73 434 | 148 473 | 77 512 | 157 868 | 69 132 | 144 618 | 76 857 | 155 460 | 90 034 | 180 408 | 77 631 | 156 216 |
| 95 | 55 272 | 122 141 | 59 056 | 130 343 | 62 335 | 138 591 | 55 596 | 126 959 | 61 809 | 136 477 | 72 406 | 158 379 |
| 96 | 46 938 | 118 285 | 43 416 | 105 952 | 46 388 | 113 067 | 48 965 | 120 222 | 43 671 | 110 132 | 48 551 | 118 388 |
| 97 | 35 997 | 101 411 | 35 924 | 101 280 | 33 228 | 90 721 | 35 503 | 96 813 | 37 475 | 102 939 | 33 424 | 94 299 |
| 98 | 29 462 | 94 179 | 26 775 | 85 593 | 26 721 | 85 483 | 24 716 | 76 570 | 26 408 | 81 712 | 27 875 | 86 883 |
| 99 | 21 711 | 81 214 | 21 242 | 78 223 | 19 304 | 71 092 | 19 265 | 71 000 | 17 820 | 63 598 | 19 040 | 67 868 |
| 100 | 15 156 | 67 046 | 15 130 | 66 246 | 14 803 | 63 806 | 13 453 | 57 990 | 13 426 | 57 915 | 12 418 | 51 877 |
| 101 | 10 611 | 55 453 | 10 179 | 53 581 | 10 161 | 52 942 | 9 942 | 50 992 | 9 035 | 46 343 | 9 017 | 46 283 |
| 102 | 6 822 | 44 612 | 6 846 | 43 295 | 6 567 | 41 834 | 6 556 | 41 335 | 6 414 | 39 812 | 5 829 | 36 183 |
| 103 | 3 957 | 31 293 | 4 214 | 33 917 | 4 229 | 32 916 | 4 057 | 31 805 | 4 050 | 31 425 | 3 962 | 30 268 |
| 104 | 2 315 | 24 389 | 2 332 | 23 077 | 2 483 | 25 012 | 2 492 | 24 274 | 2 391 | 23 455 | 2 387 | 23 175 |
| 105 | 1 026 | 13 671 | 1 296 | 17 368 | 1 306 | 16 434 | 1 390 | 17 812 | 1 395 | 17 287 | 1 339 | 16 703 |

表 5-6（j） 未来各年全国行政事业单位养老保险"中人"
分年龄、分性别存活人口结构数 单位：人

| 年龄（岁） | 2078年 | | 2079年 | | 2080年 | | 2081年 | | 2082年 | | 2083年 | |
|---|---|---|---|---|---|---|---|---|---|---|---|---|
| | 男 | 女 | 男 | 女 | 男 | 女 | 男 | 女 | 男 | 女 | 男 | 女 |
| 84 | 261 345 | 300 089 | | | | | | | | | | |
| 85 | 264 787 | 312 477 | 242 077 | 286 311 | | | | | | | | |
| 86 | 248 634 | 307 782 | 243 016 | 296 348 | 222 172 | 271 533 | | | | | | |
| 87 | 237 066 | 306 246 | 225 949 | 290 040 | 220 843 | 279 265 | 201 902 | 255 880 | | | | |
| 88 | 269 120 | 368 864 | 213 146 | 286 620 | 203 150 | 271 453 | 198 560 | 261 368 | 181 530 | 239 482 | | |
| 89 | 233 355 | 340 036 | 239 162 | 342 696 | 189 419 | 266 287 | 180 535 | 252 196 | 176 456 | 242 826 | 161 322 | 222 493 |
| 90 | 194 095 | 299 027 | 204 744 | 313 432 | 209 839 | 315 883 | 166 194 | 245 452 | 158 400 | 232 464 | 154 821 | 223 827 |
| 91 | 184 251 | 301 260 | 167 917 | 273 310 | 177 130 | 286 476 | 181 538 | 288 716 | 143 780 | 224 343 | 137 037 | 212 471 |
| 92 | 135 033 | 236 538 | 156 943 | 272 866 | 143 030 | 247 551 | 150 877 | 259 475 | 154 632 | 261 505 | 122 470 | 203 199 |
| 93 | 96 615 | 180 951 | 113 058 | 212 174 | 131 402 | 244 761 | 119 753 | 222 052 | 126 323 | 232 749 | 129 467 | 234 569 |
| 94 | 80 195 | 156 492 | 79 363 | 160 634 | 92 870 | 188 351 | 107 938 | 217 279 | 98 369 | 197 120 | 103 766 | 206 616 |
| 95 | 62 431 | 137 141 | 64 493 | 137 383 | 63 824 | 141 019 | 74 686 | 165 352 | 86 804 | 190 747 | 79 109 | 173 050 |
| 96 | 56 875 | 137 387 | 49 040 | 118 964 | 50 659 | 119 174 | 50 134 | 122 328 | 58 666 | 143 436 | 68 185 | 165 465 |
| 97 | 37 159 | 101 369 | 43 529 | 117 637 | 37 533 | 101 862 | 38 772 | 102 042 | 38 370 | 104 743 | 44 900 | 122 816 |
| 98 | 24 861 | 79 591 | 27 639 | 85 558 | 32 378 | 99 288 | 27 917 | 85 974 | 28 840 | 86 126 | 28 540 | 88 405 |
| 99 | 20 097 | 72 163 | 17 924 | 66 106 | 19 927 | 71 062 | 23 344 | 82 466 | 20 128 | 71 408 | 20 793 | 71 534 |
| 100 | 13 268 | 55 360 | 14 005 | 58 863 | 12 491 | 53 923 | 13 887 | 57 966 | 16 268 | 67 268 | 14 027 | 58 248 |
| 101 | 8 340 | 41 458 | 8 911 | 44 242 | 9 406 | 47 041 | 8 389 | 43 093 | 9 326 | 46 324 | 10 925 | 53 758 |
| 102 | 5 817 | 36 136 | 5 381 | 32 369 | 5 749 | 34 542 | 6 069 | 36 728 | 5 413 | 33 645 | 6 017 | 36 168 |
| 103 | 3 601 | 27 508 | 3 594 | 27 473 | 3 324 | 24 609 | 3 552 | 26 261 | 3 749 | 27 923 | 3 344 | 25 579 |
| 104 | 2 335 | 22 321 | 2 122 | 20 286 | 2 118 | 20 260 | 1 959 | 18 148 | 2 093 | 19 367 | 2 209 | 20 592 |
| 105 | 1 336 | 16 504 | 1 307 | 15 896 | 1 188 | 14 447 | 1 186 | 14 428 | 1 097 | 12 924 | 1 172 | 13 792 |

表 5-6（k） 未来各年全国行政事业单位养老保险"中人"
分年龄、分性别存活人口结构数 单位：人

| 年龄（岁） | 2084年 | | 2085年 | | 2086年 | | 2087年 | | 2088年 | | 2089年 | |
|---|---|---|---|---|---|---|---|---|---|---|---|---|
| | 男 | 女 | 男 | 女 | 男 | 女 | 男 | 女 | 男 | 女 | 男 | 女 |
| 90 | 141 542 | 205 085 | | | | | | | | | | |
| 91 | 133 941 | 204 577 | 122 453 | 187 447 | | | | | | | | |

续表

| 年龄（岁） | 2084 年 | | 2085 年 | | 2086 年 | | 2087 年 | | 2088 年 | | 2089 年 | |
|---|---|---|---|---|---|---|---|---|---|---|---|---|
| | 男 | 女 | 男 | 女 | 男 | 女 | 男 | 女 | 男 | 女 | 男 | 女 |
| 92 | 116 726 | 192 446 | 114 089 | 185 296 | 104 304 | 169 780 | | | | | | |
| 93 | 102 539 | 182 269 | 97 730 | 172 624 | 95 522 | 166 210 | 87 329 | 152 292 | | | | |
| 94 | 106 348 | 208 232 | 84 229 | 161 803 | 80 279 | 153 241 | 78 465 | 147 548 | 71 735 | 135 193 | | |
| 95 | 83 449 | 181 386 | 85 526 | 182 805 | 67 738 | 142 046 | 64 561 | 134 529 | 63 102 | 129 531 | 57 690 | 118 685 |
| 96 | 62 140 | 150 114 | 65 550 | 157 345 | 67 181 | 158 576 | 53 208 | 123 219 | 50 713 | 116 699 | 49 567 | 112 363 |
| 97 | 52 185 | 141 679 | 47 559 | 128 534 | 50 168 | 134 726 | 51 417 | 135 779 | 40 723 | 105 505 | 38 813 | 99 922 |
| 98 | 33 398 | 103 659 | 38 817 | 119 580 | 35 375 | 108 485 | 37 316 | 113 711 | 38 245 | 114 601 | 30 290 | 89 049 |
| 99 | 20 577 | 73 427 | 24 079 | 86 097 | 27 986 | 99 320 | 25 505 | 90 106 | 26 904 | 94 446 | 27 574 | 95 185 |
| 100 | 14 490 | 58 350 | 14 340 | 59 895 | 16 780 | 70 229 | 19 503 | 81 015 | 17 774 | 73 499 | 18 749 | 77 040 |
| 101 | 9 420 | 46 549 | 9 731 | 46 632 | 9 630 | 47 866 | 11 269 | 56 125 | 13 098 | 64 745 | 11 937 | 58 738 |
| 102 | 7 049 | 41 972 | 6 078 | 36 344 | 6 279 | 36 408 | 6 214 | 37 371 | 7 271 | 43 820 | 8 451 | 50 550 |
| 103 | 3 717 | 27 497 | 4 354 | 31 910 | 3 755 | 27 631 | 3 879 | 27 680 | 3 838 | 28 412 | 4 492 | 33 315 |
| 104 | 1 970 | 18 864 | 2 190 | 20 278 | 2 566 | 23 532 | 2 213 | 20 377 | 2 286 | 20 413 | 2 262 | 20 953 |
| 105 | 1 237 | 14 665 | 1 103 | 13 434 | 1 226 | 14 441 | 1 437 | 16 758 | 1 239 | 14 511 | 1 280 | 14 537 |

表 5－6（1）　　　未来各年全国行政事业单位养老保险"中人"
分年龄、分性别存活人口结构数　　　单位：人

| 年龄（岁） | 2090 年 | | 2091 年 | | 2092 年 | | 2093 年 | | 2094 年 | | 2095 年 | |
|---|---|---|---|---|---|---|---|---|---|---|---|---|
| | 男 | 女 | 男 | 女 | 男 | 女 | 男 | 女 | 男 | 女 | 男 | 女 |
| 96 | 45 315 | 102 954 | | | | | | | | | | |
| 97 | 37 936 | 96 210 | 34 682 | 88 154 | | | | | | | | |
| 98 | 28 870 | 84 337 | 28 217 | 81 203 | 25 797 | 74 404 | | | | | | |
| 99 | 21 839 | 73 962 | 20 814 | 70 048 | 20 344 | 67 446 | 18 599 | 61 798 | | | | |
| 100 | 19 215 | 77 642 | 15 219 | 60 331 | 14 505 | 57 138 | 14 177 | 55 015 | 12 961 | 50 409 | | |
| 101 | 12 592 | 61 567 | 12 905 | 62 049 | 10 221 | 48 214 | 9 742 | 45 663 | 9 522 | 43 966 | 8 705 | 40 285 |
| 102 | 7 702 | 45 860 | 8 124 | 48 069 | 8 326 | 48 445 | 6 595 | 37 644 | 6 285 | 35 652 | 6 143 | 34 327 |
| 103 | 5 220 | 38 431 | 4 758 | 34 866 | 5 019 | 36 545 | 5 143 | 36 831 | 4 074 | 28 619 | 3 883 | 27 105 |
| 104 | 2 647 | 24 568 | 3 076 | 28 342 | 2 804 | 25 712 | 2 957 | 26 951 | 3 031 | 27 162 | 2 401 | 21 105 |
| 105 | 1 266 | 14 921 | 1 482 | 17 496 | 1 722 | 20 183 | 1 570 | 18 311 | 1 656 | 19 193 | 1 697 | 19 343 |

表 5 - 6（m）　　　　　未来各年全国行政事业单位养老保险"中人"
分年龄、分性别存活人口结构数　　　　　　　　单位：人

| 年龄<br>（岁） | 2096 年 | | 2097 年 | | 2098 年 | | 2099 年 | |
|---|---|---|---|---|---|---|---|---|
| | 男 | 女 | 男 | 女 | 男 | 女 | 男 | 女 |
| 102 | 5 616 | 31 453 | | | | | | |
| 103 | 3 795 | 26 098 | 3 469 | 23 912 | | | | |
| 104 | 2 288 | 19 989 | 2 236 | 19 246 | 2 045 | 17 634 | | |
| 105 | 1 344 | 15 030 | 1 281 | 14 235 | 1 252 | 13 706 | 1 145 | 12 558 |

（2）养老保险制度改革前，不同年龄"中人"的缴费年限（视同缴费年限 + 实际缴费年限）。

根据前面关于未来各年推迟退休年龄的安排（见表 4 - 1），我们得到 2024 年各年龄段"中人"的法定退休年龄（见表 5 - 7），进而得到 2024 年不同年龄"中人"在养老保险制度改革（2015 年）前的视同缴费年限（这里假设养老保险制度改革前参保人都没有缴费，即实际缴费年限为 0），如表 5 - 8 所示。

表 5 - 7　　　　　　　2024 年各年龄段"中人"的法定退休年龄

| 年龄（岁） | 男 | 女 | 年龄 | 男 | 女 | 年龄 | 男 | 女 |
|---|---|---|---|---|---|---|---|---|
| 30 | 65 | 65 | 44 | 64 | 64 | 58 | 60 | 55 |
| 31 | 65 | 65 | 45 | 63 | 63 | 59 | 60 | 55 |
| 32 | 65 | 65 | 46 | 62 | 60 | 60 | 60 | 55 |
| 33 | 65 | 65 | 47 | 60 | 60 | 61 | 60 | 55 |
| 34 | 65 | 65 | 48 | 60 | 59 | 62 | 60 | 55 |
| 35 | 65 | 65 | 49 | 60 | 58 | 63 | 60 | 55 |
| 36 | 65 | 65 | 50 | 60 | 58 | 64 | 60 | 55 |
| 37 | 65 | 65 | 51 | 60 | 57 | 65 | 60 | |
| 38 | 65 | 65 | 52 | 60 | 57 | 66 | 60 | |
| 39 | 65 | 65 | 53 | 60 | 56 | 67 | 60 | |
| 40 | 65 | 65 | 54 | 60 | 56 | 68 | 60 | |
| 41 | 65 | 65 | 55 | 60 | 56 | 69 | 60 | |
| 42 | 65 | 65 | 56 | 60 | 55 | | | |
| 43 | 65 | 65 | 57 | 60 | 55 | | | |

表 5 - 8　　　　　2024 年各年龄段不同性别"中人"的视同缴费年限　　　　单位：年

| 年龄（岁） | 男 | 女 | 年龄 | 男 | 女 | 年龄 | 男 | 女 |
|---|---|---|---|---|---|---|---|---|
| 30 | 0 | 0 | 44 | 14 | 14 | 58 | 28 | 28 |
| 31 | 1 | 1 | 45 | 15 | 15 | 59 | 29 | 29 |
| 32 | 2 | 2 | 46 | 16 | 16 | 60 | 30 | 30 |
| 33 | 3 | 3 | 47 | 17 | 17 | 61 | 31 | 31 |
| 34 | 4 | 4 | 48 | 18 | 18 | 62 | 32 | 32 |
| 35 | 5 | 5 | 49 | 19 | 19 | 63 | 33 | 33 |
| 36 | 6 | 6 | 50 | 20 | 20 | 64 | 34 | 34 |
| 37 | 7 | 7 | 51 | 21 | 21 | 65 | 35 | |
| 38 | 8 | 8 | 52 | 22 | 22 | 66 | 36 | |
| 39 | 9 | 9 | 53 | 23 | 23 | 67 | 37 | |
| 40 | 10 | 10 | 54 | 24 | 24 | 68 | 38 | |
| 41 | 11 | 11 | 55 | 25 | 25 | 69 | 39 | |
| 42 | 12 | 12 | 56 | 26 | 26 | | | |
| 43 | 13 | 13 | 57 | 27 | 27 | | | |

（3）2024 年参加养老保险的不同年龄的"中人"的未来过渡养老金权益现值。

2024 年一个 $n$ 岁"中人"在 $r_n$ 岁退休时的过渡养老金现值

$$= \partial \times N_{同} \% \sum_{t=r_n}^{\omega} \frac{_{t-n}p_n \overline{W_t}}{(1+i)^{t-r_n}} \qquad (5-14)$$

2024 年 $m_n$ 个 $n$ 岁"中人"的未来过渡养老金在 2024 年的现值

$$= m_{nr_n-n}p_n v^{r_n-n} \partial \times N_{同} \% \sum_{t=r_n}^{\omega} \frac{_{t-n}p_n \overline{W_t}}{(1+i)^{t-n}} \qquad (5-15)$$

2024 年所有"中人"未来过渡退休金在 2024 年的总现值

$$= \sum_{n=30}^{69} m_{nr_n-n}p_n v^{r_n-n} \partial \times N_{同} \% \sum_{t=r_n}^{\omega} \frac{_{t-n}p_n \overline{w_t}}{(1+i)^{t-n}} \qquad (5-16)$$

式中，$_{t-n}p_n$ 表示 2024 年 $n$ 岁的"中人"存活到 $t$ 岁的概率；$\overline{W_t}$ 代表 2024 年 $n$ 岁的在职职工在 $t$ 岁时的区域人均平均工资；$r_n$ 代表 2024 年 $n$ 岁的"中人"的法定最低退休年龄。∂为缴费系数，这里为1.2。

利用以上公式，计算得到2024年各年龄段"中人"的过渡养老金未来权益现值（见表5-9）。

表5-9　　　　　2024年各年龄段"中人"的过渡养老金未来权益现值　　　单位：亿元

| 年龄（岁） | 过渡金现值 | 年龄 | 过渡金现值 | 年龄 | 过渡金现值 |
|---|---|---|---|---|---|
| 30 | 218.00 | 44 | 4 693.84 | 58 | 17 215.64 |
| 31 | 490.15 | 45 | 5 957.09 | 59 | 17 014.24 |
| 32 | 772.97 | 46 | 6 733.92 | 60 | 16 806.84 |
| 33 | 1 106.19 | 47 | 7 137.85 | 61 | 19 205.69 |
| 34 | 1 798.01 | 48 | 8 649.45 | 62 | 14 233.79 |
| 35 | 2 165.66 | 49 | 9 512.32 | 63 | 7 472.38 |
| 36 | 2 450.67 | 50 | 11 227.60 | 64 | 8 859.47 |
| 37 | 3 141.65 | 51 | 12 630.15 | 65 | 3 624.54 |
| 38 | 3 113.98 | 52 | 13 612.47 | 66 | 4 548.97 |
| 39 | 3 012.85 | 53 | 15 360.76 | 67 | 5 047.61 |
| 40 | 3 351.05 | 54 | 16 627.76 | 68 | 4 361.69 |
| 41 | 3 670.65 | 55 | 16 459.31 | | |
| 42 | 4 697.35 | 56 | 18 018.09 | | |
| 43 | 4 432.49 | 57 | 14 861.91 | | |

（4）"中人"过渡养老金现值。

依据表5-7与式（5-16），得到：

2024年所有"中人"未来过渡退休金在2024年的总现值=314 297亿元

3. 2024年全国行政事业单位养老保险统筹账户转制成本

依据式（5-5），我们得到：

$$转制成本_{PUB} = \begin{matrix} 预期"老人"因过去既得年资基数应 \\ 在个人账户中获得的养老金权益现值 \end{matrix} + \begin{matrix} "中人"未来发放的视同 \\ 缴费过渡性养老金现值 \end{matrix}$$
$$- 社会统筹账户基金余额$$
$$= 339\ 477.8\ 亿元$$

## 第四节　城镇企业职工社会养老保险
## 统筹账户转制成本测算

### 一、前提假设

鉴于城镇企业社会养老保险制度中的个人账户实质是"名义账户"制，在建立转制成本测算模型时，我们直接假设个人账户就是"名义账户"。其他假设与机关事业单位养老保险相同。

### 二、转制成本测算方法的选择

在进行精算应计负债测算时采用预计单位成本法。

$$转制成本_{PUB} = \begin{matrix}预期"老人"因过去既得年资基数应在\\个人账户中获得的养老金权益现值\end{matrix} + \begin{matrix}"中人"未来发放的\\过渡性养老金现值\end{matrix} \\ - 统筹账户基金余额 \qquad (5-17)$$

### 三、转制成本精算模型

根据式（5 - 17）得到：

$$转制成本_{PUB} = b \sum_{t=z}^{\infty} P''(z) v^{m-z} \sum_{x=r}^{\omega} L_{2,x}(t) + \sum_{x=e+1}^{r-1} N_{x,同} \times 1\%$$

$$\times \sum_{t=z+r-x}^{\infty} L_{1,x}(z)_{t-z}p_x P'(z) \times v'^{t-z} - F_{z-1} \qquad (5-18)$$

其中，$L_{1,x}(t)$ 及 $L_{2,x}(t)$ 的测算采用生命表理论的分要素分析法进行测算。

### 四、城镇企业养老保险统筹账户转制成本的测算

（一）基础数据与假设

1. 2024 年城镇企业养老保险中尚存"老人"和"中人"的分性别分年龄人口结构数

（1）2024 年城镇企业职工养老保险尚存"中人"和"老人"的年龄区间。

我们假设机关事业单位养老保险制度的参保人最低年龄为男 20 岁，女 20 岁。由于城镇企业职工养老保险制度于 1997 年 1 月 1 日开始实施，因此到 2024 年，"中人"的最低年龄为男 47 岁，女 47 岁；鉴于我国当时的退休年龄安排，男职工为 60 岁，女职工为 55 岁，因此到 2024 年，"老人"的最低年龄应为男 87 岁，女 82 岁。此时，男"中人"的年龄在 47 岁至 86 岁之间，女"中人"的年龄在 47 岁至 81 岁之间；男"老人"的年龄为 $87 - \omega$，女"老人"的年龄为 $82 - \omega$。

（2）人口结构数。

我们以本书表 2 - 10 为基础数据，根据第三章第二节的假设，可以估算出 2024 年"老人"和"中人"分年龄分性别人口结构数（见表 5 - 10 和表 5 - 11）。

表 5 - 10　　　　　2024 年全国"老人"分年龄分性别人口数　　　　单位：人

| 年龄（岁） | 男性 | 女性 | 年龄 | 男性 | 女性 |
| --- | --- | --- | --- | --- | --- |
| 82 | 0 | 1 198 618 | 91 | 227 577 | 385 484 |
| 83 | 0 | 1 160 937 | 92 | 144 643 | 259 078 |
| 84 | 0 | 1 037 157 | 93 | 118 617 | 217 909 |
| 85 | 0 | 853 242 | 94 | 97 586 | 180 079 |
| 86 | 0 | 820 540 | 95 | 50 559 | 109 334 |
| 87 | 457 420 | 691 071 | 96 | 35 262 | 75 895 |
| 88 | 414 664 | 660 606 | 97 | 23 788 | 59 411 |
| 89 | 321 806 | 521 922 | 98 | 36 307 | 118 903 |
| 90 | 265 653 | 425 969 | | | |

表 5 - 11　　　　　2024 年全国"中人"分年龄分性别人口数　　　　单位：人

| 年龄（岁） | 男性 | 女性 | 年龄 | 男性 | 女性 |
| --- | --- | --- | --- | --- | --- |
| 47 | 4 483 241 | 4 230 522 | 52 | 5 894 515 | 5 762 777 |
| 48 | 4 903 518 | 4 760 412 | 53 | 6 269 638 | 6 052 117 |
| 49 | 4 978 694 | 4 810 457 | 54 | 6 386 637 | 6 337 680 |
| 50 | 5 560 235 | 5 348 717 | 55 | 6 142 440 | 5 951 756 |
| 51 | 5 777 897 | 5 619 302 | 56 | 6 259 278 | 6 412 908 |

| 年龄（岁） | 男性 | 女性 | 年龄 | 男性 | 女性 |
|---|---|---|---|---|---|
| 57 | 5 097 250 | 5 155 166 | 72 | 3 229 171 | 3 495 195 |
| 58 | 5 858 459 | 5 812 266 | 73 | 2 659 880 | 3 050 193 |
| 59 | 5 727 943 | 5 636 466 | 74 | 2 546 604 | 2 796 812 |
| 60 | 5 510 426 | 5 551 857 | 75 | 2 340 330 | 2 573 908 |
| 61 | 6 303 362 | 6 422 139 | 76 | 1 998 952 | 2 221 189 |
| 62 | 4 708 930 | 4 814 798 | 77 | 1 824 254 | 2 045 197 |
| 63 | 2 467 660 | 2 589 824 | 78 | 1 613 159 | 1 919 414 |
| 64 | 2 945 451 | 3 138 775 | 79 | 1 381 998 | 1 662 716 |
| 65 | 2 817 627 | 2 820 670 | 80 | 1 257 235 | 1 474 539 |
| 66 | 3 622 742 | 3 702 309 | 81 | 1 086 385 | 1 329 380 |
| 67 | 4 127 049 | 4 059 744 | 82 | 954 459.6 | 0 |
| 68 | 3 668 573 | 3 799 532 | 83 | 923 254.7 | 0 |
| 69 | 3 687 156 | 3 973 054 | 84 | 815 418.7 | 0 |
| 70 | 3 728 775 | 3 963 132 | 85 | 619 507.9 | 0 |
| 71 | 3 252 659 | 3 522 167 | 86 | 581 862.4 | 0 |

2. 测算时间长度的确定

由于本书的测算时点从 2024 年开始实施，"中人"最低年龄为 47 岁，本书假设的终极年龄为 105 岁，所以本书选择的测算时间长度为 2024～2082 年。

3. 未来各年平均工资（$W$）

未来工资增长率如表 4 – 17 所示。

4. 人均年基本养老金

未来各年人均基本养老金如表 4 – 18 所示。

5. 其他参数假设

其他参数假设如第四章第一节所示。

（二）测算过程与结果

利用式（5 – 18），在以上基础数据和模型假设条件下，我们利用 EXCEL 软件，计算依次得到：

1. 计算"老人"的未来养老金权益

（1）全国城镇企业养老保险"老人"历年分年龄、分性别人口结构数。

以表 5 - 10 为基年人口数据，2024 ~ 2099 年这一期间，第一个 10 年采用《中国人身保险业经验生命表（2010—2013）》中的 CL1 ~ CL2 表，第二、第三个 10 年采用《中国人身保险业经验生命表（2010—2013）》中的 CL3 ~ CL4 表，以后各年采用《中国人身保险业经验生命表（2010—2013）》中的 CL5 ~ CL6 表。根据式（5 - 8），得到未来各年全国城镇企业养老保险"老人"分年龄、分性别存活人口结构数（见表 5 - 12 各表）。

**表 5 - 12（a）** 　　　　　**未来各年全国城镇企业养老保险"老人"**
**分年龄、分性别存活人口结构数** 　　　单位：人

| 年龄（岁） | 2024 年 | | 2025 年 | | 2026 年 | | 2027 年 | | 2028 年 | |
|---|---|---|---|---|---|---|---|---|---|---|
| | 男 | 女 | 男 | 女 | 男 | 女 | 男 | 女 | 男 | 女 |
| 82 | 0 | 1 198 618 | | | | | | | | |
| 83 | 0 | 1 160 937 | 0 | 1 114 859 | | | | | | |
| 84 | 0 | 1 037 157 | 0 | 1 070 012 | 0 | 1 027 543 | | | | |
| 85 | 0 | 853 242 | 0 | 946 291 | 0 | 976 268 | 0 | 937 519 | | |
| 86 | 0 | 820 540 | 0 | 769 834 | 0 | 853 787 | 0 | 880 833 | 0 | 845 873 |
| 87 | 457 420 | 691 071 | 0 | 731 344 | 0 | 686 150 | 0 | 760 977 | 0 | 785 083 |
| 88 | 414 664 | 660 606 | 385 452 | 607 886 | 0 | 643 311 | 0 | 603 558 | 0 | 669 377 |
| 89 | 321 806 | 521 922 | 343 504 | 572 985 | 319 305 | 527 257 | 0 | 557 984 | 0 | 523 503 |
| 90 | 265 653 | 425 969 | 261 613 | 446 037 | 279 253 | 489 675 | 259 580 | 450 597 | 0 | 476 856 |
| 91 | 227 577 | 385 484 | 211 522 | 358 422 | 208 306 | 375 308 | 222 351 | 412 027 | 206 687 | 379 145 |
| 92 | 144 643 | 259 078 | 177 084 | 319 114 | 164 591 | 296 712 | 162 088 | 310 691 | 173 017 | 341 087 |
| 93 | 118 617 | 217 909 | 109 719 | 210 813 | 134 327 | 259 665 | 124 850 | 241 436 | 122 952 | 252 811 |
| 94 | 97 586 | 180 079 | 87 475 | 174 081 | 80 913 | 168 413 | 99 061 | 207 439 | 92 072 | 192 876 |
| 95 | 50 559 | 109 334 | 69 761 | 141 013 | 62 534 | 136 316 | 57 843 | 131 877 | 70 816 | 162 437 |
| 96 | 35 262 | 75 895 | 34 928 | 83 747 | 48 194 | 108 012 | 43 201 | 104 415 | 39 960 | 101 015 |
| 97 | 23 788 | 59 411 | 23 466 | 56 718 | 23 244 | 62 586 | 32 072 | 80 720 | 28 749 | 78 032 |
| 98 | 36 307 | 118 903 | 15 198 | 43 185 | 14 992 | 41 228 | 14 850 | 45 493 | 20 491 | 58 675 |
| 99 | 0 | 0 | 22 193 | 83 770 | 9 290 | 30 425 | 9 164 | 29 046 | 9 078 | 32 051 |

续表

| 年龄（岁） | 2024 年 | | 2025 年 | | 2026 年 | | 2027 年 | | 2028 年 | |
|---|---|---|---|---|---|---|---|---|---|---|
| | 男 | 女 | 男 | 女 | 男 | 女 | 男 | 女 | 男 | 女 |
| 100 | 0 | 0 | 0 | 0 | 12 933 | 56 981 | 5 414 | 20 695 | 5 340 | 19 757 |
| 101 | 0 | 0 | 0 | 0 | 0 | 0 | 7 158 | 37 267 | 2 996 | 13 535 |
| 102 | 0 | 0 | 0 | 0 | 0 | 0 | 0 | 0 | 3 748 | 23 334 |

**表 5 – 12 （b）　未来各年全国城镇企业养老保险"老人"分年龄、分性别存活人口结构数**　　　　单位：人

| 年龄（岁） | 2029 年 | | 2030 年 | | 2031 年 | | 2032 年 | | 2033 年 | |
|---|---|---|---|---|---|---|---|---|---|---|
| | 男 | 女 | 男 | 女 | 男 | 女 | 男 | 女 | 男 | 女 |
| 87 | 0 | 75 3923 | 0 | | | | | | | |
| 88 | 0 | 69 0582 | 0 | 663 172 | | | | | | |
| 89 | 0 | 58 0592 | 0 | 598 985 | 0 | 575 211 | | | | |
| 90 | 0 | 44 7388 | 0 | 496 177 | 0 | 511 895 | 0 | 491 578 | | |
| 91 | 0 | 40 1240 | 0 | 376 445 | 0 | 417 497 | 0 | 430 723 | 0 | 413 627 |
| 92 | 160 829 | 313 867 | 0 | 332 158 | 0 | 311 632 | 0 | 345 616 | 0 | 356 565 |
| 93 | 131 242 | 277 545 | 121 996 | 255 395 | 0 | 270 279 | 0 | 253 577 | 0 | 281 230 |
| 94 | 90 672 | 201 963 | 96 786 | 221 722 | 89 968 | 204 028 | 0 | 215 918 | 0 | 202 575 |
| 95 | 65 820 | 151 034 | 64 819 | 158 149 | 69 189 | 173 622 | 64 315 | 159 766 | 0 | 169 077 |
| 96 | 48 922 | 124 423 | 45 471 | 115 688 | 44 780 | 121 138 | 47 799 | 132 990 | 44 432 | 122 377 |
| 97 | 26 592 | 75 491 | 32 556 | 92 984 | 30 260 | 86 457 | 29 799 | 90 530 | 31 809 | 99 387 |
| 98 | 18 368 | 56 720 | 16 990 | 54 873 | 20 800 | 67 589 | 19 333 | 62 844 | 19 039 | 65 805 |
| 99 | 12 525 | 41 338 | 11 228 | 39 961 | 10 385 | 38 660 | 12 715 | 47 618 | 11 818 | 44 275 |
| 100 | 5 290 | 21 801 | 7 299 | 28 118 | 6 543 | 27 182 | 6 052 | 26 296 | 7 409 | 32 390 |
| 101 | 2 956 | 12 922 | 2 928 | 14 259 | 4 040 | 18 390 | 3 621 | 17 777 | 3 350 | 17 199 |
| 102 | 1 569 | 8 475 | 1 547 | 8 091 | 1 533 | 8 928 | 2 115 | 11 515 | 1 896 | 11 131 |
| 103 | 1 848 | 13 925 | 774 | 5 058 | 763 | 4 828 | 756 | 5 328 | 1 043 | 6 872 |
| 104 | 0 | 0 | 855 | 7 884 | 358 | 2 863 | 353 | 2 734 | 350 | 3 017 |
| 105 | 0 | 0 | 0 | 0 | 369 | 4 214 | 154 | 1 531 | 152 | 1 461 |

表 5 – 12（c）　　　　未来各年全国城镇企业养老保险"老人"

分年龄、分性别存活人口结构数　　　　单位：人

| 年龄（岁） | 2034 年 | | 2035 年 | | 2036 年 | | 2037 年 | | 2038 年 | |
|---|---|---|---|---|---|---|---|---|---|---|
| | 男 | 女 | 男 | 女 | 男 | 女 | 男 | 女 | 男 | 女 |
| 92 | 0 | 342 412 | | | | | | | | |
| 93 | 0 | 290 139 | 0 | 298 589 | | | | | | |
| 94 | 0 | 224 666 | 0 | 250 174 | 0 | 257 460 | | | | |
| 95 | 0 | 158 628 | 0 | 191 424 | 0 | 213 158 | 0 | 219 366 | | |
| 96 | 0 | 129 508 | 0 | 133 442 | 0 | 161 031 | 0 | 179 313 | 0 | 184 536 |
| 97 | 29 568 | 91 455 | 0 | 107 443 | 0 | 110 706 | 0 | 133 594 | 0 | 148 762 |
| 98 | 20 323 | 72 243 | 20 916 | 74 717 | 0 | 87 778 | 0 | 90 445 | 0 | 109 144 |
| 99 | 11 638 | 46 361 | 13 881 | 58 012 | 14 286 | 59 999 | 0 | 70 487 | 0 | 72 628 |
| 100 | 6 887 | 30 116 | 7 650 | 36 505 | 9 125 | 45 679 | 9 392 | 47 243 | 0 | 55 501 |
| 101 | 4 101 | 21 184 | 4 342 | 23 183 | 4 823 | 28 101 | 5 753 | 35 163 | 5 921 | 36 367 |
| 102 | 1 754 | 10 769 | 2 470 | 15 884 | 2 615 | 17 383 | 2 905 | 21 071 | 3 465 | 26 366 |
| 103 | 935 | 6 643 | 1 005 | 7 831 | 1 416 | 11 551 | 1 499 | 12 641 | 1 665 | 15 322 |
| 104 | 482 | 3 891 | 508 | 4 660 | 546 | 5 493 | 769 | 8 102 | 814 | 8 867 |
| 105 | 151 | 1 613 | 247 | 2 616 | 260 | 3 133 | 280 | 3 693 | 394 | 5 447 |

表 5 – 12（d）　　　　未来各年全国城镇企业养老保险"老人"

分年龄、分性别存活人口结构数　　　　单位：人

| 年龄（岁） | 2039 年 | | 2040 年 | | 2041 年 | | 2042 年 | | 2043 年 | |
|---|---|---|---|---|---|---|---|---|---|---|
| | 男 | 女 | 男 | 女 | 男 | 女 | 男 | 女 | 男 | 女 |
| 97 | 0 | 153 094 | | | | | | | | |
| 98 | 0 | 121 536 | 0 | 125 075 | | | | | | |
| 99 | 0 | 87 644 | 0 | 97 595 | 0 | 100 437 | | | | |
| 100 | 0 | 57 187 | 0 | 69 010 | 0 | 76 846 | 0 | 79 084 | | |
| 101 | 0 | 42 724 | 0 | 44 022 | 0 | 53 123 | 0 | 59 155 | 0 | 60 877 |
| 102 | 3 566 | 27 269 | 0 | 32 036 | 0 | 33 009 | 0 | 39 833 | 0 | 44 356 |
| 103 | 1 986 | 19 173 | 2 044 | 19 829 | 0 | 23 295 | 0 | 24 003 | 0 | 28 966 |
| 104 | 904 | 10 748 | 1 079 | 13 449 | 1 110 | 13 909 | 0 | 16 341 | 0 | 16 837 |
| 105 | 417 | 5 961 | 463 | 7 226 | 552 | 9 042 | 569 | 9 351 | 0 | 10 986 |

表 5 – 12（e） 未来各年全国城镇企业养老保险"老人"分年龄、分性别存活人口结构数 单位：人

| 年龄（岁） | 2044 年 | | 2045 年 | | 2046 年 | | 2047 年 | |
|---|---|---|---|---|---|---|---|---|
| | 男 | 女 | 男 | 女 | 男 | 女 | 男 | 女 |
| 102 | 0 | 45 648 | | | | | | |
| 103 | 0 | 32 254 | 0 | 33 194 | | | | |
| 104 | 0 | 20 318 | 0 | 22 625 | 0 | 23 284 | | |
| 105 | 0 | 11 320 | 0 | 13 660 | 0 | 15 211 | 0 | 15 654 |

（2）未来各年全国城镇企业养老保险存活"老人"总人口数。

依据表 5 – 12 和表 4 – 1，我们将各年各年龄段"老人"加总，得到未来各年全国城镇企业养老保险存活"老人"总人口数（见表 5 – 13）。

表 5 – 13 未来各年全国城镇企业养老保险存活"老人"总人口数 单位：人

| 年份（岁） | 人数 | 年份 | 人数 | 年份 | 人数 |
|---|---|---|---|---|---|
| 2025 | 9 472 029 | 2033 | 1 948 283 | 2041 | 311 324 |
| 2026 | 8 097 520 | 2034 | 1 505 466 | 2042 | 228 335 |
| 2027 | 6 850 206 | 2035 | 1 255 498 | 2043 | 162 022 |
| 2028 | 5 731 353 | 2036 | 1 034 543 | 2044 | 109 539 |
| 2029 | 4 739 862 | 2037 | 841 714 | 2045 | 69 478 |
| 2030 | 3 872 368 | 2038 | 675 199 | 2046 | 38 494 |
| 2031 | 3 123 400 | 2039 | 532 209 | 2047 | 15 654 |
| 2032 | 2 483 353 | 2040 | 411 827 | | |

（3）未来各年全国城镇企业养老保险"老人"养老金总额。

在表 5 – 13 和表 4 – 18 的基础上，依据式（5 – 19）（见下），计算得到未来各年全国城镇企业养老保险"老人"的养老金总额（见表 5 – 14）。

$$未来各年全国城镇企业养老保险"老人"养老金总额 = 该年"老人"人数 \times 该年人均年养老金 \qquad (5 – 19)$$

表 5-14 未来各年全国城镇企业养老保险"老人"养老金总额 单位: 亿元

| 年份 | 各年养老金总额 | 年份 | 各年养老金总额 | 年份 | 各年养老金总额 |
|------|----------------|------|----------------|------|----------------|
| 2025 | 4 484 | 2033 | 1 429 | 2041 | 315 |
| 2026 | 4 064 | 2034 | 1 159 | 2042 | 238 |
| 2027 | 3 644 | 2035 | 1 015 | 2043 | 174 |
| 2028 | 3 232 | 2036 | 870 | 2044 | 121 |
| 2029 | 2 833 | 2037 | 736 | 2045 | 79 |
| 2030 | 2 453 | 2038 | 614 | 2046 | 45 |
| 2031 | 2 078 | 2039 | 503 | 2047 | 19 |
| 2032 | 1 735 | 2040 | 405 | | |

（4）"老人"未来退休金现值。

依据表 5-14，在利率 4% 的假设下，利用式（5-20）得到"老人"未来退休金现值。

$$2024 年底"老人"未来退休金现值 = \sum_{n=2024}^{2064} 第 n 年"老人"退休金总额 \times 1.04^{-(n-2024)}$$
$$= 30\ 836.74\ 亿元 \qquad (5-20)$$

（5）2024 年"老人"的未来各年养老金权益中应由个人账户承担的部分现值。

由于"老人"的法定退休年龄为男 60 岁，女 55 岁，其平均退休年龄为 57.5 岁，又由于"老人"的参加工作的年龄较早，设定为 20 岁，机关事业单位养老保险目标替代率为 60%，故其统筹账户应承担的养老金替代率平均为 37.5%，而剩余的 22.5% 替代率本应由个人账户承担，但由于"老人"没有个人账户，所以这部分资金由财政托底，这部分资金相当于整个养老金权益的 22.5/60，即 37.5%，结合前面计算得到的 $PVFB_{2024}$，得到：

"老人"的未来各年养老金权益中应由个人账户承担的部分现值

= "老人"全部未来养老金现值 $\times 37.5\%$

= 11 563.78 亿元

2. "中人"未来养老金权益

（1）参加养老保险的不同年龄的"中人"在未来各年龄段存活人口数。

根据前面对死亡率的假设，把表 5-11 的数据作为基数，根据式（5-8），在对死亡率已有假设下，并运用 EXCEL 计算，得到未来各年全国城镇企业养老保险"中人"分年龄、分性别存活人口结构数（见表 5-15）。

表 5-15 (a)　未来各年全国城镇企业养老保险"中人"分年龄、分性别存活人口结构数

单位：人

| 年龄（岁） | 2024 年 | | 2025 年 | | 2026 年 | | 2027 年 | | 2028 年 | | 2029 年 | |
| --- | --- | --- | --- | --- | --- | --- | --- | --- | --- | --- | --- | --- |
| | 男 | 女 | 男 | 女 | 男 | 女 | 男 | 女 | 男 | 女 | 男 | 女 |
| 47 | 4 483 241 | 4 230 522 | | | | | | | | | | |
| 48 | 4 903 518 | 4 760 412 | 4 468 836 | 4 224 633 | | | | | | | | |
| 49 | 4 978 694 | 4 810 457 | 4 886 169 | 4 753 095 | 4 453 026 | 4 218 140 | | | | | | |
| 50 | 5 560 235 | 5 348 717 | 4 959 357 | 4 802 318 | 4 867 191 | 4 745 053 | 4 435 730 | 4 211 003 | | | | |
| 51 | 5 777 897 | 5 619 302 | 5 536 610 | 5 338 774 | 4 938 284 | 4 793 390 | 4 846 511 | 4 736 232 | 4 416 883 | 4 203 175 | | |
| 52 | 5 894 515 | 5 762 777 | 5 751 128 | 5 607 855 | 5 510 958 | 5 327 899 | 4 915 405 | 4 783 626 | 4 824 057 | 4 726 584 | 4 396 419 | 4 194 613 |
| 53 | 6 269 638 | 6 052 117 | 5 864 854 | 5 749 949 | 5 722 188 | 5 595 372 | 5 483 227 | 5 316 039 | 4 890 671 | 4 772 978 | 4 799 782 | 4 716 063 |
| 54 | 6 386 637 | 6 337 680 | 6 235 500 | 6 037 447 | 5 832 920 | 5 736 011 | 5 691 031 | 5 581 809 | 5 453 371 | 5 303 153 | 4 864 041 | 4 761 408 |
| 55 | 6 142 440 | 5 951 756 | 6 349 154 | 6 320 987 | 6 198 904 | 6 021 544 | 5 798 686 | 5 720 903 | 5 657 630 | 5 567 107 | 5 421 365 | 5 289 184 |
| 56 | 6 259 278 | 6 412 908 | 6 103 730 | 5 934 776 | 6 309 141 | 6 302 953 | 6 159 838 | 6 004 365 | 5 762 143 | 5 704 581 | 5 621 976 | 5 551 224 |
| 57 | 5 097 250 | 5 155 166 | 6 217 047 | 6 393 124 | 6 062 548 | 5 916 467 | 6 266 574 | 6 283 508 | 6 118 278 | 5 985 841 | 5 723 266 | 5 686 982 |
| 58 | 5 858 459 | 5 812 266 | 5 060 412 | 5 137 937 | 6 172 116 | 6 371 758 | 6 018 734 | 5 896 694 | 6 221 285 | 6 262 509 | 6 074 061 | 5 965 836 |
| 59 | 5 727 943 | 5 636 466 | 5 812 939 | 5 791 121 | 5 021 093 | 5 119 246 | 6 124 159 | 6 348 578 | 5 971 969 | 5 875 242 | 6 172 946 | 6 239 726 |
| 60 | 5 510 426 | 5 551 857 | 5 679 811 | 5 613 977 | 5 764 093 | 5 768 014 | 4 978 901 | 5 098 820 | 6 072 697 | 6 323 247 | 5 921 786 | 5 851 800 |
| 61 | 6 303 362 | 6 422 139 | 5 459 945 | 5 527 351 | 5 627 778 | 5 589 196 | 5 711 288 | 5 742 554 | 4 933 289 | 5 076 314 | 6 017 065 | 6 295 336 |
| 62 | 4 708 930 | 4 814 798 | 6 239 919 | 6 390 523 | 5 404 991 | 5 500 140 | 5 571 135 | 5 561 681 | 5 653 804 | 5 714 284 | 4 883 635 | 5 051 323 |
| 63 | 2 467 660 | 2 589 824 | 4 656 524 | 4 788 177 | 6 170 475 | 6 355 190 | 5 344 839 | 5 469 730 | 5 509 134 | 5 530 930 | 5 590 883 | 5 682 690 |

续表

| 年龄（岁） | 2024 年 男 | 2024 年 女 | 2025 年 男 | 2025 年 女 | 2026 年 男 | 2026 年 女 | 2027 年 男 | 2027 年 女 | 2028 年 男 | 2028 年 女 | 2029 年 男 | 2029 年 女 |
|---|---|---|---|---|---|---|---|---|---|---|---|---|
| 64 | 2 945 451 | 3 138 775 | 2 437 160 | 2 573 653 | 4 598 970 | 4 758 280 | 6 094 208 | 6 315 508 | 5 278 776 | 5 435 577 | 5 441 041 | 5 496 395 |
| 65 | 2 817 627 | 2 820 670 | 2 904 889 | 3 116 559 | 2 403 598 | 2 555 437 | 4 535 637 | 4 724 601 | 6 010 284 | 6 270 807 | 5 206 082 | 5 397 104 |
| 66 | 3 622 742 | 3 702 309 | 2 774 295 | 2 797 978 | 2 860 215 | 3 091 486 | 2 366 633 | 2 534 878 | 4 465 884 | 4 686 591 | 5 917 852 | 6 220 358 |
| 67 | 4 127 049 | 4 059 744 | 3 560 387 | 3 668 377 | 2 726 544 | 2 772 334 | 2 810 985 | 3 063 153 | 2 325 898 | 2 511 646 | 4 389 017 | 4 643 638 |
| 68 | 3 668 573 | 3 799 532 | 4 047 380 | 4 017 279 | 3 491 658 | 3 630 006 | 2 673 910 | 2 743 336 | 2 756 722 | 3 031 112 | 2 280 999 | 2 485 374 |
| 69 | 3 687 156 | 3 973 054 | 3 588 998 | 3 754 109 | 3 959 589 | 3 969 253 | 3 415 920 | 3 586 609 | 2 615 911 | 2 710 539 | 2 696 926 | 2 994 875 |
| 70 | 3 728 775 | 3 963 132 | 3 597 149 | 3 918 726 | 3 501 387 | 3 702 775 | 3 862 931 | 3 914 977 | 3 332 534 | 3 537 566 | 2 552 054 | 2 673 475 |
| 71 | 3 252 659 | 3 522 167 | 3 626 252 | 3 901 137 | 3 498 245 | 3 857 426 | 3 405 116 | 3 644 852 | 3 756 720 | 3 853 735 | 3 240 906 | 3 482 228 |
| 72 | 3 229 171 | 3 495 195 | 3 151 940 | 3 459 166 | 3 513 965 | 3 831 357 | 3 389 922 | 3 788 428 | 3 299 677 | 3 579 657 | 3 640 393 | 3 784 803 |
| 73 | 2 659 880 | 3 050 193 | 3 116 693 | 3 423 781 | 3 042 152 | 3 388 488 | 3 391 567 | 3 753 075 | 3 271 844 | 3 711 023 | 3 184 743 | 3 506 517 |
| 74 | 2 546 604 | 2 796 812 | 2 555 865 | 2 979 114 | 2 994 814 | 3 343 997 | 2 923 189 | 3 309 526 | 3 258 940 | 3 665 617 | 3 143 899 | 3 624 545 |
| 75 | 2 340 330 | 2 573 908 | 2 435 073 | 2 722 618 | 2 443 929 | 2 900 084 | 2 863 653 | 3 255 287 | 2 795 165 | 3 221 731 | 3 116 211 | 3 568 375 |
| 76 | 1 998 952 | 2 221 189 | 2 225 839 | 2 496 338 | 2 315 947 | 2 640 567 | 2 324 369 | 2 812 685 | 2 723 561 | 2 716 589 | 2 658 422 | 3 124 638 |
| 77 | 1 824 254 | 2 045 197 | 1 889 997 | 2 145 302 | 2 104 517 | 2 411 051 | 2 189 714 | 2 550 352 | 2 197 677 | 2 451 773 | 2 575 110 | 3 049 318 |
| 78 | 1 613 159 | 1 919 414 | 1 713 730 | 1 966 144 | 1 775 490 | 2 062 380 | 1 977 013 | 2 317 856 | 2 057 048 | 2 216 687 | 2 064 529 | 2 611 585 |
| 79 | 1 381 998 | 1 662 716 | 1 504 751 | 1 835 635 | 1 598 564 | 1 880 326 | 1 656 173 | 1 972 361 | 1 844 154 | 1 972 361 | 1 918 810 | 2 344 758 |
| 80 | 1 257 235 | 1 474 539 | 1 279 177 | 1 580 902 | 1 392 798 | 1 745 313 | 1 479 631 | 1 787 804 | 1 532 954 | 1 875 311 | 1 706 949 | 2 107 615 |
| 81 | 1 086 385 | 1 329 380 | 1 153 865 | 1 392 872 | 1 174 003 | 1 493 344 | 1 278 282 | 1 648 649 | 1 357 975 | 1 688 787 | 1 406 915 | 1 771 447 |

续表

单位：人

| 年龄（岁） | 2024 年 男 | 2024 年 女 | 2025 年 男 | 2025 年 女 | 2026 年 男 | 2026 年 女 | 2027 年 男 | 2027 年 女 | 2028 年 男 | 2028 年 女 | 2029 年 男 | 2029 年 女 |
|---|---|---|---|---|---|---|---|---|---|---|---|---|
| 82 | 954 459.6 | 0 | 987 850 | 1 246 621 | 1 049 210 | 1 306 160 | 1 067 521 | 1 400 377 | 1 162 342 | 1 546 014 | 1 234 807 | 1 583 653 |
| 83 | 923 254.7 | 0 | 859 140 | 0 | 889 195 | 1 159 507 | 944 427 | 1 214 885 | 960 910 | 1 302 519 | 1 046 261 | 1 437 978 |
| 84 | 815 418.7 | 0 | 821 924 | 0 | 764 846 | 0 | 791 603 | 1 068 694 | 840 772 | 1 119 736 | 855 446 | 1 200 506 |
| 85 | 619 507.9 | 0 | 717 252 | 0 | 722 974 | 0 | 672 767 | 0 | 696 303 | 975 065 | 739 554 | 1 021 634 |
| 86 | 581 862.4 | 0 | 537 846 | 0 | 622 706 | 0 | 627 674 | 0 | 584 085 | 0 | 604 519 | 879 748 |
| 87 |  |  | 498 013 | 0 | 460 340 | 0 | 532 971 | 0 | 537 223 | 0 | 499 916 | 0 |
| 88 |  |  | 0 | 0 | 419 659 | 0 | 387 913 | 0 | 449 117 | 0 | 452 699 | 0 |
| 89 |  |  | 0 | 0 | 0 | 0 | 347 642 | 0 | 321 343 | 0 | 372 044 | 0 |
| 90 |  |  | 0 | 0 | 0 | 0 | 0 | 0 | 282 617 | 0 | 261 237 | 0 |
| 91 |  |  | 0 | 0 | 0 | 0 | 0 | 0 | 0 | 0 | 225 029 | 0 |

表 5-15 （b）　未来各年全国城镇企业养老保险"中人"分年龄、分性别存活人口结构数

单位：人

| 年龄（岁） | 2030 年 男 | 2030 年 女 | 2031 年 男 | 2031 年 女 | 2032 年 男 | 2032 年 女 | 2033 年 男 | 2033 年 女 | 2034 年 男 | 2034 年 女 | 2035 年 男 | 2035 年 女 |
|---|---|---|---|---|---|---|---|---|---|---|---|---|
| 53 | 4 374 296 | 4 185 275 | 4 350 478 | 4 175 130 | 4 324 945 | 4 164 133 |  |  |  |  |  |  |
| 54 | 4 773 647 | 4 704 631 | 4 745 631 | 4 692 239 |  |  |  |  |  |  |  |  |
| 55 | 4 835 494 | 4 748 866 | 4 745 631 | 4 692 239 |  |  |  |  |  |  |  |  |

续表

| 年龄（岁） | 2030 年 | | 2031 年 | | 2032 年 | | 2033 年 | | 2034 年 | | 2035 年 | |
|---|---|---|---|---|---|---|---|---|---|---|---|---|
| | 男 | 女 | 男 | 女 | 男 | 女 | 男 | 女 | 男 | 女 | 男 | 女 |
| 56 | 5 387 200 | 5 274 094 | 4 805 021 | 4 735 318 | 4 715 724 | 4 678 852 | 4 297 690 | 4 152 253 | | | | |
| 57 | 5 584 044 | 5 534 098 | 5 350 852 | 5 257 824 | 4 772 602 | 4 720 709 | 4 683 907 | 4 664 418 | 4 268 693 | 4 139 443 | | |
| 58 | 5 681 904 | 5 667 976 | 5 543 689 | 5 515 603 | 5 312 182 | 5 240 252 | 4 738 110 | 4 704 933 | 4 650 056 | 4 648 829 | 4 247 354 | 4 129 496 |
| 59 | 6 026 866 | 5 944 133 | 5 637 755 | 5 647 356 | 5 500 614 | 5 495 538 | 5 270 906 | 5 221 188 | 4 701 295 | 4 687 816 | 4 624 997 | 4 636 682 |
| 60 | 6 121 075 | 6 214 829 | 5 976 222 | 5 920 416 | 5 590 381 | 5 624 823 | 5 454 392 | 5 473 610 | 5 226 615 | 5 200 355 | 4 673 994 | 4 674 503 |
| 61 | 5 867 537 | 5 825 970 | 6 064 999 | 6 187 397 | 5 921 474 | 5 894 283 | 5 539 168 | 5 599 995 | 5 404 425 | 5 449 450 | 5 193 907 | 5 184 297 |
| 62 | 5 956 504 | 6 264 344 | 5 808 480 | 5 797 289 | 6 003 955 | 6 156 936 | 5 861 874 | 5 865 265 | 5 483 416 | 5 572 426 | 5 367 988 | 5 431 107 |
| 63 | 4 829 285 | 5 023 394 | 5 890 214 | 6 229 709 | 5 743 838 | 5 765 235 | 5 937 137 | 6 122 895 | 5 796 637 | 5 832 836 | 5 443 601 | 5 551 898 |
| 64 | 5 521 779 | 5 647 207 | 4 769 595 | 4 992 028 | 5 817 411 | 6 190 810 | 5 672 844 | 5 729 237 | 5 863 754 | 6 084 663 | 5 751 336 | 5 809 184 |
| 65 | 5 366 112 | 5 457 492 | 5 445 739 | 5 607 236 | 4 703 913 | 4 956 695 | 5 737 299 | 6 146 992 | 5 594 723 | 5 688 686 | 5 814 469 | 6 057 313 |
| 66 | 5 126 018 | 5 353 684 | 5 283 587 | 5 413 586 | 5 361 989 | 5 562 126 | 4 631 572 | 4 916 818 | 5 649 065 | 6 097 539 | 5 544 152 | 5 660 151 |
| 67 | 5 815 994 | 6 163 348 | 5 037 789 | 5 304 617 | 5 192 646 | 5 363 971 | 5 269 698 | 5 511 149 | 4 551 853 | 4 871 755 | 5 594 055 | 6 063 235 |
| 68 | 4 304 291 | 4 595 066 | 5 703 722 | 6 098 880 | 4 940 539 | 5 249 131 | 5 092 407 | 5 307 863 | 5 167 972 | 5 453 502 | 4 503 886 | 4 840 937 |
| 69 | 2 231 522 | 2 455 662 | 4 210 927 | 4 540 132 | 5 580 003 | 6 025 968 | 4 833 374 | 5 186 378 | 4 981 947 | 5 244 408 | 5 108 561 | 5 414 700 |
| 70 | 2 631 091 | 2 953 923 | 2 177 048 | 2 422 083 | 4 108 134 | 4 478 050 | 5 443 789 | 5 943 569 | 4 715 387 | 5 115 459 | 4 918 746 | 5 202 453 |
| 71 | 2 481 885 | 2 631 654 | 2 558 749 | 2 907 715 | 2 117 190 | 2 384 194 | 3 995 181 | 4 408 000 | 5 294 112 | 5 850 593 | 4 648 466 | 5 069 384 |
| 72 | 3 140 551 | 3 419 941 | 2 405 033 | 2 584 582 | 2 479 517 | 2 855 705 | 2 051 631 | 2 341 548 | 3 871 470 | 4 329 154 | 5 208 845 | 5 791 005 |
| 73 | 3 513 591 | 3 707 472 | 3 031 160 | 3 350 065 | 2 321 261 | 2 531 773 | 2 393 151 | 2 797 357 | 1 980 169 | 2 293 706 | 3 799 782 | 4 278 910 |

续表

| 年龄（岁） | 2030 年 男 | 2030 年 女 | 2031 年 男 | 2031 年 女 | 2032 年 男 | 2032 年 女 | 2033 年 男 | 2033 年 女 | 2034 年 男 | 2034 年 女 | 2035 年 男 | 2035 年 女 |
|---|---|---|---|---|---|---|---|---|---|---|---|---|
| 74 | 3 060 203 | 3 424 805 | 3 376 192 | 3 621 077 | 2 912 626 | 3 271 999 | 2 230 488 | 2 472 775 | 2 299 567 | 2 732 170 | 1 937 576 | 2 263 078 |
| 75 | 3 006 209 | 3 528 393 | 2 926 179 | 3 333 952 | 3 228 328 | 3 525 017 | 2 785 065 | 3 185 199 | 2 132 802 | 2 407 178 | 2 241 730 | 2 689 800 |
| 76 | 2 963 763 | 3 460 835 | 2 859 142 | 3 422 058 | 2 783 027 | 3 233 476 | 3 070 395 | 3 418 784 | 2 648 817 | 3 089 207 | 2 069 905 | 2 363 526 |
| 77 | 2 513 522 | 3 017 885 | 2 802 220 | 3 342 596 | 2 703 302 | 3 305 143 | 2 631 335 | 3 123 005 | 2 903 040 | 3 301 981 | 2 557 313 | 3 023 505 |
| 78 | 2 419 095 | 2 931 452 | 2 361 238 | 2 901 234 | 2 632 445 | 3 213 394 | 2 539 519 | 3 177 390 | 2 471 913 | 3 002 291 | 2 786 019 | 3 219 709 |
| 79 | 1 925 788 | 2 497 594 | 2 256 527 | 2 803 500 | 2 202 558 | 2 774 601 | 2 455 539 | 3 073 136 | 2 368 859 | 3 038 703 | 2 356 359 | 2 915 039 |
| 80 | 1 776 051 | 2 229 384 | 1 782 510 | 2 374 700 | 2 088 641 | 2 665 554 | 2 038 688 | 2 638 077 | 2 272 847 | 2 921 923 | 2 241 412 | 2 936 378 |
| 81 | 1 566 603 | 1 990 884 | 1 630 024 | 2 105 910 | 1 635 952 | 2 243 178 | 1 916 913 | 2 517 922 | 1 871 067 | 2 491 967 | 2 133 288 | 2 808 792 |
| 82 | 1 279 307 | 1 661 167 | 1 424 512 | 1 866 944 | 1 482 181 | 1 974 808 | 1 487 571 | 2 103 531 | 1 743 049 | 2 361 172 | 1 741 056 | 2 381 922 |
| 83 | 1 111 489 | 1 472 987 | 1 151 546 | 1 545 085 | 1 282 249 | 1 736 482 | 1 334 158 | 1 836 809 | 1 339 010 | 1 956 536 | 1 607 114 | 2 243 167 |
| 84 | 931 430 | 1 325 356 | 989 499 | 1 357 623 | 1 025 159 | 1 424 074 | 1 141 517 | 1 600 481 | 1 187 729 | 1 692 950 | 1 222 688 | 1 846 663 |
| 85 | 752 461 | 1 095 328 | 819 297 | 1 209 240 | 870 375 | 1 238 680 | 901 742 | 1 299 309 | 1 004 092 | 1 460 261 | 1 073 553 | 1 586 810 |
| 86 | 642 068 | 921 766 | 653 274 | 988 255 | 711 300 | 1 091 032 | 755 645 | 1 117 594 | 782 877 | 1 172 297 | 897 873 | 1 358 633 |
| 87 | 517 404 | 784 116 | 549 543 | 821 566 | 559 134 | 880 828 | 608 798 | 972 433 | 646 753 | 996 107 | 692 142 | 1 082 190 |
| 88 | 421 262 | 0 | 435 999 | 689 731 | 463 081 | 722 673 | 471 163 | 774 802 | 513 013 | 855 380 | 564 894 | 911 935 |
| 89 | 375 012 | 0 | 348 970 | 0 | 361 178 | 598 247 | 383 612 | 626 819 | 390 307 | 672 034 | 442 260 | 776 254 |
| 90 | 302 455 | 0 | 304 868 | 0 | 283 696 | 0 | 293 621 | 511 265 | 311 859 | 535 683 | 331 726 | 604 250 |
| 91 | 208 006 | 0 | 240 825 | 0 | 242 746 | 0 | 225 889 | 0 | 233 791 | 430 192 | 260 951 | 476 990 |

续表

| 年龄(岁) | 2030年 | | 2031年 | | 2032年 | | 2033年 | | 2034年 | | 2035年 | |
|---|---|---|---|---|---|---|---|---|---|---|---|---|
| | 男 | 女 | 男 | 女 | 男 | 女 | 男 | 女 | 男 | 女 | 男 | 女 |
| 92 | 175 101 | 0 | 161 855 | 0 | 187 392 | 0 | 188 887 | 0 | 175 770 | 0 | 192 289 | 379 169 |
| 93 | 0 | 0 | 132 823 | 0 | 122 775 | 0 | 142 146 | 0 | 143 280 | 0 | 141 835 | 0 |
| 94 | 0 | 0 | 0 | 0 | 97 952 | 0 | 90 542 | 0 | 104 827 | 0 | 113 192 | 0 |
| 95 | 0 | 0 | 0 | 0 | 0 | 0 | 70 023 | 0 | 64 726 | 0 | 80 885 | 0 |
| 96 | 0 | 0 | 0 | 0 | 0 | 0 | 0 | 0 | 48 375 | 0 | 48 654 | 0 |
| 97 | 0 | 0 | 0 | 0 | 0 | 0 | 0 | 0 | 0 | 0 | 35 327 | 0 |

表 5 - 15 (c)　　未来各年全国城镇企业养老保险"中人"分年龄、分性别存活人口结构数

单位：人

| 年龄(岁) | 2036年 | | 2037年 | | 2038年 | | 2039年 | | 2040年 | | 2041年 | |
|---|---|---|---|---|---|---|---|---|---|---|---|---|
| | 男 | 女 | 男 | 女 | 男 | 女 | 男 | 女 | 男 | 女 | 男 | 女 |
| 59 | 4 224 465 | 4 118 706 | | | | | | | | | | |
| 60 | 4 598 140 | 4 623 514 | 4 199 933 | 4 107 008 | | | | | | | | |
| 61 | 4 644 745 | 4 660 068 | 4 569 365 | 4 609 236 | 4 173 650 | 4 094 326 | | | | | | |
| 62 | 5 158 889 | 5 166 846 | 4 613 430 | 4 644 382 | 4 538 558 | 4 593 722 | 4 145 512 | 4 080 545 | | | | |
| 63 | 5 329 011 | 5 411 099 | 5 121 431 | 5 147 812 | 4 579 932 | 4 627 272 | 4 505 604 | 4 576 798 | 4 115 411 | 4 065 512 | | |
| 64 | 5 401 059 | 5 529 385 | 5 287 365 | 5 389 157 | 5 081 407 | 5 126 937 | 4 544 139 | 4 608 509 | 4 470 392 | 4 558 240 | 4 083 249 | 4 049 026 |
| 65 | 5 702 996 | 5 783 072 | 5 355 663 | 5 504 530 | 5 242 925 | 5 364 933 | 5 038 697 | 5 103 892 | 4 505 946 | 4 587 794 | 4 432 819 | 4 537 750 |
| 66 | 5 761 912 | 6 026 929 | 5 651 447 | 5 754 064 | 5 307 253 | 5 476 919 | 5 195 534 | 5 338 022 | 4 993 153 | 5 078 291 | 4 465 217 | 4 564 781 |

续表

| 年龄（岁） | 2036 年 | | 2037 年 | | 2038 年 | | 2039 年 | | 2040 年 | | 2041 年 | |
| --- | --- | --- | --- | --- | --- | --- | --- | --- | --- | --- | --- | --- |
| | 男 | 女 | 男 | 女 | 男 | 女 | 男 | 女 | 男 | 女 | 男 | 女 |
| 67 | 5 490 163 | 5 628 307 | 5 705 803 | 5 993 022 | 5 596 413 | 5 721 692 | 5 255 571 | 5 446 106 | 5 144 940 | 5 307 990 | 4 944 529 | 5 049 720 |
| 68 | 5 535 104 | 6 024 879 | 5 432 308 | 5 592 703 | 5 645 675 | 5 955 496 | 5 537 438 | 5 685 496 | 5 200 188 | 5 411 654 | 5 090 722 | 5 274 412 |
| 69 | 4 452 109 | 4 806 493 | 5 471 473 | 5 982 012 | 5 369 858 | 5 552 910 | 5 580 772 | 5 912 739 | 5 473 780 | 5 645 044 | 5 140 407 | 5 373 150 |
| 70 | 5 043 754 | 5 371 383 | 4 395 630 | 4 768 041 | 5 402 062 | 5 934 155 | 5 301 736 | 5 508 487 | 5 509 975 | 5 865 437 | 5 404 340 | 5 599 884 |
| 71 | 4 848 940 | 5 155 594 | 4 972 173 | 5 323 003 | 4 333 247 | 4 725 096 | 5 325 396 | 5 880 707 | 5 226 494 | 5 458 872 | 5 431 777 | 5 812 607 |
| 72 | 4 573 598 | 5 017 753 | 4 770 843 | 5 103 084 | 4 892 091 | 5 268 788 | 4 263 456 | 4 676 971 | 5 239 625 | 5 820 812 | 5 142 316 | 5 403 274 |
| 73 | 5 112 393 | 5 723 795 | 4 488 908 | 4 959 517 | 4 682 501 | 5 043 858 | 4 801 504 | 5 207 639 | 4 184 509 | 4 622 690 | 5 142 603 | 5 753 255 |
| 74 | 3 718 049 | 4 221 774 | 5 002 425 | 5 647 365 | 4 392 352 | 4 893 292 | 4 581 780 | 4 976 507 | 4 698 224 | 5 138 101 | 4 094 500 | 4 560 963 |
| 75 | 1 888 844 | 2 227 982 | 3 624 536 | 4 156 302 | 4 876 609 | 5 559 785 | 4 281 880 | 4 817 407 | 4 466 544 | 4 899 332 | 4 580 059 | 5 058 419 |
| 76 | 2 175 622 | 2 641 023 | 1 833 142 | 2 187 580 | 3 517 649 | 4 080 932 | 4 732 798 | 4 730 048 | 4 155 607 | 4 730 048 | 4 334 826 | 4 810 487 |
| 77 | 1 998 401 | 2 313 258 | 2 100 465 | 2 584 853 | 1 769 816 | 2 141 054 | 3 396 131 | 3 994 139 | 4 569 304 | 5 342 863 | 4 012 052 | 4 629 449 |
| 78 | 2 454 228 | 2 948 172 | 1 917 845 | 2 255 621 | 2 015 795 | 2 520 449 | 1 698 474 | 2 087 708 | 3 259 233 | 3 894 621 | 4 385 115 | 5 209 740 |
| 79 | 2 655 781 | 3 126 137 | 2 339 500 | 2 862 492 | 1 828 192 | 2 190 068 | 1 921 563 | 2 447 200 | 1 619 076 | 2 027 035 | 3 106 874 | 3 781 435 |
| 80 | 2 229 584 | 2 816 878 | 2 512 897 | 3 020 868 | 2 213 633 | 2 766 100 | 1 729 833 | 2 116 320 | 1 818 181 | 2 364 793 | 1 531 968 | 1 958 777 |
| 81 | 2 103 782 | 2 822 687 | 2 092 681 | 2 707 814 | 2 358 598 | 2 903 906 | 2 077 709 | 2 659 003 | 1 623 616 | 2 034 380 | 1 706 539 | 2 273 233 |
| 82 | 1 985 056 | 2 684 755 | 1 957 601 | 2 698 037 | 1 947 271 | 2 588 237 | 2 194 710 | 2 775 669 | 1 933 339 | 2 541 581 | 1 510 799 | 1 944 542 |
| 83 | 1 605 276 | 2 262 881 | 1 830 248 | 2 550 579 | 1 804 933 | 2 563 197 | 1 795 409 | 2 458 884 | 2 023 552 | 2 636 950 | 1 782 564 | 2 414 560 |
| 84 | 1 467 501 | 2 117 198 | 1 465 823 | 2 135 804 | 1 671 250 | 2 407 346 | 1 648 135 | 2 419 256 | 1 639 438 | 2 320 801 | 1 847 762 | 2 488 867 |

续表

| 年齡（岁） | 2036 年 | | 2037 年 | | 2038 年 | | 2039 年 | | 2040 年 | | 2041 年 | |
|---|---|---|---|---|---|---|---|---|---|---|---|---|
| | 男 | 女 | 男 | 女 | 男 | 女 | 男 | 女 | 男 | 女 | 男 | 女 |
| 85 | 1 105 151 | 1 730 886 | 1 326 430 | 1 984 460 | 1 324 913 | 2 001 900 | 1 510 593 | 2 256 418 | 1 489 700 | 2 267 581 | 1 481 839 | 2 175 298 |
| 86 | 959 986 | 1 476 375 | 988 241 | 1 610 424 | 1 186 112 | 1 846 350 | 1 184 756 | 1 862 576 | 1 350 793 | 2 099 380 | 1 332 111 | 2 109 766 |
| 87 | 793 810 | 1 254 204 | 848 723 | 1 362 896 | 873 704 | 1 486 642 | 1 048 642 | 1 704 434 | 1 047 443 | 1 719 412 | 1 194 236 | 1 938 016 |
| 88 | 604 538 | 990 744 | 693 338 | 1 148 222 | 741 301 | 1 247 730 | 763 120 | 1 361 019 | 915 916 | 1 560 407 | 914 869 | 1 574 120 |
| 89 | 486 985 | 827 578 | 521 162 | 899 096 | 597 715 | 1 042 007 | 639 063 | 1 132 310 | 657 873 | 1 235 119 | 789 596 | 1 416 063 |
| 90 | 375 882 | 697 958 | 413 894 | 744 105 | 442 941 | 808 410 | 508 005 | 936 906 | 543 147 | 1 018 101 | 559 133 | 1 110 540 |
| 91 | 277 576 | 538 044 | 314 523 | 621 485 | 346 331 | 662 576 | 370 636 | 719 835 | 425 078 | 834 252 | 454 484 | 906 550 |
| 92 | 214 628 | 420 416 | 228 301 | 474 229 | 258 689 | 547 773 | 284 850 | 583 991 | 304 841 | 634 459 | 349 619 | 735 306 |
| 93 | 155 164 | 330 641 | 173 190 | 366 609 | 184 223 | 413 535 | 208 745 | 477 667 | 229 855 | 509 249 | 245 986 | 553 258 |
| 94 | 112 050 | 0 | 122 580 | 285 098 | 136 820 | 316 112 | 145 537 | 356 573 | 164 909 | 411 871 | 181 586 | 439 103 |
| 95 | 87 339 | 0 | 86 458 | 0 | 94 583 | 242 914 | 105 571 | 269 339 | 112 297 | 303 814 | 127 245 | 350 930 |
| 96 | 60 802 | 0 | 65 653 | 0 | 64 991 | 0 | 71 098 | 204 345 | 79 358 | 226 574 | 84 414 | 255 575 |
| 97 | 35 531 | 0 | 44 402 | 0 | 47 945 | 0 | 47 462 | 0 | 51 922 | 169 529 | 57 954 | 187 970 |
| 98 | 24 990 | 0 | 25 134 | 0 | 31 409 | 0 | 33 915 | 0 | 33 573 | 0 | 36 728 | 138 502 |
| 99 | 0 | 0 | 17 069 | 0 | 17 168 | 0 | 21 454 | 0 | 23 166 | 0 | 22 932 | 0 |
| 100 | 0 | 0 | 0 | 0 | 11 221 | 0 | 11 286 | 0 | 14 103 | 0 | 15 229 | 0 |
| 101 | 0 | 0 | 0 | 0 | 0 | 0 | 7 074 | 0 | 7 115 | 0 | 8 891 | 0 |
| 102 | 0 | 0 | 0 | 0 | 0 | 0 | 0 | 0 | 4 261 | 0 | 4 286 | 0 |
| 103 | 0 | 0 | 0 | 0 | 0 | 0 | 0 | 0 | 0 | 0 | 2 442 | 0 |

表 5－15（d）　未来各年全国城镇企业养老保险"中人"分年龄、分性别存活人口结构数

单位：人

| 年龄（岁） | 2042 年 男 | 2042 年 女 | 2043 年 男 | 2043 年 女 | 2044 年 男 | 2044 年 女 | 2045 年 男 | 2045 年 女 | 2046 年 男 | 2046 年 女 | 2047 年 男 | 2047 年 女 |
|---|---|---|---|---|---|---|---|---|---|---|---|---|
| 65 | 4 048 929 | 4 030 826 | | | | | | | | | | |
| 66 | 4 392 750 | 4 514 989 | 4 012 331 | 4 010 607 | | | | | | | | |
| 67 | 4 421 734 | 4 539 100 | 4 349 974 | 4 489 588 | 3 973 259 | 3 988 043 | | | | | | |
| 68 | 4 892 424 | 5 017 776 | 4 375 138 | 4 510 385 | 4 304 134 | 4 461 186 | 3 931 389 | 3 962 815 | | | | |
| 69 | 5 032 199 | 5 236 885 | 4 836 181 | 4 982 074 | 4 324 842 | 4 478 294 | 4 254 653 | 4 429 445 | 3 886 194 | 3 934 620 | | |
| 70 | 5 075 196 | 5 330 165 | 4 968 361 | 5 194 989 | 4 774 829 | 4 942 217 | 4 269 977 | 4 442 468 | 4 200 679 | 4 394 010 | 3 836 893 | 3 903 143 |
| 71 | 5 327 641 | 5 549 445 | 5 003 169 | 5 282 156 | 4 897 850 | 5 148 198 | 4 707 064 | 4 897 703 | 4 209 377 | 4 402 454 | 4 141 063 | 4 354 433 |
| 72 | 5 344 293 | 5 753 406 | 5 241 834 | 5 492 924 | 4 922 587 | 5 228 358 | 4 818 965 | 5 095 764 | 4 631 252 | 4 847 820 | 4 141 581 | 4 357 615 |
| 73 | 5 047 096 | 5 340 563 | 5 245 333 | 5 686 632 | 5 144 771 | 5 429 173 | 4 831 436 | 5 167 677 | 4 729 732 | 5 036 622 | 4 545 495 | 4 791 556 |
| 74 | 5 031 985 | 5 676 432 | 4 938 533 | 5 269 251 | 5 132 506 | 5 610 698 | 5 034 107 | 5 356 678 | 4 727 512 | 5 098 673 | 4 627 996 | 4 969 368 |
| 75 | 3 991 520 | 4 490 231 | 4 905 426 | 5 588 402 | 4 814 324 | 5 187 535 | 5 003 418 | 5 523 688 | 4 907 494 | 5 273 606 | 4 608 610 | 5 019 603 |
| 76 | 4 444 993 | 4 966 690 | 3 873 810 | 4 408 806 | 4 760 765 | 5 487 062 | 4 672 349 | 5 093 464 | 4 855 867 | 5 423 521 | 4 762 772 | 5 177 975 |
| 77 | 4 185 079 | 4 708 178 | 4 291 441 | 4 861 058 | 3 739 989 | 4 315 039 | 4 596 304 | 5 370 363 | 4 510 943 | 4 985 137 | 4 688 121 | 5 308 174 |
| 78 | 3 850 326 | 4 514 102 | 4 016 378 | 4 590 869 | 4 118 453 | 4 739 940 | 3 589 230 | 4 207 526 | 4 411 027 | 5 236 555 | 4 329 107 | 4 860 927 |
| 79 | 4 180 124 | 5 058 335 | 3 670 335 | 4 382 913 | 3 828 625 | 4 457 449 | 3 925 927 | 4 602 188 | 3 421 444 | 4 085 246 | 4 204 825 | 5 084 370 |
| 80 | 2 939 721 | 3 654 099 | 3 955 229 | 4 888 000 | 3 472 867 | 4 235 323 | 3 622 641 | 4 307 349 | 3 714 708 | 4 447 214 | 3 237 367 | 3 947 680 |
| 81 | 1 437 901 | 1 882 937 | 2 759 213 | 3 512 620 | 3 712 366 | 4 698 747 | 3 259 623 | 4 071 340 | 3 400 200 | 4 140 577 | 3 486 614 | 4 275 027 |
| 82 | 1 587 960 | 2 172 847 | 1 337 988 | 1 799 786 | 2 567 489 | 3 357 503 | 3 454 413 | 4 491 250 | 3 033 128 | 3 891 549 | 3 163 937 | 3 957 729 |

续表

| 年龄（岁） | 2042年 男 | 2042年 女 | 2043年 男 | 2043年 女 | 2044年 男 | 2044年 女 | 2045年 男 | 2045年 女 | 2046年 男 | 2046年 女 | 2047年 男 | 2047年 女 |
|---|---|---|---|---|---|---|---|---|---|---|---|---|
| 83 | 1 392 976 | 1 847 360 | 1 464 120 | 2 064 255 | 1 233 642 | 1 709 838 | 2 367 259 | 3 189 705 | 3 185 013 | 4 266 791 | 2 796 583 | 3 697 061 |
| 84 | 1 627 709 | 2 278 966 | 1 271 966 | 1 743 618 | 1 336 929 | 1 948 332 | 1 126 473 | 1 613 819 | 2 161 610 | 3 010 580 | 2 908 325 | 4 027 181 |
| 85 | 1 670 136 | 2 332 827 | 1 471 238 | 2 136 086 | 1 149 692 | 1 634 301 | 1 208 410 | 1 826 182 | 1 018 186 | 1 512 640 | 1 953 815 | 2 821 832 |
| 86 | 1 325 081 | 2 023 906 | 1 493 459 | 2 170 472 | 1 315 601 | 1 987 423 | 1 028 070 | 1 520 561 | 1 080 577 | 1 699 087 | 910 476 | 1 407 367 |
| 87 | 1 177 719 | 1 947 603 | 1 171 504 | 1 868 343 | 1 320 367 | 2 003 643 | 1 163 123 | 1 834 664 | 908 917 | 1 403 686 | 955 338 | 1 568 490 |
| 88 | 1 043 083 | 1 774 251 | 1 028 656 | 1 783 029 | 1 023 228 | 1 710 466 | 1 153 250 | 1 834 333 | 1 015 908 | 1 679 633 | 793 876 | 1 285 073 |
| 89 | 788 693 | 1 428 508 | 899 224 | 1 610 126 | 886 787 | 1 618 091 | 882 108 | 1 552 241 | 994 197 | 1 664 650 | 875 797 | 1 524 260 |
| 90 | 671 086 | 1 273 234 | 670 319 | 1 284 423 | 764 261 | 1 447 722 | 753 690 | 1 454 884 | 749 713 | 1 395 676 | 844 979 | 1 496 747 |
| 91 | 467 861 | 988 862 | 561 539 | 1 133 729 | 560 897 | 1 143 693 | 639 503 | 1 289 100 | 630 658 | 1 295 477 | 627 331 | 1 242 756 |
| 92 | 373 805 | 799 029 | 384 807 | 871 578 | 461 855 | 999 263 | 461 327 | 1 008 045 | 525 979 | 1 136 206 | 518 705 | 1 141 827 |
| 93 | 282 119 | 641 198 | 301 635 | 696 765 | 310 513 | 760 029 | 372 686 | 871 372 | 372 260 | 879 030 | 424 430 | 990 789 |
| 94 | 194 329 | 477 050 | 222 874 | 552 877 | 238 292 | 600 791 | 245 306 | 655 340 | 294 422 | 751 347 | 294 086 | 757 950 |
| 95 | 140 113 | 374 133 | 149 946 | 406 465 | 171 971 | 471 072 | 183 868 | 511 897 | 189 279 | 558 375 | 227 178 | 640 176 |
| 96 | 95 650 | 295 210 | 105 323 | 314 729 | 112 714 | 341 928 | 129 271 | 396 277 | 138 213 | 430 619 | 142 282 | 469 718 |
| 97 | 61 646 | 212 030 | 69 851 | 244 913 | 76 915 | 261 105 | 82 313 | 283 670 | 94 404 | 328 759 | 100 935 | 357 250 |
| 98 | 40 995 | 153 568 | 43 607 | 173 225 | 49 411 | 200 089 | 54 408 | 213 318 | 58 227 | 231 753 | 66 780 | 268 590 |
| 99 | 25 087 | 111 219 | 28 002 | 123 317 | 29 786 | 139 102 | 33 750 | 160 674 | 37 164 | 171 297 | 39 772 | 186 101 |
| 100 | 15 075 | 0 | 16 492 | 87 573 | 18 408 | 97 100 | 19 580 | 109 528 | 22 187 | 126 514 | 24 430 | 134 879 |

续表

| 年龄（岁） | 2042 年 男 | 2042 年 女 | 2043 年 男 | 2043 年 女 | 2044 年 男 | 2044 年 女 | 2045 年 男 | 2045 年 女 | 2046 年 男 | 2046 年 女 | 2047 年 男 | 2047 年 女 |
|---|---|---|---|---|---|---|---|---|---|---|---|---|
| 101 | 9 601 | 0 | 9 504 | 0 | 10 397 | 67 413 | 11 605 | 74 746 | 12 344 | 84 313 | 13 987 | 97 389 |
| 102 | 5 356 | 0 | 5 783 | 0 | 5 725 | 0 | 6 263 | 50 548 | 6 990 | 56 046 | 7 435 | 63 220 |
| 103 | 2 457 | 0 | 3 070 | 0 | 3 315 | 0 | 3 281 | 0 | 3 590 | 36 757 | 4 007 | 40 755 |
| 104 | 1 326 | 0 | 1 334 | 0 | 1 667 | 0 | 1 800 | 0 | 1 782 | 0 | 1 950 | 25 783 |
| 105 | 0 | 0 | 679 | 0 | 683 | 0 | 854 | 0 | 922 | 0 | 913 | 0 |

表 5－15（e）　未来各年全国城镇企业养老保险"中人"分年龄、分性别存活人口结构数

单位：人

| 年龄（岁） | 2048 年 男 | 2048 年 女 | 2049 年 男 | 2049 年 女 | 2050 年 男 | 2050 年 女 | 2051 年 男 | 2051 年 女 | 2052 年 男 | 2052 年 女 | 2053 年 男 | 2053 年 女 |
|---|---|---|---|---|---|---|---|---|---|---|---|---|
| 71 | 3 782 440 | 3 867 987 | | | | | | | | | | |
| 72 | 4 074 367 | 4 310 083 | 3 721 520 | 3 828 592 | | | | | | | | |
| 73 | 4 064 891 | 4 307 041 | 3 998 922 | 4 260 060 | 3 652 609 | 3 784 157 | | | | | | |
| 74 | 4 447 722 | 4 727 574 | 3 977 455 | 4 249 529 | 3 912 905 | 4 203 175 | 3 574 041 | 3 733 627 | | | | |
| 75 | 4 511 597 | 4 892 303 | 4 335 857 | 4 654 259 | 3 877 418 | 4 183 627 | 3 814 492 | 4 137 993 | 3 484 150 | 3 675 726 | | |
| 76 | 4 472 702 | 4 928 577 | 4 378 550 | 4 803 586 | 4 207 993 | 4 569 859 | 3 763 073 | 4 107 761 | 3 702 002 | 4 062 954 | 3 381 403 | 3 609 070 |
| 77 | 4 598 242 | 5 067 850 | 4 318 193 | 4 823 757 | 4 227 293 | 4 701 424 | 4 062 628 | 4 472 667 | 3 633 078 | 4 020 397 | 3 574 117 | 3 976 543 |
| 78 | 4 499 143 | 5 175 915 | 4 412 887 | 4 941 579 | 4 144 126 | 4 703 568 | 4 056 891 | 4 584 283 | 3 898 863 | 4 361 226 | 3 486 629 | 3 920 225 |

续表

| 年龄（岁） | 2048 年 | | 2049 年 | | 2050 年 | | 2051 年 | | 2052 年 | | 2053 年 | |
|---|---|---|---|---|---|---|---|---|---|---|---|---|
| | 男 | 女 | 男 | 女 | 男 | 女 | 男 | 女 | 男 | 女 | 男 | 女 |
| 79 | 4 126 734 | 4 719 659 | 4 288 822 | 5 025 493 | 4 206 598 | 4 797 967 | 3 950 401 | 4 566 873 | 3 867 243 | 4 451 055 | 3 716 603 | 4 234 480 |
| 80 | 3 978 601 | 4 913 159 | 3 904 712 | 4 560 729 | 4 058 079 | 4 856 264 | 3 980 279 | 4 636 400 | 3 737 865 | 4 413 088 | 3 659 182 | 4 301 170 |
| 81 | 3 038 583 | 3 794 834 | 3 734 303 | 4 722 931 | 3 664 951 | 4 384 147 | 3 808 900 | 4 668 239 | 3 735 878 | 4 456 888 | 3 508 349 | 4 242 222 |
| 82 | 3 244 347 | 4 086 242 | 2 827 447 | 3 627 254 | 3 474 825 | 4 514 367 | 3 410 292 | 4 190 543 | 3 544 239 | 4 462 090 | 3 476 290 | 4 260 072 |
| 83 | 2 917 191 | 3 759 934 | 2 991 330 | 3 882 023 | 2 606 943 | 3 445 974 | 3 203 834 | 4 288 752 | 3 144 333 | 3 981 112 | 3 267 834 | 4 239 088 |
| 84 | 2 553 639 | 3 489 446 | 2 663 769 | 3 548 787 | 2 731 467 | 3 664 021 | 2 380 473 | 3 252 459 | 2 925 510 | 4 047 909 | 2 871 179 | 3 757 545 |
| 85 | 2 628 748 | 3 774 697 | 2 308 157 | 3 270 675 | 2 407 701 | 3 326 296 | 2 468 891 | 3 434 305 | 2 151 638 | 3 048 546 | 2 644 281 | 3 794 125 |
| 86 | 1 747 128 | 2 625 444 | 2 350 663 | 3 511 993 | 2 063 987 | 3 043 049 | 2 153 000 | 3 094 799 | 2 207 717 | 3 195 291 | 1 924 025 | 2 836 379 |
| 87 | 804 952 | 1 299 192 | 1 544 636 | 2 423 644 | 2 078 221 | 3 242 051 | 1 824 770 | 2 809 151 | 1 903 467 | 2 856 923 | 1 951 843 | 2 949 691 |
| 88 | 834 422 | 1 435 951 | 703 070 | 1 189 409 | 1 349 133 | 2 218 844 | 1 815 183 | 2 968 094 | 1 593 811 | 2 571 775 | 1 662 547 | 2 615 511 |
| 89 | 684 387 | 1 166 199 | 719 341 | 1 303 120 | 606 104 | 1 079 384 | 1 163 065 | 2 013 592 | 1 564 838 | 2 693 534 | 1 373 997 | 2 333 876 |
| 90 | 744 349 | 1 370 517 | 581 668 | 1 048 571 | 611 376 | 1 171 682 | 515 135 | 970 513 | 988 501 | 1 810 493 | 1 329 973 | 2 421 853 |
| 91 | 707 045 | 1 332 753 | 622 842 | 1 220 354 | 486 717 | 933 682 | 511 575 | 1 043 304 | 431 045 | 864 177 | 827 139 | 1 612 123 |
| 92 | 515 968 | 1 095 359 | 581 531 | 1 174 681 | 512 276 | 1 075 614 | 400 316 | 822 943 | 420 761 | 919 563 | 354 526 | 761 681 |
| 93 | 418 560 | 995 690 | 416 351 | 955 169 | 469 257 | 1 024 340 | 413 372 | 937 951 | 323 028 | 717 619 | 339 526 | 801 873 |
| 94 | 335 300 | 854 314 | 330 663 | 858 541 | 328 918 | 823 601 | 370 713 | 883 244 | 326 565 | 808 755 | 255 192 | 618 772 |
| 95 | 226 918 | 645 802 | 258 720 | 727 908 | 255 141 | 731 509 | 253 795 | 701 740 | 286 045 | 752 558 | 251 979 | 689 090 |
| 96 | 170 770 | 538 531 | 170 575 | 543 264 | 194 480 | 612 333 | 191 790 | 615 363 | 190 778 | 590 320 | 215 020 | 633 069 |

续表

单位：人

| 年龄（岁） | 2048 年 | | 2049 年 | | 2050 年 | | 2051 年 | | 2052 年 | | 2053 年 | |
|---|---|---|---|---|---|---|---|---|---|---|---|---|
| | 男 | 女 | 男 | 女 | 男 | 女 | 男 | 女 | 男 | 女 | 男 | 女 |
| 97 | 103 906 | 389 687 | 124 710 | 446 776 | 124 568 | 450 702 | 142 025 | 508 004 | 140 061 | 510 517 | 139 322 | 489 741 |
| 98 | 71 399 | 291 866 | 73 501 | 318 367 | 88 217 | 365 007 | 88 117 | 368 215 | 100 466 | 415 029 | 99 076 | 417 082 |
| 99 | 45 614 | 215 681 | 48 769 | 234 373 | 50 205 | 255 653 | 60 257 | 293 106 | 60 188 | 295 682 | 68 623 | 333 274 |
| 100 | 26 145 | 146 535 | 29 985 | 169 827 | 32 059 | 184 544 | 33 003 | 201 300 | 39 611 | 230 790 | 39 566 | 232 819 |
| 101 | 15 402 | 103 828 | 16 483 | 112 800 | 18 904 | 130 730 | 20 212 | 142 059 | 20 806 | 154 958 | 24 972 | 177 659 |
| 102 | 8 425 | 73 025 | 9 277 | 77 853 | 9 928 | 84 581 | 11 387 | 98 025 | 12 174 | 106 520 | 12 533 | 116 192 |
| 103 | 4 262 | 45 972 | 4 829 | 53 101 | 5 318 | 56 612 | 5 691 | 61 505 | 6 527 | 71 281 | 6 978 | 77 458 |
| 104 | 2 176 | 28 588 | 2 315 | 32 247 | 2 623 | 37 248 | 2 888 | 39 711 | 3 091 | 43 142 | 3 545 | 50 000 |
| 105 | 998 | 17 334 | 1 114 | 19 220 | 1 185 | 21 680 | 1 343 | 25 042 | 1 479 | 26 698 | 1 583 | 29 005 |

**表 5 - 15 （f）　未来各年全国城镇企业养老保险"中人"分年龄、分性别存活人口结构数**

单位：人

| 年龄（岁） | 2054 年 | | 2055 年 | | 2056 年 | | 2057 年 | | 2058 年 | | 2059 年 | |
|---|---|---|---|---|---|---|---|---|---|---|---|---|
| | 男 | 女 | 男 | 女 | 男 | 女 | 男 | 女 | 男 | 女 | 男 | 女 |
| 77 | 3 264 592 | 3 532 313 | 3 172 655 | 3 473 203 | | | | | | | | |
| 78 | 3 430 044 | 3 877 464 | 3 316 928 | 3 801 392 | 3 068 027 | 3 405 062 | | | | | | |
| 79 | 3 323 639 | 3 806 296 | 3 195 888 | 3 718 861 | 3 189 435 | 3 714 070 | 2 950 101 | 3 326 845 | | | | |
| 80 | 3 516 646 | 4 091 888 | | | | | | | | | | |

续表

| 年龄（岁） | 2054 年 男 | 2054 年 女 | 2055 年 男 | 2055 年 女 | 2056 年 男 | 2056 年 女 | 2057 年 男 | 2057 年 女 | 2058 年 男 | 2058 年 女 | 2059 年 男 | 2059 年 女 |
|---|---|---|---|---|---|---|---|---|---|---|---|---|
| 81 | 3 434 497 | 4 134 637 | 3 360 183 | 3 982 348 | 3 053 697 | 3 619 307 | 3 047 531 | 3 614 644 | 2 818 845 | 3 237 785 |  |  |
| 82 | 3 264 572 | 4 054 885 | 3 259 042 | 4 006 509 | 3 188 525 | 3 858 939 | 2 897 696 | 3 507 149 | 2 891 845 | 3 502 630 | 2 674 842 | 3 137 449 |
| 83 | 3 205 185 | 4 047 166 | 3 074 662 | 3 910 540 | 3 069 454 | 3 863 885 | 3 003 039 | 3 721 569 | 2 729 128 | 3 382 301 | 2 723 617 | 3 377 944 |
| 84 | 2 983 951 | 4 001 034 | 2 994 534 | 3 882 948 | 2 872 589 | 3 751 866 | 2 867 724 | 3 707 104 | 2 805 673 | 3 570 563 | 2 549 764 | 3 245 061 |
| 85 | 2 595 172 | 3 521 965 | 2 763 947 | 3 817 326 | 2 773 750 | 3 704 663 | 2 660 796 | 3 579 599 | 2 656 289 | 3 536 892 | 2 598 814 | 3 406 620 |
| 86 | 2 364 553 | 3 530 069 | 2 381 789 | 3 340 176 | 2 536 687 | 3 620 291 | 2 545 684 | 3 513 443 | 2 442 017 | 3 394 834 | 2 437 881 | 3 354 332 |
| 87 | 1 701 030 | 2 618 367 | 2 148 814 | 3 326 575 | 2 164 477 | 3 147 628 | 2 305 243 | 3 411 596 | 2 313 418 | 3 310 907 | 2 219 210 | 3 199 135 |
| 88 | 1 704 800 | 2 700 439 | 1 529 396 | 2 450 571 | 1 931 998 | 3 113 395 | 1 946 082 | 2 945 915 | 2 072 644 | 3 192 967 | 2 079 994 | 3 098 731 |
| 89 | 1 433 254 | 2 373 565 | 1 515 020 | 2 508 865 | 1 359 142 | 2 276 723 | 1 716 926 | 2 892 524 | 1 729 442 | 2 736 926 | 1 841 915 | 2 966 452 |
| 90 | 1 167 776 | 2 098 471 | 1 257 525 | 2 187 855 | 1 329 266 | 2 312 569 | 1 192 501 | 2 098 590 | 1 506 418 | 2 666 210 | 1 517 398 | 2 522 786 |
| 91 | 1 112 870 | 2 156 498 | 1 010 278 | 1 917 997 | 1 087 923 | 1 999 693 | 1 149 988 | 2 113 681 | 1 031 668 | 1 918 105 | 1 303 247 | 2 436 908 |
| 92 | 680 307 | 1 420 917 | 947 929 | 1 953 250 | 860 542 | 1 737 227 | 926 680 | 1 811 224 | 979 546 | 1 914 469 | 878 762 | 1 737 325 |
| 93 | 286 079 | 664 197 | 569 592 | 1 274 560 | 793 661 | 1 752 061 | 720 496 | 1 558 289 | 775 870 | 1 624 664 | 820 133 | 1 717 275 |
| 94 | 268 226 | 691 420 | 234 995 | 589 621 | 467 882 | 1 131 451 | 651 940 | 1 555 338 | 591 840 | 1 383 323 | 637 326 | 1 442 245 |
| 95 | 196 908 | 527 217 | 215 709 | 606 992 | 188 985 | 517 623 | 376 274 | 993 291 | 524 295 | 1 365 417 | 475 962 | 1 214 407 |
| 96 | 189 413 | 579 678 | 154 671 | 457 340 | 169 440 | 526 541 | 148 448 | 449 017 | 295 564 | 861 640 | 411 834 | 1 184 445 |
| 97 | 157 025 | 525 207 | 144 967 | 496 346 | 118 378 | 391 594 | 129 681 | 450 847 | 113 614 | 384 468 | 226 210 | 737 773 |
| 98 | 98 553 | 400 108 | 116 799 | 443 285 | 107 830 | 418 926 | 88 052 | 330 513 | 96 459 | 380 524 | 84 509 | 324 499 |

续表

| 年龄<br>（岁） | 2054 年 | | 2055 年 | | 2056 年 | | 2057 年 | | 2058 年 | | 2059 年 | |
|---|---|---|---|---|---|---|---|---|---|---|---|---|
| | 男 | 女 | 男 | 女 | 男 | 女 | 男 | 女 | 男 | 女 | 男 | 女 |
| 99 | 67 674 | 334 923 | 71 054 | 332 322 | 84 209 | 368 183 | 77 742 | 347 951 | 63 483 | 274 518 | 69 545 | 316 056 |
| 100 | 45 111 | 262 419 | 47 161 | 273 196 | 49 516 | 271 074 | 58 683 | 300 327 | 54 177 | 283 823 | 44 240 | 223 924 |
| 101 | 24 944 | 179 220 | 30 296 | 209 716 | 31 673 | 218 329 | 33 255 | 216 633 | 39 412 | 240 010 | 36 385 | 226 821 |
| 102 | 15 042 | 133 214 | 16 094 | 139 928 | 19 547 | 163 737 | 20 435 | 170 462 | 21 456 | 169 138 | 25 428 | 187 390 |
| 103 | 7 184 | 84 491 | 9 292 | 101 277 | 9 942 | 106 382 | 12 075 | 124 483 | 12 624 | 129 596 | 13 254 | 128 589 |
| 104 | 3 790 | 54 333 | 4 233 | 62 309 | 5 476 | 74 688 | 5 859 | 78 453 | 7 116 | 91 802 | 7 439 | 95 572 |
| 105 | 1 815 | 33 616 | 2 122 | 38 693 | 2 370 | 44 373 | 3 066 | 53 189 | 3 280 | 55 869 | 3 984 | 65 376 |

表 5 - 15 （g）　未来各年全国城镇企业养老保险"中人"分年龄、分性别存活人口结构数　　　单位：人

| 年龄<br>（岁） | 2060 年 | | 2061 年 | | 2062 年 | | 2063 年 | | 2064 年 | | 2065 年 | |
|---|---|---|---|---|---|---|---|---|---|---|---|---|
| | 男 | 女 | 男 | 女 | 男 | 女 | 男 | 女 | 男 | 女 | 男 | 女 |
| 83 | 2 519 238 | 3 025 762 | | | | | | | | | | |
| 84 | 2 544 616 | 3 240 880 | 2 353 669 | 2 902 989 | | | | | | | | |
| 85 | 2 361 773 | 3 096 064 | 2 357 004 | 3 092 075 | 2 180 135 | 2 769 698 | | | | | | |
| 86 | 2 385 132 | 3 230 784 | 2 167 581 | 2 936 257 | 2 163 204 | 2 932 475 | 2 000 878 | 2 626 738 | | | | |
| 87 | 2 215 451 | 3 160 968 | 2 167 515 | 3 044 542 | 1 969 813 | 2 766 994 | 1 965 835 | 2 763 429 | 1 818 320 | 2 475 317 | | |
| 88 | 1 995 292 | 2 994 122 | 1 991 912 | 2 958 401 | 1 948 812 | 2 849 436 | 1 771 059 | 2 589 674 | 1 767 483 | 2 586 338 | 1 634 851 | 2 316 688 |

续表

| 年龄（岁） | 2060 年 | | 2061 年 | | 2062 年 | | 2063 年 | | 2064 年 | | 2065 年 | |
|---|---|---|---|---|---|---|---|---|---|---|---|---|
| | 男 | 女 | 男 | 女 | 男 | 女 | 男 | 女 | 男 | 女 | 男 | 女 |
| 89 | 1 848 447 | 2 878 901 | 1 773 174 | 2 781 713 | 1 770 171 | 2 748 526 | 1 731 869 | 2 647 291 | 1 573 903 | 2 405 957 | 1 570 725 | 2 402 858 |
| 90 | 1 616 081 | 2 734 353 | 1 621 813 | 2 653 653 | 1 555 768 | 2 564 069 | 1 553 133 | 2 533 479 | 1 519 528 | 2 440 164 | 1 380 930 | 2 217 713 |
| 91 | 1 312 747 | 2 305 819 | 1 398 120 | 2 499 191 | 1 403 079 | 2 425 431 | 1 345 942 | 2 343 551 | 1 343 662 | 2 315 592 | 1 314 589 | 2 230 303 |
| 92 | 1 110 090 | 2 207 232 | 1 118 182 | 2 088 498 | 1 190 902 | 2 263 645 | 1 195 126 | 2 196 836 | 1 146 457 | 2 122 674 | 1 144 515 | 2 097 350 |
| 93 | 735 751 | 1 558 377 | 929 432 | 1 979 883 | 936 207 | 1 873 378 | 997 092 | 2 030 485 | 1 000 629 | 1 970 558 | 9 598 80 | 1 904 034 |
| 94 | 673 685 | 1 524 457 | 604 371 | 1 383 401 | 763 467 | 1 757 579 | 769 032 | 1 663 034 | 819 046 | 1 802 500 | 821 950 | 1 749 301 |
| 95 | 512 542 | 1 266 134 | 541 782 | 1 338 307 | 486 039 | 1 214 475 | 613 985 | 1 542 963 | 618 461 | 1 459 962 | 658 682 | 1 582 398 |
| 96 | 373 868 | 1 053 449 | 402 602 | 1 098 321 | 425 570 | 1 160 928 | 381 784 | 1 053 509 | 482 286 | 1 338 459 | 485 802 | 1 266 459 |
| 97 | 315 197 | 1 014 173 | 286 140 | 902 009 | 308 132 | 940 430 | 325 710 | 994 037 | 292 199 | 902 060 | 369 118 | 1 146 046 |
| 98 | 168 259 | 622 696 | 234 450 | 855 983 | 212 837 | 761 314 | 229 194 | 793 742 | 242 270 | 838 988 | 217 343 | 761 357 |
| 99 | 60 929 | 269 522 | 121 311 | 517 198 | 169 033 | 710 962 | 153 450 | 632 332 | 165 243 | 659 266 | 174 671 | 696 846 |
| 100 | 48 464 | 257 806 | 42 460 | 219 849 | 84 539 | 421 878 | 117 795 | 579 931 | 106 936 | 515 792 | 115 155 | 537 762 |
| 101 | 29 712 | 178 952 | 32 549 | 206 029 | 28 516 | 175 695 | 56 776 | 337 150 | 79 111 | 463 460 | 71 818 | 412 203 |
| 102 | 23 476 | 177 093 | 19 170 | 139 718 | 21 000 | 160 859 | 18 398 | 137 175 | 36 632 | 263 232 | 51 042 | 361 850 |
| 103 | 15 708 | 142 466 | 14 502 | 134 637 | 11 842 | 106 222 | 12 973 | 122 295 | 11 365 | 104 289 | 22 629 | 200 126 |
| 104 | 7 811 | 94 830 | 9 257 | 105 063 | 8 546 | 99 290 | 6 978 | 78 335 | 7 645 | 90 188 | 6 698 | 76 910 |
| 105 | 4 165 | 68 061 | 4 373 | 67 532 | 5 183 | 74 820 | 4 785 | 70 708 | 3 907 | 55 786 | 4 280 | 64 227 |

表 5-15（h）　未来各年全国城镇企业养老保险"中人"分年龄、分性别存活人口结构数

单位：人

| 年龄（岁） | 2066年 男 | 2066年 女 | 2067年 男 | 2067年 女 | 2068年 男 | 2068年 女 | 2069年 男 | 2069年 女 | 2070年 男 | 2070年 女 | 2071年 男 | 2071年 女 |
|---|---|---|---|---|---|---|---|---|---|---|---|---|
| 89 | 1 452 858 | 2 152 338 | | | | | | | | | | |
| 90 | 1 378 141 | 2 214 856 | 1 274 726 | 1 983 937 | | | | | | | | |
| 91 | 1 194 684 | 2 026 983 | 1 192 271 | 2 024 371 | 1 102 804 | 1 813 312 | | | | | | |
| 92 | 1 119 751 | 2 020 099 | 1 017 617 | 1 835 942 | 1 015 562 | 1 833 576 | 939 355 | 1 642 409 | | | | |
| 93 | 958 255 | 1 881 318 | 937 521 | 1 812 025 | 852 008 | 1 646 836 | 850 288 | 1 644 714 | 786 482 | 1 473 238 | | |
| 94 | 788 478 | 1 690 247 | 787 143 | 1 670 082 | 770 111 | 1 608 569 | 699 868 | 1 461 928 | 698 455 | 1 460 044 | 646 043 | 1 307 821 |
| 95 | 661 018 | 1 535 696 | 634 100 | 1 483 853 | 633 026 | 1 466 150 | 619 329 | 1 412 148 | 562 839 | 1 283 413 | 561 703 | 1 281 760 |
| 96 | 517 396 | 1 372 667 | 519 230 | 1 332 155 | 498 086 | 1 287 183 | 497 242 | 1 271 826 | 486 483 | 1 224 982 | 442 111 | 1 113 310 |
| 97 | 371 808 | 1 084 397 | 395 989 | 1 175 337 | 397 393 | 1 140 648 | 381 210 | 1 102 142 | 380 565 | 1 088 993 | 372 330 | 1 048 882 |
| 98 | 274 557 | 967 287 | 276 559 | 915 253 | 294 544 | 992 009 | 295 589 | 962 731 | 283 552 | 930 231 | 283 072 | 919 133 |
| 99 | 156 699 | 632 367 | 197 949 | 803 408 | 199 392 | 760 190 | 212 359 | 823 942 | 213 112 | 799 624 | 204 434 | 772 630 |
| 100 | 121 724 | 568 416 | 109 200 | 515 821 | 137 947 | 655 339 | 138 952 | 620 086 | 147 989 | 672 088 | 148 514 | 652 253 |
| 101 | 77 338 | 429 760 | 81 750 | 454 258 | 73 339 | 412 226 | 92 645 | 523 724 | 93 320 | 495 551 | 99 389 | 537 109 |
| 102 | 46 337 | 321 831 | 49 898 | 335 539 | 52 745 | 354 665 | 47 318 | 321 849 | 59 774 | 408 901 | 60 210 | 386 905 |
| 103 | 31 531 | 275 101 | 28 624 | 244 676 | 30 824 | 255 098 | 32 583 | 269 639 | 29 230 | 244 690 | 36 925 | 310 873 |
| 104 | 13 335 | 147 585 | 18 581 | 202 877 | 16 868 | 180 439 | 18 164 | 188 125 | 19 201 | 198 849 | 17 225 | 180 450 |
| 105 | 3 750 | 54 770 | 7 466 | 105 102 | 10 404 | 144 477 | 9 445 | 128 498 | 10 170 | 133 972 | 10 751 | 141 608 |

表 5-15（i）　未来各年全国城镇企业养老保险"中人"分年龄、分性别存活人口结构数

单位：人

| 年龄（岁） | 2072 年 男 | 2072 年 女 | 2073 年 男 | 2073 年 女 | 2074 年 男 | 2074 年 女 | 2075 年 男 | 2075 年 女 | 2076 年 男 | 2076 年 女 | 2077 年 男 | 2077 年 女 |
|---|---|---|---|---|---|---|---|---|---|---|---|---|
| 95 | 519 553 | 1 148 125 | | | | | | | | | | |
| 96 | 441 218 | 1 111 875 | 408 109 | 995 952 | | | | | | | | |
| 97 | 338 369 | 953 264 | 337 686 | 952 035 | 312 346 | 852 777 | | | | | | |
| 98 | 276 947 | 885 279 | 251 686 | 804 574 | 251 178 | 803 538 | 232 329 | 719 762 | | | | |
| 99 | 204 087 | 763 412 | 199 672 | 735 294 | 181 459 | 668 263 | 181 093 | 667 402 | 167 504 | 597 819 | | |
| 100 | 142 466 | 630 234 | 142 224 | 622 715 | 139 147 | 599 778 | 126 455 | 545 101 | 126 200 | 544 399 | 116 730 | 487 640 |
| 101 | 99 742 | 521 257 | 95 680 | 503 660 | 95 518 | 497 651 | 93 451 | 479 321 | 84 927 | 435 625 | 84 756 | 435 064 |
| 102 | 64 126 | 419 352 | 64 353 | 406 975 | 61 732 | 393 237 | 61 628 | 388 545 | 60 294 | 374 234 | 54 795 | 340 118 |
| 103 | 37 194 | 294 150 | 39 613 | 318 818 | 39 753 | 309 408 | 38 134 | 298 963 | 38 070 | 295 396 | 37 246 | 284 516 |
| 104 | 21 759 | 229 257 | 21 918 | 216 925 | 23 343 | 235 116 | 23 426 | 228 177 | 22 472 | 220 474 | 22 434 | 217 844 |
| 105 | 9 645 | 128 506 | 12 183 | 163 263 | 12 272 | 154 481 | 13 070 | 167 436 | 13 117 | 162 494 | 12 583 | 157 009 |

表 5 – 15（j）　　　　未来各年全国城镇企业养老保险"中人"
分年龄、分性别存活人口结构数　　　　　单位：人

| 年龄（岁） | 2078 年 | | 2079 年 | | 2080 年 | | 2081 年 | | 2082 年 | |
|---|---|---|---|---|---|---|---|---|---|---|
| | 男 | 女 | 男 | 女 | 男 | 女 | 男 | 女 | 男 | 女 |
| 101 | 78 396 | 389 705 | | | | | | | | |
| 102 | 54 684 | 339 680 | 50 581 | 304 265 | | | | | | |
| 103 | 33 849 | 258 579 | 33 781 | 258 246 | 31 246 | 231 321 | | | | |
| 104 | 21 949 | 209 820 | 19 947 | 190 692 | 19 907 | 190 447 | 18 413 | 170 591 | | |
| 105 | 12 561 | 155 136 | 12 289 | 149 422 | 11 169 | 135 800 | 11 146 | 135 625 | 10 310 | 121 485 |

（2）养老保险制度改革前，不同年龄"中人"的视同缴费年限。

根据表 4 – 1 的退休年龄安排，得到 2024 年城镇企业社会养老保险各年龄段不同性别"中人"的视同缴费年限（见表 5 – 16）。

表 5 – 16　　　　　2024 年城镇企业社会养老保险各年龄段
不同性别"中人"的视同缴费年限　　　　　单位：年

| 年龄（岁） | 男 | 女 | 年龄（岁） | 男 | 女 | 年龄（岁） | 男 | 女 |
|---|---|---|---|---|---|---|---|---|
| 47 | 0 | 0 | 61 | 14 | 14 | 75 | 28 | 28 |
| 48 | 1 | 1 | 62 | 15 | 15 | 76 | 29 | 29 |
| 49 | 2 | 2 | 63 | 16 | 16 | 77 | 30 | 30 |
| 50 | 3 | 3 | 64 | 17 | 17 | 78 | 31 | 31 |
| 51 | 4 | 4 | 65 | 18 | 18 | 79 | 32 | 32 |
| 52 | 5 | 5 | 66 | 19 | 19 | 80 | 33 | 33 |
| 53 | 6 | 6 | 67 | 20 | 20 | 81 | 34 | 34 |
| 54 | 7 | 7 | 68 | 21 | 21 | 82 | 35 | |
| 55 | 8 | 8 | 69 | 22 | 22 | 83 | 36 | |
| 56 | 9 | 9 | 70 | 23 | 23 | 84 | 37 | |
| 57 | 10 | 10 | 71 | 24 | 24 | 85 | 38 | |
| 58 | 11 | 11 | 72 | 25 | 25 | 86 | 39 | |
| 59 | 12 | 12 | 73 | 26 | 26 | | | |
| 60 | 13 | 13 | 74 | 27 | 27 | | | |

（3）2024年参加养老保险的不同年龄的"中人"的未来过渡养老金权益现值。

2024年一个 $n$ 岁"中人"在 $r_n$ 岁退休时的过渡养老金现值

$$= \partial \times N_{\text{同}} \% \sum_{t=r_n}^{\omega} \frac{_{t-n}p_n \overline{W_t}}{(1+i)^{t-r_n}} \qquad (5-21)$$

2024年 $m_n$ 个 $n$ 岁"中人"的未来过渡养老金在2024年的现值

$$= m_{n} {_{r_n-n}}p_n v^{r_n-n} \partial \times N_{\text{同}} \% \sum_{t=r_n}^{\omega} \frac{_{t-n}p_n \overline{W_t}}{(1+i)^{t-n}} \qquad (5-22)$$

2024年所有"中人"未来过渡退休金在2024年的总现值

$$= \sum_{n=30}^{69} m_{n} {_{r_n-n}}p_n v^{r_n-n} \partial \times N_{\text{同}} \% \sum_{t=r_n}^{\omega} \frac{_{t-n}p_n \overline{w_t}}{(1+i)^{t-n}} \qquad (5-23)$$

上述三式中符号的含义与式（5-14）、式（5-15）、式（5-16）相同。

利用以上公式，计算得到2024年各年龄段"中人"的过渡养老金未来权益现值（见表5-17）。

表 5-17　　　　2024 年各年龄段"中人"的过渡养老金未来权益现值　　单位：亿元

| 年龄（岁） | 过渡金现值 | 年龄（岁） | 过渡金现值 | 年龄（岁） | 过渡金现值 |
|---|---|---|---|---|---|
| 47 | 2 204.09 | 60 | 44 148.30 | 73 | 23 517.82 |
| 48 | 5 181.39 | 61 | 52 364.02 | 74 | 21 467.07 |
| 49 | 8 127.24 | 62 | 40 140.97 | 75 | 19 255.89 |
| 50 | 12 187.98 | 63 | 21 731.54 | 76 | 16 093.36 |
| 51 | 16 385.93 | 64 | 26 501.72 | 77 | 14 321.59 |
| 52 | 19 455.14 | 65 | 24 684.17 | 78 | 12 696.50 |
| 53 | 25 592.62 | 66 | 32 218.81 | 79 | 10 570.09 |
| 54 | 28 848.94 | 67 | 35 924.17 | 80 | 9 120.86 |
| 55 | 32 568.44 | 68 | 32 726.60 | 81 | 7 773.63 |
| 56 | 38 144.54 | 69 | 33 391.68 | 82 | 2 571.20 |
| 57 | 33 960.24 | 70 | 33 149.36 | 83 | 2 389.23 |
| 58 | 41 409.91 | 71 | 28 830.66 | 84 | 2 024.87 |
| 59 | 42 884.09 | 72 | 28 143.28 | 85 | 1 474.73 |

（4）"中人"过渡养老金现值。

依据表 5 – 17 与式（5 – 23），得到：

2024 年所有"中人"未来过渡退休金在 2024 年的总现值 = 884 182. 64 亿元

3. 2024 年全国城镇企业职工社会养老保险统筹账户转制成本

依据式（5 – 5），我们得到：

转制成本$_{PUB}$ = 预期"老人"因过去既得年资基数应在个人账户中获得的养老金权益现值 + "中人"未来发放的视同缴费过渡性养老金现值 − 社会统筹账户基金余额 = 826 408. 5 亿元

# 第六章 中国社会养老保险财政负担能力测算与分析

## 第一节 中国社会养老保险财务平衡特征

自 20 世纪 90 年代以来，中国开始着手建立社会养老保险制度，到现在已全面建立和完善了由城镇企业职工养老保险、机关事业单位养老保险和城乡居民养老保险组成的社会养老保险体系。当前中国社会养老保险财务平衡具有以下特征。

第一，从历年全国三大基本养老保险基金收支平衡角度看（见表 6 - 1），尽管基本上每年收入都大于支出，且累积结余与年基金支出比例比较大，但累积结余与年基金支出比例呈现缩小的趋势，按照国际标准，一般要求累积结余与年基金支出比例应大于 1，方为安全，可见目前基本养老保险基金收支存在不平衡的发展趋势，正在对财政负担形成压力。

表 6 - 1　　　　　　历年全国基本养老保险基金收支情况

| 年份 | 基金收入（亿元） | 基金支出（亿元） | 累计结余（亿元） | 结余与年支出比例 |
|------|------|------|------|------|
| 2007 | 7 834.2 | 5 964.9 | 7 391.4 | 1.24 |
| 2008 | 9 740.2 | 7 389.6 | 9 931.0 | 1.34 |
| 2009 | 11 490.8 | 8 894.4 | 12 526.1 | 1.41 |
| 2010 | 13 872.9 | 10 755.3 | 15 787.8 | 1.47 |
| 2011 | 18 004.8 | 13 363.2 | 20 727.8 | 1.55 |
| 2012 | 21 830.2 | 16 711.5 | 26 243.5 | 1.57 |
| 2013 | 24 732.6 | 19 818.7 | 31 274.8 | 1.58 |

| 年份 | 基金收入（亿元） | 基金支出（亿元） | 累计结余（亿元） | 结余与年支出比例 |
|------|------------------|------------------|------------------|------------------|
| 2014 | 27 619.9 | 23 325.8 | 35 644.5 | 1.53 |
| 2015 | 32 195.5 | 27 929.4 | 39 937.1 | 1.43 |
| 2016 | 37 990.8 | 34 004.3 | 43 965.2 | 1.29 |
| 2017 | 46 613.8 | 40 423.8 | 50 202.2 | 1.24 |
| 2018 | 55 005.3 | 47 550.4 | 58 151.6 | 1.23 |
| 2019 | 57 025.9 | 52 342.3 | 62 872.6 | 1.20 |
| 2020 | 49 228.6 | 54 656.5 | 58 075.2 | 1.06 |
| 2021 | 65 793.3 | 60 196.5 | 63 970.0 | 1.06 |
| 2022 | 68 933.2 | 63 079.0 | 69 851.3 | 1.11 |

注：2010 年及以后基本养老保险基金中包括城镇职工基本养老保险和城乡居民基本养老保险。
资料来源：历年《中国劳动统计年鉴》。

第二，分别从全国城镇职工基本养老保险基金和城乡居民基本养老保险基金的情况来看，城乡居民基本养老保险基金每年收入均大于支出，且每年累计结余与下年支出之比大于 1，同时有进一步上涨趋势，说明城乡居民养老金处于自我平衡、结余丰厚的良好情况（见表 6-2 和表 6-3）。然而全国城镇职工基本养老保险基金自 2020 年开始出现收入小于支出的情况，且每年累计结余与年支出之比逐步下降至小于 1，说明城镇职工基本养老保险面临着可持续性的挑战。

表 6-2　　　　　历年全国城镇职工基本养老保险基金收支情况

| 年份 | 基金收入（亿元） | 基金支出（亿元） | 累计结余（亿元） | 结余与年支出比例 |
|------|------------------|------------------|------------------|------------------|
| 2007 | 7 834.2 | 5 964.9 | 7 391.4 | 1.24 |
| 2008 | 9 740.2 | 7 389.6 | 9 931.0 | 1.34 |
| 2009 | 11 490.8 | 8 894.4 | 12 526.1 | 1.41 |
| 2010 | 13 419.5 | 10 554.9 | 15 365.3 | 1.46 |
| 2011 | 16 894.7 | 12 764.9 | 19 496.6 | 1.53 |
| 2012 | 20 001.0 | 15 561.8 | 23 941.3 | 1.54 |
| 2013 | 22 680.4 | 18 470.4 | 28 269.2 | 1.53 |

续表

| 年份 | 基金收入（亿元） | 基金支出（亿元） | 累计结余（亿元） | 结余与年支出比例 |
|------|------|------|------|------|
| 2014 | 25 309.7 | 21 754.7 | 31 800.0 | 1.46 |
| 2015 | 29 340.9 | 25 812.7 | 35 344.8 | 1.37 |
| 2016 | 35 057.5 | 31 853.8 | 38 580.0 | 1.21 |
| 2017 | 43 309.6 | 38 051.5 | 43 884.6 | 1.15 |
| 2018 | 51 167.6 | 44 644.9 | 50 901.3 | 1.14 |
| 2019 | 52 918.8 | 49 228.0 | 54 623.3 | 1.11 |
| 2020 | 44 375.7 | 51 301.4 | 48 316.6 | 0.94 |
| 2021 | 60 454.7 | 56 481.5 | 52 573.6 | 0.93 |
| 2022 | 63 323.8 | 59 034.7 | 56 889.6 | 0.96 |

资料来源：历年《中国劳动统计年鉴》。

表6-3　　　　历年全国城乡居民基本养老保险基金收支情况

| 年份 | 基金收入（亿元） | 基金支出（亿元） | 累计结余（亿元） | 结余与年支出比例 |
|------|------|------|------|------|
| 2010 | 453.4 | 200.4 | 422.5 | 2.11 |
| 2011 | 1 069.7 | 587.7 | 1 199.2 | 2.04 |
| 2012 | 1 829.2 | 1 149.7 | 2 302.2 | 2.00 |
| 2013 | 2 052.3 | 1 348.3 | 3 005.7 | 2.23 |
| 2014 | 2 310.2 | 1 571.2 | 3 844.6 | 2.45 |
| 2015 | 2 854.6 | 2 116.7 | 4 592.3 | 2.17 |
| 2016 | 2 933.3 | 2 150.7 | 5 385.2 | 2.50 |
| 2017 | 3 304.2 | 2 372.1 | 6 317.6 | 2.66 |
| 2018 | 3 837.7 | 2 905.5 | 7 250.3 | 2.50 |
| 2019 | 4 107.0 | 3 114.3 | 8 249.2 | 2.65 |
| 2020 | 4 852.9 | 3 355.1 | 9 758.6 | 2.91 |
| 2021 | 5 338.6 | 3 715.0 | 11 396.4 | 3.07 |
| 2022 | 5 609.3 | 4 044.3 | 12 961.7 | 3.20 |

资料来源：历年《中国劳动统计年鉴》。

第三，从全国多年来的财政一般预算支出和社会保障与就业实际支出数据，可以得到社会保障支出占财政支出的比重（见表 6 - 4）。15 年来，比重在 10% 至 14% 之间变动，平均占比大约是 11.26%，相对于发达国家高达 30% 的占比，数据较小。

表 6 - 4　　　　　　　历年全国政府预算支出（2007 ~ 2021 年）

| 年份 | 一般公共预算支出（亿元） | 社会保障和就业支出（亿元） | 社会保障支出占预算总支出比例 |
|------|------|------|------|
| 2007 | 49 781.35 | 5 447.16 | 0.1094 |
| 2008 | 62 592.66 | 6 804.29 | 0.1087 |
| 2009 | 76 299.93 | 7 606.68 | 0.0997 |
| 2010 | 89 874.16 | 9 130.62 | 0.1016 |
| 2011 | 109 247.79 | 11 109.40 | 0.1017 |
| 2012 | 125 952.97 | 12 585.52 | 0.0999 |
| 2013 | 140 212.10 | 14 490.54 | 0.1033 |
| 2014 | 151 785.56 | 15 968.85 | 0.1052 |
| 2015 | 175 877.77 | 19 018.69 | 0.1081 |
| 2016 | 187 755.21 | 21 591.45 | 0.1150 |
| 2017 | 203 085.49 | 24 611.68 | 0.1212 |
| 2018 | 220 904.13 | 27 012.09 | 0.1223 |
| 2019 | 238 858.37 | 29 379.08 | 0.1210 |
| 2020 | 245 679.03 | 32 568.51 | 0.1326 |
| 2021 | 245 673.00 | 33 788.26 | 0.1375 |
| 2022 | 260 552.12 | 36 609.15 | 0.1405 |

资料来源：历年《中国统计年鉴》。

第四，从全国近几年社保和就业支出占财政收入的比值看，社会保障的财政负担逐渐增加。在 2013 ~ 2020 年，占比从 11.2% 逐渐上升至 17.8%，2021 年又下降为 16.7%，2022 年上升为 18.0%（见表 6 - 5）。

表 6 - 5　　　　　　历年全国财政对社会养老保险基金的补助情况

| 年份 | 全国财政收入<br>（亿元） | 全国社保与就业支出<br>（亿元） | 补助占财政收入比重<br>（%） |
|---|---|---|---|
| 2013 | 129 209.64 | 14 490.54 | 11.21 |
| 2014 | 140 370.03 | 15 968.85 | 11.38 |
| 2015 | 152 269.23 | 19 018.69 | 12.49 |
| 2016 | 159 604.97 | 21 591.45 | 13.53 |
| 2017 | 172 592.77 | 24 611.68 | 14.26 |
| 2018 | 183 359.84 | 27 012.09 | 14.73 |
| 2019 | 190 390.08 | 29 379.08 | 15.43 |
| 2020 | 182 913.88 | 32 568.51 | 17.81 |
| 2021 | 202 554.64 | 33 788.26 | 16.68 |
| 2022 | 203 649.29 | 36 609.15 | 17.98 |

资料来源：历年《中国统计年鉴》。

## 第二节　全国社会养老保险收支缺口、转制成本的财政支付负担能力模型

（一）全国社会养老保险收支缺口财政支付负担能力模型

全国社会养老保险收支缺口财政支付负担能力的衡量指标就是要看未来养老保险基金缺口占财政收入的比重，这个比值小，说明财政负担能力强；而当这个比值大，说明财政负担能力弱；当这个比值在一个合理范围内，说明财政能力适中，不会成为负担。因此，我们得到社会养老保险财政负担能力模型如下：

测算公式：$$B_1 = P/F \tag{6-1}$$

式中，$B_1$ 代表养老保险财政支付能力；$P$ 代表测算期内各年统筹账户养老保险基金缺口现值；$F$ 代表测算期内全国各年财政收入精算现值。

（二）全国社会养老保险转制成本的财政支付负担能力模型

测算公式：$$B_2 = Q/F \tag{6-2}$$

式中，$B_2$ 代表养老保险财政支付能力；$Q$ 代表测算期内社会养老保险转制成本现值；$F$ 代表测算期内全国各年财政收入精算现值。

## 第三节　全国社会养老保险财政负担能力测算与分析

### （一）全国财政收入预测

养老保险财政依存度是衡量财政负担能力可持续性的重要指标，其中财政收入作为一切财政支出的基础和先决条件，直接决定了养老保险的财政基础和负担能力。财政收入增长势头强劲，规模雄厚，政府就有更大的能力来支持养老保险事业的发展，反之，财政收入增长乏力，我国养老保险不仅失去了强有力的后盾，还可能出现支付危机而导致养老保险制度难以正常运转。

1. GDP 与财政收入历史增长情况分析

在全球范围内，各国财政收入通常占 GDP 的比例在 20% ~ 30%。如果低于 20%，也就意味着轻赋薄敛，藏富于民，与民休息。如果在 30% 以上，国家很可能因为改革和发展的需要集中大量的财力。[1]

一般情况下，发达国家财政收入占 GDP 的比例会相对低一些，而像我国这样的发展中国家会高一些，因为发展中国家往往需要集中更多的社会财富以大力发展经济。西方发达国家通常没有迫切的经济发展需要，国家财政基本上不进入竞争性行业投资，如果出现税负偏高的状况，多是由于调节社会财富、提高国民福利水平等二次分配。我国在改革开放初期主张"藏富于民、休养生息"，因此税赋较轻，财政收入占 GDP 的比例也随之较低，近几年，政府开始加大对个人所得税等税种的征缴力度，使一般公共预算财政收入占 GDP 的比例接近 20%。

表 6 - 6 说明了近年来国内生产总值与一般公共预算财政收入的情况，我们可以看到，全国财政收入占生产总值的比重从 2000 年开始逐年上升，至 2015 年最多达到 22.1%，然后逐年下降到 2022 年的 16.9%。在疫情后，这个比例必须随着社会经济发展保持合理水平。

---

① 王丹：《我国养老保险财政负担能力可持续性研究》，东北财经大学博士学位论文，2015 年 12 月。

表 6 - 6                          历年全国生产总值与财政收入

| 年份 | 国内生产总值<br>（亿元） | 全国财政收入<br>（亿元） | 财政收入占 GDP 比重<br>（％） |
|------|------------------|------------------|------------------------|
| 2000 | 100 280. 1 | 13 395. 23 | 13. 36 |
| 2001 | 110 863. 1 | 16 386. 04 | 14. 78 |
| 2002 | 121 717. 4 | 18 903. 64 | 15. 53 |
| 2003 | 137 422. 0 | 21 715. 25 | 15. 80 |
| 2004 | 161 840. 2 | 26 396. 47 | 16. 31 |
| 2005 | 187 318. 9 | 31 649. 29 | 16. 90 |
| 2006 | 219 438. 5 | 38 760. 20 | 17. 66 |
| 2007 | 270 092. 3 | 51 321. 78 | 19. 00 |
| 2008 | 319 244. 6 | 61 330. 35 | 19. 21 |
| 2009 | 348 517. 7 | 68 518. 30 | 19. 66 |
| 2010 | 412 119. 3 | 83 101. 51 | 20. 16 |
| 2011 | 487 940. 2 | 103 874. 43 | 21. 29 |
| 2012 | 538 580. 0 | 117 253. 52 | 21. 77 |
| 2013 | 592 963. 2 | 129 209. 64 | 21. 79 |
| 2014 | 643 563. 1 | 140 370. 03 | 21. 81 |
| 2015 | 688 858. 2 | 152 269. 23 | 22. 10 |
| 2016 | 746 395. 1 | 159 604. 97 | 21. 38 |
| 2017 | 832 035. 9 | 172 592. 77 | 20. 74 |
| 2018 | 919 281. 1 | 183 359. 84 | 19. 95 |
| 2019 | 986 515. 2 | 190 390. 08 | 19. 30 |
| 2020 | 1 013 567. 0 | 182 913. 88 | 18. 05 |
| 2021 | 1 143 669. 7 | 2 025 54. 64 | 17. 71 |
| 2022 | 1 204 724. 0 | 203 649. 29 | 16. 90 |

资料来源：历年《中国统计年鉴》。

## 2. GDP 与财政收入未来增长情况预测

财政收入是养老保险财政补贴的经济基础，未来的财政收入的整体规模和增长速度直接影响到政府对养老保险的负担能力。而财政收入的多少取决于 GDP 增长与财政收入对 GDP 的依赖度。

（1）GDP 未来增长情况预测。

表 6 - 7 是全国 2000 年以来的 GDP 增长速度。总体上看，2000～2022 年，全国 GDP 年均增长率较高。疫情之后回升较快。如今，中美贸易战开始，特别是新冠疫情后，中国经济进入了"增速换挡期"。根据刘超等论证得出以下结论：在世界贸易新格局下，中国经济呈现出新常态，经济增速放缓、从高速增长转为中高速增长，由重数量发展转为重质量、重效益发展。[①] 表 6 - 8 显示了近年来世界发达国家的 GDP 增长率变动，成熟的国家的平均 GDP 增长率一般在 1.7% 至 2.5% 之间。笔者根据新常态下对世界经济形势的分析和对中国未来经济增长的判断，对未来各年全国 GDP 增长情况进行假设。未来各年的 GDP 增长率假设如表 6 - 9 所示。

表 6 - 7　　　　　　　历年全国 GDP 增长率（上年 = 100）

| 年份 | 全国 GDP 增长率 | 年份 | 全国 GDP 增长率 |
|------|----------------|------|----------------|
| 2001 | 1.11 | 2012 | 1.10 |
| 2002 | 1.10 | 2013 | 1.10 |
| 2003 | 1.13 | 2014 | 1.09 |
| 2004 | 1.18 | 2015 | 1.07 |
| 2005 | 1.16 | 2016 | 1.08 |
| 2006 | 1.17 | 2017 | 1.11 |
| 2007 | 1.23 | 2018 | 1.10 |
| 2008 | 1.18 | 2019 | 1.07 |
| 2009 | 1.09 | 2020 | 1.03 |
| 2010 | 1.18 | 2021 | 1.13 |
| 2011 | 1.18 | 2022 | 1.03 |

资料来源：历年《中国统计年鉴》。

---

[①] 刘超等：《新常态条件下中国经济增长预测研究——基于货币政策调控视角》，《管理评论》2018 年第 6 期。

表 6 - 8　　　　　　　　　　**历年世界各国历年 GDP 增长率**　　　　　　　单位：%

| 国家 | 2009 年 | 2010 年 | 2011 年 | 2012 年 | 2013 年 | 2014 年 | 2015 年 | 2016 年 | 2017 年 |
|---|---|---|---|---|---|---|---|---|---|
| 澳大利亚 | 1.92 | 2.05 | 2.45 | 3.89 | 2.64 | 2.56 | 2.35 | 2.83 | 1.96 |
| 德国 | -5.62 | 4.08 | 3.66 | 0.49 | 0.49 | 1.93 | 1.74 | 1.94 | 2.22 |
| 韩国 | 0.71 | 6.50 | 3.68 | 2.29 | 2.90 | 3.34 | 2.79 | 2.93 | 3.06 |
| 法国 | -2.94 | 1.97 | 2.08 | 0.18 | 0.58 | 0.95 | 1.07 | 1.19 | 1.82 |
| 加拿大 | -2.95 | 3.08 | 3.14 | 1.75 | 2.48 | 2.86 | 1.00 | 1.41 | 3.05 |
| 美国 | -2.78 | 2.53 | 1.60 | 2.22 | 1.68 | 2.57 | 2.86 | 1.49 | 2.27 |
| 日本 | -5.42 | 4.19 | -0.12 | 1.50 | 2.00 | 0.37 | 1.35 | 0.94 | 1.71 |
| 英国 | -4.19 | 1.69 | 1.45 | 1.48 | 2.05 | 3.05 | 2.35 | 1.94 | 1.79 |

资料来源：世界银行网站，转引自新浪财经，http：//finance.sina.com.cn/worldmac/indicator_NY.GDP.MKTP.KD.ZG.shtml。

表 6 - 9　　　　　　　　　　**未来各年全国 GDP 增长率假设**　　　　　　　单位：%

| 年份 | GDP 增长率 |
|---|---|
| 2025 | 5.0 |
| 2026 | 4.8 |
| 2027～2030 年各年 | 4.7 |
| 2027～2030 年各年 | 4.7 |
| 2031～2035 年各年 | 4.5 |
| 2036～2040 年各年 | 4.0 |
| 2041～2045 年各年 | 3.5 |
| 2045 年以后各年 | 2.5 |

　　我们以 2022 年全国 GDP 为 1 204 724 亿元为基数，按照表 6 - 9 的假设，计算得到未来各年的全国 GDP 值（见表 6 - 10）。

表 6 - 10　　　　　　　　　　　**未来各年全国 GDP 值**　　　　　　　　单位：亿元

| 年份 | GDP | 年份 | GDP | 年份 | GDP |
|---|---|---|---|---|---|
| 2025 | 1 397 275 | 2027 | 1 533 168 | 2029 | 1 680 673 |
| 2026 | 1 464 344 | 2028 | 1 605 227 | 2030 | 1 759 665 |

续表

| 年份 | GDP | 年份 | GDP | 年份 | GDP |
|------|------|------|------|------|------|
| 2031 | 1 838 850 | 2054 | 3 957 260 | 2077 | 6 983 023 |
| 2032 | 1 921 598 | 2055 | 4 056 192 | 2078 | 7 157 599 |
| 2033 | 2 008 070 | 2056 | 4 157 596 | 2079 | 7 336 539 |
| 2034 | 2 098 433 | 2057 | 4 261 536 | 2080 | 7 519 952 |
| 2035 | 2 192 862 | 2058 | 4 368 075 | 2081 | 7 707 951 |
| 2036 | 2 280 577 | 2059 | 4 477 277 | 2082 | 7 900 650 |
| 2037 | 2 371 800 | 2060 | 4 589 208 | 2083 | 8 098 166 |
| 2038 | 2 466 672 | 2061 | 4 703 939 | 2084 | 8 300 620 |
| 2039 | 2 565 339 | 2062 | 4 821 537 | 2085 | 8 508 136 |
| 2040 | 2 667 952 | 2063 | 4 942 076 | 2086 | 8 720 839 |
| 2041 | 2 761 331 | 2064 | 5 065 627 | 2087 | 8 938 860 |
| 2042 | 2 857 977 | 2065 | 5 192 268 | 2088 | 9 162 332 |
| 2043 | 2 958 006 | 2066 | 5 322 075 | 2089 | 9 391 390 |
| 2044 | 3 061 537 | 2067 | 5 455 127 | 2090 | 9 626 175 |
| 2045 | 3 168 690 | 2068 | 5 591 505 | 2091 | 9 866 829 |
| 2046 | 3 247 908 | 2069 | 5 731 293 | 2092 | 10 113 500 |
| 2047 | 3 329 105 | 2070 | 5 874 575 | 2093 | 10 366 338 |
| 2048 | 3 412 333 | 2071 | 6 021 439 | 2094 | 10 625 496 |
| 2049 | 3 497 641 | 2072 | 6 171 975 | 2095 | 10 891 133 |
| 2050 | 3 585 082 | 2073 | 6 326 275 | 2096 | 11 163 412 |
| 2051 | 3 674 709 | 2074 | 6 484 431 | 2097 | 11 442 497 |
| 2052 | 3 766 577 | 2075 | 6 646 542 | 2098 | 11 728 559 |
| 2053 | 3 860 742 | 2076 | 6 812 706 | 2099 | 12 021 773 |

（2）未来各年财政收入增长情况预测。

我们对未来各年全国一般公共预算收入对 GDP 的依赖度进行如表 6 - 11 的假设，得到未来各年全国财政收入（见表 6 - 12）。

表 6 - 11　　　　未来各年全国一般公共预算收入对 **GDP** 的依赖度假设　　单位：%

| 年份 | 依赖度 |
|---|---|
| 2025 | 18.0 |
| 2026 | 19.0 |
| 2027~2030 年各年 | 20.0 |
| 2031~2035 年各年 | 19.5 |
| 2036~2040 年各年 | 19.0 |
| 2041~2045 年各年 | 18.5 |
| 2045 年以后各年 | 18.0 |

表 6 - 12　　　　　　　　未来各年全国财政收入　　　　　　单位：亿元

| 年份 | 财政收入 | 年份 | 财政收入 | 年份 | 财政收入 |
|---|---|---|---|---|---|
| 2025 | 251 510 | 2050 | 609 464 | 2075 | 1 129 912 |
| 2026 | 278 225 | 2051 | 624 701 | 2076 | 1 158 160 |
| 2027 | 298 968 | 2052 | 640 318 | 2077 | 1 187 114 |
| 2028 | 313 019 | 2053 | 656 326 | 2078 | 1 216 792 |
| 2029 | 327 731 | 2054 | 672 734 | 2079 | 1 247 212 |
| 2030 | 343 135 | 2055 | 689 553 | 2080 | 1 278 392 |
| 2031 | 349 382 | 2056 | 706 791 | 2081 | 1 310 352 |
| 2032 | 365 104 | 2057 | 724 461 | 2082 | 1 343 111 |
| 2033 | 381 533 | 2058 | 742 573 | 2083 | 1 376 688 |
| 2034 | 398 702 | 2059 | 761 137 | 2084 | 1 411 105 |
| 2035 | 416 644 | 2060 | 780 165 | 2085 | 1 446 383 |
| 2036 | 421 907 | 2061 | 799 670 | 2086 | 1 482 543 |
| 2037 | 438 783 | 2062 | 819 661 | 2087 | 1 519 606 |
| 2038 | 456 334 | 2063 | 840 153 | 2088 | 1 557 596 |
| 2039 | 474 588 | 2064 | 861 157 | 2089 | 1 596 536 |
| 2040 | 493 571 | 2065 | 882 686 | 2090 | 1 636 450 |
| 2041 | 497 040 | 2066 | 904 753 | 2091 | 1 677 361 |
| 2042 | 514 436 | 2067 | 927 372 | 2092 | 1 719 295 |
| 2043 | 532 441 | 2068 | 950 556 | 2093 | 1 762 277 |
| 2044 | 551 077 | 2069 | 974 320 | 2094 | 1 806 334 |
| 2045 | 570 364 | 2070 | 998 678 | 2095 | 1 851 493 |
| 2046 | 552 144 | 2071 | 1 023 645 | 2096 | 1 897 780 |
| 2047 | 565 948 | 2072 | 1 049 236 | 2097 | 1 945 224 |
| 2048 | 580 097 | 2073 | 1 075 467 | 2098 | 1 993 855 |
| 2049 | 594 599 | 2074 | 1 102 353 | 2099 | 2 043 701 |

（二）中国社会养老保险收支缺口的财政负担能力预测及分析

1. 5年期中国社会养老保险收支情况

5年期中国社会养老保险收支有盈余，因此不存在财政负担压力。

2. 10年期中国社会养老保险收支缺口财政负担能力

$$10\text{年期收支缺口财政负担能力} = \frac{10\text{年期机关事业单位、城镇企业职工、城乡居民养老保险收支缺口现值}}{2024\sim2028\text{年中国财政收入现值}}$$

$$= 10.77\%$$

3. 70年期中国社会养老保险收支缺口财政负担能力

$$70\text{年期收支缺口财政负担能力} = \frac{70\text{年期机关事业单位、城镇企业职工、城乡居民养老保险收支缺口现值}}{2024\sim2028\text{年中国财政收入现值}}$$

$$= 7.08\%$$

4. 收支缺口财政负担能力分析

根据测算，从收支缺口占全国财政收入比例看，5年内收支不存在缺口，因此没有财政负担；10年内，财政负担能力增大，但在可控范围内；从长远看，未来70年的财政负担能力会降低，这主要得益于人口生育政策的实施和各种社会保障政策的调整。总体来看，未来70年的社会养老保险财务平衡财务趋于平衡，对财政的压力并不大，在可控范围内。

（三）中国社会养老保险转制成本的财政负担能力预测及分析

1. 2024～2099年中国财政收入现值

我们在无风险利率$i=4\%$的情况下，对2024～2099年中国财政收入求取现值得到：

$$2024\sim2099\text{年中国财政收入现值} = 15\ 152\ 775\ \text{亿元}$$

2. 中国社会养老保险转制成本财政负担能力预测

$$\text{财政负担能力} = \frac{\text{统筹账户转制成本}}{2024\sim2099\text{年中国财政收入现值}}$$

$$= \frac{\text{机关事业单位养老保险转制成本} + \text{城镇企业职工养老保险转制成本}}{2024\sim2099\text{年中国财政收入现值}}$$

$$= \frac{339\ 477.8 + 826\ 408.5}{15\ 152\ 775} = 7.69\%$$

3. 中国社会养老保险转制成本财政负担能力分析

根据测算，在2024～2099年精算期内，中国机关事业单位养老保险统筹账户转制成本精算现值为 339 477.8 亿元，城镇企业职工养老保险统筹账户转制成本精算现值为 826 408.5 亿元，相当于精算期内中国财政收入精算现值的 7.69%，所以其财政负担能力为 7.69%。由于近几年中国社会保障和就业支出占全国一般公共预算收入的比例在 14% 左右（见表 6－13），所以可以判断中国社会养老保险转制成本财政负担压力不是很重，但也不可以掉以轻心。中国财政还需负担其他社会保险的缺口，所以未来如何防范社会养老保险的财政压力风险依然是社会养老保险财务管理的重要任务之一。

表 6－13　　　　　　　　2020～2022 年全国社会保障和就业支出情况

| 年份 | 一般公共预算支出（亿元） | 社会保障和就业支出（亿元） | 占比（%） |
|---|---|---|---|
| 2020 | 245 679.03 | 32 568.51 | 13.5 |
| 2021 | 245 673.00 | 33 788.26 | 14.0 |
| 2022 | 260 552.12 | 36 609.15 | 14.0 |

以上测算结果建立在当前相关政策下对未来中国社会养老保险财政负担压力测算的基础上。随着中国社会养老保险政策、宏观经济政策和财政政策、人口生育政策的调整，通过适当提高财政依赖度、提高综合生育力、延迟退休年龄、提高生产力、发行债券以及调整财政支出结构等措施，可以很好地降低中国财政负担指数，并把财政压力控制在合理范围。

## 第四节　转制成本财政负担能力对 GDP 增长率、财政依赖度的敏感性分析

### 一、转制成本财政负担能力对 GDP 增长率的敏感性分析

以上财务平衡测算是按照基准方案（即假设 GDP 增长率在如表 6－9 所示的情况下）进行的，当 GDP 增长率下降或上升 1 个百分点时，进一步得到 2024～2099 年的财政收入现值（见表 6－14）。

表 6 – 14                     不同 GDP 增长率的财政收入现值              单位：亿元

| GDP 增长率 | 下降 1 个百分点 | 基准增长率 | 上升 1 个百分点 |
|---|---|---|---|
| 财政收入现值 | 11 152 854 | 15 152 775 | 21 393 630 |

在表 6 – 14 的基础上，我们得到财政负担能力对 GDP 增长率的敏感性数值（见表 6 – 15）。

表 6 – 15                     财政收入对 GDP 的敏感性数值              单位：%

| GDP | 下降 1 个百分点 | 基准增长率 | 上升 1 个百分点 |
|---|---|---|---|
| 敏感性数值 | − 26.40 | 1 | 41.19 |

在表 6 – 14 的基础上，我们得到不同 GDP 增长率下的财政负担能力数值（见表 6 – 16）。

表 6 – 16                   不同 GDP 增长率下的财政负担能力数值

| 利率 | 下降 1 个百分点 | 基准增长率 | 上升 1 个百分点 |
|---|---|---|---|
| 财政负担能力 | 0.1134 | 0.0769 | 0.0591 |

在表 6 – 16 的基础上，我们得到财政负担能力对 GDP 增长率的敏感性数值（见表 6 – 17）。

表 6 – 17                财政负担能力对 GDP 增长率的敏感性数值         单位：%

| 利率 | 下降 1 百分点 | 基准增长率 | 上升 1 百分点 |
|---|---|---|---|
| 敏感性数值 | 35.86 | 1 | − 29.17 |

表 6 – 17 表明，当 GDP 增长率下降 1 个百分点时，财政负担能力增加 35.86%；当 GDP 增长率上升 1 个百分点时，财政负担能力减少 29.17%。

## 二、转制成本财政负担能力对财政依赖度的敏感性分析

以上财务平衡测算是按照基准方案（即假设财政依赖度在如表 6 – 1 所示

的情况下）进行的，当财政依赖度下降或上升 1 个百分点时，进一步得到不同财政依赖度下的 2024～2099 年财政收入现值（见表 6 - 18）。

| 表 6 - 18 | 不同财政依赖度下的财政收入现值 | | 单位：亿元 |
| --- | --- | --- | --- |
| 财政依赖度 | 下降 1 百分点 | 基准增长率 | 上升 1 百分点 |
| 财政收入现值 | 14 328 872 | 15 152 775 | 15 976 679 |

在表 6 - 18 的基础上，我们得到财政负担能力对不同财政依赖度下的数值（见表 6 - 19）。

| 表 6 - 19 | 不同财政依赖度下的财政负担能力数值 | | |
| --- | --- | --- | --- |
| 财政依赖度 | 下降 1 百分点 | 基准增长率 | 上升 1 百分点 |
| 财政负担能力 | 0.0882 | 0.0769 | 0.0791 |

在表 6 - 19 基础上，得到财政负担能力对财政依赖度的敏感性数值（见表 6 - 20）。

| 表 6 - 20 | 财政负担能力对财政依赖度的敏感性数值 | | 单位：% |
| --- | --- | --- | --- |
| 财政依赖度 | 下降 1 百分点 | 基准增长率 | 上升 1 百分点 |
| 敏感性数值 | 5.75 | 1 | - 5.16 |

表 6 - 20 表明，当财政依赖度下降 1 个百分点时，财政负担能力增加 5.75 个百分点；当财政依赖度上升 1 个百分点时，财政负担能力减少 5.16 个百分点。

# 第七章　测算结果、研究结论与政策建议

## 第一节　测算结果

### 一、中国社会养老保险财务现状

第一，养老保险抚养比快速增长。1999年的退休人数占在职职工人数的比值从18.6%快速增长到2021年的53.2%，增长速度过高，可能加重在职职工的抚养负担，最终加重财政的负担。出现这种情况的原因可能是我国人口老龄化情况逐渐加重，导致每年增加的退休人数较新增职员的幅度较大。

第二，年度支出占年度收入比例持续增长，存在年度收支不平衡的风险。

第三，总体来看，年支出增长率高于年收入增长率，未来可能较为严重的基金缺口。从近些年各地的实际情况来看，养老金欠缴已经成为一项不容忽视的问题，养老金欠缴严重影响了相关单位员工的切身利益以及合法权益。

第四，社会养老保险制度改革产生的改革成本，可能影响财政的负担能力。机关事业单位养老保险从2014年才开始缴纳，城镇企业职工养老保险制度于1997年1月1日开始实施，一方面，"老人"和"中人"在此之前未缴纳过养老金，并轨后"老人"和已经退休的"中人"的部分养老保险没有来源，这就意味着国家需要承担并轨后养老金转制成本。《国务院关于建立统一的城乡居民基本养老保险制度的意见》明确城乡居民养老保险的统筹账户参保者不缴费，也就是说退休者的基础养老金由国家财政解决。如何消化这些改革成本，减轻财政压力，需要早谋划。

第五，基本养老保险结余基金存在增值困难的问题。三大养老保险基金结

余金额巨大，要使这部分基金保值增值，必须要求其年投资收益率大于通货膨胀率和无风险利率之和。当前社会养老保险基金投资渠道有三：一是委托全国社会保障基金理事会进行投资；二是各单位自行投资；三是存银行吃低利息。现实情况是，当前90%的基金存银行，总体收益率不足2%，一旦存在较高的通货膨胀，基金必然贬值，不利于养老保险财务的可持续。

## 二、未来老年抚养负担变动趋势

未来各年老年抚养比预测值具有以下走势：老年抚养比从2024年的0.2250逐年上升至2058年的0.6513，以后又逐年下降至2072年的0.6102，之后又逐年上升至2083年的0.6817，接着又继续下降至2097年的0.5412。

## 三、社会养老保险财务平衡的测算结果

1. 机关事业单位养老保险财务平衡测算结果

（1）5年期测算结果，机关事业单位养老保险统筹账户收入精算现值为56 600.83亿元，支出现值为58 803.24亿元，基金结余现值为2 596.190亿元。

（2）10年期测算结果，机关事业单位养老保险统筹账户收入精算现值为116 534.85亿元，支出现值为129 901.55亿元，基金结余现值为 - 8 568.10亿元。

（3）70年期测算结果，机关事业单位养老保险统筹账户收入精算现值为577 864.48亿元，支出现值为718 169.62亿元，基金结余现值为 - 135 506.54亿元。

（4）敏感性测算：5年期的基准方案中基金结余为正数，而10年期和70年期的基金结余是负数。当利率下降1个百分点时，5年期的基金结余减少2.83%，而10年期和70年期的基金结余使基金缺口增加10.39%和43.27%；当利率上升1个百分点时，5年期的基金结余为增加2.71%，10年期和70年期的基金结余使基金缺口减少9.60%和28.09%。

2. 城镇企业职工养老保险财务平衡测算结果

（1）5年期测算结果，城镇企业职工养老保险统筹账户收入精算现值为424 818亿元，支出现值为281 199亿元，基金结余现值为212 957亿元。

（2）10年期测算结果，城镇企业职工养老保险统筹账户收入精算现值为

874 653 亿元,支出现值为 4 606 526 亿元,基金结余现值为 296 771 亿元。

(3) 70 年期测算结果,城镇企业职工养老保险统筹账户收入精算现值为 3 771 646 亿元,支出现值为 5 426 429.26 亿元,基金结余现值为 - 765 542 亿元。

(4) 敏感性测算:当利率下降 1 个百分点时,5 年期的基金结余增加 1.23%,10 年基金结余为增加 2.78%,70 年期的基金结余使基金缺口增加 98.53%;当利率上升 1 个百分点时,5 年期的基金结余减少 1.18%,10 年期的基金结余减少 2.60%,70 年期的基金缺口减少 56.95%。

3. 城乡居民养老保险财务平衡测算结果

(1) 5 年期测算结果,城乡居民养老保险统筹账户收入精算现值为 0 亿元,支出现值为 11 505.98 亿元,基金结余现值为 4 177.02 亿元。

(2) 10 年期测算结果,城乡居民养老保险统筹账户收入精算现值为 0 亿元,支出现值为 23 877.01 亿元,基金缺口现值为 - 8 194.01 亿元。

(3) 70 年期测算结果,城乡居民养老保险统筹账户收入精算现值为 0 亿元,支出现值为 110 828.95 亿元,基金缺口现值为 - 95 145.95 亿元。

(4) 敏感性测算:当利率下降 1 个百分点时,5 年期的基金结余为增加 0.549%,10 年期的基金缺口现值扩大 13.42%,70 年期的基金缺口现值增加 36.88%;当利率上升 1 个百分点时,5 年期的基金结余增加 5.28%,10 年期的基金缺口现值减少 12.50%,70 年期的基金缺口减少 24.92%。

## 四、社会养老保险转制成本测算

1. 2024 年全国行政事业单位养老保险统筹账户转制成本

转制成本$_{PUB}$ = 预期"老人"因过去既得年资基数应在个人账户中获得的养老金权益现值 + "中人"未来发放的视同缴费过渡性养老金现值 - 社会统筹账户基金余额 = 339 477.8 亿元

2. 2024 年全国城镇企业职工社会养老保险统筹账户转制成本

转制成本$_{PUB}$ = 预期"老人"因过去既得年资基数应在个人账户中获得的养老金权益现值 + "中人"未来发放的视同缴费过渡性养老金现值 - 社会统筹账户基金余额 = 826 408.5 亿元

## 五、中国社会养老保险财政负担能力预测

### （一）收支缺口财政负担能力

根据测算，从收支缺口占全国财政收入比例看，5年内收支不存在缺口，因此没有财政负担；10年内，财政负担能力增大，但在可控范围内；从长远看，未来70年的财政负担能力会降低，这主要得力于人口生育政策的实施和各种社会保障政策的调整。总体来看，未来70年的社会养老保险财务平衡财务趋于平衡，对财政的压力并不大，在可控范围内。

### （二）转制成本财政负担能力

**1. 转制成本**

2024~2099年，机关事业单位养老保险转制成本为339 477.8亿元，城镇企业职工养老保险转制成本为826 408.5亿元。

**2. 财政收入现值**

2024~2099年，中国财政收入总现值为15 152 775亿元。

**3. 各个社会养老保险制度的财政负担能力**

根据公式：

$$财政负担能力 = \frac{统筹账户转制成本}{2024\sim2099年中国财政收入现值}$$

得到：　　机关事业单位养老保险财政负担能力 = 2.24%

城镇企业职工养老保险财政负担能力 = 5.45%

**4. 中国社会养老保险总财政负担能力**

$$\frac{中国社会养老保险}{财政负担能力} = \frac{机关事业单位养老保险统筹账户转制成本 + 城镇企业职工养老保险统筹账户转制成本}{2024\sim2099年中国财政收入现值}$$

$$= 7.69\%$$

## 六、财政负担能力对GDP增长率、财政依赖度的敏感性分析

**1. 财政负担能力对GDP增长率的敏感性分析**

当GDP增长率下降1个百分点时，财政负担能力增加4.03%；当GDP增长率上升1个百分点时，财政负担能力减少3.33%。

2. 财政负担能力对财政依赖度的敏感性分析

当财政依赖度下降 1 个百分点时，财政负担能力增加 5.75 个百分点；当财政依赖度上升 1 个百分点，财政负担能力减少 5.16 个百分点。

# 第二节　研究结论

在一系列符合中国社会经济人口发展趋势的假设下，我们确定，2024～2099 年，中国社会养老保险制度将面临问题和转折，主要包括以下方面。

（一）中国社会养老保险财务现状

从总体情况看，尽管收入大于支出，但多数年份的年支出增长率高于年收入增长率，未来可能有一定的基金缺口。目前存在养老金欠缴、如何消化这些改革成本以及基本养老保险结余基金增值困难的问题。

（二）未来中国老龄化趋势

由于生育率较低，未来中国人口老龄化趋势持续。未来 70 多年，中国劳动力的抚养负担会逐年加大，并在很长一段时间内保持较高的水平。这样的趋势可能会影响社会养老保险的财务平衡，从而影响社会养老保险制度的可持续性。

（三）社会养老保险短期、中期、长期财务平衡情况

1. 机关事业单位养老保险短期、中期、长期财务平衡情况

假设未来利率在 3% 至 5% 之间变动，则：（1）5 年期，机关事业单位养老保险统筹账户基金结余现值在 2 523 亿元至 2 667 亿元之间，说明未来 5 年基金是有盈余的，财务是平衡的可持续的；（2）10 年期，机关事业单位养老保险统筹账户基金缺口现值在 9 458 亿元至 7 745 亿元之间，基金占未来 10 年全国财政收入现值比例在 0.357% 至 0.281% 之间；（3）75 年期，机关事业单位养老保险统筹账户基金缺口现值为 194 134 亿元至 97 441 亿元之间，基金缺口占未来 75 年全国财政收入现值比例在 1.28% 至 0.643% 之间，各年财政补助占各年全国财政收入的比例较小，说明没有财政压力。

2. 城镇企业职工养老保险短期、中期、长期财务平衡情况

假设未来利率在 3% 至 5% 之间变动，则：（1）5 年期，城镇企业职工养老保险统筹账户基金结余现值在 215 587 亿元至 210 435 亿元之间，说明未来 5 年基金是有盈余的，财务是平衡的可持续的；（2）10 年期，城镇企业职工养

老保险统筹账户基金结余现值在 305 016 亿元至 289 051 亿元之间，说明未来 10 年基金是有盈余的，财务是平衡的可持续的；（3）75 年期，城镇企业职工养老保险基金缺口现值为 1 519 785 亿元至 329 558 亿元之间，基金缺口占未来 75 年全国财政收入现值比例在 10.03% 至 2.17% 之间。正常假设条件下，基金缺口占未来 75 年全国财政收入现值比例为 5.05%，可见各年财政补助占各年全国财政收入的比例较小，说明财政压力轻，在可控范围内。

3. 城乡居民养老保险短期、中期、长期财务平衡情况

假设未来利率在 3% 至 5% 之间变动，则：（1）5 年期，城乡居民养老保险统筹账户基金结余现值在 3 948 亿元至 4 398 亿元之间，说明未来 5 年基金是有盈余的，财务是平衡的可持续的；（2）10 年期，城乡居民养老保险统筹账户基金缺口现值在 9 293 亿元至 7 170 亿元之间，基金缺口占未来 10 年全国财政收入现值比例在 0.35% 至 0.27% 之间，未来各年财政补助占各年全国财政收入的比例较小，说明没有财政压力；（3）70 年期，城乡居民养老保险基金缺口现值为 130 237 亿元至 71 433 亿元之间，基金缺口占未来 75 年全国财政收入现值比例在 0.86% 至 0.47% 之间。正常假设条件下，基金缺口占未来 75 年全国财政收入现值比例为 0.63%，可见各年财政补助占各年全国财政收入的比例较小，说明财政压力轻，在可控范围内。

4. 三大社会养老保险基金总体平衡情况

以上测算表明：（1）未来 5 年、10 年，中国社会养老保险基金能实现财务平衡，不会给财政产生压力；（2）未来 75 年情况下，基金存在缺口，但占全国财政收入比例在可控范围内。

（四）社会养老保险基金结余现值对利率的敏感性分析

经测算得到，三大社会养老保险基金对利率的敏感性极强，且随着年限的增大而急速增大。三大社会养老保险基金结余对利率的敏感性强度排序为：城镇企业职工养老保险基金结余对利率敏感性最强，机关事业养老保险基金结余对利率敏感性强度次之，城乡居民养老保险基金结余对利率敏感性较弱。

（五）社会养老保险转制成本

在基准方案下，2024 年全国行政事业单位养老保险统筹账户转制成本为 339 478 亿元。

在基准方案下，2024 年全国城镇企业职工社会养老保险统筹账户转制成本为 826 409 亿元。

（六）中国社会养老保险财政负担能力预测

1. 收支缺口财政负担能力

根据测算，从收支缺口占全国财政收入比例看，5 年内收支不存在缺口，因此没有财政负担；10 年内，财政负担能力增大，但在可控范围内；从长远看，未来 70 年的财政负担能力会降低，这主要得力于人口生育政策的实施和各种社会保障政策的调整。总体来看，未来 70 年的社会养老保险财务平衡财务趋于平衡，对财政的压力并不大，在可控范围内。

2. 转制成本财政负担能力

机关事业单位养老保险财政负担能力为 2.24%，而城镇企业职工养老保险财政负担能力为 5.45%，中国社会养老保险总财政负担能力 7.69%。

（七）财政负担能力对 GDP 增长率、财政依赖度的敏感性分析

财政负担能力对 GDP 增长率的敏感性较强，财政负担能力对财政依赖度的敏感性相较对 GDP 增长率的敏感性相对较弱，但依然很强。

（八）转制成本

未来 70 多年的社会养老保险收支缺口和转制成本占未来中国财政收入的比例较小，不会对中国未来财政支出产生太大的压力。

以上的测算只是基于当前政策、当前社会人口现状前提下对未来的预测。表面上，从绝对值看好像未来的收支缺口以及转制成本规模比较大，但是我们要清楚，以上缺口是在未来 75 年逐步由财政补助的，因此从各年实际补助数额看，与各年财政收入相比，这个补助的数额较小，即各年财政补助金额占各年财政收入的比例并不大，不会增加中国财政支出的压力。

# 第三节　政策建议

从以上测算分析可知，总体看存在以下趋势：（1）三大社会养老保险基金在短期内收入大于支出，且有结余，但从较长的时期看，要密切注意和防范三大社会养老保险基金收支缺口的扩大；（2）要采用配套措施化解三大社会养老保险制度转制成本，以免影响社会养老保险制度的可持续性；（3）利率、GDP 增长率以及财政依赖度是控制社会养老保险财政负担能力的重要控制指标。

由于中国财政还需负担医疗保险等其他社会保险的缺口和转制成本，所以

要加强中国社会养老保险财务运行风险的管理。有人认为：中国社会保障支出占财政支出的比值平均为14%，发达国家这方面占比数据高达30%，相对而言，中国社会养老保险财政负担应该较小。但中国有中国的国情，要加大中国社会保障支出的财政支出比例，需要优化支出结构，这涉及国家经济体制的改革与公共服务结构的调整，有一定的难度。

汇总精算结果，为了把中国社会养老保险基金缺口、转制成本控制在合理范围，进一步减轻财政负担及保证制度可持续性，根据我国国情，建议如下。

（1）适当提高生育率水平。老龄化是中国社会养老保险制度面临的主要风险之一。本书对未来70年中国老年抚养负担的测算是在假设"中国2022～2036年总和生育率为1.3，2037年以后各年定为1.8"的情况下进行的。随着少子化、老龄化加重，中国的人口结构发生了不可逆的变化，每一个年轻人需要抚养的老年人会越来越多，在职人员就会有更高社保缴费负担。虽然理论上引入一部分年轻移民能减轻少子化带来的问题，但考虑到中国没有吸收和归化移民的传统，最好的补救办法，就是从现在开始适当鼓励生育，从过去抑制改成适当鼓励人口增长，从而减轻在职职工的养老负担。

（2）延迟退休年龄。本书的结论建立在延迟退休的基础上，即从现在到2045年，我国男女退休年龄需要逐步延迟到65岁。一般解决社保财务问题的方法之一，不外是多缴、少拿、延后退休，透过提高缴费率、减少给付支出、延后退休年龄来减轻财务的负担。根据魏吉漳测算得知，如将男性、女性退休年龄都延后5岁，则男性精算应计负债会下降33%，女性精算应计负债会下降26%。[1] 可见，推迟退休年龄，是控制基金缺口和转制成本的主要措施之一。

（3）提高养老保险的最低缴费年限。随着法定退休年龄的延迟，按月领取养老金的最低缴费年限也应调整。如果从目前的15年逐步提高至20年，同时，退休人员养老金水平与缴费年限、缴费水平挂钩，与退休年龄密切相关，这样既可以为退休后的生活提供更好的保障，又可进一步减少养老保险收支缺口。

（4）要控制利率风险。利率风险可以定义为：利率变化使养老保险基金缺口、转制成本与预期值发生背离，从而增加财政负担的可能性。利率敏感性

---

[1] 魏吉漳：《中国城镇企业职工基本养老保险财务可持续性精算评估》，中国社会科学院研究生院博士学位论文.2014年，第103页。

分析显示，社会养老保险基金缺口和转制成本对利率敏感性较强。稳定金融市场，控制利率，对于控制社会养老保险基金缺口和转制成本至关重要。

（5）要警惕长寿带来的影响。由于我国当前缺乏国民生命表，所以本书假定死亡率分布为：假设建议第一个 10 年采用《中国人身保险业经验生命表（2010—2013）》中的 CL1～CL2 表，第二、第三个 10 年采用《中国人身保险业经验生命表（2010—2013）》中的 CL3～CL4 表，以后各年采用《中国人身保险业经验生命表（2010—2013）》中的 CL5～CL6 表。由于非养老金业务一表男性平均寿命为 75.92 岁，女性平均寿命为 81.21 岁。非养老金业务二表男性平均寿命为 79.85 岁，女性平均寿命为 84.94 岁。养老金业务表男性平均寿命为 82.63 岁，女性平均寿命为 87.63 岁。未来中国男女平均寿命都会延长，所以长寿对养老保险制度财务平衡的影响要高度重视。

（6）全面发展经济，提高 GDP 增长率，缓解财政负担压力。由于财政负担能力对 GDP 增长率极为敏感。当 GDP 增长率下降 1 个百分点时，财政负担能力增加 4.03%；当 GDP 增长率上升 1 个百分点时，财政负担能力减少 3.33%。可见进一步发展经济是促进社会养老保险制度财务平衡的关键，只要我们将未来 GDP 增长率水平比本书假设的基准 GDP 增长率提高 2 个百分点，就可以将财政负担能力减少 2 个百分点。

（7）促进科技发展特别是人工智能的发展，以缓解老龄化对社会养老保险的影响。科学技术是生产力。一方面，科学技术发展可以提高人均生产力，促进经济发展，为社会养老保险提供充足的财力；另一方面，人工智能可以替代劳动力的劳动，不用再担心因劳动力供给减少造成的经济活动下降，可以提高在职职工的养老压力。人工智能技术还能够促进养老创新发展，进一步推动养老事业的发展。

（8）中央和地方财政发行一定数量的政府债券，以跨期调整、债务递延的方式来弥补基本养老保险转制成本。通过财政发行政府债券解决养老保险转制成本的方式，其可行性在于"老人"与"中人"余命期内需要支付的转制成本被年均化，改支付压力"由重到轻"为"压力均等"。

（9）要适时加大社会保障支出的比重。研究得出，近十年来中国社会保障支出占财政收入的平均占比大约在 11%，但大大低于发达国家的 30%。随着我国经济市场化程度的不断深入，财政体制正在发生重大转变，开始由经济建设型向公共服务型转变。根据公共财政理论的内在要求，积极配合财政体制转型，地方政府应不断地调整和优化财政支出结构，优先考虑保障和改善民生。因此北京市政府要逐年逐步提高必要的社会保障支出占财政总支出的比重，以确保及时弥补机关事业单位养老保险基金的缺口，保障各类社会养老保险制度的财务可持续性。

最后值得一提的是，在本精算报告即将出版之际，全国人民代表大会常务委员会批准了《国务院关于渐进式延迟法定退休年龄的办法》，在全国范围内实施渐进式延迟法定退休年龄政策，坚持小步调整、弹性实施、分类推进、统筹兼顾的原则，这是确保社会养老保险制度可持续性的重要举措。随着我国社会经济人口政策的不断调整，我国社会养老保险制度一直会行进在健康发展的轨道上。

# 中国人身保险业经验生命表（2010～2013）

| 年龄（岁） | 非养老类业务一表 | | 非养老类业务二表 | | 养老类业务表 | |
|:---:|:---:|:---:|:---:|:---:|:---:|:---:|
| | 男（CL1） | 女（CL2） | 男（CL3） | 女（CL4） | 男（CL5） | 女（CL6） |
| 0 | 0.000867 | 0.000620 | 0.000620 | 0.000455 | 0.000566 | 0.000453 |
| 1 | 0.000615 | 0.000456 | 0.000465 | 0.000324 | 0.000386 | 0.000289 |
| 2 | 0.000445 | 0.000337 | 0.000353 | 0.000236 | 0.000268 | 0.000184 |
| 3 | 0.000339 | 0.000256 | 0.000278 | 0.000180 | 0.000196 | 0.000124 |
| 4 | 0.000280 | 0.000203 | 0.000229 | 0.000149 | 0.000158 | 0.000095 |
| 5 | 0.000251 | 0.000170 | 0.000200 | 0.000131 | 0.000141 | 0.000084 |
| 6 | 0.000237 | 0.000149 | 0.000182 | 0.000119 | 0.000132 | 0.000078 |
| 7 | 0.000233 | 0.000137 | 0.000172 | 0.000110 | 0.000129 | 0.000074 |
| 8 | 0.000238 | 0.000133 | 0.000171 | 0.000105 | 0.000131 | 0.000072 |
| 9 | 0.000250 | 0.000136 | 0.000177 | 0.000103 | 0.000137 | 0.000072 |
| 10 | 0.000269 | 0.000145 | 0.000187 | 0.000103 | 0.000146 | 0.000074 |
| 11 | 0.000293 | 0.000157 | 0.000202 | 0.000105 | 0.000157 | 0.000077 |
| 12 | 0.000319 | 0.000172 | 0.000220 | 0.000109 | 0.000170 | 0.000080 |
| 13 | 0.000347 | 0.000189 | 0.000240 | 0.000115 | 0.000184 | 0.000085 |
| 14 | 0.000375 | 0.000206 | 0.000261 | 0.000121 | 0.000197 | 0.000090 |
| 15 | 0.000402 | 0.000221 | 0.000280 | 0.000128 | 0.000208 | 0.000095 |
| 16 | 0.000427 | 0.000234 | 0.000298 | 0.000135 | 0.000219 | 0.000100 |
| 17 | 0.000449 | 0.000245 | 0.000315 | 0.000141 | 0.000227 | 0.000105 |
| 18 | 0.000469 | 0.000255 | 0.000331 | 0.000149 | 0.000235 | 0.000110 |
| 19 | 0.000489 | 0.000262 | 0.000346 | 0.000156 | 0.000241 | 0.000115 |
| 20 | 0.000508 | 0.000269 | 0.000361 | 0.000163 | 0.000248 | 0.000120 |
| 21 | 0.000527 | 0.000274 | 0.000376 | 0.000170 | 0.000256 | 0.000125 |

续表

| 年龄（岁） | 非养老类业务一表 | | 非养老类业务二表 | | 养老类业务表 | |
|---|---|---|---|---|---|---|
| | 男（CL1） | 女（CL2） | 男（CL3） | 女（CL4） | 男（CL5） | 女（CL6） |
| 22 | 0.000547 | 0.000279 | 0.000392 | 0.000178 | 0.000264 | 0.000129 |
| 23 | 0.000568 | 0.000284 | 0.000409 | 0.000185 | 0.000273 | 0.000134 |
| 24 | 0.000591 | 0.000289 | 0.000428 | 0.000192 | 0.000284 | 0.000139 |
| 25 | 0.000615 | 0.000294 | 0.000448 | 0.000200 | 0.000297 | 0.000144 |
| 26 | 0.000644 | 0.000300 | 0.000471 | 0.000208 | 0.000314 | 0.000149 |
| 27 | 0.000675 | 0.000307 | 0.000497 | 0.000216 | 0.000333 | 0.000154 |
| 28 | 0.000711 | 0.000316 | 0.000526 | 0.000225 | 0.000354 | 0.000160 |
| 29 | 0.000751 | 0.000327 | 0.000558 | 0.000235 | 0.000379 | 0.000167 |
| 30 | 0.000797 | 0.000340 | 0.000595 | 0.000247 | 0.000407 | 0.000175 |
| 31 | 0.000847 | 0.000356 | 0.000635 | 0.000261 | 0.000438 | 0.000186 |
| 32 | 0.000903 | 0.000374 | 0.000681 | 0.000277 | 0.000472 | 0.000198 |
| 33 | 0.000966 | 0.000397 | 0.000732 | 0.000297 | 0.000509 | 0.000213 |
| 34 | 0.001035 | 0.000423 | 0.000788 | 0.000319 | 0.000549 | 0.000231 |
| 35 | 0.001111 | 0.000454 | 0.000850 | 0.000346 | 0.000592 | 0.000253 |
| 36 | 0.001196 | 0.000489 | 0.000919 | 0.000376 | 0.000639 | 0.000277 |
| 37 | 0.001290 | 0.000530 | 0.000995 | 0.000411 | 0.000690 | 0.000305 |
| 38 | 0.001395 | 0.000577 | 0.001078 | 0.000450 | 0.000746 | 0.000337 |
| 39 | 0.001515 | 0.000631 | 0.001170 | 0.000494 | 0.000808 | 0.000372 |
| 40 | 0.001651 | 0.000692 | 0.001270 | 0.000542 | 0.000878 | 0.000410 |
| 41 | 0.001804 | 0.000762 | 0.001380 | 0.000595 | 0.000955 | 0.000450 |
| 42 | 0.001978 | 0.000841 | 0.001500 | 0.000653 | 0.001041 | 0.000494 |
| 43 | 0.002173 | 0.000929 | 0.001631 | 0.000715 | 0.001138 | 0.000540 |
| 44 | 0.002393 | 0.001028 | 0.001774 | 0.000783 | 0.001245 | 0.000589 |
| 45 | 0.002639 | 0.001137 | 0.001929 | 0.000857 | 0.001364 | 0.000640 |
| 46 | 0.002913 | 0.001259 | 0.002096 | 0.000935 | 0.001496 | 0.000693 |
| 47 | 0.003213 | 0.001392 | 0.002277 | 0.001020 | 0.001641 | 0.000750 |
| 48 | 0.003538 | 0.001537 | 0.002472 | 0.001112 | 0.001798 | 0.000811 |
| 49 | 0.003884 | 0.001692 | 0.002682 | 0.001212 | 0.001967 | 0.000877 |

续表

| 年龄<br>（岁） | 非养老类业务一表 | | 非养老类业务二表 | | 养老类业务表 | |
|---|---|---|---|---|---|---|
| | 男（CL1） | 女（CL2） | 男（CL3） | 女（CL4） | 男（CL5） | 女（CL6） |
| 50 | 0.004249 | 0.001859 | 0.002908 | 0.001321 | 0.002148 | 0.000950 |
| 51 | 0.004633 | 0.002037 | 0.003150 | 0.001439 | 0.002340 | 0.001031 |
| 52 | 0.005032 | 0.002226 | 0.003409 | 0.001568 | 0.002544 | 0.001120 |
| 53 | 0.005445 | 0.002424 | 0.003686 | 0.001709 | 0.002759 | 0.001219 |
| 54 | 0.005869 | 0.002634 | 0.003982 | 0.001861 | 0.002985 | 0.001329 |
| 55 | 0.006302 | 0.002853 | 0.004297 | 0.002027 | 0.003221 | 0.001450 |
| 56 | 0.006747 | 0.003085 | 0.004636 | 0.002208 | 0.003469 | 0.001585 |
| 57 | 0.007227 | 0.003342 | 0.004999 | 0.002403 | 0.003731 | 0.001736 |
| 58 | 0.007770 | 0.003638 | 0.005389 | 0.002613 | 0.004014 | 0.001905 |
| 59 | 0.008403 | 0.003990 | 0.005807 | 0.002840 | 0.004323 | 0.002097 |
| 60 | 0.009161 | 0.004414 | 0.006258 | 0.003088 | 0.004660 | 0.002315 |
| 61 | 0.010065 | 0.004923 | 0.006742 | 0.003366 | 0.005034 | 0.002561 |
| 62 | 0.011129 | 0.005529 | 0.007261 | 0.003684 | 0.005448 | 0.002836 |
| 63 | 0.012360 | 0.006244 | 0.007815 | 0.004055 | 0.005909 | 0.003137 |
| 64 | 0.013771 | 0.007078 | 0.008405 | 0.004495 | 0.006422 | 0.003468 |
| 65 | 0.015379 | 0.008045 | 0.009039 | 0.005016 | 0.006988 | 0.003835 |
| 66 | 0.017212 | 0.009165 | 0.009738 | 0.005626 | 0.007610 | 0.004254 |
| 67 | 0.019304 | 0.010460 | 0.010538 | 0.006326 | 0.008292 | 0.004740 |
| 68 | 0.021691 | 0.011955 | 0.011496 | 0.007115 | 0.009046 | 0.005302 |
| 69 | 0.024411 | 0.013674 | 0.012686 | 0.008000 | 0.009897 | 0.005943 |
| 70 | 0.027495 | 0.015643 | 0.014192 | 0.009007 | 0.010888 | 0.006660 |
| 71 | 0.030965 | 0.017887 | 0.016106 | 0.010185 | 0.012080 | 0.007460 |
| 72 | 0.034832 | 0.020432 | 0.018517 | 0.011606 | 0.013550 | 0.008369 |
| 73 | 0.039105 | 0.023303 | 0.021510 | 0.013353 | 0.015387 | 0.009436 |
| 74 | 0.043796 | 0.026528 | 0.025151 | 0.015508 | 0.017686 | 0.010730 |
| 75 | 0.048921 | 0.030137 | 0.029490 | 0.018134 | 0.020539 | 0.012332 |
| 76 | 0.054506 | 0.034165 | 0.034545 | 0.021268 | 0.024017 | 0.014315 |
| 77 | 0.060586 | 0.038653 | 0.040310 | 0.024916 | 0.028162 | 0.016734 |

续表

| 年龄（岁） | 非养老类业务一表 | | 非养老类业务二表 | | 养老类业务表 | |
|---|---|---|---|---|---|---|
| | 男（CL1） | 女（CL2） | 男（CL3） | 女（CL4） | 男（CL5） | 女（CL6） |
| 78 | 0.067202 | 0.043648 | 0.046747 | 0.029062 | 0.032978 | 0.019619 |
| 79 | 0.074400 | 0.049205 | 0.053801 | 0.033674 | 0.038437 | 0.022971 |
| 80 | 0.082220 | 0.055385 | 0.061403 | 0.038718 | 0.044492 | 0.026770 |
| 81 | 0.090700 | 0.062254 | 0.069485 | 0.044160 | 0.051086 | 0.030989 |
| 82 | 0.099868 | 0.069880 | 0.077987 | 0.049977 | 0.058173 | 0.035598 |
| 83 | 0.109754 | 0.078320 | 0.086872 | 0.056157 | 0.065722 | 0.040576 |
| 84 | 0.120388 | 0.087611 | 0.096130 | 0.062695 | 0.073729 | 0.045915 |
| 85 | 0.131817 | 0.097754 | 0.105786 | 0.069596 | 0.082223 | 0.051616 |
| 86 | 0.144105 | 0.108704 | 0.115900 | 0.076863 | 0.091239 | 0.057646 |
| 87 | 0.157334 | 0.120371 | 0.126569 | 0.084501 | 0.100900 | 0.064084 |
| 88 | 0.171609 | 0.132638 | 0.137917 | 0.092504 | 0.111321 | 0.070942 |
| 89 | 0.187046 | 0.145395 | 0.150089 | 0.100864 | 0.122608 | 0.078241 |
| 90 | 0.203765 | 0.158572 | 0.163239 | 0.109567 | 0.134870 | 0.086003 |
| 91 | 0.221873 | 0.172172 | 0.177519 | 0.118605 | 0.148212 | 0.094249 |
| 92 | 0.241451 | 0.186294 | 0.193067 | 0.127985 | 0.162742 | 0.103002 |
| 93 | 0.262539 | 0.201129 | 0.209999 | 0.137743 | 0.178566 | 0.112281 |
| 94 | 0.285129 | 0.216940 | 0.228394 | 0.147962 | 0.195793 | 0.122109 |
| 95 | 0.309160 | 0.234026 | 0.248299 | 0.158777 | 0.214499 | 0.132540 |
| 96 | 0.334529 | 0.252673 | 0.269718 | 0.170380 | 0.234650 | 0.143757 |
| 97 | 0.361101 | 0.273112 | 0.292621 | 0.183020 | 0.256180 | 0.155979 |
| 98 | 0.388727 | 0.295478 | 0.316951 | 0.196986 | 0.279025 | 0.169421 |
| 99 | 0.417257 | 0.319794 | 0.342628 | 0.212604 | 0.303120 | 0.184301 |
| 100 | 0.446544 | 0.345975 | 0.369561 | 0.230215 | 0.328401 | 0.200836 |
| 101 | 0.476447 | 0.373856 | 0.397652 | 0.250172 | 0.354803 | 0.219242 |
| 102 | 0.506830 | 0.403221 | 0.426801 | 0.272831 | 0.382261 | 0.239737 |
| 103 | 0.537558 | 0.433833 | 0.456906 | 0.298551 | 0.410710 | 0.262537 |
| 104 | 0.568497 | 0.465447 | 0.487867 | 0.327687 | 0.440086 | 0.287859 |
| 105 | 1.000000 | 1.000000 | 1.000000 | 1.000000 | 1.000000 | 1.000000 |

# 国务院关于机关事业单位工作人员
# 养老保险制度改革的决定

各省、自治区、直辖市人民政府，国务院各部委、各直属机构：

按照党的十八大和十八届三中、四中全会精神，根据《中华人民共和国社会保险法》等相关规定，为统筹城乡社会保障体系建设，建立更加公平、可持续的养老保险制度，国务院决定改革机关事业单位工作人员养老保险制度。

一、改革的目标和基本原则。以邓小平理论、"三个代表"重要思想、科学发展观为指导，深入贯彻党的十八大、十八届三中、四中全会精神和党中央、国务院决策部署，坚持全覆盖、保基本、多层次、可持续方针，以增强公平性、适应流动性、保证可持续性为重点，改革现行机关事业单位工作人员退休保障制度，逐步建立独立于机关事业单位之外、资金来源多渠道、保障方式多层次、管理服务社会化的养老保险体系。改革应遵循以下基本原则：

（一）公平与效率相结合。既体现国民收入再分配更加注重公平的要求，又体现工作人员之间贡献大小差别，建立待遇与缴费挂钩机制，多缴多得、长缴多得，提高单位和职工参保缴费的积极性。

（二）权利与义务相对应。机关事业单位工作人员要按照国家规定切实履行缴费义务，享受相应的养老保险待遇，形成责任共担、统筹互济的养老保险筹资和分配机制。

（三）保障水平与经济发展水平相适应。立足社会主义初级阶段基本国情，合理确定基本养老保险筹资和待遇水平，切实保障退休人员基本生活，促进基本养老保险制度可持续发展。

（四）改革前与改革后待遇水平相衔接。立足增量改革，实现平稳过渡。对改革前已退休人员，保持现有待遇并参加今后的待遇调整；对改革后参加工作的人员，通过建立新机制，实现待遇的合理衔接；对改革前参加工作、改革后退休的人员，通过实行过渡性措施，保持待遇水平不降低。

（五）解决突出矛盾与保证可持续发展相促进。统筹规划、合理安排、量力而行，准确把握改革的节奏和力度，先行解决目前城镇职工基本养老保险制度不统一的突出矛盾，再结合养老保险顶层设计，坚持精算平衡，逐步完善相关制度和政策。

二、改革的范围。本决定适用于按照公务员法管理的单位、参照公务员法管理的机关（单位）、事业单位及其编制内的工作人员。

三、实行社会统筹与个人账户相结合的基本养老保险制度。基本养老保险费由单位和个人共同负担。单位缴纳基本养老保险费（以下简称单位缴费）的比例为本单位工资总额的20%，个人缴纳基本养老保险费（以下简称个人缴费）的比例为本人缴费工资的8%，由单位代扣。按本人缴费工资8%的数额建立基本养老保险个人账户，全部由个人缴费形成。个人工资超过当地上年度在岗职工平均工资300%以上的部分，不计入个人缴费工资基数；低于当地上年度在岗职工平均工资60%的，按当地在岗职工平均工资的60%计算个人缴费工资基数。

个人账户储存额只用于工作人员养老，不得提前支取，每年按照国家统一公布的记账利率计算利息，免征利息税。参保人员死亡的，个人账户余额可以依法继承。

四、改革基本养老金计发办法。本决定实施后参加工作、个人缴费年限累计满15年的人员，退休后按月发给基本养老金。基本养老金由基础养老金和个人账户养老金组成。退休时的基础养老金月标准以当地上年度在岗职工月平均工资和本人指数化月平均缴费工资的平均值为基数，缴费每满1年发给1%。个人账户养老金月标准为个人账户储存额除以计发月数，计发月数根据本人退休时城镇人口平均预期寿命、本人退休年龄、利息等因素确定（详见附件）。

本决定实施前参加工作、实施后退休且缴费年限（含视同缴费年限，下同）累计满15年的人员，按照合理衔接、平稳过渡的原则，在发给基础养老金和个人账户养老金的基础上，再依据视同缴费年限长短发给过渡性养老金。具体办法由人力资源社会保障部会同有关部门制定并指导实施。

本决定实施后达到退休年龄但个人缴费年限累计不满15年的人员，其基本养老保险关系处理和基本养老金计发比照《实施〈中华人民共和国社会保险法〉若干规定》（人力资源社会保障部令第13号）执行。

本决定实施前已经退休的人员，继续按照国家规定的原待遇标准发放基本养老金，同时执行基本养老金调整办法。

机关事业单位离休人员仍按照国家统一规定发给离休费，并调整相关待遇。

五、建立基本养老金正常调整机制。根据职工工资增长和物价变动等情况，统筹安排机关事业单位和企业退休人员的基本养老金调整，逐步建立兼顾各类人员的养老保险待遇正常调整机制，分享经济社会发展成果，保障退休人员基本生活。

六、加强基金管理和监督。建立健全基本养老保险基金省级统筹；暂不具备条件的，可先实行省级基金调剂制度，明确各级人民政府征收、管理和支付的责任。机关事业单位基本养老保险基金单独建账，与企业职工基本养老保险基金分别管理使用。基金实行严格的预算管理，纳入社会保障基金财政专户，实行收支两条线管理，专款专用。依法加强基金监管，确保基金安全。

七、做好养老保险关系转移接续工作。参保人员在同一统筹范围内的机关事业单位之间流动，只转移养老保险关系，不转移基金。参保人员跨统筹范围流动或在机关事业单位与企业之间流动，在转移养老保险关系的同时，基本养老保险个人账户储存额随同转移，并以本人改革后各年度实际缴费工资为基数，按 12% 的总和转移基金，参保缴费不足 1 年的，按实际缴费月数计算转移基金。转移后基本养老保险缴费年限（含视同缴费年限）、个人账户储存额累计计算。

八、建立职业年金制度。机关事业单位在参加基本养老保险的基础上，应当为其工作人员建立职业年金。单位按本单位工资总额的 8% 缴费，个人按本人缴费工资的 4% 缴费。工作人员退休后，按月领取职业年金待遇。职业年金的具体办法由人力资源社会保障部、财政部制定。

九、建立健全确保养老金发放的筹资机制。机关事业单位及其工作人员应按规定及时足额缴纳养老保险费。各级社会保险征缴机构应切实加强基金征缴，做到应收尽收。各级政府应积极调整和优化财政支出结构，加大社会保障资金投入，确保基本养老金按时足额发放，同时为建立职业年金制度提供相应的经费保障，确保机关事业单位养老保险制度改革平稳推进。

十、逐步实行社会化管理服务。提高机关事业单位社会保险社会化管理服务水平，普遍发放全国统一的社会保障卡，实行基本养老金社会化发放。加强街道、社区人力资源社会保障工作平台建设，加快老年服务设施和服务网络建设，为退休人员提供方便快捷的服务。

十一、提高社会保险经办管理水平。各地要根据机关事业单位工作人员养老保险制度改革的实际需要，加强社会保险经办机构能力建设，适当充实工作人员，提供必要的经费和服务设施。人力资源社会保障部负责在京中央国家机关及所属事业单位基本养老保险的管理工作，同时集中受托管理其职业年金基金。中央国家机关所属京外单位的基本养老保险实行属地化管理。社会保险经办机构应做好机关事业单位养老保险参保登记、缴费申报、关系转移、待遇核定和支付等工作。要按照国家统一制定的业务经办流程和信息管理系统建设要求，建立健全管理制度，由省级统一集中管理数据资源，实现规范化、信息化和专业化管理，不断提高工作效率和服务质量。

十二、加强组织领导。改革机关事业单位工作人员养老保险制度，直接关系广大机关事业单位工作人员的切身利益，是一项涉及面广、政策性强的工作。各地区、各部门要充分认识改革工作的重大意义，切实加强领导，精心组织实施，向机关事业单位工作人员和社会各界准确解读改革的目标和政策，正确引导舆论，确保此项改革顺利进行。各地区、各部门要按照本决定制定具体的实施意见和办法，报人力资源社会保障部、财政部备案后实施。人力资源社会保障部要会同有关部门制定贯彻本决定的实施意见，加强对改革工作的协调和指导，及时研究解决改革中遇到的问题，确保本决定的贯彻实施。

本决定自2014年10月1日起实施，已有规定与本决定不一致的，按照本决定执行。

国务院

2015年1月3日

# 国务院关于完善企业职工
# 基本养老保险制度的决定

各省、自治区、直辖市人民政府，国务院各部委、各直属机构：

近年来，各地区和有关部门按照党中央、国务院关于完善企业职工基本养老保险制度的部署和要求，以确保企业离退休人员基本养老金按时足额发放为中心，努力扩大基本养老保险覆盖范围，切实加强基本养老保险基金征缴，积极推进企业退休人员社会化管理服务，各项工作取得明显成效，为促进改革、发展和维护社会稳定发挥了重要作用。但是，随着人口老龄化、就业方式多样化和城市化的发展，现行企业职工基本养老保险制度还存在个人账户没有做实、计发办法不尽合理、覆盖范围不够广泛等不适应的问题，需要加以改革和完善。为此，在充分调查研究和总结东北三省完善城镇社会保障体系试点经验的基础上，国务院对完善企业职工基本养老保险制度作出如下决定：

一、完善企业职工基本养老保险制度的指导思想和主要任务。以邓小平理论和"三个代表"重要思想为指导，认真贯彻党的十六大和十六届三中、四中、五中全会精神，按照落实科学发展观和构建社会主义和谐社会的要求，统筹考虑当前和长远的关系，坚持覆盖广泛、水平适当、结构合理、基金平衡的原则，完善政策，健全机制，加强管理，建立起适合我国国情，实现可持续发展的基本养老保险制度。主要任务是：确保基本养老金按时足额发放，保障离退休人员基本生活；逐步做实个人账户，完善社会统筹与个人账户相结合的基本制度；统一城镇个体工商户和灵活就业人员参保缴费政策，扩大覆盖范围；改革基本养老金计发办法，建立参保缴费的激励约束机制；根据经济发展水平和各方面承受能力，合理确定基本养老金水平；建立多层次养老保险体系，划清中央与地方、政府与企业及个人的责任；加强基本养老保险基金征缴和监管，完善多渠道筹资机制；进一步做好退休人员社会化管理工作，提高服务水平。

二、确保基本养老金按时足额发放。要继续把确保企业离退休人员基本养老金按时足额发放作为首要任务，进一步完善各项政策和工作机制，确保离退休人员基本养老金按时足额发放，不得发生新的基本养老金拖欠，切实保障离退休人员的合法权益。对过去拖欠的基本养老金，各地要根据《中共中央办公厅国务院办公厅关于进一步做好补发拖欠基本养老金和企业调整工资工作的通知》要求，认真加以解决。

三、扩大基本养老保险覆盖范围。城镇各类企业职工、个体工商户和灵活就业人员都要参加企业职工基本养老保险。当前及今后一个时期，要以非公有制企业、城镇个体工商户和灵活就业人员参保工作为重点，扩大基本养老保险覆盖范围。要进一步落实国家有关社会保险补贴政策，帮助就业困难人员参保缴费。城镇个体工商户和灵活就业人员参加基本养老保险的缴费基数为当地上年度在岗职工平均工资，缴费比例为20%，其中8%记入个人账户，退休后按企业职工基本养老金计发办法计发基本养老金。

四、逐步做实个人账户。做实个人账户，积累基本养老保险基金，是应对人口老龄化的重要举措，也是实现企业职工基本养老保险制度可持续发展的重要保证。要继续抓好东北三省做实个人账户试点工作，抓紧研究制订其他地区扩大做实个人账户试点的具体方案，报国务院批准后实施。国家制定个人账户基金管理和投资运营办法，实现保值增值。

五、加强基本养老保险基金征缴与监管。要全面落实《社会保险费征缴暂行条例》的各项规定，严格执行社会保险登记和缴费申报制度，强化社会保险稽核和劳动保障监察执法工作，努力提高征缴率。凡是参加企业职工基本养老保险的单位和个人，都必须按时足额缴纳基本养老保险费；对拒缴、瞒报少缴基本养老保险费的，要依法处理；对欠缴基本养老保险费的，要采取各种措施，加大追缴力度，确保基本养老保险基金应收尽收。各地要按照建立公共财政的要求，积极调整财政支出结构，加大对社会保障的资金投入。

基本养老保险基金要纳入财政专户，实行收支两条线管理，严禁挤占挪用。要制定和完善社会保险基金监督管理的法律法规，实现依法监督。各省、自治区、直辖市人民政府要完善工作机制，保证基金监管制度的顺利实施。要继续发挥审计监督、社会监督和舆论监督的作用，共同维护基金安全。

六、改革基本养老金计发办法。为与做实个人账户相衔接，从2006年1月1日起，个人账户的规模统一由本人缴费工资的11%调整为8%，全部由个人缴费形成，单位缴费不再划入个人账户。同时，进一步完善鼓励职工参保缴费的激励约束机制，相应调整基本养老金计发办法。

《国务院关于建立统一的企业职工基本养老保险制度的决定》（国发〔1997〕26号）实施后参加工作、缴费年限（含视同缴费年限，下同）累计满15年的人员，退休后按月发给基本养老金。基本养老金由基础养老金和个人账户养老金组成。退休时的基础养老金月标准以当地上年度在岗职工月平均工资和本人指数化月平均缴费工资的平均值为基数，缴费每满1年发给1%。个人账户养老金月标准为个人账户储存额除以计发月数，计发月数根据职工退休时城镇人口平均预期寿命、本人退休年龄、利息等因素确定。（详见附件）

国发〔1997〕26号文件实施前参加工作，本决定实施后退休且缴费年限累计满15年的人员，在发给基础养老金和个人账户养老金的基础上，再发给过渡性养老金。各省、自治区、直辖市人民政府要按照待遇水平合理衔接、新老政策平稳过渡的原则，在认真测算的基础上，制订具体的过渡办法，并报劳动保障部、财政部备案。

本决定实施后到达退休年龄但缴费年限累计不满15年的人员，不发给基础养老金；个人账户储存额一次性支付给本人，终止基本养老保险关系。

本决定实施前已经离退休的人员，仍按国家原来的规定发给基本养老金，同时执行基本养老金调整办法。

七、建立基本养老金正常调整机制。根据职工工资和物价变动等情况，国务院适时调整企业退休人员基本养老金水平，调整幅度为省、自治区、直辖市当地企业在岗职工平均工资年增长率的一定比例。各地根据本地实际情况提出具体调整方案，报劳动保障部、财政部审批后实施。

八、加快提高统筹层次。进一步加强省级基金预算管理，明确省、市、县各级人民政府的责任，建立健全省级基金调剂制度，加大基金调剂力度。在完善市级统筹的基础上，尽快提高统筹层次，实现省级统筹，为构建全国统一的劳动力市场和促进人员合理流动创造条件。

九、发展企业年金。为建立多层次的养老保险体系，增强企业的人才竞争能力，更好地保障企业职工退休后的生活，具备条件的企业可为职工建立企业年金。企业年金基金实行完全积累，采取市场化的方式进行管理和运营。要切实做好企业年金基金监管工作，实现规范运作，切实维护企业和职工的利益。

十、做好退休人员社会化管理服务工作。要按照建立独立于企业事业单位之外社会保障体系的要求，继续做好企业退休人员社会化管理工作。要加强街道、社区劳动保障工作平台建设，加快公共老年服务设施和服务网络建设，条件具备的地方，可开展老年护理服务，兴建退休人员公寓，为退休人员提供更多更好的服务，不断提高退休人员的生活质量。

十一、不断提高社会保险管理服务水平。要高度重视社会保险经办能力建设，加快社会保障信息服务网络建设步伐，建立高效运转的经办管理服务体系，把社会保险的政策落到实处。各级社会保险经办机构要完善管理制度，制定技术标准，规范业务流程，实现规范化、信息化和专业化管理。同时，要加强人员培训，提高政治和业务素质，不断提高工作效率和服务质量。

完善企业职工基本养老保险制度是构建社会主义和谐社会的重要内容，事关改革发展稳定的大局。各地区和有关部门要高度重视，加强领导，精心组织实施，研究制订具体的实施意见和办法，并报劳动保障部备案。劳动保障部要会同有关部门加强指导和监督检查，及时研究解决工作中遇到的问题，确保本决定的贯彻实施。

本决定自发布之日起实施，已有规定与本决定不一致的，按本决定执行。

附件：个人账户养老金计发月数表

国务院
2005 年 12 月 3 日

# 国务院关于建立统一的城乡居民
# 基本养老保险制度的意见

各省、自治区、直辖市人民政府，国务院各部委、各直属机构：

按照党的十八大精神和十八届三中全会关于整合城乡居民基本养老保险制度的要求，依据《中华人民共和国社会保险法》有关规定，在总结新型农村社会养老保险（以下简称新农保）和城镇居民社会养老保险（以下简称城居保）试点经验的基础上，国务院决定，将新农保和城居保两项制度合并实施，在全国范围内建立统一的城乡居民基本养老保险（以下简称城乡居民养老保险）制度。现提出以下意见：

一、指导思想

高举中国特色社会主义伟大旗帜，以邓小平理论、"三个代表"重要思想、科学发展观为指导，贯彻落实党中央和国务院的各项决策部署，按照全覆盖、保基本、有弹性、可持续的方针，以增强公平性、适应流动性、保证可持续性为重点，全面推进和不断完善覆盖全体城乡居民的基本养老保险制度，充分发挥社会保险对保障人民基本生活、调节社会收入分配、促进城乡经济社会协调发展的重要作用。

二、任务目标

坚持和完善社会统筹与个人账户相结合的制度模式，巩固和拓宽个人缴费、集体补助、政府补贴相结合的资金筹集渠道，完善基础养老金和个人账户养老金相结合的待遇支付政策，强化长缴多得、多缴多得等制度的激励机制，建立基础养老金正常调整机制，健全服务网络，提高管理水平，为参保居民提供方便快捷的服务。"十二五"末，在全国基本实现新农保和城居保制度合并实施，并与职工基本养老保险制度相衔接。2020年前，全面建成公平、统一、规范的城乡居民养老保险制度，与社会救助、社会福利等其他社会保障政策相配套，充分发挥家庭养老等传统保障方式的积极作用，更好保障参保城乡居民的老年基本生活。

## 三、参保范围

年满16周岁（不含在校学生），非国家机关和事业单位工作人员及不属于职工基本养老保险制度覆盖范围的城乡居民，可以在户籍地参加城乡居民养老保险。

## 四、基金筹集

城乡居民养老保险基金由个人缴费、集体补助、政府补贴构成。

（一）个人缴费。

参加城乡居民养老保险的人员应当按规定缴纳养老保险费。缴费标准目前设为每年100元、200元、300元、400元、500元、600元、700元、800元、900元、1 000元、1 500元、2 000元12个档次，省（区、市）人民政府可以根据实际情况增设缴费档次，最高缴费档次标准原则上不超过当地灵活就业人员参加职工基本养老保险的年缴费额，并报人力资源社会保障部备案。人力资源社会保障部会同财政部依据城乡居民收入增长等情况适时调整缴费档次标准。参保人自主选择档次缴费，多缴多得。

（二）集体补助。

有条件的村集体经济组织应当对参保人缴费给予补助，补助标准由村民委员会召开村民会议民主确定，鼓励有条件的社区将集体补助纳入社区公益事业资金筹集范围。鼓励其他社会经济组织、公益慈善组织、个人为参保人缴费提供资助。补助、资助金额不超过当地设定的最高缴费档次标准。

（三）政府补贴。

政府对符合领取城乡居民养老保险待遇条件的参保人全额支付基础养老金，其中，中央财政对中西部地区按中央确定的基础养老金标准给予全额补助，对东部地区给予50%的补助。

地方人民政府应当对参保人缴费给予补贴，对选择最低档次标准缴费的，补贴标准不低于每人每年30元；对选择较高档次标准缴费的，适当增加补贴金额；对选择500元及以上档次标准缴费的，补贴标准不低于每人每年60元，具体标准和办法由省（区、市）人民政府确定。对重度残疾人等缴费困难群体，地方人民政府为其代缴部分或全部最低标准的养老保险费。

## 五、建立个人账户

国家为每个参保人员建立终身记录的养老保险个人账户，个人缴费、地方人民政府对参保人的缴费补贴、集体补助及其他社会经济组织、公益慈善组织、个人对参保人的缴费资助，全部记入个人账户。个人账户储存额按国家规定计息。

### 六、养老保险待遇及调整

城乡居民养老保险待遇由基础养老金和个人账户养老金构成，支付终身。

（一）基础养老金。中央确定基础养老金最低标准，建立基础养老金最低标准正常调整机制，根据经济发展和物价变动等情况，适时调整全国基础养老金最低标准。地方人民政府可以根据实际情况适当提高基础养老金标准；对长期缴费的，可适当加发基础养老金，提高和加发部分的资金由地方人民政府支出，具体办法由省（区、市）人民政府规定，并报人力资源社会保障部备案。

（二）个人账户养老金。个人账户养老金的月计发标准，目前为个人账户全部储存额除以 139（与现行职工基本养老保险个人账户养老金计发系数相同）。参保人死亡，个人账户资金余额可以依法继承。

### 七、养老保险待遇领取条件

参加城乡居民养老保险的个人，年满 60 周岁、累计缴费满 15 年，且未领取国家规定的基本养老保障待遇的，可以按月领取城乡居民养老保险待遇。

新农保或城居保制度实施时已年满 60 周岁，在本意见印发之日前未领取国家规定的基本养老保障待遇的，不用缴费，自本意见实施之月起，可以按月领取城乡居民养老保险基础养老金；距规定领取年龄不足 15 年的，应逐年缴费，也允许补缴，累计缴费不超过 15 年；距规定领取年龄超过 15 年的，应按年缴费，累计缴费不少于 15 年。

城乡居民养老保险待遇领取人员死亡的，从次月起停止支付其养老金。有条件的地方人民政府可以结合本地实际探索建立丧葬补助金制度。社会保险经办机构应每年对城乡居民养老保险待遇领取人员进行核对；村（居）民委员会要协助社会保险经办机构开展工作，在行政村（社区）范围内对参保人待遇领取资格进行公示，并与职工基本养老保险待遇等领取记录进行比对，确保不重、不漏、不错。

### 八、转移接续与制度衔接

参加城乡居民养老保险的人员，在缴费期间户籍迁移、需要跨地区转移城乡居民养老保险关系的，可在迁入地申请转移养老保险关系，一次性转移个人账户全部储存额，并按迁入地规定继续参保缴费，缴费年限累计计算；已经按规定领取城乡居民养老保险待遇的，无论户籍是否迁移，其养老保险关系不转移。

城乡居民养老保险制度与职工基本养老保险、优抚安置、城乡居民最低生活保障、农村五保供养等社会保障制度以及农村部分计划生育家庭奖励扶助制度的衔接，按有关规定执行。

## 九、基金管理和运营

将新农保基金和城居保基金合并为城乡居民养老保险基金，完善城乡居民养老保险基金财务会计制度和各项业务管理规章制度。城乡居民养老保险基金纳入社会保障基金财政专户，实行收支两条线管理，单独记账、独立核算，任何地区、部门、单位和个人均不得挤占挪用、虚报冒领。各地要在整合城乡居民养老保险制度的基础上，逐步推进城乡居民养老保险基金省级管理。

城乡居民养老保险基金按照国家统一规定投资运营，实现保值增值。

## 十、基金监督

各级人力资源社会保障部门要会同有关部门认真履行监管职责，建立健全内控制度和基金稽核监督制度，对基金的筹集、上解、划拨、发放、存储、管理等进行监控和检查，并按规定披露信息，接受社会监督。财政部门、审计部门按各自职责，对基金的收支、管理和投资运营情况实施监督。对虚报冒领、挤占挪用、贪污浪费等违纪违法行为，有关部门按国家有关法律法规严肃处理。要积极探索有村（居）民代表参加的社会监督的有效方式，做到基金公开透明，制度在阳光下运行。

## 十一、经办管理服务与信息化建设

省（区、市）人民政府要切实加强城乡居民养老保险经办能力建设，结合本地实际，科学整合现有公共服务资源和社会保险经办管理资源，充实加强基层经办力量，做到精确管理、便捷服务。要注重运用现代管理方式和政府购买服务方式，降低行政成本，提高工作效率。要加强城乡居民养老保险工作人员专业培训，不断提高公共服务水平。社会保险经办机构要认真记录参保人缴费和领取待遇情况，建立参保档案，按规定妥善保存。地方人民政府要为经办机构提供必要的工作场地、设施设备、经费保障。城乡居民养老保险工作经费纳入同级财政预算，不得从城乡居民养老保险基金中开支。基层财政确有困难的地区，省市级财政可给予适当补助。

各地要在现有新农保和城居保业务管理系统基础上，整合形成省级集中的城乡居民养老保险信息管理系统，纳入"金保工程"建设，并与其他公民信息管理系统实现信息资源共享；要将信息网络向基层延伸，实现省、市、县、乡镇（街道）、社区实时联网，有条件的地区可延伸到行政村；要大力推行全国统一的社会保障卡，方便参保人持卡缴费、领取待遇和查询本人参保信息。

## 十二、加强组织领导和政策宣传

地方各级人民政府要充分认识建立城乡居民养老保险制度的重要性，将其列入当地经济社会发展规划和年度目标管理考核体系，切实加强组织领导；要优化财政支出结构，加大财政投入，为城乡居民养老保险制度建设提供必要的财力保障。各级人力资源社会保障部门要切实履行主管部门职责，会同有关部门做好城乡居民养老保险工作的统筹规划和政策制定、统一管理、综合协调、监督检查等工作。

各地区和有关部门要认真做好城乡居民养老保险政策宣传工作，全面准确地宣传解读政策，正确把握舆论导向，注重运用通俗易懂的语言和群众易于接受的方式，深入基层开展宣传活动，引导城乡居民踊跃参保、持续缴费、增加积累，保障参保人的合法权益。

各省（区、市）人民政府要根据本意见，结合本地区实际情况，制定具体实施办法，并报人力资源社会保障部备案。

本意见自印发之日起实施，已有规定与本意见不一致的，按本意见执行。

国务院

2014 年 2 月 21 日

# 参 考 文 献

［1］曹洋、田辉：《北京市事业单位养老保险改革成本与收益研究》，《社会福利（理论版）》2013 年第 9 期。

［2］陈赵珺：《北京市机关事业单位职业年金的财政负担》，《现代商业》2017 年第 5 期。

［3］房海燕：《对我国隐性公共养老金债务的测算》，《统计研究》1998 年第 8 期。

［4］国家统计局：《中国劳动统计年鉴（2023）》，中国统计出版社 2023 年版。

［5］国家统计局：《中国人口统计年鉴（2023）》，中国统计出版社 2023 年版。

［6］国家统计局：《中国统计年鉴（2023）》［M］. 中国统计出版社 2023 年版。

［7］国家统计局：《国际统计年鉴（2023）》［M］. 中国统计出版社 2023 年版。

［8］黄晗：《机关事业单位养老保险改革的转制成本研究》，《江西财经大学学报》2014 年第 6 期。

［9］卢驰文：《机关事业单位养老保险制度转轨的财政压力分析》，《理论探索》2008 年第 1 期。

［10］李兰英、李伟：《养老保险个人账户隐性债务规模的实证分析》，《江西财经大学学报》2012 年第 2 期。

［11］马丽梅：《我国养老保险转制成本》，《企业研究》2010 年第 24 期。

［12］邱婵：《辽宁省城镇职工养老保险转制成本的研究》，辽宁大学硕士学位论文，2013 年。

［13］薛惠元、王雅：《机关事业单位养老保险隐性债务与转制成本测算》，《保险研究》2020 年第 4 期。

　　[14] 杨再贵、许鼎:《机关事业单位统筹账户养老金的财政负担》,《武汉大学学报》2017 年第 9 期。

　　[15] 杨再贵:《机关事业单位基本养老保险的精算应计负债》,《经济数学》2016 年第 6 期。

　　[16] 王晓军:《对我国养老金制度债务水平的估计与预测》,《预测》2002 年第 1 期。

　　[17] 王晓军:《社会保险精算管理》,科学出版社 2014 年版。

　　[18] 王利军:《养老保险基金缺口的财政负担能力初探》,《山东工商学院学报》2005 年第 3 期。

　　[19] 周渭兵:《中国农村养老保险精算研究》,经济科学出版社 2014 年版。

　　[20] 周渭兵:《社会养老保险的精算方法及其应用》,经济管理出版社 2004 年版。

　　[21] 周渭兵:《社会养老保险财务平衡自动调整机制》,中国财政经济出版社 2023 年版。

　　[22] 周渭兵:《老龄化下的中国未来职工抚养负担的测算和分析》,《中国人口科学》2009 年第 1 期。

　　[23] 周渭兵:《未来五十年我国社会抚养比变化态势及研究》,《统计研究》2004 年第 12 期。

　　[24] 周渭兵:《我国隐性公共养老金债务的测算》,《统计与决策》2000 年第 11 期。

　　[25] 张映芹:《社会保障转制成本的理论与对策分析》,《兰州大学学报(社会科学版)》2006 年第 6 期。

　　[26] 张学斌:《职业年金记账制度下的财政负担及替代率测算》,《中国物价》2017 年第 12 期。

　　[27] 曾益等:《中国机关事业单位养老保险制度财务可持续性研究》,《经济管理》2015 年第 10 期。